●収録内容一覧

■2025年度中学受験用

常総学院中学校

4年間スーパー過去問

入試問題と解説・解答の収録内容

2024年度　１回一般	算数・社会・理科・国語	実物解答用紙DL
2024年度　適性検査型	適性検査Ⅰ・適性検査Ⅱ （解答のみ）	実物解答用紙DL
2023年度　１回一般	算数・社会・理科・国語	実物解答用紙DL
2023年度　適性検査型	適性検査Ⅰ・適性検査Ⅱ （解答のみ）	実物解答用紙DL
2022年度　１回一般	算数・社会・理科・国語	実物解答用紙DL
2022年度　適性検査型	適性検査Ⅰ・適性検査Ⅱ （解答のみ）	実物解答用紙DL
2021年度　１回一般	算数・社会・理科・国語	

～本書ご利用上の注意～　以下の点について，あらかじめご了承ください。

★別冊解答用紙は巻末にございます。実物解答用紙は，弊社サイトの各校商品情報ページより，一部または全部をダウンロードできます。

★編集の都合上，学校実施のすべての試験を掲載していない場合がございます。

★当問題集のバックナンバーは，弊社には在庫がございません（ネット書店などに一部在庫あり）。

JN004668

合格を勝ち取るための
『スーパー過去問』の使い方

本書に掲載されている過去問をご覧になって，「難しそう」と感じたかもしれません。でも，多くの受験生が同じように感じているはずです。なぜなら，中学入試で出題される問題は，小学校で習う内容よりも高度なものが多く，たくさんの知識や解き方のコツを身につけることも必要だからです。ですから，初めて本書に取り組むさいには，点数を気にしすぎないようにしましょう。本番でしっかり点数を取れることが大事なのです。

過去問で重要なのは「まちがえること」です。自分の弱点を知るために，過去問に取り組むのです。当然，まちがえた問題をそのままにしておいては意味がありません。

本書には，長年にわたって中学入試にたずさわっているスタッフによるていねいな解説がついています。まちがえた問題はしっかりと解説を読み，できるようになるまで何度も解き直しをしてください。理解できていないと感じた分野については，参考書や資料集などを活用し，改めて整理しておきましょう。

このページも参考にしてみましょう！

◆どの年度から解こうかな　「入試問題と解説・解答の収録内容一覧」

本書のはじめには収録内容が掲載されていますので，収録年度や収録されている入試回などを確認できます。

※著作権上の都合によって掲載できない問題が収録されている場合は，最新年度の問題の前に，ピンク色の紙を差しこんでご案内しています。

◆学校の情報を知ろう!!「学校紹介ページ」

このページのあとに，各学校の基本情報などを掲載しています。問題を解くのに疲れたら息ぬきに読んで，志望校合格への気持ちを新たにし，再び過去問に挑戦してみるのもよいでしょう。なお，最新の情報につきましては，学校のホームページなどでご確認ください。

◆入試に向けてどんな対策をしよう？「出題傾向＆対策」

「学校紹介ページ」に続いて，「出題傾向＆対策」ページがあります。過去にどのような分野の問題が出題され，どのように対策すればよいかをアドバイスしていますので，参考にしてください。

◇別冊「入試問題解答用紙編」

本書の巻末には，ぬき取って使える別冊の解答用紙が収録してあります。解答用紙が非公表の場合などを除き，（注）が記載されたページの指定倍率にしたがって拡大コピーをとれば，実際の入試問題とほぼ同じ解答欄の大きさで，何度でも過去問に取り組むことができます。このように，入試本番に近い条件で練習できるのも，本書の強みです。また，データが公表されている学校は別冊の１ページ目に過去の「入試結果表」を掲載しています。合格に必要な得点の目安として活用してください。

本書がみなさんの志望校合格の助けとなることを，心より願っています。

株式会社　声の教育社　編集部

常総学院中学校

所在地	〒300-0849 茨城県土浦市中村西根1010
電　話	029-842-0708(代)
ホームページ	https://www.joso.ac.jp/junior
交通案内	JR常磐線「荒川沖駅」，つくばエクスプレス「つくば駅」，土浦，稲敷，龍ケ崎，石岡，桜川，坂東，守谷，古河・常総，下妻方面よりスクールバス

くわしい情報は
ホームページへ

トピックス

★試験当日，試験会場によっては送迎バス(無料)を利用できる(参考：昨年度)。
★2019年度より，ADクラス特待合格の上位者に「スーパーAD合格」を設置。

創立年
平成8年

男女共学

高校募集
あり

応募状況

年度	募集数	応募数	受験数	合格数	倍率
2024	適性検査40名	833名	828名	725名	1.1倍
	推薦専願70名	43名	42名	39名	1.1倍
	①一般　40名	172名	166名	133名	1.2倍
	②一般　10名	32名	30名	23名	1.3倍
2023	適性検査40名	749名	737名	607名	1.2倍
	推薦専願70名	47名	46名	40名	1.2倍
	①一般　40名	144名	140名	107名	1.3倍
	②一般　10名	57名	54名	40名	1.4倍

本校の特色

［探究フィールド制］

本校では，社会に貢献するグローバルリーダーの育成に努め，人を幸せにすることを自らの喜びとし，社会の発展に寄与することに生きがいを感じられる人材の育成をめざしています。そうした人材に求められる資質・能力のうち，向学力や人間力，論理的思考力の育成を加速させるために探究活動がより効果的と考え，2018年度より，従来のコース制(メディカルコース・リベラルコース)を再編成し，「探究フィールド制(医学探究フィールド／科学探究フィールド／人文探究フィールド)」を導入しました。なお，興味関心に応じて年度ごとにフィールドを変更することが可能です。

入試情報（参考：昨年度）

【適性検査型入試】
試験日：2023年12月２日
試験会場：本校，つくば国際会議場
試験科目：適性検査Ⅰ・Ⅱ，グループ面接

【推薦・専願入試】
試験日：2023年12月９日
試験会場：本校
試験科目：国語・算数，個人面接
＊「英検４級以上もしくはそれと同等の英語の資格」取得者は算数・面接のみ

【第１回一般入試】
試験日：2024年１月８日
試験会場：本校，取手ウェルネスプラザ
試験科目：国語・算数・社会・理科

【第２回一般入試】
試験日：2024年１月25日
試験会場：つくば国際会議場
試験科目：国語・算数・社会・理科　または
国語・算数

2024年春の主な大学合格実績

<国公立大学>
東京大，北海道大，筑波大，千葉大，東京外国語大，横浜国立大，茨城大，東京都立大

<私立大学>
慶應義塾大，早稲田大，上智大，東京理科大，明治大，青山学院大，立教大，中央大，法政大，学習院大，　東京慈恵会医科大，昭和大

編集部注―本書の内容は2024年4月現在のものであり，変更されている場合があります。正式な情報は，学校のホームページ等で必ずご確認ください。

算数 出題傾向＆対策

◆基本データ（2024年度１回一般）

試験時間／満点	50分／100点
問題構成	・大問数…５題 計算１題（７問）／応用小問１題（８問）／応用問題３題 ・小問数…24問
解答形式	解答のみを記入する形式になっている。必要な単位などはあらかじめ印刷されている。
実際の問題用紙	Ｂ５サイズ，小冊子形式
実際の解答用紙	Ｂ４サイズ

◆出題傾向と内容

▶過去３年の出題率トップ３
１位：四則計算・逆算19％　２位：角度・面積・長さ９％　３位：場合の数６％
▶今年の出題率トップ３
１位：四則計算・逆算18％　２位：角度・面積・長さ，場合の数など６％

計算問題は，小数や分数の標準的な四則計算がほとんどです。

応用小問には，速さ，割合，濃度，図形などの基本問題が，はば広く出題されています。

応用問題は，複合図形の面積や体積，規則性などバラエティーに富んでいますが，難しそうに見えても，基本事項がしっかり身についていれば十分正解にたどり着ける内容です。

全体的に見ると，計算問題と応用小問の集合題だけで，総小問数の半分以上になります。そのため，ここを確実にクリアし，応用問題で得点を上積みするのが合格のカギとなりそうです。

◆対策～合格点を取るには？～

本校の算数の大きなポイントは計算問題です。正確ですばやい計算力を毎日の練習で身につけましょう。割合と比，速さなどは，類題を数多くこなして，基本的な解法パターンを覚えることが大切です。割合では濃度の計算，速さではグラフとからめた問題をよく練習しておくこと。特殊算も基本的な問題をまんべんなく練習してください。また，図形分野からの出題が多いので，基本的な考え方や解き方をはば広く身につけ，割合や比を使ってすばやく解けるようにしておきましょう。

分野 ＼ 年度		2024	2023	2022	2021
計算	四則計算・逆算	●	●	●	●
	計算のくふう	○	○		
	単位の計算				
和と差	和差算・分配算				
	消去算			○	
	つるかめ算				
	平均とのべ				
	過不足算・差集め算	○	○		
	集まり				
	年齢算				
割合と比	割合と比	○			
	正比例と反比例				○
	還元算・相当算		○		○
	比の性質		○		
	倍数算		○		
	売買損益		○	○	○
	濃度			○	
	仕事算	○			
	ニュートン算				○
速さ	速さ				○
	旅人算			○	
	通過算	○			○
	流水算				
	時計算	○			
	速さと比		○		
図形	角度・面積・長さ	○	○	◎	○
	辺の比と面積の比・相似			○	○
	体積・表面積	○	○	○	
	水の深さと体積			○	○
	展開図	○			
	構成・分割				
	図形・点の移動			○	○
表とグラフ		○	○	○	
数の性質	約数と倍数	○			
	N進数				
	約束記号・文字式				
	整数・小数・分数の性質		◎		
規則性	植木算				
	周期算	○			
	数列		○		
	方陣算				
	図形と規則			○	
場合の数		○	○	○	○
調べ・推理・条件の整理		○			
その他					

※　○印はその分野の問題が１題，◎印は２題，●印は３題以上出題されたことをしめします。

社会 出題傾向＆対策

◆基本データ（2024年度１回一般）

試験時間／満点	30分／50点
問　題　構　成	・大問数…４題 ・小問数…35問
解　答　形　式	記号選択が７割，用語の記入が３割程度で，記述問題は見られない。
実際の問題用紙	Ｂ５サイズ，小冊子形式
実際の解答用紙	Ｂ４サイズ

分野 ＼ 年度			2024	2023	2022	2021
日本の地理	地図の見方			○		
	国土・自然・気候		○	○	○	○
	資源				○	
	農林水産業			○		○
	工業		○	○	○	
	交通・通信・貿易		○			○
	人口・生活・文化		○			
	各地方の特色		★	★	★	★
	地理総合		★			
世界の地理			○	★	★	★
日本の歴史	時代	原始～古代	○	○	○	○
		中世～近世	○	○	○	○
		近代～現代	○	○	○	○
	テーマ	政治・法律史				
		産業・経済史				
		文化・宗教史				
		外交・戦争史				
		歴史総合	★	★	★	★
世界の歴史						
政治	憲法		○	○	○	○
	国会・内閣・裁判所		○	○	○	○
	地方自治		○	○		○
	経済				○	
	生活と福祉					
	国際関係・国際政治			○		○
	政治総合		★	★	★	★
環境問題				○	○	○
時事問題						
世界遺産						
複数分野総合						

※　原始～古代…平安時代以前，中世～近世…鎌倉時代～江戸時代，近代～現代…明治時代以降

※　★印は大問の中心となる分野をしめします。

◆出題傾向と内容

●地理…各地方や都道府県についての文章や地図を題材に，国土と自然，工業や農業などの特色について問うものが見られます。また，さまざまな図法を使ってかかれた世界地図から，大陸や海洋，世界の国々についての知識，赤道や大陸について問われています。世界の気候帯を表す雨温図が出題されたこともあるので，世界地理にも注意が必要です。

●歴史…あるテーマでまとめられた文章を読み，古代から現代までの歴史上のおもな人物の名前やことがらについて問われます。政治や文化，外交とはば広い分野から出題されますが，基礎的なことがらについて問うものが多く，細かい知識を必要とするものではありません。ただし，文章の正誤を判断する問題が増えているので，正確な知識と注意力が求められています。

●政治…日本国憲法の基礎知識，国会・内閣・裁判所のしくみのほか，地方自治，選挙制度や経済，国際関係についての問題などが取り上げられています。

◆対策～合格点を取るには？～

本校の社会は，各分野の基本的なことがらをしっかり身につけていれば合格点に達することができる内容ですから，まず，基礎を固めることを心がけてください。

地理分野では，地図とグラフが欠かせません。つねにこれらを参照しながら，白地図作業帳を利用して都道府県ごとに地形や気候をまとめ，さらに産業のようすの学習へと広げましょう。また，小学校で取り上げられることが少ない世界地理については，日本とかかわりの深い国を中心に，自分で地図帳や参考書を使ってまとめておきましょう。

歴史分野では，教科書や参考書を読むだけではなく，自分で年表をつくって覚えると，学習効果が上がります。それぞれの分野ごとに記入らんを作り，重要なことがらを書きこんでいくのです。本校の歴史の問題には，さまざまな時代や分野が取り上げられるので，この作業がおおいに威力を発揮するはずです。

政治分野では，日本国憲法の基本的な内容，特に政治のしくみが憲法でどのように定められているかを中心に勉強してください。また，地方自治や国際関係についてもふれておきましょう。

理科 出題傾向＆対策

◆基本データ(2024年度1回一般)

試験時間／満点	30分／50点
問題構成	・大問数…３題 ・小問数…30問
解答形式	記号選択が大半をしめるが，用語の記入や計算問題，記述問題も見られる。
実際の問題用紙	Ｂ５サイズ，小冊子形式
実際の解答用紙	Ｂ４サイズ

◆出題傾向と内容

各分野から多くの内容が出題されています。問題量を見ると，時間内にひと通り解くことができそうです。環境問題や時事問題も出されるため，注意が必要です。

●生命…植物，動物，人体の３分野からはば広く出題されています。具体的には，光合成の実験，植物の種類，セキツイ動物やこん虫，人体のつくりなどが取り上げられています。

●物質…気体・水溶液の性質，ものの溶け方，ものの燃え方，物質の状態変化などが出題されています。この分野は，関連する実験とともに出されることがほとんどです。

●エネルギー…ばねや滑車，物体の運動，浮力，電気回路，音の伝わり方などが取り上げられています。計算問題が出されることもありますが，複雑なものではありません。

●地球…星座，太陽，月の運動と満ち欠けなどの天体の動きと見え方のほかに，天気の変化，湿度，気象の観測，化石や岩石，地層，地震などが出題されています。

分野＼年度		2024	2023	2022	2021
生命	植物	○	★	○	○
	動物	○	○	○	
	人体	★	○	○	○
	生物と環境		○	★	
	季節と生物				
	生命総合				
物質	物質のすがた		○		
	気体の性質	★		○	○
	水溶液の性質	○	○		○
	ものの溶け方		○		★
	金属の性質	○		○	
	ものの燃え方	○		○	
	物質総合				
エネルギー	てこ・滑車・輪軸	○		○	○
	ばねののび方		○		○
	ふりこ・物体の運動		○	★	○
	浮力と密度・圧力	○	○		○
	光の進み方		○	○	
	ものの温まり方	○			
	音の伝わり方			○	
	電気回路	○	★	○	○
	磁石・電磁石	○		○	
	エネルギー総合				
地球	地球・月・太陽系	○	○	○	★
	星と星座	○	○	○	
	風・雲と天候		○	○	○
	気温・地温・湿度	○	○		
	流水のはたらき・地層と岩石			○	○
	火山・地震	○			○
	地球総合				
実験器具					○
観察					
環境問題					
時事問題					
複数分野総合		★	★	★	★

※　★印は大問の中心となる分野をしめします。

◆対策～合格点を取るには？～

内容は基本的なものがほとんどです。したがって，基礎的な知識をはやいうちに身につけ，問題集で演習をくり返しながら実力アップをめざしましょう。

「生命」は基本知識の多い分野ですが，山登りする気持ちで一歩一歩楽しみながら確実に力をつけてください。ヒトのからだ，植物や動物のしくみや成長を中心に，ノートにまとめて知識を深めましょう。このとき，用語を覚えるだけでなく，しくみやはたらきを理解するようにしましょう。

「物質」では，気体や水溶液，金属などの性質に重点をおいて学習してください。そのさい，中和反応や濃度など，表やグラフをもとに計算させる問題にも取り組むように心がけてください。

「エネルギー」は，滑車や輪軸，ふりこの運動などについて，さまざまなパターンの計算問題にチャレンジしましょう。また，電気回路や磁石・電磁石に関する問題も取り上げられやすい単元ですから，学習計画から外さないように注意してください。

「地球」では，天体の動き，天気と気温・湿度の変化，地層と岩石，火山と地震などが重要なポイントです。特に天体などは，自分で図をかいて理解を深めると効果的です。

国語 出題傾向＆対策

◆基本データ（2024年度１回一般）

試験時間／満点	50分／100点
問題構成	・大問数…５題 文章読解題２題／知識問題３題 ・小問数…28問
解答形式	記号選択と記述問題で構成されている。記述問題は，15～80字程度で書かせるものとなっている。
実際の問題用紙	Ｂ５サイズ，小冊子形式
実際の解答用紙	Ｂ４サイズ

◆出題傾向と内容

▶近年の出典情報（著者名）
説明文：内山　節　池内　了　外山滋比古
小　説：佐藤まどか　村上しいこ　川西　蘭

●読解問題…説明文・論説文では，主張された内容を正しく理解しているかどうかをためすもの，小説・物語文では，状況や動作・行動，登場人物の性格などとからめて心情を問うものが中心となっています。さらに，主題・要旨，接続語などの補充，脱文の挿入，語句の意味などについて出題されており，非常にバラエティーに富んでいます。

●知識問題…漢字の書き取りは，必ず出題されています。ほかにも，慣用句・ことわざの意味，熟語，対義語，表現技法，語句の意味などが出題されています。

◆対策～合格点を取るには？～

試験問題で正しい答えを出せるようにするためには，なるべく多くの読解問題にあたり，出題内容や形式に慣れることが大切です。問題集に取り組むさいは，指示語の内容や接続詞に注意しながら，文章がどのように展開しているかを読み取ること。答え合わせをした後は，漢字やことばの意味を辞書で調べるのはもちろん，正解した設問でも解説をしっかり読んで解答の道筋を明らかにし，本番でも自信を持って答えられるようにしておきましょう。

知識問題については，慣用句・ことわざ，ことばのきまりなどを分野ごとに，短期間に集中して覚えるのが効果的です。ただし，漢字については，毎日少しずつ練習することが大切です。

分野		年度	2024	2023	2022	2021
読解	文章の種類	説明文・論説文	★	★	★	★
		小説・物語・伝記	★	★	★	★
		随筆・紀行・日記				
		会話・戯曲				
		詩				
		短歌・俳句				
	内容の分類	主題・要旨	○	○	○	○
		内容理解	○	○	○	○
		文脈・段落構成				
		指示語・接続語	○	○	○	○
		その他	○	○	○	○
知識	漢字	漢字の読み				
		漢字の書き取り	★	★	★	★
		部首・画数・筆順				
	語句	語句の意味	○	○	○	○
		かなづかい				
		熟語	★	★	★	★
		慣用句・ことわざ	★	★	★	★
	文法	文の組み立て				
		品詞・用法				
		敬語				
	形式・技法					
	文学作品の知識					
	その他					
	知識総合					
表現	作文					
	短文記述					
	その他					
放送問題						

※　★印は大問の中心となる分野をしめします。

カコを追いかけ
ミライをつかめ
「今の説明、もう一回」を何度でも
web過去問
ストリーミング配信による入試問題の解説動画
もっと古いカコモンないの?
カコ過去問
「さらにカコの」過去問をHPに掲載(DL)
声の教育社
詳しくはこちらから

2024年度

常総学院中学校

【算　数】〈第１回一般試験〉（50分）〈満点：100点〉

1　次の計算をしなさい。

（1）　$21-45\div5$

（2）　$16\times9\div(13+5)$

（3）　$37+78\div(11+5\times3)$

（4）　$5\frac{5}{6}+2\frac{1}{4}-4\frac{7}{8}$

（5）　$7.6\div3.6\times4.5\div9.5$

（6）　$\frac{2}{9}\times6.6-0.6\div\frac{3}{5}$

（7）　$\left(\frac{1}{30}+\frac{1}{42}+\frac{1}{56}\right)\times80$

2　次の□にあてはまる数を答えなさい。

（１）　商品Ａの値段《ねだん》の３割《わり》増しと，商品Ｂの値段の３割引きが等しいとき，商品Ａと商品Ｂの値段の比を最も簡単《かんたん》な整数の比で表すと，□：□です。ただし，消費税は考えないものとします。

（２）　鉛筆《えんぴつ》□本をクラスの生徒全員に配るのに，１人７本ずつ配ると44本余り，１人10本ずつ配ると５本余ります。

（３）　５を37で割ったとき，小数第2024位の数字は□です。

（４）　長さが□mの特急列車が時速126kmで走るとき，長さが1.3kmのトンネルに入り始めてから通過しきるまでにかかる時間は42秒です。

（５）　Ａ駅から，Ｂ町行きのバスは15分ごとに，Ｃ町行きのバスは35分ごとに出発しています。午後２時にＢ町行きのバスとＣ町行きのバスがＡ駅を同時に出発したとき，次に２つのバスがＡ駅を同時に出発するのは午後□時□分です。

（６）　ある作業を仕上げるのに，Ａ１人では40分かかり，ＡとＢの２人では24分かかります。この作業をＡとＢの２人で始めましたが，途中《とちゅう》でＡが□分間作業を休んだため，この作業を仕上げるまでに全部で33分かかりました。

（７）　３時から４時までの間で，長針と短針がつくる角について，大きい方と小さい方の角の大きさの比が７：３となるときの時刻《じこく》は，３時□分です。

（8） 右の図のような，辺BCを１つの辺とする３つの三角形ABC，DBC，EBCがあります。同じ記号をつけた角の大きさがすべて等しいとき，角㋐の大きさは□度です。

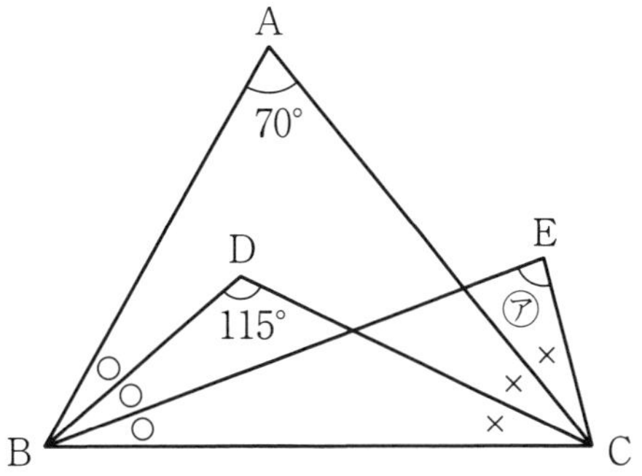

3 下の図は，直方体から三角柱を取り除《のぞ》いた立体の展開《てんかい》図《ず》です。このとき，次の問いに答えなさい。

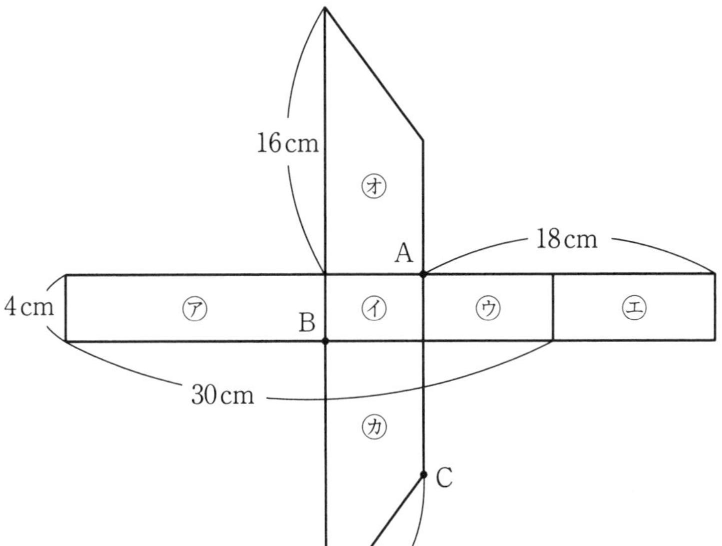

（1） この展開図を組み立ててできる立体で，面㋐と平行になる面は，㋑～㋕のどの面ですか。

（２） この展開図を組み立ててできる立体の表面積は何 cm^2 ですか。

（３） この展開図を組み立ててできる立体を，３つの点Ａ，Ｂ，Ｃを通る平面で切って２つの立体に分けたとき，体積が大きい方の立体の体積は何 cm^3 ですか。

4 ある小学校の 16 人の児童が行った反復横とびの記録をまとめます。下の**データ**は 16 人の記録を表したもので，これを下の**度数分布表**にまとめます。このとき，次の問いに答えなさい。

データ

43	53	52	40
52	39	41	43
41	46	52	50
56	56	42	38

（回）

平均《へいきん》値《ち》	46.5 回

度数分布表

記録（回）	人数（人）
35 以上～ 40 未満	
40 ～ 45	
45 ～ 50	
50 ～ 55	
55 ～ 60	
合計	16

（１） 16 人の記録の中央《ちゅうおう》値《ち》は何回ですか。

（２） 16 人の記録を**度数分布表**にまとめるとき，度数が最も多くなるのは何回以上何回未満の階級ですか。

（３） １人の記録が間違《まちが》っていることが分かりました。正しい記録に直したところ，16 人の記録の中央値と平均値はともに 47 回でした。このとき，間違っている記録と正しい記録をそれぞれ求めなさい。

5　Ａ，Ｂ，Ｃの３人が，下の**ルール**でゲームをしました。

ルール

・右の図のＳの位置に，Ａ，Ｂ，Ｃがそれぞれコマを置き，順に２個のさいころを同時にふり，出た目によって自分のコマを動かす。

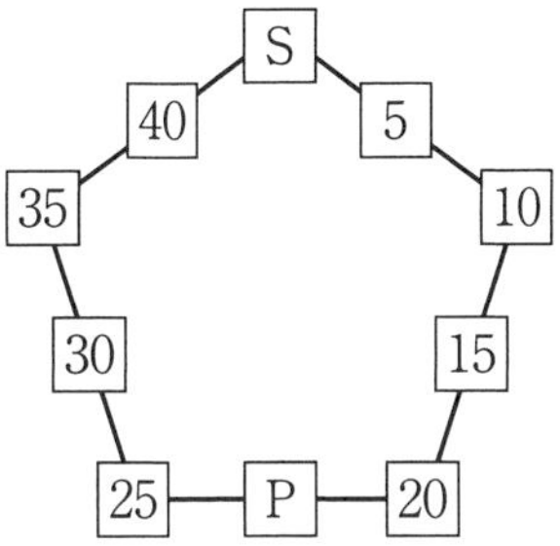

・出た目の数が異《こと》なる場合は，大きい方の目の数だけ右回りに，小さい方の目の数だけ左回りにコマを連続して動かしてから止まり，止まった位置に書いてある数字をその回の得点とする。

・出た目の数が等しい場合は，コマを動かさず，その回の得点は０点とする。

・コマがＳやＰの位置に止まると，それまでの得点がすべてなくなる。

・２回目以降は前の回で止まった位置から動かす。

・総得点の多い順に順位を決める。

例えば，１回目の２個のさいころの出た目の数が１，２のとき，大きい方の数を左側に書くこととし，(２，１)のように表します。このときの得点は５点となります。１回目が(２，１)，２回目が(４，４)，３回目が(６，３)であるとき，さいころを３回ふり終わった時点での総得点は25点です。

３人が２個のさいころを４回ずつふり終わったときに，出た目の数は下の表のようになりました。ただし，ＢとＣの４回目のさいころの出た目はわかっていません。このとき，次の問いに答えなさい。

	１回目	２回目	３回目	４回目
Ａ	(５，１)	(３，２)	(６，６)	(４，２)
Ｂ	(５，３)	(４，４)	(６，１)	㋐
Ｃ	(６，２)	(３，１)	(５，５)	㋑

（１）　さいころを４回ふり終わったとき，Ａの総得点は何点ですか。

（２）　さいころを４回ふり終わったときのＢの総得点が45点のとき，表の㋐にあてはまるさいころの出た目の組み合わせは全部で何通りありますか。

（３）　３人がさいころを４回ふり終わったとき，確実にＣが１人だけ１位になるためには，４回目にどんな目を出せばよいですか。表の㋑にあてはまるさいころの出た目の組み合わせとして考えられるものをすべて答えなさい。ただし，(２，１)のような形で答え，大きい方の数を左側に書くこととします。

【社　会】〈第１回一般試験〉（30分）〈満点：50点〉

1　次の地図と文を見て、後の問いに答えなさい。

【地図Ⅰ】　世界の６つの大陸を示した地図

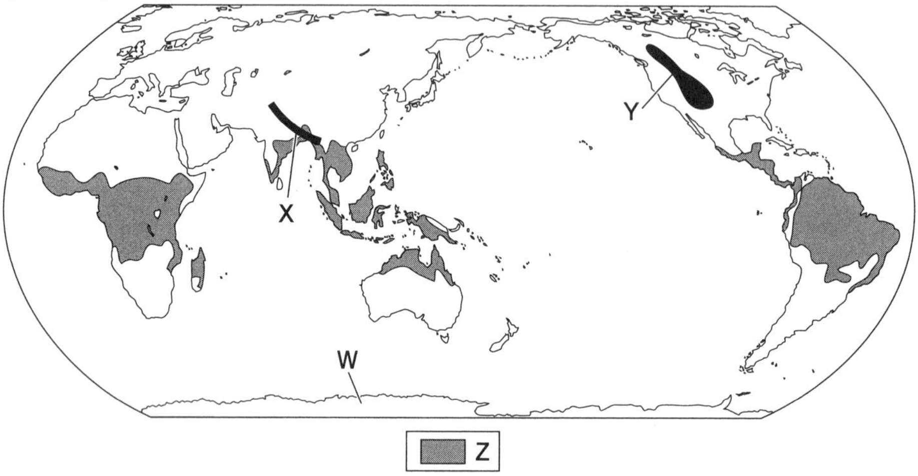

世界には３つの大洋と６つの①大陸があります。６つの大陸のうち、最も面積が大きいのがユーラシア大陸です。各地の地形は、地下深くの活動などによって形づくられています。特に地殻《ちかく》の活動が活発な造山帯の周辺には②険しい山脈が多くあります。また、地域によってさまざまな③気候が見られ、気候に合わせた産業が発達しています。

現在、世界には約200の国があります。領域・国民・主権を国家の３要素といい、領域は④領土、領海、領空に分かれています。

日本はユーラシア大陸の東側に位置する島国（海洋国）で、関東地方など７つの地方に区分されています。日本の人口は、東京・大阪・名古屋《なごや》の三大都市圏《けん》に集中する一方で、それ以外の地方では人口が減少して社会の維持《いじ》が難しくなる［　　］化とよばれる現象が深刻になっています。南北に細長い国土を持つ日本は、地域によって気候が大きく異なります。また、⑤地形の面でも特色があります。

問１　下線部①に関して、**地図Ⅰ**中の**W**の大陸の**名称**《めいしょう》を答えなさい。

問２　下線部②に関して、**地図Ⅰ**中の**X**、**Y**の山脈の組み合わせとして正しいものを、次の中から１つ選び、**記号**で答えなさい。

ア　**X**－ヒマラヤ山脈　　**Y**－アルプス山脈
イ　**X**－ヒマラヤ山脈　　**Y**－ロッキー山脈
ウ　**X**－ロッキー山脈　　**Y**－ヒマラヤ山脈
エ　**X**－ロッキー山脈　　**Y**－アルプス山脈

問３　下線部③に関して、**地図Ⅰ**中の**Z**の地域に広がる気候帯の説明として正しいものを、次の中から１つ選び、**記号**で答えなさい。

ア　夏は短く気温が上がりますが、冬は寒さが厳しく、一年間の気温の差がはげしくなっています。
イ　一年を通して雨がほとんど降らないことから、砂漠《さばく》やたけの短い草原が大部分をしめています。
ウ　温暖な地域では夏にわずかなこけが生えますが、大部分は一年を通して雪と氷におおわれています。
エ　一年を通して気温が高く、気温があまり上下しませんが、降水量はほかの地域よりも多くなっています。

問4　下線部④に関して、右の**地図Ⅱ**は、日本とある国との間で領土問題となっている島々を示しています。**地図Ⅱ**中の**A**の島と、これらの島を不法に占拠《せんきょ》している国の組み合わせとして正しいものを、次の中から1つ選び、**記号**で答えなさい。

【地図Ⅱ】

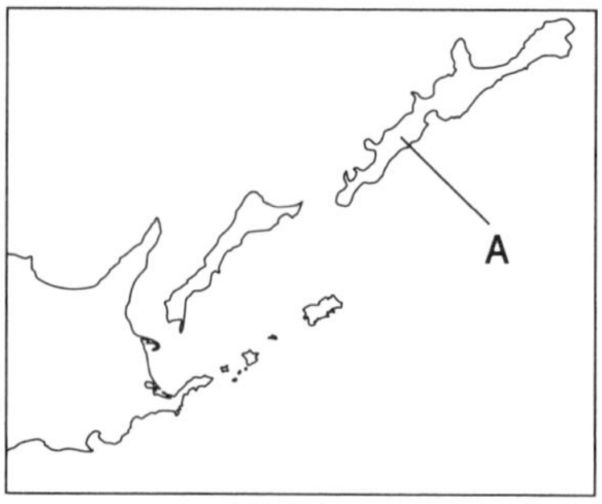

ア　島－与那国島《よなぐにじま》　　国－ロシア連邦《れんぽう》
イ　島－与那国島　　国－中華《ちゅうか》人民共和国
ウ　島－択捉島《えとろふとう》　　国－ロシア連邦
エ　島－択捉島　　国－中華人民共和国

問5　文中の空欄《くうらん》（　　　　）にあてはまる**語句**を答えなさい。

問6　下線部⑤に関して、右の**資料**は、日本と世界の川の長さと標高を示しています。**資料**から読み取れることとして正しいものを、次の中から1つ選び、**記号**で答えなさい。

【資料】

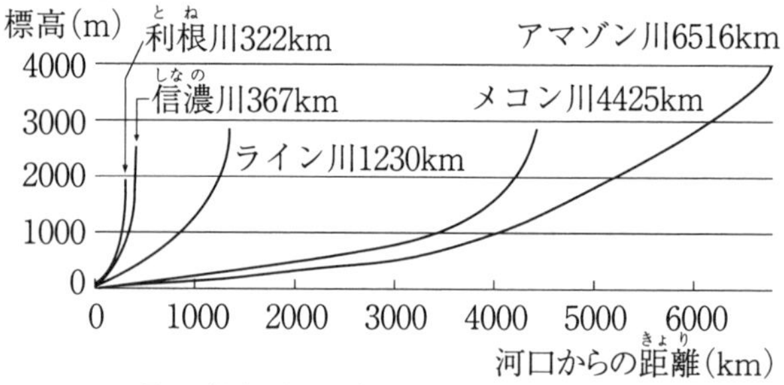

＜「理科年表　令和５年」などより作成＞

ア　**資料**から、日本の河川《かせん》は世界と比べて流れが急で短いことがわかります。
イ　**資料**から、日本の河川は世界と比べて流れが急で長いことがわかります。
ウ　**資料**から、日本の河川は世界と比べて流れがゆるやかで短いことがわかります。
エ　**資料**から、日本の河川は世界と比べて流れがゆるやかで長いことがわかります。

2　**次の文と地図を見て、後の問いに答えなさい。**

関東地方には、日本最大の平野である関東平野が広がり、関東山地や越後《えちご》山脈、阿《あ》武隈《ぶくま》高地といった山地に囲まれています。関東平野には、富士山《ふじさん》や箱根山《はこねやま》の火山灰が堆積《たいせき》してできた［　A　］の地層が広がっています。また、利根川《とねがわ》や荒川《あらかわ》の下流域には低地が広がっています。

関東地方の①気候はおおむね太平洋側の気候ですが、太平洋に浮《う》かぶ島の一部は気候が異なっています。中でも、［　B　］諸島には固有の動植物が見られ、世界自然遺産として登録されています。また、東京の中心部では高層ビルが立ちならび、気温が周辺地域より高くなるヒートアイランド現象が見られます。

関東地方は4000万人以上の人口を持つ、日本で最も人口の多い地方です。日本の首都である東京は、周辺地域と合わせて東京大都市圏を形成しています。東京大都市圏には多くの企業《きぎょう》や学校があり、②交通網《もう》も発達しています。東京大都市圏には人口が多い都市も多く、神奈川県の県庁所在地である［　C　］市など５つの都市が政令指定都市とされています。関東地方では③工業もさかんで、［　C　］市も工業地帯の一部にふくまれています。

【地図Ⅰ】

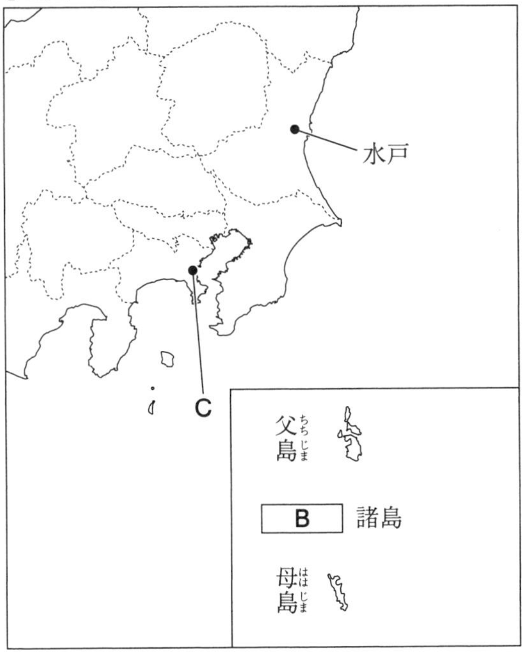

問1　文中の空欄（ A ～ C ）にあてはまる最も適当な**語句**を答えなさい。なお、文中の記号と、**地図Ⅰ**中の記号は同じものを指しています。

問2　下線部①に関して、次のグラフは、日本各地の気候を雨温図で示したものですが、**地図Ⅰ**中に示した水戸《みと》の雨温図として最も適当なものを、次の中から1つ選び、**記号**で答えなさい。なお、以下の雨温図は、水戸のほか、札幌《さっぽろ》、秋田、高松《たかまつ》、高知、那覇《なは》のものです。

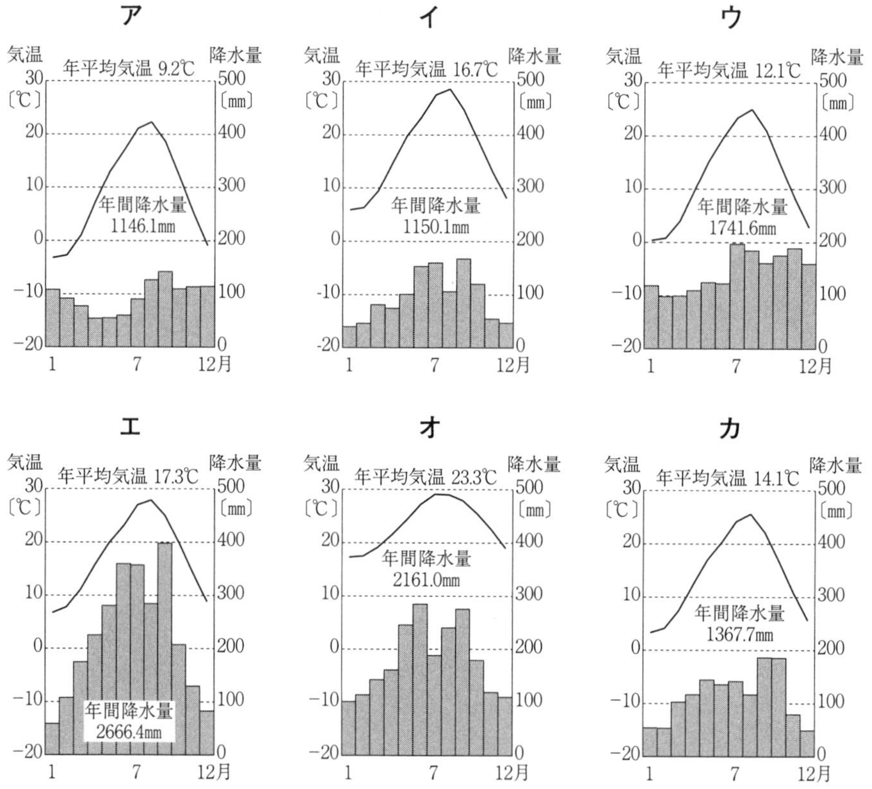

＜「理科年表　令和５年」より作成＞

問３　下線部②に関して、右の**地図Ⅱ**は、関東地方の主要な港や駅を示しています。成田《なりた》国際空港にあてはまるものを、**地図Ⅱ**中の**ア**～**エ**の中から１つ選び、**記号**で答えなさい。

【地図Ⅱ】

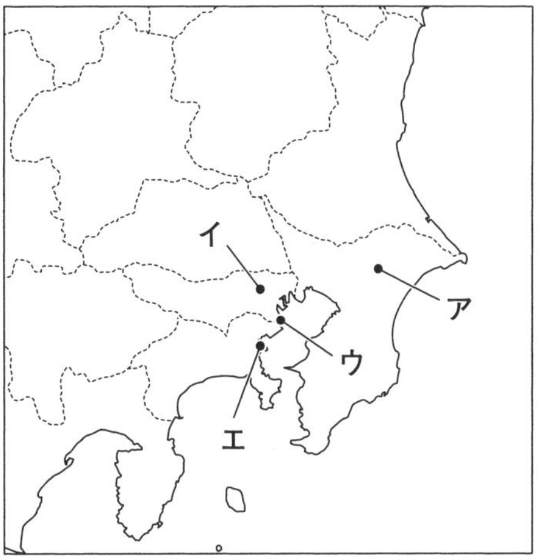

問４　下線部③に関して、次の**グラフⅠ**は、2019年における関東地方の各都県の製造品出荷《しゅっか》額等とその内訳を、次のページの**グラフⅡ**は、2019年の京浜《けいひん》工業地帯、関東内陸工業地域、京葉《けいよう》工業地域の製造品出荷額等とその内訳を示しています。**グラフⅠ**、**グラフⅡ**から読み取れることとして正しいものを、次のページの**ア**～**エ**の中から１つ選び、**記号**で答えなさい。

【グラフⅠ】　(2019年)

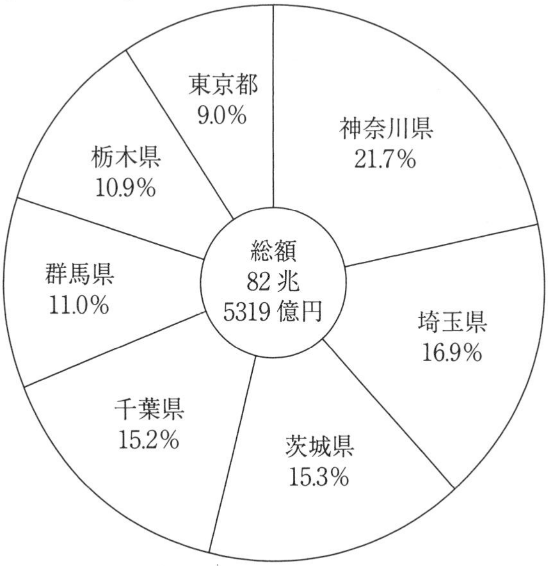

＜「データでみる県勢　2023年版」より作成＞

【グラフⅡ】　　　　　　　　　　　　　　　　　　　　　(2019年)

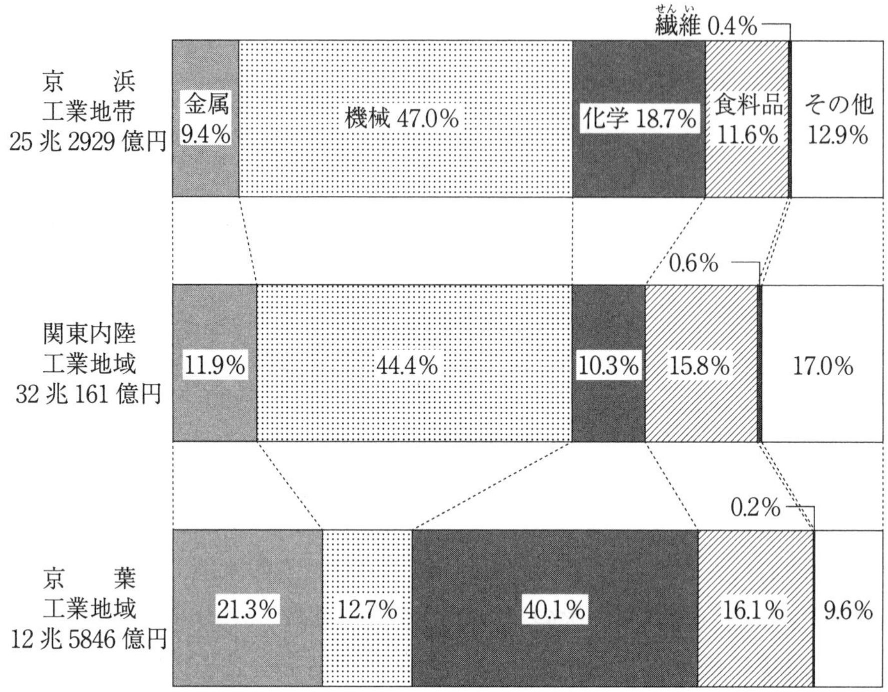

＜「データでみる県勢　2023年版」より作成＞

ア　千葉県の製造品出荷額等は関東地方で神奈川県に次いで２番目に多く、京葉工業地域においては化学工業の割合が最も高くなっている。

イ　栃木県・群馬県・埼玉県の合計の製造品出荷額等の割合は関東地方全体の50%を超《こ》え、その製造品出荷額等の合計は京浜工業地帯の額を上回っている。

ウ　関東内陸工業地域の金属工業の出荷額は３兆円以上となっており、神奈川県の製造品出荷額等の５分の１以上である。

エ　茨城県の製造品出荷額等は10兆円を超えているが、関東内陸工業地域における金属工業の出荷額よりは少なくなっている。

3　次の文を読み、後の問いに答えなさい。

日本では長い歴史の中で、時代によってさまざまな文化が生まれました。今から約1万年前の①縄文《じょうもん》時代には、縄の文様のついた縄文土器をつくり、自然の神を信仰《しんこう》していました。弥生《やよい》時代には大陸から稲作《いなさく》や金属器が伝えられ、②古墳《こふん》時代には、渡来《とらい》人《じん》によって漢字や仏教、儒教《じゅきょう》などが伝えられました。聖徳太子《しょうとくたいし》が活躍《かつやく》した飛鳥《あすか》時代には、日本初の仏教文化である③飛鳥文化が栄えました。平城京《へいじょうきょう》に都があった奈良《なら》時代には、国際色豊かな天平《てんぴょう》文化が花開きます。聖武《しょうむ》天皇は東大寺《とうだいじ》に大仏をつくり、全国に国分寺《こくぶんじ》・国分尼《に》寺を建てるよう命じました。④平安《へいあん》時代には、漢字をもとにしたかな文字が普及《ふきゅう》し、「枕草子《まくらのそうし》」を書いた[A]などが活躍しました。

武士が政治を行った⑤鎌倉《かまくら》時代には、質素で力強い文化が栄えました。⑥室町《むろまち》時代になると、金閣《きんかく》に代表される北山《きたやま》文化、銀閣《ぎんかく》に代表される東山《ひがしやま》文化が登場します。天下統一の進んだ安土桃山《あづちももやま》時代には、[B]が茶の湯を芸術にまで高めました。

江戸《えど》時代には平和な時代が続き、⑦貴族や武士だけでなく町人なども文化の担《にな》い手となりました。17世紀後半、京都や⑧大坂を中心に栄えた文化を元禄《げんろく》文化といいます。18世紀後半になると、長崎を通じて入ってきた西洋の学問（蘭学《らんがく》）もさかんになりました。⑨幕末《ばくまつ》に蘭学を学んだ[C]は、明治《めいじ》時代に「学問のすゝ《（す）》め」を著《あらわ》しました。

⑩明治維新《いしん》の後、西洋の技術や文化が大量に日本に紹介《しょうかい》され、「文明開化」の時代となりました。一方で日本の伝統的な文化は否定されましたが、岡倉天心《おかくらてんしん》やフェノロサの努力によって日本古来の美術が評価されるようになりました。

⑪大正《たいしょう》時代には、教育の広まりを背景に、新聞・雑誌・書籍《しょせき》などの出版文化が発達しました。1925年にはラジオ放送も始まりました。⑫昭和《しょうわ》時代には第二次世界大戦がおこり、戦争の影響《えいきょう》を受け文化も国家の統制を受けましたが、⑬戦後には言論や表現の自由が回復しました。黒澤明《くろさわあきら》がつくった映画は世界的な評価を受け、手塚治虫《てづかおさむ》が発展させた漫画《まんが》やアニメは⑭現代日本を代表する文化の一つとなっています。

問１　空欄（[A]～[C]）にあてはまる人物の組み合わせとして正しいものを、次の中から１つ選び、**記号**で答えなさい。

ア　[A]：紫式部《むらさきしきぶ》　[B]：狩野永徳《かのうえいとく》　[C]：伊藤博文《いとうひろぶみ》
イ　[A]：清少納言《せいしょうなごん》　[B]：狩野永徳　[C]：福沢諭吉《ふくざわゆきち》
ウ　[A]：清少納言　[B]：千利休《せんのりきゅう》　[C]：福沢諭吉
エ　[A]：紫式部　[B]：千利休　[C]：伊藤博文

問２　下線部①に関して、縄文時代の人々が食べ物のかすなどを捨てたごみ捨て場の跡《あと》の**名称**を答えなさい。

問３　下線部②に関して、日本最大の古墳である大仙《だいせん》古墳がある都道府県と、古墳の周囲にならべられた土製品の組み合わせとして正しいものを、次の中から１つ選び、**記号**で答えなさい。

ア　都道府県－大阪府　　名称－土偶《どぐう》
イ　都道府県－大阪府　　名称－埴輪《はにわ》
ウ　都道府県－奈良県　　名称－土偶
エ　都道府県－奈良県　　名称－埴輪

問４　下線部③についての説明として正しいものを、次の中から１つ選び、**記号**で答えなさい。

ア　最澄《さいちょう》や空海《くうかい》が、中国で学んだ仏教の新しい宗派を持ち帰りました。
イ　浄土《じょうど》信仰が広まり、宇治《うじ》に平等院鳳凰堂《びょうどういんほうおうどう》が建てられました。
ウ　万葉《まんよう》がなを用いて和歌を記録した「万葉集《まんようしゅう》」が編纂《へんさん》されました。
エ　現存する世界最古の木造建築といわれる法隆寺《ほうりゅうじ》が建てられました。

問５　下線部④に関して、平安時代に平将門《たいらのまさかど》が反乱をおこした地域として正しいものを、右の**地図**中の**ア**～**エ**の中から１つ選び、**記号**で答えなさい。

【地図】

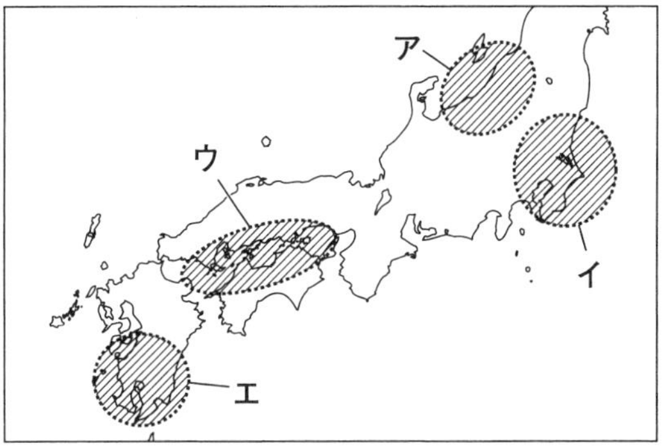

問６　下線部⑤のようすについての説明として正しいものを、次の中から１つ選び、**記号**で答えなさい。

ア　五街道をはじめとする主要な街道が整備され、手紙や荷物を運ぶ飛脚《ひきゃく》がさかんに行き来しました。

イ　牛や馬を利用した農作業が普及し、同じ土地で一年のうちに米と麦をつくる二毛作《にもうさく》が行われるようになりました。

ウ　国司《こくし》が取り立てた税金の一部を自分のものにするなどしたため、地方の政治が乱れていきました。

エ　土地や人民は国のものとされ、戸籍《こせき》にもとづいて６歳《さい》以上の男女に口分田《くぶんでん》が支給されました。

問７　下線部⑥におこったできごとを示した次の**年表Ⅰ**のうち、足利義満《あしかがよしみつ》が３代将軍になったのはいつですか。最も適当な時期を、**年表Ⅰ**中の**ア**～**エ**の中から１つ選び、**記号**で答えなさい。

【年表Ⅰ】

1336	室町幕府が成立しました。
	ア ↓
1392	南朝と北朝が統一されました。
	イ ↓
1404	勘合《かんごう》貿易が始まりました。
	ウ ↓
1467	応仁《おうにん》の乱が始まりました。
	エ ↓
1573	室町幕府がほろびました。

問８　下線部⑦に関して、次の**資料Ⅰ**は、江戸時代の身分別の人口割合を示しており、**資料Ⅰ**中の**ア**～**エ**は、武士、町人、百姓《ひゃくしょう》、公家《くげ》や神官などのいずれかを示しています。百姓にあたるものを、**資料Ⅰ**中の**ア**～**エ**の中から１つ選び、**記号**で答えなさい。

【資料Ⅰ】

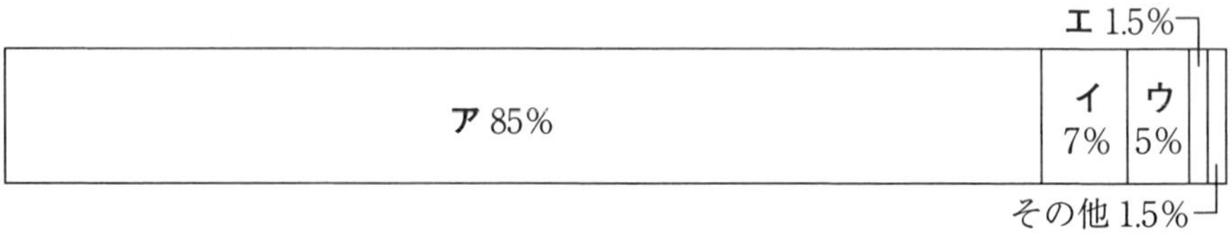

＜「近世日本の人口構造」より作成＞

問９　下線部⑧に関して、江戸時代に商業の中心であった大坂は何とよばれていましたか。**５字**で答えなさい。

問10　下線部⑨に関して、幕末に将軍になった徳川慶喜《とくがわよしのぶ》が行ったこととして正しいものを、次の中から１つ選び、**記号**で答えなさい。

ア　ペリーと日米和親条約《にちべいわしんじょうやく》を結び、下田《しもだ》と函館《はこだて》を開港しました。
イ　間宮林蔵《まみやりんぞう》らに命じて蝦夷地《えぞち》や樺太《からふと》（サハリン）を探検させました。
ウ　幕府を批判した吉田松陰《よしだしょういん》を処罰《しょばつ》するなど、厳しい弾圧《だんあつ》を行いました。
エ　前土佐藩主《とさはんしゅ》のすすめで、政権を朝廷《ちょうてい》に返す大政奉還《たいせいほうかん》を行いました。

問11　下線部⑩についての説明として正しいものを、次の中から１つ選び、**記号**で答えなさい。

ア　地租改正《ちそかいせい》を実施《じっし》し、収穫《しゅうかく》高の３％を地租として納めさせました。
イ　政府は廃藩置県《はいはんちけん》に続いて版籍奉還《はんせきほうかん》を行い、中央集権化を進めました。
ウ　明治天皇が五か条の御誓文《ごせいもん》を発表し、政治の方針を定めました。
エ　教育基本法を公布し、小学校から大学校までの学校制度を整えました。

問12　下線部⑪に関して、右の**資料Ⅱ**は、第一次世界大戦時の国際関係を示しています。**資料Ⅱ**中の空欄（ D ）にあてはまる**国名**を答えなさい。

【資料Ⅱ】

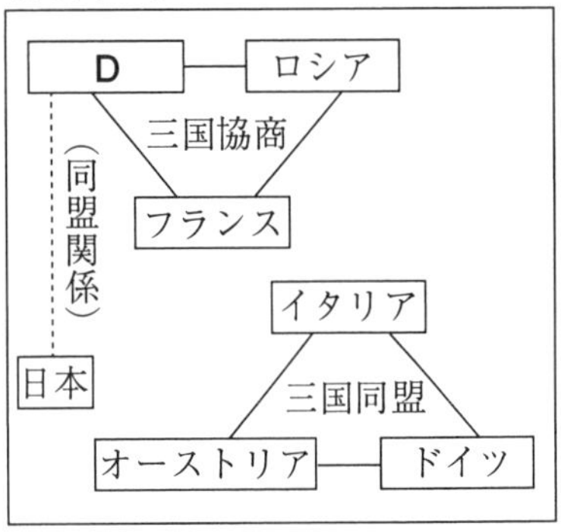

問 13　下線部⑫におこったできごとを示した次の**年表Ⅱ**のうち、日本が国際連盟を脱退《だったい》したのはいつですか。最も適当な時期を、**年表Ⅱ**中の**ア**～**エ**の中から１つ選び、**記号**で答えなさい。

【年表Ⅱ】

1929	アメリカから世界恐慌《きょうこう》が始まりました。
	↓ **ア**
1931	満州《まんしゅう》事変がおこりました。
	↓ **イ**
1936	二・二六事件がおこりました。
	↓ **ウ**
1941	太平洋戦争が始まりました。
	↓ **エ**
1945	日本がポツダム宣言を受諾《じゅだく》しました。

問 14　下線部⑬に関して、戦後の日本で行われた改革の説明として**誤っているもの**を、次の中から１つ選び、**記号**で答えなさい。

ア　戦前の日本の経済を支配していた財閥《ざいばつ》を解体しました。
イ　治安維持法を廃止《はいし》し、政治活動の自由を認めました。
ウ　農地改革《のうちかいかく》を行い、農民にしめる小作人の割合を増やしました。
エ　戦争の責任者が裁判《さいばん》にかけられ、戦争の協力者は公職から追放されました。

問 15　下線部⑭に関して、平成《へいせい》時代のできごととして正しいものを、次の中から１つ選び、**記号**で答えなさい。

ア　日ソ共同宣言　　　**イ**　普通《ふつう》選挙法の制定
ウ　五・四運動　　　**エ**　ＥＵ（ヨーロッパ連合）の発足《ほっそく》

4　**次のⅠ～Ⅲの文を読み、後の問いに答えなさい。**

Ⅰ　1946 年、①大日本帝国《ていこく》憲法を改正する形で日本国憲法が公布されました。大日本帝国憲法で国家の元首であった②天皇は、日本国憲法では日本国の象徴《しょうちょう》となりました。また、日本国憲法は国民主権・③基本的人権の尊重・平和主義を基本原則とする民主的な憲法で、基本的人権は、「侵《おか》すことのできない永久の権利」とされています。

Ⅱ　国会は衆議院《しゅうぎいん》と参議院《さんぎいん》からなり、④衆議院の優越《ゆうえつ》が認められています。また、⑤内閣は国会に対して連帯して責任を負うことになっています。国会議員は⑥選挙によって選ばれた国民の代表ですが、近年は投票率の低下が問題になっています。⑦年代別に見ると、若い世代の投票率が低く、若い世代の声が政治に反映されにくくなるおそれがあります。

Ⅲ　2023 年５月、Ｇ７広島サミットが開催《かいさい》されました。広島市は、第二次世界大戦中に原子爆弾《ばくだん》を投下された都市であることから、⑧核兵器《かくへいき》の廃絶と世界の平和を願う広島市平和推進基本［ X ］が広島市議会の議決により制定されました。広島サミットでは⑨主要先進国の首脳だけでなく、インドやブラジルなどの新興国の首脳も招待されました。

問１　下線部①に関して、次の**資料Ⅰ**は、大日本帝国憲法と日本国憲法の違《ちが》いを示しています。**資料Ⅰ**中の空欄（［ A ］、［ B ］）にあてはまる語句の組み合わせとして正しいものを、下の中から１つ選び、**記号**で答えなさい。

【資料Ⅰ】

大日本帝国憲法	区分	日本国憲法
天皇主権	主権	国民主権
天皇の協賛機関	国会	［ A ］の最高機関
［ B ］の定める範囲《はんい》内で保障	人権	侵すことのできない永久の権利

ア　A－国家　　B－法律　　**イ**　A－国家　　B－憲法

ウ　A－国権　　B－法律　　**エ**　A－国権　　B－憲法

問２　下線部②に関して、天皇の国事行為《こくじこうい》として正しいものを、次の中から１つ選び、**記号**で答えなさい。

ア　内閣総理大臣の指名　　　　**イ**　条約の承認《しょうにん》
ウ　憲法改正の発議　　　　　　**エ**　最高裁判所長官の任命

問３　下線部③に関して、次の日本国憲法の条文のうち、自由権に**ふくまれないもの**を、次の中から１つ選び、**記号**で答えなさい。

ア　何人も、いかなる奴隷的拘束《どれいてきこうそく》も受けない。又、犯罪による処罰の場合を除いては、その意に反する苦役《くえき》に服させられない。
イ　すべて国民は、健康で文化的な最低限度の生活を営む権利を有する。
ウ　何人も、公共の福祉《ふくし》に反しない限り、居住、移転及《およ》び職業選択《せんたく》の自由を有する。
エ　検閲《けんえつ》は、これをしてはならない。通信の秘密は、これを侵してはならない。

問４　下線部④についての説明として正しいものを、次の中から１つ選び、**記号**で答えなさい。

ア　衆議院は参議院よりも任期が長く議員数も多いため、より大きな権限を与《あた》えられています。
イ　衆議院と参議院が異なる議決をした場合、必要に応じて公聴会《こうちょうかい》が開かれ、話し合いが行われます。
ウ　法律案の議決と条約の承認については、衆議院が先に審議《しんぎ》する権限が認められています。
エ　法律案の議決では、参議院が否決した場合でも、衆議院が３分の２以上の賛成で再可決すると成立します。

問５　下線部⑤に関して、次の**資料Ⅱ**は、内閣不信任案の可決後の流れを示しています。**資料Ⅱ**中の空欄（ C ）にあてはまる**語句**を答えなさい。

【資料Ⅱ】

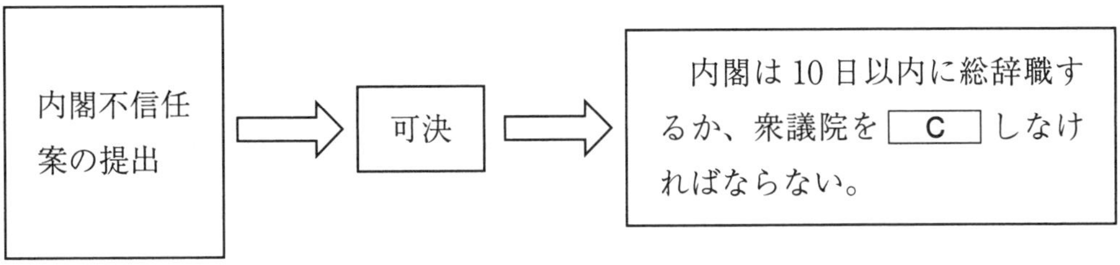

問６　下線部⑥に関して、公正な選挙の原則のうち、「全員が無記名で投票する」という内容にあてはまるものを、次の中から１つ選び、**記号**で答えなさい。

ア　平等選挙　　**イ**　秘密選挙　　**ウ**　普通選挙　　**エ**　直接選挙

問７　下線部⑦に関して、右の**資料Ⅲ**は、日本の年代別人口割合の推移を示しています。**資料Ⅲ**中の**A**～**C**にあてはまるものの組み合わせとして正しいものを、次の中から１つ選び、**記号**で答えなさい。

【資料Ⅲ】

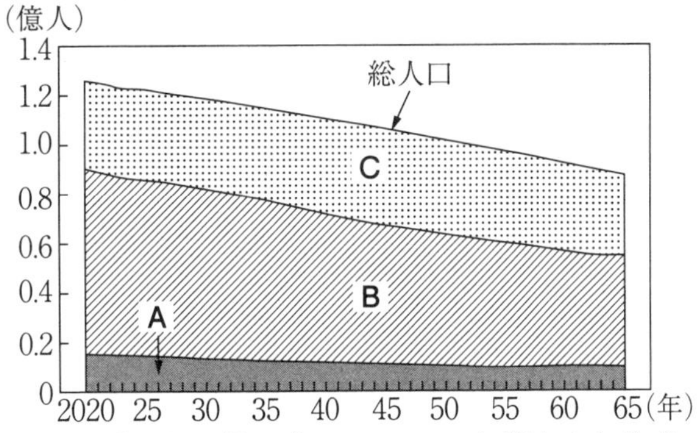

＜「日本国勢図会　2023/24 年版」より作成＞

ア　**A**－０～14歳　　**B**－15～64歳　　**C**－65歳以上
イ　**A**－０～14歳　　**B**－65歳以上　　**C**－15～64歳
ウ　**A**－15～64歳　　**B**－０～14歳　　**C**－65歳以上
エ　**A**－15～64歳　　**B**－65歳以上　　**C**－０～14歳

問８　下線部⑧に関して、日本の核兵器政策である非核三原則の内容として**あてはまらないもの**を、次の中から１つ選び、**記号**で答えなさい。

ア　核兵器を持たない　　**イ**　核兵器をつくらない
ウ　核兵器を使用させない　　**エ**　核兵器を持ちこませない

問９　空欄（ X ）にあてはまる、地方議会で制定されるその地域のみに適用される決まりの**名称**を答えなさい。

問10　下線部⑨に関して、次の**資料Ⅳ**は、広島サミットに参加した国のうち、フランス、イタリア、インド、ブラジルの人口（2023年以降は予測）を示しています。インドにあてはまるものを、**資料Ⅳ**中の**ア**～**エ**の中から１つ選び、**記号**で答えなさい。

【資料Ⅳ】　（千人）

	2020年	2030年	2050年
ア	1380004	1514994	1670491
イ	212559	223909	230886
ウ	65274	65543	65827
エ	60462	57544	52250

＜「世界国勢図会　2022/23年版」などより作成＞

【理　科】〈第1回一般試験〉(30分)〈満点：50点〉

1 **次のうちから，最も適したものを一つ選び記号で答えなさい。**

(1) 右の図のように，はち植えの植物にポリエチレンの袋《ふくろ》をかぶせて輪ゴムでしばって密閉し，光の当たらない場所にしばらく置きました。しばらく置いたあと，袋の中の気体を調べたとき，この気体についての説明として正しいものはどれですか。

ア．放置する前と比べて，窒《ちっ》素が増え，二酸化炭素が減っている。
イ．放置する前と比べて，窒素が増え，酸素が減っている。
ウ．放置する前と比べて，二酸化炭素が増え，窒素が減っている。
エ．放置する前と比べて，二酸化炭素が増え，酸素が減っている。
オ．放置する前と比べて，酸素が増え，窒素が減っている。
カ．放置する前と比べて，酸素が増え，二酸化炭素が減っている。

(2) 右の図は，正面から見たヒトの心臓《しんぞう》の断面のようすを模式的《もしきてき》に示したもので，A～Dは4つの部屋を示しています。酸素を多く含《ふく》む血液が流れている部屋の組み合わせとして正しいものはどれですか。

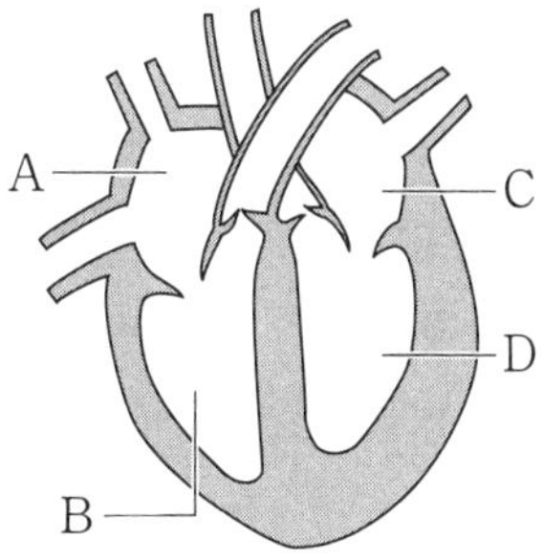

ア．AとB　　イ．AとC
ウ．BとD　　エ．CとD

(3) インゲンマメの種子を用意して，下の表の条件A～Fのもとで発芽するかどうかを調べました。インゲンマメの種子が発芽したものの組み合わせとして正しいものはどれですか。

条件	A	B	C	D	E	F
水の有無	有	有	有	有	なし	なし
日光の有無	有	なし	有	有	有	なし
空気の有無	有	有	なし	有	有	なし
温度	20℃	20℃	20℃	5℃	5℃	5℃

ア．AとB　　イ．AとC　　ウ．AとD
エ．AとBとC　　オ．AとBとD　　カ．EとF

（4） 下の図は，プランクトンを模式的に表したものです。植物プランクトンの組み合わせとして正しいものはどれですか。

A
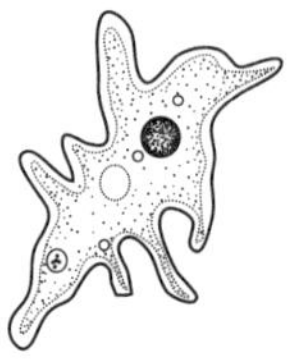
アメーバ

B

アオミドロ

C
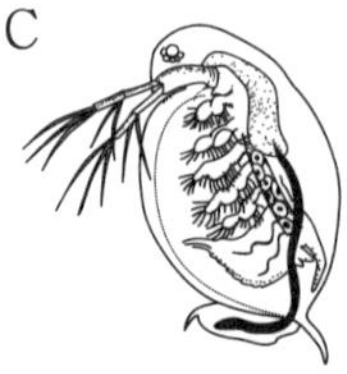
ミジンコ

D
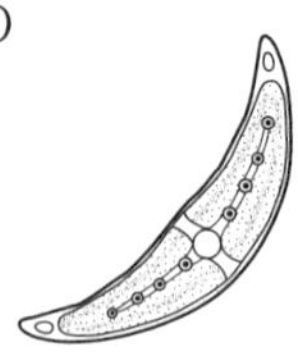
ミカヅキモ

ア．ＡとＢ　　イ．ＡとＣ　　ウ．ＡとＢとＤ
エ．ＢとＣ　　オ．ＢとＤ　　カ．ＢとＣとＤ

（5） オスのメダカの特徴《ちょう》として正しいものはどれですか。
ア．背《せ》びれに切れこみがあり，メスよりもしりびれの幅《はば》がせまくなっている。
イ．背びれに切れこみがあり，メスよりもしりびれの幅が広くなっている。
ウ．背びれに切れこみがなく，メスよりもしりびれの幅がせまくなっている。
エ．背びれに切れこみがなく，メスよりもしりびれの幅が広くなっている。

（6） ある日の午後９時にオリオン座《ざ》が真南の空に見えました。その１か月後に，同じ地点でオリオン座が真南の空に見える時刻《じこく》として正しいものはどれですか。
ア．午後７時　　イ．午後８時　　ウ．午後10時　　エ．午後11時

（7） 下の表は，気温と飽和《ほうわ》水蒸気量の関係を示したものです。また，標高が100m高くなるごとに気温が0.65℃下がることがわかっています。地上における気温が19℃で，１m^3に12.1gの水蒸気を含む空気は，地上から何ｍ上昇《じょうしょう》したときに雲ができ始めますか。

気温〔℃〕	10	12	14	16	18	20
飽和水蒸気量〔g/m^3〕	9.4	10.7	12.1	13.6	15.4	17.3

ア．約330m　　イ．約550m　　ウ．約770m　　エ．約990m

（8） 右の図のように，２つの容器に砂と水を同じ高さになるように入れ，容器の間に火のついた線香《せんこう》を立てました。この容器に水そうをかぶせて日当たりのよい場所に置いたときの線香の煙《けむり》の動きを矢印で表したものとして正しいものはどれですか。

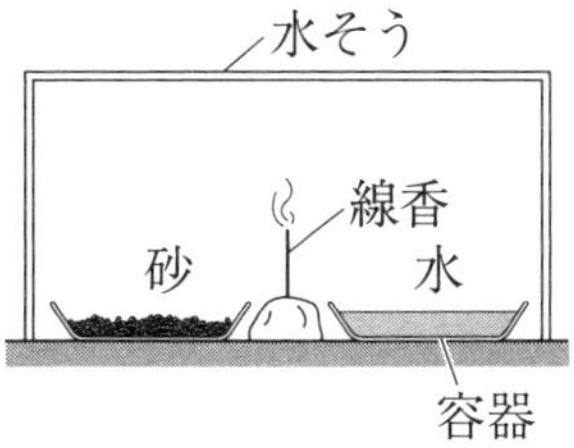

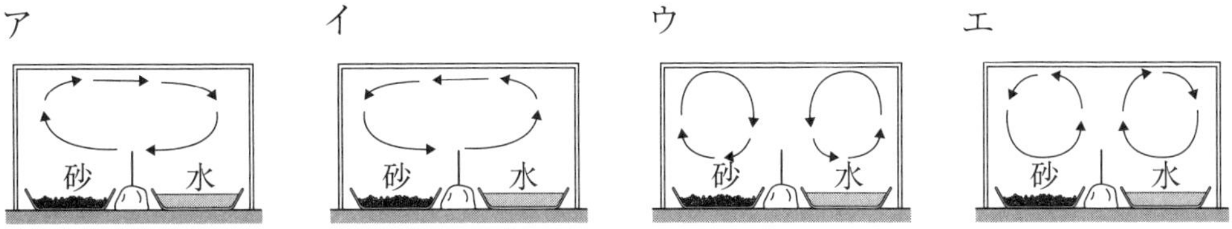

（9） 右の図のように，直角に交わるように線を引いた記録用紙の交点Ｐに棒《ぼう》を垂直《すいちょく》に立て，日当たりのよい水平な場所に線と方位を合わせて置きました。夏至《げし》の日の午前８時から午後４時までの１時間ごとに，棒の影《かげ》の先端《せんたん》の位置を記録した点をなめらかな線でつないだものとして正しいものはどれですか。

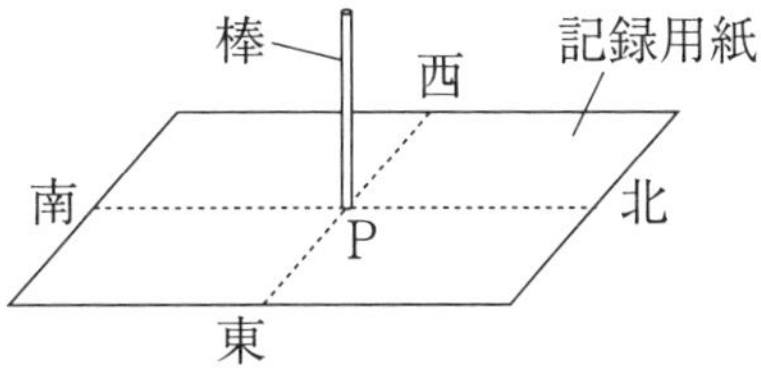

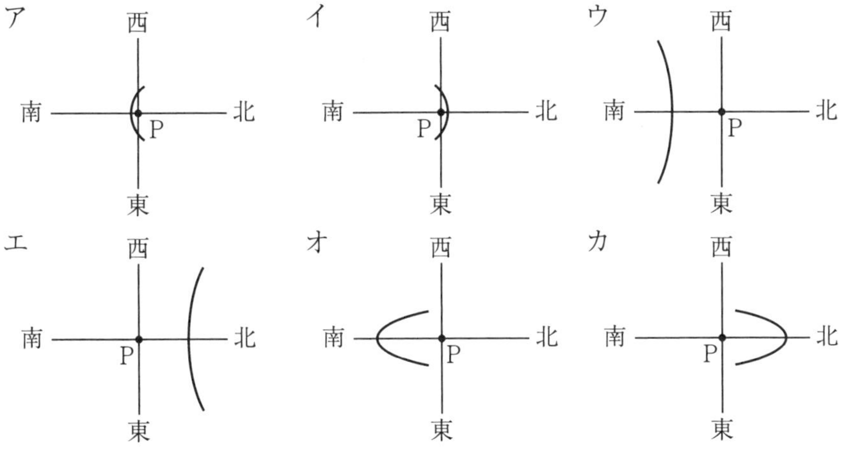

（10） 右の図は，盛《も》り上がった形をした火山を模式的に表したものです。このような形の火山のマグマと溶岩《ようがん》の特徴について説明したものとして正しいものはどれですか。

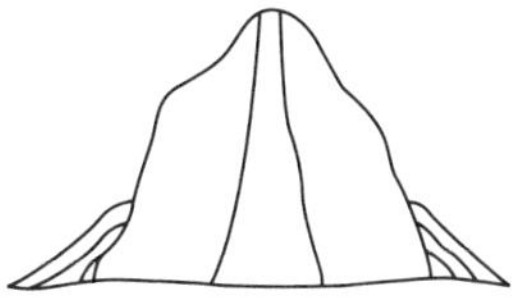

ア．マグマのねばりけは強く，溶岩は白っぽいものが多い。
イ．マグマのねばりけは強く，溶岩は黒っぽいものが多い。
ウ．マグマのねばりけは弱く，溶岩は白っぽいものが多い。
エ．マグマのねばりけは弱く，溶岩は黒っぽいものが多い。

(11)　アルミニウムと鉄の性質について説明したものとして正しいものはどれですか。

ア．アルミニウムと鉄は，水酸化ナトリウム水溶液《すいようえき》と薄《うす》い塩酸のどちらにも溶《と》ける。

イ．アルミニウムと鉄は，水酸化ナトリウム水溶液と薄い塩酸のどちらにも溶けない。

ウ．アルミニウムは水酸化ナトリウム水溶液と薄い塩酸のどちらにも溶けるが，鉄は水酸化ナトリウム水溶液には溶けない。

エ．アルミニウムは水酸化ナトリウム水溶液と薄い塩酸のどちらにも溶けるが，鉄は薄い塩酸には溶けない。

オ．鉄は水酸化ナトリウム水溶液と薄い塩酸のどちらにも溶けるが，アルミニウムは水酸化ナトリウム水溶液には溶けない。

カ．鉄は水酸化ナトリウム水溶液と薄い塩酸のどちらにも溶けるが，アルミニウムは薄い塩酸には溶けない。

(12)　薄い塩酸と水酸化ナトリウム水溶液をさまざまな割合で混ぜ合わせ，緑色にしたＢＴＢ溶液を加えて水溶液の色を調べました。下の表はその結果を示したものです。このとき用いたものと同じ薄い塩酸と水酸化ナトリウム水溶液を混ぜ合わせ，緑色にしたＢＴＢ溶液を加えたときのようすとして正しいものはどれですか。

薄い塩酸の体積〔mL〕	20	20	20	20	20
水酸化ナトリウム水溶液の体積〔mL〕	10	20	30	40	50
水溶液の色	黄色	黄色	黄色	緑色	青色

ア．薄い塩酸 15mL に水酸化ナトリウム水溶液 25mL を加えると，水溶液の色は緑色になる。

イ．薄い塩酸 25mL に水酸化ナトリウム水溶液 50mL を加えると，水溶液の色は青色になる。

ウ．薄い塩酸 30mL に水酸化ナトリウム水溶液 50mL を加えると，水溶液の色は黄色になる。

エ．薄い塩酸 40mL に水酸化ナトリウム水溶液 50mL を加えると，水溶液の色は青色になる。

(13)　右の図のように，水を張《は》ったバットの上に，火のついたろうそくを立て，集気びんをかぶせました。このときの集気びんの中の水面の位置の変化として正しいものはどれですか。

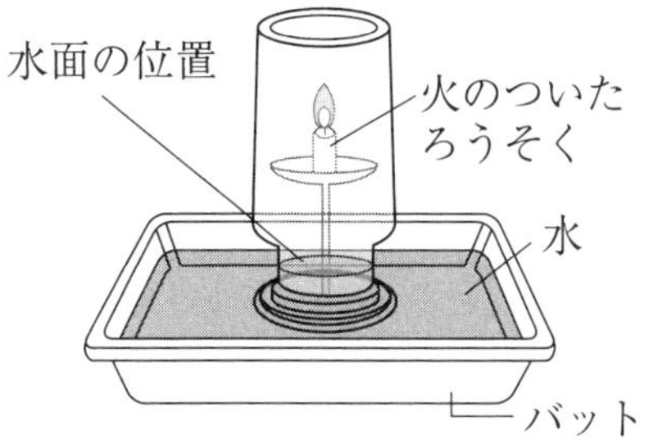

ア．水面の位置は変わらない。
イ．水面の位置がしだいに低くなる。
ウ．水面の位置がしだいに高くなる。
エ．水面の位置は低くなったり，高くなったりをくり返す。

(14)　Ａ～Ｄの操作《そうさ》のうち，気体が発生する組み合わせとして正しいものはどれですか。

Ａ　鉄を湯につけてあたためる。
Ｂ　二酸化マンガンに薄い過酸化水素水を加える。
Ｃ　炭酸水素ナトリウムを熱する。
Ｄ　食塩と砂糖《さとう》の粉末を混ぜ合わせる。

ア．ＡとＢ　　イ．ＡとＣ　　ウ．ＡとＤ
エ．ＢとＣ　　オ．ＢとＤ　　カ．ＣとＤ

(15)　下の図のように，金属板のＡ～Ｄの位置にろうを塗《ぬ》り，「×」の部分を熱しました。このとき，ろうが融《と》ける順として正しいものはどれですか。ただし，破線は同心円の一部を表しています。

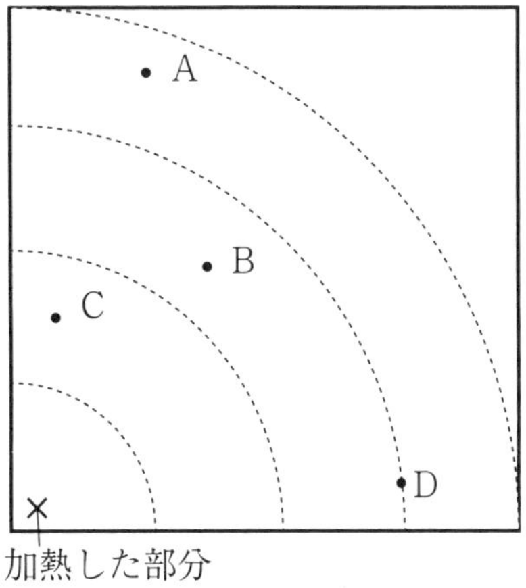

ア．Ａ→Ｂ→Ｃ→Ｄ　　イ．Ａ→Ｄ→Ｂ→Ｃ　　ウ．Ｃ→Ｂ→Ａ→Ｄ
エ．Ｃ→Ｂ→Ｄ→Ａ　　オ．Ｄ→Ｃ→Ｂ→Ａ

(16)　右の図のように，透明な円筒《えんとう》にゴム膜《まく》を取りつけた器具を，水を張った水そうに沈《しず》めました。このときのゴム膜のようすとして正しいものはどれですか。

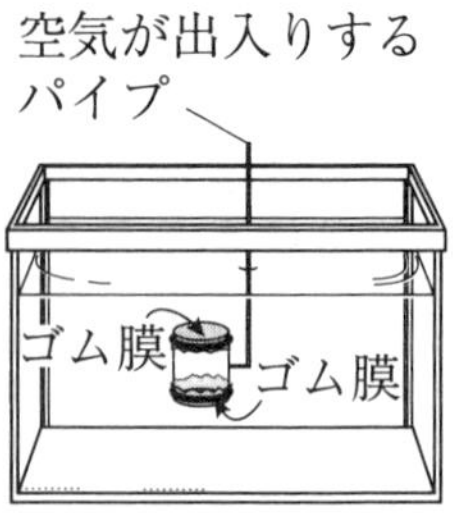

ア　イ　ウ　エ

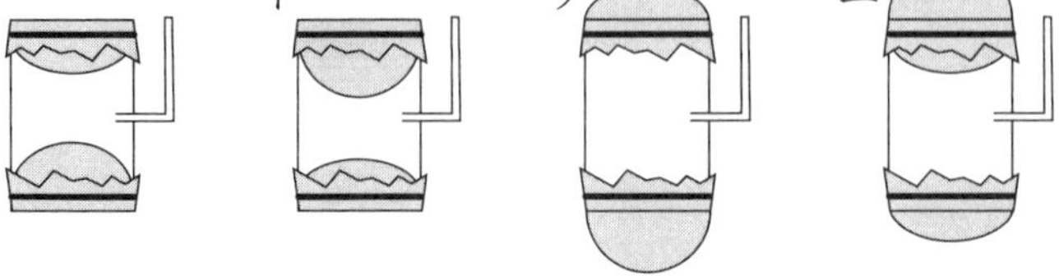

(17)　右の図のように，ばねばかりにおもりをつるし，水に沈めていきました。水に沈める前のばねばかりが示す値《あたい》をA，おもりの半分を水に沈めたときにばねばかりが示す値をB，おもりの全体を水に沈めたときにばねばかりが示す値をCとしたとき，これらの大きさの関係を等号，不等号を用いて表したものとして正しいものはどれですか。ただし，おもりは底《そこ》につかないものとします。

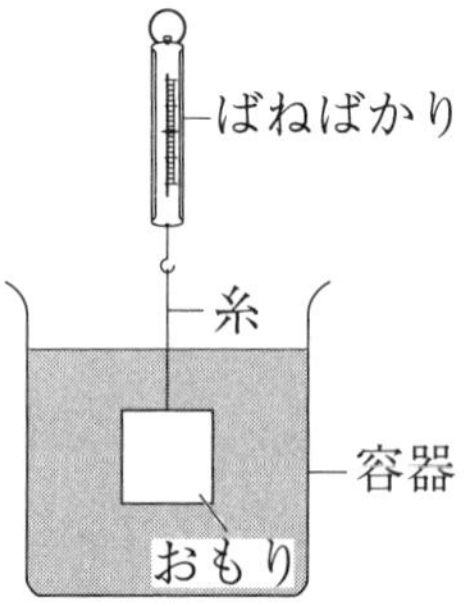

ア．A＝B＝C　　イ．A＞B＞C

ウ．A＞B＝C　　エ．C＞B＞A

オ．C＝B＞A

(18)　地球を一つの磁石《じしゃく》として考えたとき，方位磁針《じしん》の振《ふ》れ方から地球のN極がある方位はどれですか。

ア．東　　イ．西　　ウ．南　　エ．北

(19)　スイッチを入れて回路に電流を流したとき，プロペラつきモーターが最も勢いよく回転する回路はどれですか。ただし，回路に用いた乾電池《かんでんち》はどれも同じ種類の新しいものを使ったものとします。

ア　イ　ウ　エ

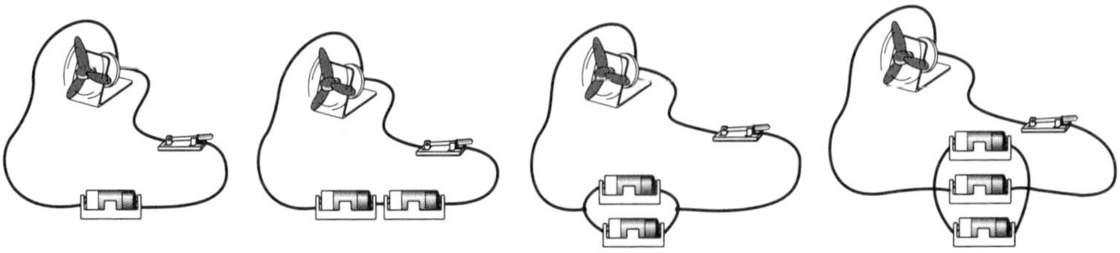

(20)　右の図のように，定滑車《かっしゃ》と動滑車を組み合わせた装置《そうち》をつくり，おもりを地面から 80cm の高さまで持ち上げました。このとき，糸を引いた距《きょ》離《り》として正しいものはどれですか。

ア．20cm　　イ．40cm

ウ．80cm　　エ．160cm

オ．320cm

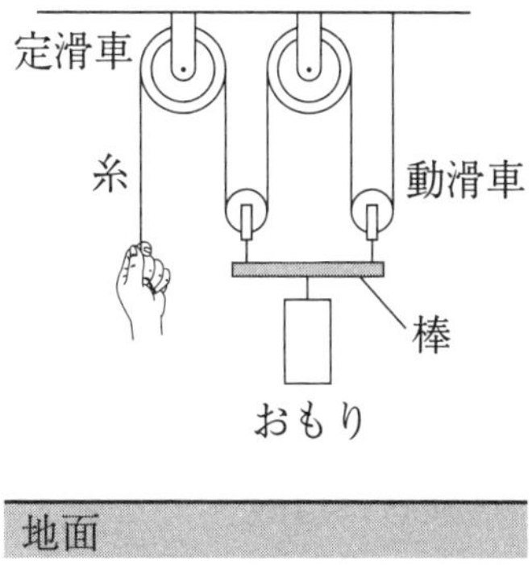

2　石灰石《せっかいせき》の粉末 4.0g を薬包紙にとったものと，ある濃度《のうど》の塩酸 A 10mL を入れたビーカーを用意し，図１のように，これらの全体の質量を測定しました。次に，石灰石の粉末すべてを塩酸 A に加えたところ，気体が発生し，気体の発生が止まってから，図２のように，再《ふたた》び全体の質量を測定しました。同じ操作を塩酸 A の体積を変えて行い，その結果を表１にまとめました。また，別のビーカーに塩酸 B を用意して同様の実験を行い，その結果を表２にまとめました。これについて，あとの問いに答えなさい。

図１

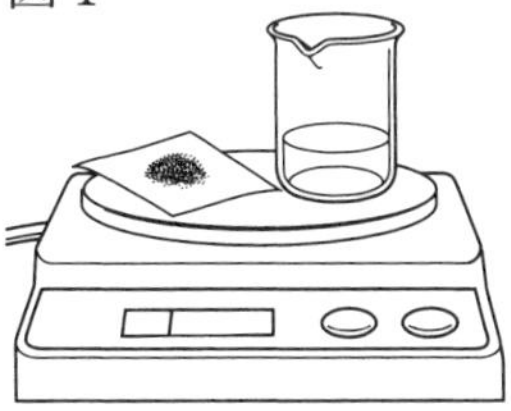

図２

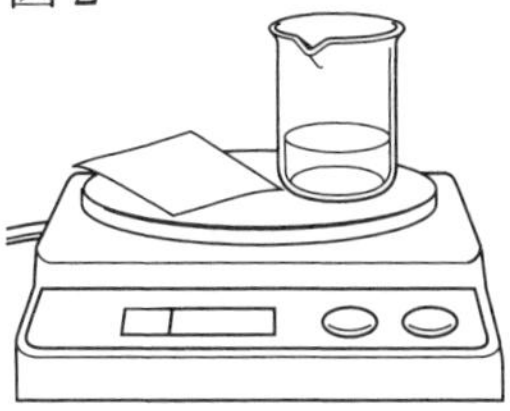

表１

加えた塩酸Aの体積〔mL〕	10	20	30	40	50	60	70
反応前の全体の質量〔g〕	74.20	84.40	94.60	104.80	115.00	125.20	135.40
反応後の全体の質量〔g〕	73.85	83.70	93.54	103.39	113.24	123.44	133.64

表２

加えた塩酸Bの体積〔mL〕	10	20	30	40	50	60	70
反応前の全体の質量〔g〕	74.50	85.00	95.50	106.00	116.50	127.00	137.50
反応後の全体の質量〔g〕	73.62	83.24	93.74	104.24	114.74	125.24	135.74

（１） 実験で発生した気体は何ですか。

（２） 実験から，塩酸Ａ，Ｂの濃度についてわかることとして正しいものはどれですか。

ア．塩酸Ａと塩酸Ｂの濃度は同じである。

イ．塩酸Ａは塩酸Ｂよりも濃い。

ウ．塩酸Ｂは塩酸Ａよりも濃い。

エ．実験からは塩酸Ａ，Ｂの濃度の大小はわからない。

（３） 実験から，加えた塩酸Ａの体積と発生した気体の質量の関係を表したグラフとして正しいものはどれですか。

ア

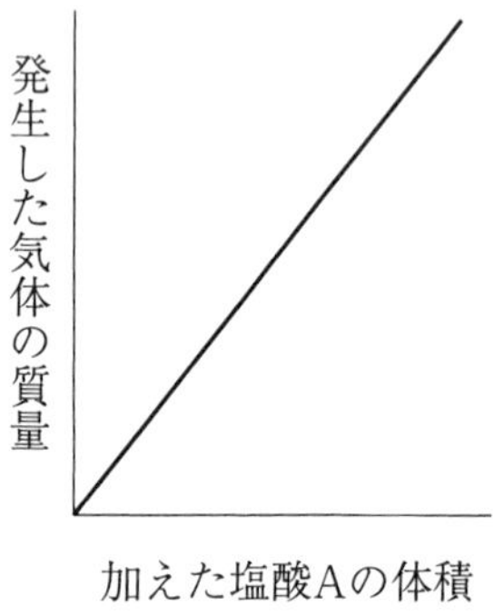

イ

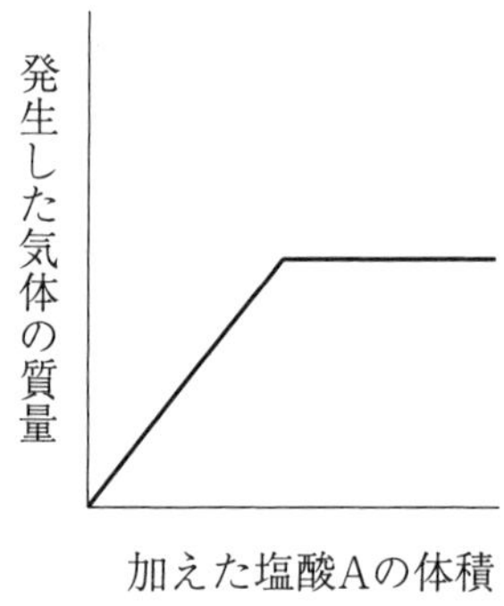

ウ

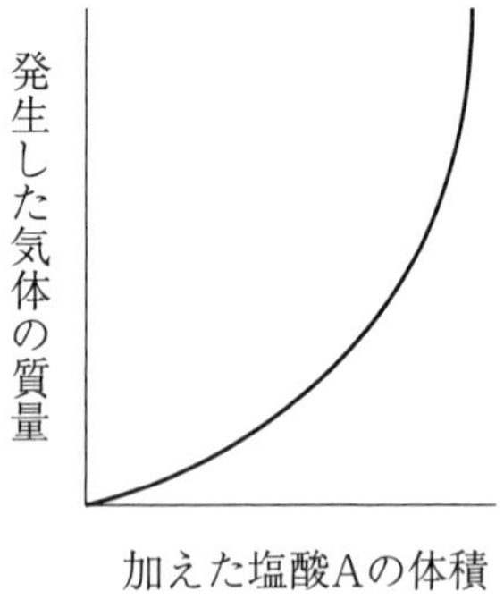

エ

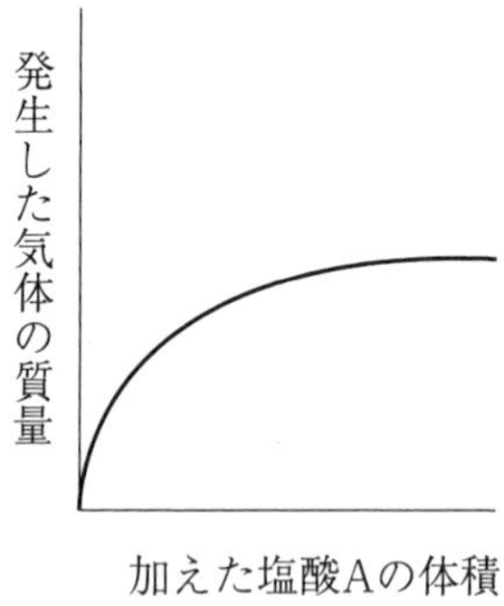

（４） 石灰石の粉末 1.6g とちょうど反応する塩酸Ａの体積は何 mL ですか。

（５） 石灰石の粉末 5.0g と塩酸Ａ 15mL，塩酸Ｂ 15mL をすべて混ぜ合わせて反応させたとき，発生する気体の質量は何 g ですか。

３　**唾液《だえき》のはたらきについて調べるために行った実験について，あとの問いに答えなさい。**

（実験１）　試験管Ａ～Ｄを用意し，それぞれにでんぷん溶液を２mLずつ加えた。右の図のように，試験管Ａ，Ｂには水で薄めた唾液を，試験管Ｃ，Ｄには水を２mLずつ加えて約40℃の湯につけて10分間あたためた。そのあと，試験管Ａ，Ｃはヨウ素液を加え，試験管Ｂ，Ｄはベネジクト液を加えて加熱して①水溶液のようすを調べた。

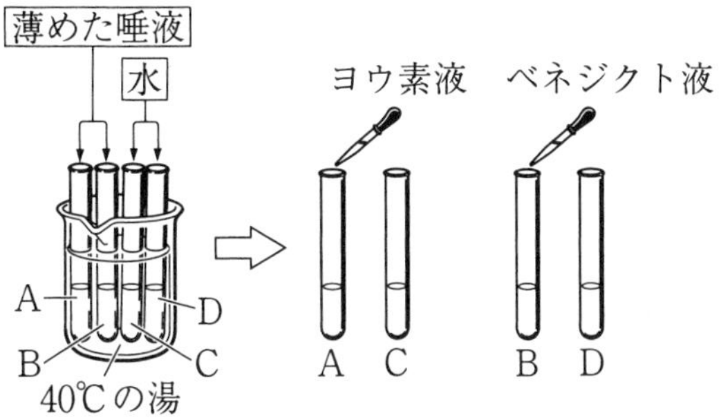

（実験２）　試験管Ｅ，Ｆを用意し，それぞれにでんぷん溶液を２mLと水で薄めた唾液を２mLずつ加えた。そのあと，試験管Ｅは約80℃の湯に，試験管Ｆは約５℃の冷水に10分間つけてからヨウ素液を加えた水溶液のようすを調べた。このとき，②どちらの試験管でも水溶液が青紫《あおむらさき》色になった。さらに，ヨウ素液を加えたあとの試験管Ｅ，Ｆを約40℃の湯に10分間つけたところ，試験管Ｅの水溶液のみが青紫色のままだった。

（１）　唾液のように，体内に取りこんだ食べ物を体に吸収《きゅうしゅう》されやすい養分に変化させるはたらきをもつ液を何といいますか。

（２）　下線部①について，試験管Ｂで見られた変化として正しいものはどれですか。

ア．青紫色に変化した。　　　イ．赤褐色《せきかっしょく》に変化した。

ウ．白色に変化した。　　　エ．変化しなかった。

（３）（実験１）で，唾液のはたらきによってでんぷんがなくなったことを確かめるには，どの試験管の結果を比べればよいですか。

（４）　下線部②から，唾液のはたらきについてどのようなことがいえますか。温度に着目して，簡単《かんたん》に説明しなさい。

（５）（実験２）の結果から，唾液のはたらきとして正しいものはどれですか。すべて選びなさい。

ア．唾液は一度80℃にあたためると，その後約40℃の湯につけてもはたらかなくなる。

イ．唾液は80℃にあたためても，その後約40℃の湯につけるとはたらきを示す。

ウ．唾液は一度５℃に冷やすと，その後約40℃の湯につけてもはたらかなくなる。

エ．唾液は５℃に冷やしても，その後約40℃の湯につけるとはたらきを示す。

四 **次の熟語《じゅくご》の対義語（意味が反対や対《つい》になる言葉）を、後の［　　］のカタカナの中からそれぞれ一つずつ選び、漢字に直して答えなさい。**

① 運動　② 閉鎖《へいさ》　③ 安全　④ 温和　⑤ 差別

ビョウドウ　キケン　ランボウ　セイシ　カイホウ

五 **次の傍線部《ぼうせんぶ》のカタカナを、それぞれ漢字に直しなさい。**

① 品物をきれいな紙でホウソウする。
② フンキして勉学にはげむ。
③ 倉庫に食糧《しょくりょう》をチョゾウする。
④ 受付でコートをアズける。
⑤ 夕日で赤くソまった空が美しい。

三　次の（　）に漢字一字をそれぞれ当てはめて、慣用句を使った文を完成させなさい。また、その慣用句の意味を、後からそれぞれ一つずつ選び、記号で答えなさい。

① 妹のかいた絵が賞をとったので、私《わたし》も姉として（　　）が高い。
② とつぜんの報告に、室内は蜂《はち》の（　　）をつついたようだった。
③ 田中《たなか》さんが転校するなんて寝耳《ねみみ》に（　　）だ。
④ たいていの人が（　　）を上げるほどつらい練習を、彼《かれ》は乗りこえた。
⑤ 根も（　　）もないうわさをうかつに信じてはいけない。

ア　手をつけられないほどの大さわぎになる。
イ　根拠《こんきょ》となるものが全くない。
ウ　話を聞くだけで腹立《はらだ》たしい。
エ　無責任に物事を投げ出す。
オ　がまんできずに弱気なことを言う。
カ　得意でほこらしい。
キ　とつぜんの思いがけない話におどろく。

問４　③「だからくずれたのかな。テツヨンは」とあるが、「ぼく」はテツヨンがくずれたのはなぜだと考えているか。六十五字以上七十五字以内で説明しなさい。（句読点・記号がある場合は一字に数える。）

問５　④「ため息をつく」とあるが、「ぼく」がため息をついたのは、何を見て、どのようなことに気づいたからか。七十字以上八十字以内で説明しなさい。（句読点・記号がある場合は一字に数える。）

問６　本文の表現と内容の説明として最も適切なものを、次の中から選び、記号で答えなさい。

ア　現在の場面と過去の場面を交互《こうご》に描《えが》き、おたがいの短所が気にならなかったころと、けんかが多くなったころのテツヨンの姿《すがた》を対比することで、テツヨンの関係が急激《きゅうげき》に悪化した様子をあざやかに表現している。

イ　会話やチャットによるやりとりを中心に物語を進めることで、テツヨンのメンバーそれぞれの仲間に対する気づかいと、その気づかいが少しずつ薄《うす》れて気持ちがはなれていく様子を細やかに表現している。

ウ　会話をするような「ぼく」の語りを通して「ぼく」の思いを表現することで、テツヨンのことが気になってゆれ動く気持ちや、自分たちの関係を改めてふり返る様子を率直《そっちょく》に描いている。

エ　たとえの表現や同じ言葉をくりかえす表現を多く使うことによって、「ぼく」がテツヨンの仲間たちと決別して、自分なりの新しい交友関係を前向きにつくっていく様子を印象的に描いている。

（注３）シンセイ……申請《しんせい》。許可を願い出ること。
（注４）ウンチク……ある分野に関してたくわえた深い知識。
（注５）マニアック……一つのことに異様《いよう》に熱中しているさま。

問１　本文中の空欄《くうらん》に当てはまる言葉として最も適切なものを、次の中から選び、記号で答えなさい。
ア　妙《みょう》にうれしかった　　イ　とても興味深かった
ウ　なんだか重かった　　エ　ひどくうらめしかった

問２　①「ぼくのウラガワ」とあるが、「ぼく」の心の中のどのような面を指しているか。「友情」という言葉を使って、三十字以上四十字以内で説明しなさい。（句読点・記号がある場合は一字に数える。）

問３　②「チャットの履歴を、最初からずっと読みかえしてみた」とあるが、このときの「ぼく」についての説明として最も適切なものを、次の中から選び、記号で答えなさい。
ア　テツヨンのきずなが失われてしまったことに合点《がてん》がいかず、その理由をさぐるための手がかりを求めている。
イ　テツヨンの仲間と仲直りをしたいと強く望み、大樹たちともう一度話すきっかけが見つかることを期待している。
ウ　きずなを取りもどすことをあきらめ、仲が良かったころのチャットの会話を読んで思い出にひたっている。
エ　テツヨンの仲間の様子を知りたくて、チャットに新たにだれかが書きこんでいないかどうか確かめている。

最近ますます遠い存在《そんざい》になってきた旬を、ぼくはながめる。

ただモテたい一心で料理をやっているんじゃなくて、たぶん本当に料理が好きなんだよな。でも、旬の料理のウンチク（注４）を、ちゃんと聞いてあげたことがあったっけ？

こんなことをいわれたことがある。

「トールとしゃべってるとさ、なんか手応えがないんだよな。なにいっても、軽く受け流すだけなんだもん。しゃべりがいがないよ」

だって「そんな話、キョーミないよ」なんていえないじゃん。ケンカしたくないし。軽く受け流す以外、どうすればよかったんだ？

けどさ、ぼくの宇宙の話だって、旬や万千は聞きたがらなかったじゃないか。おたがいさまだよ。

第一、旬の料理の話はどんどんマニアック（注５）になっていって、ぼくには退屈《たいくつ》だったんだから。

で、旬は今、となりの席の子と、料理の本を見ながら楽しそうに話をしている。そりゃそうだよね。同じしゅみなら、気が合うに決まってる。つきあいの長さより、質が大事だよな。

④ため息をつくと同時に、休み時間終了《しゅうりょう》のチャイムが鳴った。

（佐藤《さとう》まどか『月にトンジル』より）

（注１）グループチャット……インターネット上で、複数の人と会話できるサービス。

（注２）履歴……ここでは、チャットにおける今までの会話の記録。

それからも、大樹が書きこむときは、ほとんどグチだった。まるで大阪の学校生活では楽しいことがひとつもないみたいだった。

それに、大樹の大阪弁は語尾《ごび》だけそれっぽい感じで、なんか変だった。最初はちょっとウケたけど、だんだん笑えなくなったし。

でも、ちゃんと読み返してみると、旬もきついこと書いてたし、ぼくもちっとも親身になって聞いてあげていなかった。たいてい「マジ?」「大変だね」「がんばれよ」なんて、あっさり返してた。だって、なんといっていいかわかんなくて。

ぼくらは、大樹のグチを軽く受け流してしまったんだ。だから大樹は気まずくなって、大阪の新しい友だちとつきあうことを選んだのかもしれない。

今まで、大樹はめったなことで弱音をはくようなヤツじゃなかった。でも、知らない場所で、なかなかなじめなくて、ぼくらに話を聞いてもらいたかったはずなんだ。

ぼくらは今まで、大樹のなにを見ていたんだろう?

オモテだけ見ていたのかもしれない。月ならウサギのいるほうだ。いつも楽しそうにしているほう。強気で、明るくて、前向きで、親分肌《はだ》の大樹。

そして、大樹のウラガワは見ていなかった。なんかうしろ向きで、グチっぽくなっている弱い大樹……。

もしかしてぼくら三人は、そんな大樹のウラガワを見てしまって、なんだかチャットでダイキをいづらくしてしまっていたのかもしれない。オモテウラなんてないと思ってた大樹の、じめじめした暗いウラガワを発見してしまったから。

本当は、それもふくめて大樹のはずなのに、ぼくたちは、受けとめることができなかった。

③だからくずれたのかな。テツヨンは。

こんなに長い年月いっしょにいたのに、相手のウラガワもひっくるめてつきあえないなんて、それこそ電池が切れたら針《はり》がパッと消えちゃうウソの針の時計と同じだ。表向きは友だちみたいな顔して、いざとなったら本当の友情はなにもなかった……。

万千　ツボかぁ！

旬　ま、それはしょーがないんじゃない？

大樹　みんなが笑ってるから、しらけてたらあかん思うて、ムリに笑ってごまかしたら、「ぜんぜんわかってないやろ」とかいわれたンヤ！
あとな、江戸前寿司《えどまえずし》のほうがうまいってうっかり口がすべったら、みんなにせめられたンヤ。

旬　そんなやつら、ほっとけば？

大樹　そんなわけにいくかいな。それじゃオレひとりぼっちになってまうやんか。

徹　だよなぁ。

万千　いいじゃん。ひとりでも。変なやつらといるより、いいんじゃない？

大樹　いや、変ていうか、ちがうってことや。

旬　ムリに合わせることないだろ。

大樹　そりゃそうやけど。そうカンタンにいうなて。

旬　じゃ、どういってほしいわけ？　毎日おまえのグチ話聞いてやってるだけでもいいじゃん？

大樹　なんや、その上から目線！

徹　そういえば、グチとガチは似てるよね。

三人　似てねー。

旬　とにかくさー、ダイキ、もういいかげん、その変な関西ふうやめろよ。なんかわざとらしいね。それにここは東京《とうきょう》だぜぃ！

側のななめ前の女子だったり。

大樹はどうしてるかな。今ごろあいつも、新しい仲間とワイワイ楽しくやっているんだろうな。でも……。

テツヨンがくずれた本当の理由は、なんだったんだろう。

大樹が引っ越してから、ぼくらは最初、グループチャットで毎日やりとりしていた。

大樹は大阪の学校にとけこもうと必死だったらしくて、不自然な大阪弁まじりでチャットをしていた。

そのうち、ぼくらの毎日のチャットは二日おきになり、しばらくすると週一になった。

二か月後には月一、二回になり、ついにだれもチャットしなくなった。

せめてぼくだけは書きこもうかと思ったけど、だれも反応しないのに書くなんてあまりにむなしいから、できなかった。

念のために毎日チェックはしたけど、そのうちに見に行くのもやめた。

そして昨日の夜、②チャットの履歴《りれき》（注2）を、最初からずっと読みかえしてみた。

本当に大樹が空気を読まずに、グチばかり書いたせいなのか、それともほかになにか原因があったのか。

それがわからないと、どうにも納得《なっとく》できない。

横であみものをしているかあちゃんに、「もう時間切れ」ってなんどかいわれたけど、延長《えんちょう》願いをシンセイ（注3）して、とにかくぜんぶ読みかえした。

大阪に引っ越してからしばらく、テツヨンのチャットに、大樹はグチばかり書きこんでいた。

大樹　**笑いのツボがちがうらしくて、どうもオレは笑えないことが多いネン。**

徹　**だろうなー。わかる気がする。**

ぼくが旬や万千とうまくいかなくなったのも、大樹のせいだって思いこもうとしている。

自然のなりゆきかもしれないのに。

それどころか、もしかするとぼくのせいかもしれないのに。

でも、自分のせいだなんて、思いたくない。

もともとテツヨンがたいした仲間じゃなかったなんて、もっと思いたくない。

そりゃ大樹のせいじゃないけど、大樹がいなくなったことがきっかけになったのは本当だ。やっぱり大樹は引っ越すべきじゃなかったんだ。

結局たどりつくのは、そこだ。

もしかして、これが①ぼくのウラガワなのかな。これが本音だとすると、ぼくはものすごくイヤなヤツだ。東がいってくれた、さわやかスポーツマンなんていうぼくのイメージは、大ウソだ。

もし、暗くてじめじめどろどろしたウラが、オモテをシンリャクしていって、オモテとウラが入れかわっちゃったらどうしよう?

教室の反対側から、キャハハ、というかん高い笑い声が聞こえてきた。万千だ。女同士のときの万千の顔は、ぼくらに見せていた顔とぜんぜんちがう。

楽しそうだな。髪型《かみがた》も変えたみたい。

気さくで、かざりっけがなくて、サッカーが大好きで、ずっとぼくらと同じだと思ってたけど、ちがったみたいだ。今は髪の毛ものばして、赤いピンなんかつけちゃって、ちゃんと女の子に見える。

旬は、となりの席の女子としゃべりながら、視線《しせん》をあちこちにおよがしている。旬の視線を追うと、万千のほうだったり、反対せっかく四人が同じクラスになって、なにもかもうまくいっていたのに。

あいつさえ引っ越さなければ……。

大樹のせいだ！

そりゃ、引っ越したのは大樹のせいじゃない。そんなのわかってる。わかってるのに、大樹さえいれば、あのままずっとテツヨンでいられたのにという自分勝手な想《おも》いは、すごいいきおいでふくらんでいく。

大樹が必死にたのめば、きっとおじいちゃんやおばあちゃんと残ることだって、できたんじゃないの？

せめてチャットだけでも続けていたら、こんなふうにはならなかったんじゃない？

だいたい、大樹がチャットにうしろ向きなことばっかり書きこんだからだろ？

せっかく楽しくチャットをやろうと思っていたのに、変な大阪弁でグチばっか書きこんじゃってさ。そりゃたまにはグチだっていいたくなるだろう。

でも、毎日そればっかって、どうなのよっての。みんなが話題を変えようとしてんのに、毎日毎日グチばっかでさ。すこしは空気読めってんだよ。

やっぱテツヨンがくずれたのは、大樹のせいだよな。

引っ越しただけでもムカつくのに、チャットまでだいなしにしちゃってさ。

もしチャットで今まで通りにやっていけたら、ぼくと旬や万千だって、気まずい感じにはならなかったんじゃないかな。

ちぇっ、大樹のバカヤロウ。

ふと、親友をさかうらみしている自分に気づいて、ぎょっとした。

大人の都合で転校させられた大樹が一番つらいはずなのに、ぼくは、テツヨンがこわれちゃったのをぜんぶ大樹のせいにしている。

「あ、そりゃどうも」

とりあえず、そういっておいた。〈仲間〉という言葉は、今のぼくには［　　］けれど。

東とも、ほとんど話したことがなかった。あせっかきで太っちょの東は、とにかく年中ハンカチで汗《あせ》をふいている。同じ太めといってもガッチリ強そうな大樹とちがって、ふくらみすぎたマシュマロって感じ。

森と東には、共通したしゅみがある。それは宇宙。

二人の宇宙物理学の話にはついていけない。むずかしいことを楽しそうに話す二人を見て、うらやましくなった。

そういえば、テツヨンのぼくらには、あまり共通のしゅみがなかった。ずっとつるんできたけれど、同じしゅみの話でもりあがるなんてことは、なかったと思う。

幼《よう》稚《ち》園で仲良くなったころは、みんな同じオモチャで遊びたがったのに、背《せ》がのびるにつれて、だんだんちがうことをしたがるようになった。

雨が降《ふ》ったときにだれかの家に集まると、なにをして遊ぶか、なかなか決まらなかった。大樹は電子ゲームじゃなくて、サイコロをふるような遊びやトランプをやりたがったし。見たいテレビ番組やアニメも、読む本やマンガも、みんなそれぞれ好きなものがぜんぜんちがった。

それでも、ぼくらは強いきずなでむすばれていると思っていた。

一生続くはずのテツヨンどころか、くしゃってカンタンにつぶれる弱いきずなだったのか。こんなにあっけないなんて、いったいぼくらの友情はなんだったんだろう。

どうしてこうなっちゃったんだろう?

そりゃもちろん、大樹が引っ越したからにちがいない。

二　次の文章を読んで、後の問い（問1～問6）に答えなさい。

〈「ぼく」（山下徹《やましたとおる》）と大樹《だいき》、旬《しゅん》、万千《まち》の四人は、「テツヨン」という仲良しグループだったが、大樹が大阪《おおさか》に引《ひ》っ越《こ》してから、おたがいに距離《きょり》ができ始めた。初めのうちはグループチャット（注1）でやりとりをしていたものの、それも数か月後にはとだえてしまった。〉

今までテツヨンのメンバーばかりとつきあっていたからかもしれないけど、クラスのなかに、あまりしゃべったことのない人がけっこういることに気づいた。

たとえば、昨日給食の時間に話した森《もり》。そこにいるってことに気がつかないくらい、すごくおとなしい。

大樹の席がなくなって以来、ぼくは森のすぐうしろだ。でも、プリントが前から配られてくるときに「はい」「ども」っていう以外、話したことがなかった。ぼくとちがって勉強ひとすじみたいな感じで、世界がちがいすぎると思っていたから。

ところが、休み時間に森が机《つくえ》にのせた宇宙《うちゅう》の本をぼくも読んだことがあって、それおもしろいよねって声をかけて話していたら、列の先頭から東《ひがし》が飛んできた。

「えーっ、山下くんって、こういう本、読むんだ？」

東は、えらくおどろいていた。

「うん、宇宙好きだから」って答えたら、東はうれしそうに笑った。

「なんか、山下くんて、さわやかスポーツマンだと思ってたから、まさかこんな宇宙オタクっぽい本を読んでいたなんて、すっごく意外。うれしいな。仲間がふえて」

問６　⑤「一目置かれている」の意味として最も適切なものを、次の中から選び、記号で答えなさい。

ア　相談役に任命されている　　イ　権力が保証されている

ウ　重責を負わされている　　エ　敬意《けいい》をはらわれている

問７　本文の説明として最も適切なものを、次の中から選び、記号で答えなさい。

ア　物事の不利な面を克服することにこだわる現代日本人を批判《ひはん》したうえで、物事の有利な面を大切にした戦前までの日本人の生き方について、稲作地帯の生活を例に挙げて説明し、戦前までの生き方を取りもどすべきだと主張している。

イ　物事の不利な面ではなく有利な面に注目する発想へ転換しつつあるという筆者の現代日本に対する印象と、その発想の具体例となる出来事について述べたうえで、日本の風土によって育まれた日本人の生き方や考え方を説明している。

ウ　日本人には伝統的に物事の不利な面に注目して克服する発想を大切にする傾向《けいこう》があることを、歴史上の出来事を根拠《こんきょ》に挙げながら説明したうえで、その発想を捨《す》てて有利な面に目を向ける発想を育てる必要性があることを主張している。

エ　日本人が、日本の風土の不利な面を克服していく過程で独自の知恵を育んでいったことを説明する一方で、有利な面を無視してきたことで失われた日本社会の特色についても取り上げ、日本人の伝統的な発想の見直しの必要性を述べている。

問３　②「遜色はない」と似た意味の言葉として最も適切なものを、次の中から選び、記号で答えなさい。

ア　手塩にかける　　イ　肩《かた》をならべる

ウ　歯牙《しが》にもかけない　　エ　腑《ふ》に落ちない

問４　③「日本の自然が影響している」とあるが、ここでは「日本の自然」をどのようなものであると述べているのか。「日本の自然」が農業におよぼす影響にもふれながら、六十五字以内で説明しなさい。（句読点・記号がある場合は一字に数える。）

問５　④「そういうことをしながら生きてきたのが日本の人間たちだった」とあるが、日本人の生き方について、二人の児童が話をしている。次の会話の空欄に当てはまる言葉を、十五字以内で答えなさい。（句読点・記号がある場合は一字に数える。）

Aさん「日本人がどのような考え方のもとで生きてきたのかを説明しているんだね。自分の畑での工夫が成功した場合の話や、江戸期の農業用水の調整のしかたについての話を読むと、日本人は皆でともに生きることを重視《じゅうし》して生きていたように思えるね。」

Bさん「そうだね。でも、ただひたすら、ともに生きようという考え方をしているわけではないようだね。日本人は、自分のために工夫して自分の成功や利益につながる方法を見つけることが、［　　　　］という形になるのを理想として生きてきたんだよ。」

問１　①「それまで『雪害』などという言葉はなかった」とあるが、筆者は「雪害」をどのような言葉と考えているか。最も適切なものを、次の中から選び、記号で答えなさい。

ア　科学技術が発展し、人間と自然の関係性がうすくなっていくにつれて、雪が人間の生活にあたえる影響の度合いも変わっていったことが読み取れる言葉。

イ　地域の環境《かんきょう》や生活のしかたが時代とともに変化してしまったために、雪をすなおに楽しめなくなったことに対する地元の人々のさびしさが表れた言葉。

ウ　雪が降る地域の特性を活かした町づくりや生活様式ができるという利点より、人間に害をおよぼすという雪の欠点の方に注目する姿勢《しせい》が読み取れる言葉。

エ　自然が人間の思いどおりにならないのは当然であるということを忘《わす》れ、自然を自分たちの都合のよいように利用したがる人間の思い上がりが表れた言葉。

問２　空欄《くうらん》 A ～ C に当てはまる言葉を、次の中からそれぞれ一つずつ選び、記号で答えなさい。（同じ記号は二度以上使わない。）

ア　でも　イ　なぜなら　ウ　だから　エ　それとも　オ　たしかに　カ　ところで

らない。だから独裁《どくさい》的権力をもった第三者を自分たちで立てて、その人の命令に全員がしたがうことを誓約《せいやく》する。村で⑤一目置かれているような人にそれを(注7)委託《いたく》する、というやり方です。

そういういろんな方法を使って生きてきたのが日本人で、そこから「人びとともに生きる」とか「自分が自分のためにやっていることが、結果として皆のためにもなっている」ということを理想にする人が出てきた。

気候変動が激しいというのも不利さといえば不利さなんだけれども、そういうことも地域のあり方にとっての有利さに変えてきた。つまり、ともに生きることを大事にする社会をつくってきたということだと思うのです。それは、日本の自然のなかでは、やはりともに生きるということが必要だったからです。かといって、ただひたすら「皆のために」と生きるわけでもない。自分のやりたいことをやって、自分でやりたい工夫をして、だけどそれが結果としてはめぐりめぐって皆のためになっていく。そういう生き方を理想としてきたのです。それも日本の自然のなかで生きてきた農民たちのひとつの知恵《ちえ》だったという気がします。

（内山節《うちやまたかし》『資本主義を乗りこえる』より）

（注１）蔓延……勢いをもって広がること。
（注２）上野村……筆者が暮らしている群馬《ぐんま》県にある村。
（注３）ミズ……山菜として食用にされる植物の一種。以下、「ウルイ」「タラ」も同じ。
（注４）直売……生産者が、販売《はんばい》業者を介《かい》さずに直接商品を売ること。
（注５）八丈島……東京都に属する島で、伊豆《いず》諸島《しょとう》の島の一つ。
（注６）伝播……伝わって広がっていくこと。
（注７）委託……他の人に頼んで、代わりにやってもらうこと。

自分がいかに不利かという話よりも、「気が付いたらいろいろな有利な面をもっている。それを活かそう」という時代への転換《てんかん》が徐々にすすんできている気がします。それも自分のためだけでなく、人びとのためにもなることでないとなんとなくおもしろくないという気持ちを、多くの人がもっている。これは圧倒《あっとう》的に③日本の自然が影響《えいきょう》していると僕は思います。

日本の自然は変動が激《はげ》しいし、第一読めないですよね。「今年の春はどうなりますか」と聞かれても、いまだに「よくわかりません」と言うしかないような一面もあります。上野村でささやかな農業をはじめたときにすごく思ったのだけど、「農業なんて誰でもできるじゃないか」と。少しまじめに土を耕して、まじめにタネを播《ま》けば、ある程度は誰でもできる。トップの収量をあげようということになると誰でもできるわけではないけれど、プロの半分くらいでよければ本当に誰でもできる。ただ、天候不順のときはなかなかうまくできない。でも、天候不順でもうまくいくよう、まず自分の畑で工夫《くふう》してみる。相当年季が入らないとできませんけど、それが成功すれば、人に(注6)伝播《でんぱ》しますから、結果的に皆《みな》のためになっていく。

④そういうことをしながら生きてきたのが日本の人間たちだったという気がします。「他人のために」じゃなくて、自分のやりたいことをして、だけどそれが結果としては他人のためになっていく。それを理想にする。

それからまた、農業用水をつくれば、自分のところだけ我田《がでん》引水というわけにはいきませんから、皆との調整みたいなものもどこかで考えないといけない。いまは別ですけれど、日本の稲作《いなさく》地帯は歴史的には水不足の地域《ちいき》が圧倒的に多かった。それは農業用水路がうまく機能しなかったということもあったし、川の水量が変動するということもあります。水量が少ない年でも、自分もなんとか田畑に水を入れられるし皆も困らないようにするにはどうすればよいか、ということをいつも考えざるをえない。

江戸《えど》期はそのためにいろいろな工夫をしていた地域があります。一種の水奉行《ぶぎょう》をつくって、その人を自分たちの村の人なのだけれども村役人のように雇《やと》って、水に関する一切《いっさい》の権利《けんり》をもたせるというやり方をとったところも、九州《きゅうしゅう》などには多い。水は水田をやっている以上ものすごく大事だから、全員が我田引水になってしまわざるをえないところがあるので、皆で議論《ぎろん》をしてもまとまものには負けます。

だからといって、もちろん上野村の人が「雪がないから不利だ」といって暮らしているわけでもない。こちらでは雪のない有利さを活かすことができるわけで、実際に山の木だって冬に伐《き》ることができますし、また、木が雪で曲がらないように雪落としをするなんてことも必要ない。

東京《とうきょう》の農業も、見方によってはものすごく有利です。なにしろ周りじゅうに人がたくさんいて、そこに市場があるわけですから、「直売（注4）」などと言わなくても直売をいくらでもできてしまう。それから東京の農家の場合、一区画ではマンション経営をやって、農業は好きなことをやるという人たちもけっこういます。ブドウをつくったりワインをつくったり、それで別に生活に困《こま》ったりもしないという人もいる。あと、コマツナなどの葉物をつくるにも市場が近いから鮮度《せんど》の関係で一番有利です。［B］東京の農家は意外と跡取《あと》りがいます。

あるとき出会った神奈川《かながわ》県の漁民は、大学を出て企業《きぎょう》に就職《しゅうしょく》した息子《むすこ》のことを「バカな息子だよ。あんな安い給料で他人にこき使われて」と言っていました。その人は相模湾《さがみわん》に面したところの人なのですけど、周りじゅうの漁民たちがみんな釣《つ》り客を乗せる遊漁船経営に移ってしまった。土日だけでも安定収入《しゅうにゅう》になるからとみんな移っていった。彼《かれ》はそれがイヤで漁民のままなのです。ところがそうしたら、東京市場は近いし、広大な漁場が自分の専用《せんよう》漁場になってしまった――というのは、遊漁船経営になっちゃうとどうしても潮《しお》の見方とか魚の見方とかができなくなって、魚群探知機《たんちき》頼《だの》みになってしまうそうです。［C］本当は魚群探知機なんかではダメで、それで目安を付けるのはいいとしても、その先はやっぱり自分の読みというのが必要なのだそうです。「相模湾から（注5）八丈島《はちじょうじま》ぐらいまで俺《おれ》の漁場だ」と言っていました。一本釣りで1匹《ぴき》数千円の高級魚だけを釣って、年間数千万円稼《かせ》いでいるそうです。結局、彼はすべてを有利さに変えていった。それが結果として収入的にも有利さになったのだけれども、たぶん収入的にそんなことがなくても、やっぱり彼は自分の有利さをみている漁民なのだろうなという気がします。

2024年度 常総学院中学校

【国　語】〈第一回一般試験〉（五〇分）〈満点：一〇〇点〉

一　次の文章を読んで、後の問い（問１～問７）に答えなさい。

農業に限らずいろいろなものがそうなのですけれど、戦後の時代は特に、自分たちに不利なことを一生懸命《けんめい》に探《さが》して、その不利なことを克服《こくふく》していくのが歴史の発展《はってん》だというような精神が(注1)蔓延《まんえん》しました。僕《ぼく》でも子どもの頃《ころ》は「日本は資源《しげん》がない」と、その不利さを克服するために、たとえば「科学技術を発展させよう」とか、そういうことを学校でも習ったわけです。だけどいまは、そういうふうに不利な面をみる発想ではなく、有利な面を探そうという発想へと徐々《じょじょ》に変わってきている気がします。

「雪害《せつがい》」という言葉ができたのはたしか大正《たいしょう》時代ぐらい、山形《やまがた》の人がつくった言葉だったと思います。①それまで「雪害」などという言葉はなかった。そこに住んでいる人からすれば、雪が降《ふ》るのは当たり前だし、また雪があるがゆえに有利なこともあるわけです。［Ａ］雪降《お》ろしをしなければいけないとか、大変なのはそのとおりなのですけれど、雪が降る有利さを活《い》かした暮《く》らし方、町のつくり方とかそういうものはあるはず。ところが近代化してくると、そういうものも「雪害」というなにか悪いもののようになってしまった。

たとえば山菜などてきめんです。僕のいる(注2)上《うえ》野《の》村《むら》でも春になるといろいろな山菜が出てくるのですけど、やっぱり雪がないと不利だなあという気がします。(注3)ミズも細くて短い。一番すごい差が出るのはウルイかな。うちの村のウルイは繊維《せんい》ばっかりで誰《だれ》も食べない。タラとか木に出てくるものはそんなに②遜色《そんしょく》はない気がしますけど、地面から生えてくるものは、雪のなかから出てくる

2024年度

常総学院中学校

▶解説と解答

算　数　＜第１回一般試験＞（50分）＜満点：100点＞

解　答

1 (1)　12　(2)　8　(3)　40　(4)　$3\frac{5}{24}$　(5)　1　(6)　$\frac{7}{15}$　(7)　6　**2** (1)　7：13　(2)　135本　(3)　3　(4)　170m　(5)　午後３時45分　(6)　15分　(7)　36分　(8)　85度　**3** (1)　面㋒　(2)　304cm^2　(3)　256cm^3　**4** (1)　44.5回　(2)　40回以上45回未満　(3)　**間違っている記録**…40回，**正しい記録**…48回　**5** (1)　30点　(2)　２通り　(3)　（４，１），（５，２），（６，３）

解　説

1 **四則計算，計算のくふう**

(1)　$21-45\div5=21-9=12$

(2)　$16\times9\div(13+5)=16\times9\div18=8$

(3)　$37+78\div(11+5\times3)=37+78\div(11+15)=37+78\div26=37+3=40$

(4)　$5\frac{5}{6}+2\frac{1}{4}-4\frac{7}{8}=5\frac{20}{24}+2\frac{6}{24}-4\frac{21}{24}=7\frac{26}{24}-4\frac{21}{24}=3\frac{5}{24}$

(5)　$7.6\div3.6\times4.5\div9.5=\frac{76}{10}\div\frac{36}{10}\times\frac{45}{10}\div\frac{95}{10}=\frac{76}{10}\times\frac{10}{36}\times\frac{45}{10}\times\frac{10}{95}=1$

(6)　$\frac{2}{9}\times6.6-0.6\div\frac{3}{5}=\frac{2}{9}\times\frac{66}{10}-\frac{3}{5}\times\frac{5}{3}=\frac{22}{15}-\frac{15}{15}=\frac{7}{15}$

(7)　$\frac{1}{30}=\frac{1}{5\times6}=\frac{1}{5}-\frac{1}{6}$，$\frac{1}{42}=\frac{1}{6\times7}=\frac{1}{6}-\frac{1}{7}$，$\frac{1}{56}=\frac{1}{7\times8}=\frac{1}{7}-\frac{1}{8}$となることを利用すると，$\left(\frac{1}{30}+\frac{1}{42}+\frac{1}{56}\right)\times80=\left(\frac{1}{5\times6}+\frac{1}{6\times7}+\frac{1}{7\times8}\right)\times80=\left(\frac{1}{5}-\frac{1}{6}+\frac{1}{6}-\frac{1}{7}+\frac{1}{7}-\frac{1}{8}\right)\times80=\left(\frac{1}{5}-\frac{1}{8}\right)\times80=\left(\frac{8}{40}-\frac{5}{40}\right)\times80=\frac{3}{40}\times80=6$

2 **割合と比，過不足算，周期算，通過算，約数と倍数，仕事算，時計算，角度**

(1)　（Ａの値段）×（１＋0.3）＝（Ｂの値段）×（１－0.3）より，（Ａの値段）×1.3＝（Ｂの値段）×0.7と表せる。よって，ＡとＢの値段の比は，（１÷1.3）：（１÷0.7）＝$\frac{10}{13}$：$\frac{10}{7}$＝７：13とわかる。

(2)　１人に７本ずつ配るときと，10本ずつ配るときの１人あたりの本数の差は，10－７＝３（本）である。また，余る本数の差が，44－５＝39（本）であることから，全員に配るのに必要な本数の差は39本となる。よって，生徒の人数は，39÷３＝13（人）だから，鉛筆《えんぴつ》の本数は，７×13＋44＝135（本）になる。

(3)　５÷37＝0.135135135…となり，小数第１位から（１，３，５）の３つの数がくり返されることがわかる。よって，2024÷３＝674余り２より，小数第2024位の数は小数第２位と同じ３になる。

(4)　時速126kmは，秒速にすると，126×1000÷60÷60＝35（m）になるので，この特急列車が42秒間で進む距離《きょり》は，35×42＝1470（m）とわかる。この距離はトンネルの長さと列車の長さの和にあたり，トンネルの長さは1.3km，つまり1300mだから，列車の長さは，1470－1300＝170（m）となる。

(5)　15と35の最小公倍数は105なので，Ｂ町行きのバスと，Ｃ町行きのバスが午後２時の次に同時にＡ駅を出発するのは，105分後，つまり１時間45分後となる。よって，午後３時45分とわかる。

(6)　Ａだけですると40分，ＡとＢですると24分かかるので，Ａだけですするときと，ＡとＢですするときで，１分あたりの仕事量の比は，$\frac{1}{40}:\frac{1}{24}=3:5$となる。この比を用いると，Ｂの１分あたりの仕事量は，５－３＝２で，全体の仕事量は，３×40＝120になる。ここで，Ｂは33分間仕事をしたので，Ａがした仕事量は，120－２×33＝54とわかる。よって，Ａが仕事をした時間は，54÷３＝18(分間)なので，Ａが休んだ時間は，33－18＝15(分間)と求められる。

(7)　大きい方と小さい方の角の比が７：３になるとき，２つの角の和は360度だから，小さい方の角の大きさは，360÷(７＋３)×３＝108(度)になる。また，３時ちょうどに長針は短針よりも90度後ろにあるから，小さい方の角が108度になるのは，長針が短針より90度多く進んで短針と重なり，さらに短針より108度多く進んだときである。つまり，３時ちょうどから長針が短針よりも，90＋108＝198(度)多く進んだときとなる。ここで，１分間に長針は，360÷60＝６(度)，短針は，360÷12÷60＝0.5(度)進むから，１分間に長針は短針よりも，６－0.5＝5.5(度)多く進む。よって，長針が短針より198度多く進むのに，198÷5.5＝36(分)かかるから，求める時刻は３時36分とわかる。

(8)　問題文中の図の三角形BCDで，○＋○＋×＝180－115＝65(度)…㋐，三角形ABCで，○＋○＋○＋×＋×＝180－70＝110(度)…㋑になる。㋐と㋑の式の差を考えると，110－65＝45(度)が，○＋×にあたるとわかるので，○＋×＝45(度)…㋒と表せる。よって，㋐と㋒の式の差を考えると，○１つ分の角度は，65－45＝20(度)となるので，×１つ分の角度は，45－20＝25(度)になる。したがって，角㋐の大きさは，180－(○＋×＋×＋×)＝180－(20＋25×３)＝85(度)と求められる。

3　立体図形―展開図，体積，表面積

図１

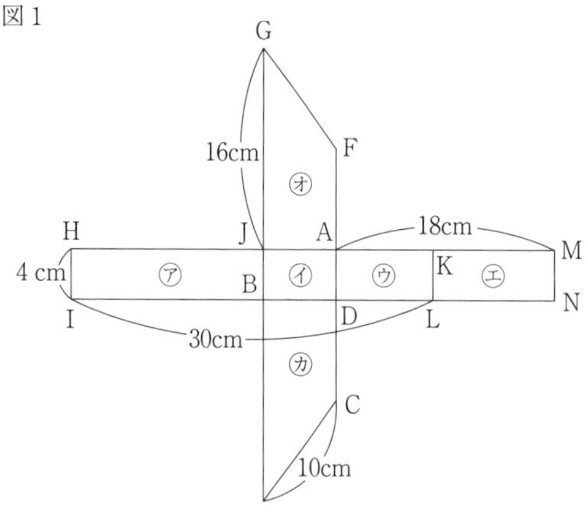

図２

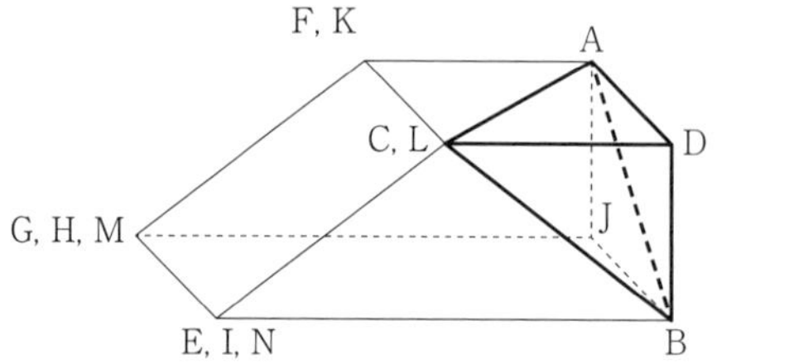

(1)　上の図１のように，頂点に記号をつけると，組み立ててできる立体は上の図２のような四角柱となる。図２より，面㋐(面HIBJ)と平行になるのは面㋒(面KLDA)とわかる。

(2)　図１で，IJはGJと重なるので，その長さは16cmである。また，LNはCEと重なるので，その長さは10cmとなる。よって，DLの長さは，18－10＝８(cm)だから，BDの長さは，30－(16＋８)＝６(cm)とわかる。さらに，AFはAKと重なるから，その長さは８cmとなる。したがって，台形㋔と㋕の面積はどちらも，(16＋８)×６÷２＝72(cm^2)となり，長方形㋐，㋑，㋒，㋓の面積の和は，４×(30＋10)＝160(cm^2)だから，立体の表面積は，72×２＋160＝304(cm^2)と求められる。

(3)　図２で，台形CEBDの面積は72cm^{2}で，ADの長さは４cmだから，四角柱の体積は，72×４＝288(cm^3)である。また，３つの点Ａ，Ｂ，Ｃを通る平面で切ると，体積の小さい方の立体は，太線で囲んだ三角すいＣ-ABDとなる。BDの長さは６cmで，CDの長さはAFと同じ８cmだから，三角すいＣ-ABDの体積は，４×６÷２×８÷３＝32(cm^3)とわかる。よって，体積が大きい方の立体の体積は，288－32＝256(cm^3)となる。

4　表とグラフ

記録(回)	人数(人)
35以上～40未満	2
40　～45	6
45　～50	1
50　～55	5
55　～60	2
合計	16

(1)　16÷２＝８より，16人の記録の中央値は，回数の少ない方から８番目と９番目の記録の平均となる。16人の記録を回数の少ない順に並べると，38，39，40，41，41，42，43，43，46，50，52，52，52，53，56，56となるので，８番目は43回，９番目は46回とわかる。よって，中央値は，(43＋46)÷２＝44.5(回)となる。

(2)　(1)をもとに度数分布表にまとめると，右上のようになるので，度数が最も多くなるのは，40回以上45回未満の階級とわかる。

(3)　平均値が，47－46.5＝0.5(回)増えたので，合計は，0.5×16＝８(回)増えたことになる。つまり，１人の記録を直したところ，その記録は８回増えたことがわかる。まず，間違《まちが》っている記録が50回から56回のいずれかだとすると，中央値は直す前と変わらないので，47回にならない。また，間違っている記録が46回だとすると，直した後の記録は，46＋８＝54(回)となる。すると，中央値は43回と50回の平均なので，(43＋50)÷２＝46.5(回)となり，47回にならない。さらに，間違っている記録が38回から43回のいずれかだとすると，38＋８＝46より，直した後の記録は必ず46回以上になるから，少ない方から８番目の回数が46回となる。よって，中央値が47回であることより，少ない方から９番目の回数は，47×２－46＝48(回)だから，48－８＝40(回)を直した結果，48回になったことがわかる。したがって，間違っている記録は40回，正しい記録は48回である。

5　場合の数，条件の整理

(1)　Ａは，１回目の出た目の差が，５－１＝４なので，Ｓの位置から右回りに４つ進んだ20の位置に止まり，得点は20点になる。２回目は出た目の差が，３－２＝１なので，Ｐの位置に止まり，これまでの得点がすべてなくなる。３回目は同じ目が出たので，Ｐの位置から動かない。４回目は出た目の差が，４－２＝２なので，30の位置に止まり，得点は30点になる。よって，Ａの総得点は30点とわかる。

(2)　Ａ，Ｂ，Ｃ３人のさいころの出た目と，そのときに止まる位置，総得点をまとめると下の表のようになる。この表から，Ｂが３回目までさいころをふったときの総得点は40点とわかる。つまり，４回目に５の位置に止まれば，総得点が45点になるので，出た目の差が４になればよい。よって，考えられる目は(６，２)と(５，１)の２通りになる。

(3)　表より，Ｂが４回目に止まる位置が40だった場合，総得点は，40＋40＝80(点)になり，このときＢの総得点は最も高くなる。よって，確実にＣが１人だけ１位になるためには，Ｃは80点よりも高い総得点が必要とわかる。Ｃが３回目までさいころをふったときの総得点は45点だから，最後に40の位置に止まり，総得点が85点になればよい。よって，25の位置から右回りに３つ進めばよいので，出た目の差が３になればよい。したがって，(４，１)，(５，２)，(６，３)が考えられる。

		１回目	２回目	３回目	４回目
A	出た目	（５，１）	（３，２）	（６，６）	（４，２）
	止まる位置	20	P	P	30
	総得点	20	0	0	30
B	出た目	（５，３）	（４，４）	（６，１）	㋐
	止まる位置	10	10	30	
	総得点	10	10	40	
C	出た目	（６，２）	（３，１）	（５，５）	㋑
	止まる位置	20	25	25	
	総得点	20	45	45	

社　会　＜第１回一般試験＞（30分）＜満点：50点＞

解　答

１ 問１　南極　問２　イ　問３　エ　問４　ウ　問５　過疎　問６　ア　２ 問１　A　関東ローム　B　小笠原　C　横浜　問２　カ　問３　ア　問４　ウ
３ 問１　ウ　問２　貝塚　問３　イ　問４　エ　問５　イ　問６　イ　問７　ア　問８　ア　問９　天下の台所　問10　エ　問11　ウ　問12　イギリス　問13　イ　問14　ウ　問15　エ　４ 問１　ウ　問２　エ　問３　イ　問４　エ　問５　解散　問６　イ　問７　ア　問８　ウ　問９　条例　問10　ア

解　説

１ 世界地理についての問題

問１　Wの大陸は，南半球に位置しており，オーストラリア大陸やアフリカ大陸，南アメリカ大陸の南に位置していることから，南極大陸とわかる。

問２　Xはアジア州にあり中国(中華人民共和国)やインド，ネパールなどにまたがって位置していることからヒマラヤ山脈，Yは北アメリカ大陸西部を南北に走っていることからロッキー山脈とわかる(イ…○)。なお，アルプス山脈はヨーロッパ州にある。

問３　Zの地域は赤道を中心に南北に広がっていることから，熱帯を示しているとわかる。熱帯は一年を通して気温が高く，気温があまり上下せず，降水量は他の地域よりも多くなっている(エ…○)。なお，アは冷帯(亜寒帯)，イは乾燥帯，ウは寒帯について述べている。

問４　Aは日本最北端に位置する択捉《えとろふ》島を示している。択捉島をふくむ北方領土はロシア連邦によって不法に占拠《せんきょ》されている(ウ…○)。なお，与那国島は沖縄県に属する日本の最西端に位置する島である。また，北方領土には択捉島のほかに国後《くなしり》島，色丹《しこたん》島，歯舞《はぼまい》群島がある。

問５　人口が減って地域社会の機能が低下し，一定の生活水準が保てなくなることを過疎《かそ》化という。地方では，若者が都市部へ流出してしまうため，過疎化とともに高齢化も進んでいる。

問６　【資料】から，日本の河川である利根《とね》川や信濃《しなの》川は，世界の河川であるアマゾン川やメコン川と比べ，長さが短く，流れが急であることが読み取れる(ア…○)。

2 関東地方を題材とした地理についての問題

問1　**A**　関東平野に広がっている火山灰が堆積《たいせき》してできた地層は，関東ローム層という。　**B**　東京都に属し，父島や母島をふくむ太平洋の島々は，小笠原《おがさわら》諸島である。固有の動植物が見られることから，2011年にユネスコ(国連教育科学文化機関)の世界自然遺産に登録された。　**C**　神奈川県の県庁所在地は，横浜市で，政令指定都市とされている。また，京浜工業地帯に属している。

問2　水戸(茨城県)は太平洋に面しており，夏に比較的降水量が多い太平洋側の気候が見られる。ア～カの雨温図のうち，太平洋側の気候の特徴《とくちょう》を示しているのはエとカであり，カと比べて年平均気温が高く年間降水量も多いエは，同じく太平洋側の気候に属する高知，もう一方のカが水戸と判断できる。なお，アは，冬の平均気温が0℃未満まで下がっていることや年平均気温が10℃未満であることから，北海道の気候と考えられるので札幌の雨温図とわかる。イは年間降水量がアに次いで少ないことや年平均気温が16.7℃と比較的温暖であることから瀬戸内の気候と考えられるので，高松(香川県)の雨温図と判断できる。ウは冬の降水量が比較的多いことや冬の平均気温が0℃近くまで下がっていることなどから，日本海側の気候で緯度が高い場所と考えられるので，秋田の雨温図とわかる。オは，冬でも平均気温が15℃以上あり年平均気温も20℃を超えていることなどから南西諸島の気候と判断できるので那覇(沖縄県)の雨温図とわかる。

問3　成田国際空港は，千葉県北部の内陸部に位置している(ア…○)。なお，イは新宿駅，ウは東京国際空港(羽田空港)，エは横浜港である。

問4　【グラフⅡ】より，関東内陸工業地域の金属工業の出荷額は，32.161(兆円)×11.9(%)＝3.82…(兆円)と求められる。また，【グラフⅠ】より，神奈川県の製造品出荷額等は，82.5319(兆円)×21.7(%)＝17.90…(兆円)とわかる。よって，関東内陸工業地域の金属工業の出荷額は神奈川県の製造品出荷額等の5分の1以上である(ウ…○)。なお，千葉県の製造品出荷額等は関東地方で神奈川県・埼玉県・茨城県に次ぐ第4位である(ア…×)。栃木県・群馬県・埼玉県の合計の製造品出荷額等の割合は，10.9＋11.0＋16.9＝38.8(%)なので，関東地方全体の50%を下回っている(イ…×)。茨城県の製造品出荷額等は，82.5319(兆円)×15.3(%)＝12.62…(兆円)であることから，関東内陸工業地域における金属工業の出荷額より多いとわかる(エ…×)。

3 各時代の歴史的なことがらについての問題

問1　Aについて，平安時代に『枕草子』を書いたのは清少納言で，紫式部は『源氏物語』を書いた人物である。Bについて，安土桃山時代に茶の湯を芸術にまで高めたのは千利休で，狩野永徳は安土桃山時代に「唐獅子《からじし》図屏風《びょうぶ》」などを描《えが》いた人物である。Cについて，幕末に蘭学を学び，明治時代に『学問のすゝ《(す)》め』を著したのは福沢諭吉で，伊藤博文は初代内閣総理大臣となった人物である(ウ…○)。

問2　貝塚は縄文時代の人々のごみ捨て場で，貝類が層をなして見つかるほか，魚やけものの骨，土器・石器の破片，骨角器などが発掘《はっくつ》され，当時の人々の生活を知る手がかりになる。

問3　日本最大の古墳である大仙古墳は，大阪府堺《さかい》市にある。また，古墳の周囲に並べられた土製品は埴輪《はにわ》である(イ…○)。なお，土偶は縄文時代の土製品である。また，大仙古墳は2019年に「百舌鳥《もず》・古市古墳群」の構成資産としてユネスコの世界文化遺産に登録されている。

問4　飛鳥文化は日本で最初の仏教文化であり，このころに法隆寺が建てられた。法隆寺は現存する世界最古の木造建築といわれており，1993年に「法隆寺地域の仏教建造物」の構成資産として世界文化遺産に登録されている(エ…○)。なお，最澄や空海が中国で学んだ仏教の新しい宗派を持ち帰ったのは平安時代初期(ア…×)浄土信仰が広まり，宇治に平等院鳳凰堂が建てられたのは国風文化が栄えた平安時代半ば(イ…×)，『万葉集』が編さんされたのは奈良時代である(ウ…×)。

問５　下総《しもうさ》国猿島《さしま》(茨城県)の豪族であった平将門《まさかど》は，父の遺領をめぐる争いから935年に伯父《おじ》にあたる平国香らと戦ってこれを破り，939年には関東一帯を支配して自らを「新皇」と称《しょう》した。しかし，940年に国香の子の平貞盛《さだもり》と藤原秀郷《ひでさと》らによって討《う》たれた(イ…○)。なお，同時期にウの瀬戸内地方では藤原純友《すみとも》が反乱を起こしており，あわせて承平《じょうへい》・天慶《てんぎょう》の乱と呼ばれる。

問６　鎌倉時代には，牛や馬を利用した農作業(牛馬耕)が普及《ふきゅう》し，同じ土地で一年のうちに米と麦をつくる二毛作も西日本を中心に行われるようになった(イ…○)。なお，ア(五街道の整備と飛《ひ》脚《きゃく》)は江戸時代，ウ(国司の不正)は平安時代，エ(口分田の支給)は奈良時代の様子である。

問７　足利義満は室町幕府の第３代将軍を務めた人物で，1392年に南朝の後亀山天皇に呼びかけ，北朝の後小松天皇に譲位《じょうい》するという形式で南北朝の統一に成功した(ア…○)。

問８　江戸時代には人口の８割以上が百姓《ひゃくしょう》であったことから，【資料Ⅰ】中のアに当てはまる。なお，イは武士，ウは町人，エは公家や神官などとなる。

問９　江戸時代，大坂(大阪)は幕府の直轄《ちょっかつ》地となって大名の蔵屋敷《くらやしき》が立ち並び，各地の米や特産物が取り引きされるなど活発な経済活動が行われたことから，「天下の台所」と呼ばれた。

問10　徳川慶喜は江戸幕府15代将軍で1867年に政権を朝廷に返す大政奉還《ほうかん》を行った(エ…○)。なお，日米和親条約が1854年に結ばれたときの将軍は第13代の徳川家定であった(ア…×)。間宮林蔵が樺太(サハリン)を探検したのは19世紀初頭であり，このころの将軍は第11代の徳川家斉《いえなり》である(イ…×)。幕府を批判した吉田松陰を処罰《しょばつ》するなどの厳しい弾圧《だんあつ》は安政の大獄といい，1858年に大老井伊直弼が行った(ウ…×)。

問11　大政奉還の後，1868年に明治天皇が五か条の御誓文を発表し政治の方針を定めた(ウ…○)。なお，地租改正では収穫《しゅうかく》高ではなく地価の３％を地租として現金で納めさせた(ア…×)。版籍奉還は1869年，廃藩置県は1871年に行われた(イ…×)学校制度を整えるため，1872年に公布されたのは学制であり，教育基本法は第二次世界大戦後の1947年に制定された(エ…×)。

問12　第一次世界大戦(1914～18年)時，フランス，ロシアと三国協商を形成し，日本と同盟関係にあったのは，イギリスである。日本とイギリスの間の同盟は，1902年に結ばれた日英同盟を指す。

問13　日本は，1931年に満州事変を起こし，翌32年に満州国の建国を宣言したが，国際連盟は1933年の総会で満州国を認めず日本軍の占領地からの撤兵《てっぺい》を勧告《かんこく》したため，日本は反発して国際連盟を脱退した(イ…○)。

問14　第二次世界大戦後の日本では農地改革が行われ，地主の持つ小作人が耕していた農地を政府が強制的に買い上げ，小作人に安く売りわたしたため，小作人の割合が減り自作農の割合が増えた(ウ…×)。

問15　平成時代は，1989～2019年までの31年間にあたる。1993年にマーストリヒト条約が発効し，それまでのEC(ヨーロッパ共同体)を基礎として発展させた，EU(ヨーロッパ連合)が発足した(エ…○)。なお，アの日ソ共同宣言は1956年，イの普通選挙法の制定は1925年，ウの五・四運動は1919年の出来事である。

4 **憲法・国会・サミットを題材とした政治についての問題**

問１　Ａについて，日本国憲法では国会について第41条で「国会は，国権の最高機関であつて，国の唯一《ゆいいつ》の立法機関である。」と規定している。Ｂについて，大日本帝国憲法では人権については臣民の権利として法律の定める範囲内で保障されていた（ウ…○）。

問２　天皇の国事行為には，内閣総理大臣の任命，最高裁判所長官の任命，憲法改正の公布，法律の公布，国会の召集《しょうしゅう》，衆議院の解散などがある（エ…○）。なお，内閣総理大臣の指名，条約の承認，憲法改正の発議は，いずれも国会の仕事である（ア，イ，ウ…×）。

問３　イの「すべて国民は，健康で文化的な最低限度の生活を営む権利を有する」は日本国憲法第25条１項の条文で，社会権のうちの生存権についての規定であることから，自由権にふくまれない。なお，アは自由権のうちの身体の自由に関するもの（第18条），ウは自由権のうちの経済活動の自由に関するもの（第22条１項）エは自由権のうちの精神の自由に関するもの（第21条２項）である。

問４　法律案の議決では，参議院が否決した場合でも，衆議院が出席議員の３分の２以上の賛成で再可決すると成立する（エ…○）。なお，衆議院は議員の任期が４年で解散があるのに対して，参議院は議員の任期は６年で解散はない（ア…×）。衆議院と参議院で異なる議決をした場合，必要に応じて開かれるのは公聴会ではなく両院協議会である。公聴会は委員会での審議に際して必要に応じて開かれる関係者や学識経験者から意見を聴取する場である（イ…×）。衆議院が先に審議する権限が認められているのは予算であり，法律案の議決や条約の承認については衆議院に先議権はない（エ…×）。

問５　内閣不信任案が可決されると，内閣は10日以内に総辞職するか，衆議院を解散しなければならないことが，日本国憲法第69条に規定されている。

問６　「全員が無記名で投票する」という内容は，誰がどの候補者に投票したのかを知られないようにするもので，選挙の原則のうちイの秘密選挙が当てはまる。なお，アの平等選挙は一人一票であること，ウの普通選挙は一定の年齢以上の全ての国民が選挙権を持つこと，エの直接選挙は代表者を直接選ぶことである。

問７　最も割合が低く人数も少ないＡは０～14歳の年少人口，人数が急速に減少すると予測されているＢは15～64歳の生産年齢人口，人口に占める割合が増加することが予測されているＣは65歳以上の老年人口と考えられる（ア…○）。

問８　非核三原則は核兵器に対する日本政府の基本方針で，「核兵器を持たず，つくらず，持ちこませず」という政策である（ウ…×）。1967年に佐藤栄作首相が国会答弁で初めて表明し，71年には衆議院本会議において決議が採択《さいたく》された。

問９　憲法と法律の範囲内で地方議会が制定し，その地方自治体（地方公共団体）の中で適用される決まりを条例といい，その地域の状況に合わせて独自の内容を盛りこむことができる。

問10　2023年にインドの人口が中国の人口を抜《ぬ》き，世界一となったことから，【資料Ⅳ】中のアと判断できる。なお，イはブラジル，ウはフランス，エはイタリアに当てはまる。

理　科　＜第１回一般試験＞（30分）＜満点：50点＞

解　答

1　(1)　エ　(2)　エ　(3)　ア　(4)　オ　(5)　イ　(6)　ア　(7)　ウ　(8)　ア　(9)　イ　(10)　ア　(11)　ウ　(12)　ウ　(13)　ウ　(14)　エ　(15)　エ　(16)　ア　(17)　イ　(18)　ウ　(19)　イ　(20)　オ　2　(1)　二酸化炭素　(2)　ウ　(3)　イ　(4)　20mL　(5)　1.848g　3　(1)　消化液　(2)　イ　(3)　試験管Ａ(と)試験管Ｃ　(4)　(例)　唾液は５℃や80℃ではでんぷんを分解しない。　(5)　ア，エ

解　説

1　小問集合

(1)　はち植えを光の当たらない場所に置いているので，植物は呼吸のみを行い，酸素を吸収して二酸化炭素を放出している。そのため，袋《ふくろ》の中では二酸化炭素が増え，酸素が減っている。

(2)　からだ中を流れてきた血液は，Ａの右心ぼう，Ｂの右心室と流れ，肺へ向かう。肺では血液中の二酸化炭素が排出《はいしゅつ》され，酸素が取り入れられたあと，Ｃの左心ぼう，Ｄの左心室を通り，全身へ送り出される。

(3)　一般《いっぱん》に，植物の種子が発芽するのに必要な条件は，水，空気，適した温度である。インゲンマメも同様なので，これらの条件を満たしているＡとＢが選べる。なお，日光はインゲンマメが成長するのに必要だが，発芽には必要ない。

(4)　Ｂのアオミドロ，Ｄのミカヅキモは植物プランクトンで，体内に葉緑体をもち光合成を行う。Ａのアメーバやのミジンコは，ほかの動物を食べる動物プランクトンである。

(5)　オスのメダカは背びれに切れこみがあり，しりびれの幅《はば》が広く平行四辺形に近い形をしている。メスのメダカは背びれに切れこみがなく，しりびれの幅がせまく三角形に近い形をしていて，産卵の時期は腹が大きいという特徴《とくちょう》がある。

(6)　星座が南中する時刻は，１か月で，24÷12＝２(時間)ずつ早くなる。したがって，１か月後に同じ地点でオリオン座が真南に見える時刻は，午後９時の２時間前の午後７時である。

(7)　空気の温度が下がり，その空気にふくまれている水蒸気の量が飽和《ほうわ》水蒸気量より大きくなると，空気が水蒸気をふくみきることができずに水てきとなって出てくる。表から，$1\,m^3$に12.1gの水蒸気をふくむ空気は，14℃まで温度が下がると飽和水蒸気量に達して雲ができ始める。標高が100m高くなるごとに気温が0.65℃下がると述べられているので，気温が，19－14＝５(℃)下がるのは，$100\times\frac{5}{0.65}=769.2\cdots$より，この空気が約770m上昇《じょうしょう》したときである。

(8)　砂は水よりもあたたまりやすく冷めやすいので，図の装置を日当たりのよい場所に置くと，水より砂のほうが温度が高くなる。このとき，あたたまった砂の上の空気は上昇して，冷たい水の上の空気は下降するので，水から砂のほうに向かう空気の流れができる。

(9)　夏至の日の太陽は真東よりも北寄りの地点からのぼり，南の空を通って，真西よりも北寄りの地点にしずむ。したがって，棒の影《かげ》の先端《せんたん》は，真西よりも南寄りの地点から，北を通って，真東よりも南寄りの地点まで動く。

(10)　マグマのねばりけが強いと，ばく発的な噴火《ふんか》をし，火山は盛り上がった形となる。また，ねば

りけの強いマグマは白色鉱物を多くふくむため，溶岩は白っぽくなる。一方，マグマのねばりけが弱いと，おだやかに溶岩《ようがん》が流れる噴火をし，火山は平べったい形となり，溶岩は黒っぽくなる。

(11)　アルミニウムは，塩酸などの酸性の水溶液と，水酸化ナトリウム水溶液などのアルカリ性の水溶液の両方に溶《と》ける。一方，鉄は，塩酸などの強い酸性の水溶液にしか溶けない。

(12)　BTB溶液は，酸性で黄色，中性で緑色，アルカリ性で青色を示す。このことから，薄《うす》い塩酸20mLと水酸化ナトリウム水溶液40mLが過不足なく反応するとわかる。アについて，薄い塩酸15mLと過不足なく反応する水酸化ナトリウム水溶液の体積は，$40\times\frac{15}{20}=30$(mL)なので，薄い塩酸が残っていて，水溶液は酸性で，色は黄色になる。イについて，薄い塩酸25mLと過不足なく反応する水酸化ナトリウム水溶液の体積は，$40\times\frac{25}{20}=50$(mL)なので，水溶液は中性で，色は緑色になる。ウについて，薄い塩酸30mLと過不足なく反応する水酸化ナトリウム水溶液の体積は，$40\times\frac{30}{20}=60$(mL)なので，薄い塩酸が残っており，水溶液は酸性で，色は黄色になる。エについて，薄い塩酸40mLと過不足なく反応する水酸化ナトリウム水溶液の体積は，$40\times\frac{40}{20}=80$(mL)なので，薄い塩酸が残っていて，水溶液は中性で，色は黄色になる。

(13)　ろうそくが燃えると，空気中の酸素とろうそくにふくまれる炭素が結びついて二酸化炭素が発生する。二酸化炭素は水に少し溶けるので，図のように集気びんの中でろうそくを燃やすと，発生した二酸化炭素が水に溶け，集気びんの中の気圧が小さくなり，集気びん内の水面の位置がしだいに高くなる。

(14)　二酸化マンガンにうすい過酸化水素水を加えると酸素が発生する。このとき，二酸化マンガンは反応をはやめるはたらきをする。また，炭酸水素ナトリウムを熱すると二酸化炭素と水蒸気が発生する。

(15)　金属などの固体を加熱した場合，熱は熱した部分から徐々《じょじょ》に伝わっていく。そのため，加熱した場所に近いところからろうが融《と》けていく。このような熱の伝わり方を伝導という。

(16)　水中の物体には，水の重さによる圧力(水圧)がはたらく。水圧はあらゆる方向から物体をおす向きにはたらき，水の深さが深いほど大きくなる。

(17)　水中の物体には上向きの浮力《ふりょく》がはたらいている。浮力は物体の水中にある部分の体積が大きいほど大きくなるので，おもりの半分を水に沈《しず》めたときよりも，おもり全体を水に沈めたときのほうが大きくなる。そのため，ばねばかりの値はおもりが水に沈む体積が大きくなるほど小さくなる。

(18)　方位磁針のＮ極はつねに北を指し，Ｓ極はつねに南を指す。磁石は異なる極同士が引き合うので，地球の北にはＳ極があり，南はＮ極があるといえる。

(19)　乾《かん》電池を２個直列につなぐと，乾電池が１個のときよりも流れる電流の大きさが大きくなるため，プロペラつきモーターが回る速さも速くなる。一方，乾電池を何個並列につないでも，流れる電流の大きさは乾電池が１個のときと変わらないので，プロペラつきモーターが回る速さは変化しない。

(20)　図でおもりが80cm上がったとき，糸は，$80\times4=320$(cm)余る。よって，糸を引く距離は320cmとわかる。

2　石灰石と塩酸の反応についての問題

(1)　石灰石にふくまれる炭酸カルシウムと塩酸が反応するときに発生する気体は，二酸化炭素である。

⑵　この実験では，発生した二酸化炭素が空気中に逃《に》げていくため，反応後の全体の質量は反応前の全体の質量より小さくなり，発生した気体の質量は，（反応前の全体の質量）－（反応後の全体の質量）で求めることができる。表1から，塩酸A10mLを加えたときに発生した気体の質量は，74.20－73.85＝0.35（g）で，表2から，塩酸B10mLを加えたときに発生した気体の質量は，74.50－73.62＝0.88（g）である。同じ体積の塩酸を加えたときに発生する気体の質量は塩酸Bのほうが大きいので，塩酸Bは塩酸Aよりも濃《こ》いとわかる。

⑶　表1で，塩酸A20mLを加えたときに発生した気体の質量は，84.40－83.70＝0.70（g）である。表1，表2について同様に計算をすると，発生した気体の質量は右の表①，表②のようにまとめられる。よって，表①をグラフに表すとイのようになる。

表①

加えた塩酸Aの体積（mL）	10	20	30	40	50	60	70
発生した気体の質量（g）	0.35	0.70	1.06	1.41	1.76	1.76	1.76

表②

加えた塩酸Bの体積（mL）	10	20	30	40	50	60	70
発生した気体の質量（g）	0.88	1.76	1.76	1.76	1.76	1.76	1.76

⑷　表①より，石灰石4.0gとちょうど反応する塩酸Aの体積は，$10\times\frac{1.76}{0.35}=50.2\cdots$より，50mLと求められる。よって，石灰石1.6gとちょうど反応する塩酸の体積は，$50\times\frac{1.6}{4.0}=20$（mL）である。

⑸　塩酸A15mLと反応する石灰石の質量は，$4.0\times\frac{15}{50}=1.2$（g）である。また，表②で，$10\times\frac{1.76}{0.88}=20$（mL）より，塩酸B20mLと石灰石4.0gがちょうど反応するから，塩酸B15mLと反応する石灰石の粉末の質量は，$4.0\times\frac{15}{20}=3.0$（g）となる。よって，塩酸A15mLと塩酸B15mLを合わせたとき，石灰石の粉末が，1.2＋3.0＝4.2（g）反応して，$1.76\times\frac{4.2}{4.0}=1.848$（g）の気体が発生する。

3　唾液《だえき》のはたらきについての問題

⑴　体内に取りこんだ食べ物を体に吸収されやすい養分に変化させるはたらきをもつ液を消化液という。消化液には，唾液のほか，胃液やすい液，たん汁《じゅう》などがある。

⑵　ベネジクト液は，加熱するとでんぷんが分解されてできた物質（麦芽糖）と反応して，赤褐《せきかつ》色の沈殿《ちんでん》ができる。

⑶　でんぷんの有無はヨウ素液を使って調べることができる。ヨウ素液はでんぷんがあると青紫《むらさき》色に変化する。また，唾液のはたらきででんぷんがなくなったことを調べるには，唾液の条件のみが異なっている試験管，つまり，唾液を入れていない試験管の結果を比べる。よって，試験管Aと試験管Cを比べればよい。

⑷　どちらの試験管でも水溶液が青紫色になったことから，どちらの試験管でもでんぷんは分解されなかったといえる。したがって，どちらの場合でも唾液ははたらいていないことがわかる。

⑸　試験管Eでは，約80℃の湯につけたあと約40℃の湯に10分間つけても，水溶液の色は青紫色のままだったことから，唾液がはたらかず，でんぷんが分解されなかった。一方，試験管Fの水溶液は，ヨウ素液の色が変化しなかったことから，でんぷんが分解されたことがわかる。⑷で，約40℃のお湯につける前はどちらも唾液がはたらいていなかったのだから，唾液は5℃に冷やしてもはたらきを失わないが，80℃にするとはたらきを失うことがわかる。

国語 ＜第１回一般試験＞（50分）＜満点：100点＞

解答

一 **問１** ウ　**問２** A オ　B ウ　C ア　**問３** イ　**問４** （例） 気候変動が激しくて先のことが読めず，天候不順で農業がうまくいかなくなる可能性があるうえ，水不足の地域が圧倒的に多いというもの。　**問５** （例） 結果的に皆のためになる　**問６** エ　**問７** イ　二 **問１** ウ　**問２** （例） テツヨンの友情がこわれたのを，大樹のせいにしてさかうらみしているイヤな面。　**問３** ア　**問４** （例） ぼくと旬と万千が，めったなことで弱音をはかないという大樹のオモテしか見ず，じめじめした暗いウラガワをふくめて受けとめることができなかったから。　**問５** （例） 旬が同じしゅみの子と楽しそうに話しているのを見て，テツヨンはつきあいが長くてもおたがいに相手の話を聞こうとせず，つきあいの質が悪かったことに気づいたから。　**問６** ウ　三 （漢字，記号の順で） ① 鼻，カ　② 巣，ア　③ 水，キ　④ 音，オ　⑤ 葉，イ　四 ① 静止　② 開放　③ 危険　④ 乱暴　⑤ 平等　五 下記を参照のこと。

●漢字の書き取り

五 ① 包装　② 奮起　③ 貯蔵　④ 預(ける)　⑤ 染(まった)

解説

一 **出典：内山《うちやま》 節《たかし》 『資本主義を乗りこえる』**。今の日本は，不利な面をみる発想から，有利な面を探そうという発想へと変わりつつあり，その例として，日本人は，本来，自然と共存するなかで，不利なことを有利なことへと変えてきたのだと述べられている。

問１ 続く部分にあるように，「雪が降る有利さを活《い》かした暮らし方，町のつくり方とかそういうものはあるはず」なのに，ひたすら雪が降ることの不便さだけを強調し，「なにか悪いもののように」とらえてしまった言葉が「雪害」なのである。

問２ **A** 雪が降ると，確実に，「雪降ろしをしなければいけないとか，大変なのはそのとおり」なので，“明白に”という意味の「たしかに」が入る。　**B** 直売がいくらでもできたり，生活に困らない暮らしをしながら農業をやっていたり，鮮度《せんど》のよい野菜を売ることができたりするという点で，「東京の農業も，見方によってはものすごく有利」なので，「東京の農家は意外と跡取《あとと》り」がいるという文脈である。よって，前のことがらを理由・原因として，後にその結果をつなげるときに用いる「だから」が合う。　**C** 「遊漁船経営」になると，「魚群探知機頼《だの》みになってしまうそう」だが，「本当は魚群探知機なんかではダメ」で，魚をうまく見つけることができないというつながりになる。よって，前のことがらに対し，後のことがらが対立する関係にあることを表す「でも」が選べる。

問３ 「遜色《そんしょく》」は，ほかに比べて劣《おと》っていること。「遜色はない」は，“見劣りしない，同等である”という意味。これと似た意味になるのは，対等であることを表す「肩《かた》をならべる」である。なお，アの「手塩にかける」は，“自分で世話をして，大切に育てる”という意味。ウの「歯牙《しが》にもかけない」は，“相手にしない”という意味。エの「腑《ふ》に落ちない」は，“納得がいかない”という意味。

問４　続く部分で，「日本の自然は変動が激しいし，第一読めない」と述べられている。「読めない」とは，“見通しが立たない，予測ができない”という意味。その影響《えいきょう》もあって，日本の農業は，「天候不順のときはなかなかうまくできない」し，「稲作《いなさく》地帯は歴史的には水不足の地域が圧倒的《あっとうてき》に多かった」のである。

問５　Ａさん，Ｂさんの発言にもあるとおり，「日本人は皆でともに生きることを重視して生きていた」ようだが，「ただひたすら，ともに生きようという考え方をしているわけではない」のである。ぼう線部④に続く部分にあるとおり，日本人は，「自分のやりたいことをして，だけどそれが結果としては他人のためになっていく」という生き方を理想にしてきたのである。

問６　「一目置く」は，“相手が自分より優《すぐ》れていることを認めて，敬意をはらう”という意味。

問７　最初の部分で，現在の日本では，「不利な面をみる発想ではなく，有利な面を探そうという発想へと徐々《じょじょ》に変わってきている気」がすると述べられており，それぞれの発想が，どのようなものかについて，農業の話などの具体例を挙げて説明されている。そして，本文の後半にあるとおり，「不利な面」に目を向けるのではなく，「有利な面」をいかそうとする発想は，伝統的に日本人の生き方や考え方に備わっており，それは，日本の風土の影響を受けて生まれたものであると述べられている。よって，イが正しい。

二　**出典：佐藤《さとう》まどか『月にトンジル』**。「ぼく」は，テツヨンの仲間には共通のしゅみがなかったことやつきあい方に問題があったことを反省し，テツヨンのきずなはもろいものだったのだと思うようになる。

問１　東《ひがし》は，宇宙好きの「仲間がふえて」うれしいと言ったが，テツヨンのメンバーとのつきあいがなくなった今の「ぼく」にとって，「〈仲間〉という言葉」は，気軽に受け入れられる言葉ではなかった。

問２　前の部分に注目する。「ぼく」は，テツヨンの友情が失われてしまったことを，すべて大樹《だいき》のせいにして，大樹を責めていた。そんな「親友をさかうらみしている自分」に気づいたことで，「ぼく」は，「オモテ」では「さわやかスポーツマン」だが，その「ウラガワ」では，自分は「ものすごくイヤなヤツだ」ということを理解したのである。

問３　前の部分の，「テツヨンがくずれた本当の理由は，なんだったんだろう」と「ぼく」が考えているところに注目する。「ぼく」は，テツヨンのきずながくずれてしまったことが不思議だったので，その原因を探し出そうと思って，テツヨンの「チャットの履歴《りれき》を，最初からずっと読みかえしてみた」のである。

問４　「だから」とあるので，前の部分に注目する。「大樹はめったなことで弱音をはくようなヤツじゃなかった」が，それは大樹の「オモテ」の面にすぎなかった。大樹には，「じめじめした暗いウラガワ」もあり，「それもふくめて大樹のはず」だったのに，「ぼく」たちは，大樹の「ウラガワ」を「受けとめることができなかった」のである。そのために，テツヨンはくずれてしまったのだと，「ぼく」は結論づけたのである。

問５　旬《しゅん》が彼《かれ》と同じように料理がしゅみの子と楽しそうに話し合っているのを見て，「ぼく」は，「あまり共通のしゅみがなかった」テツヨンのつきあい方を振《ふ》り返った。テツヨンのつきあいは長かったが，メンバーのしゅみの話を誰《だれ》もまともに聞こうとせず，「軽く受け流すだけ」だった。「つきあいの長さより，質が大事」であり，テツヨンは，つきあいの質が悪かったのだと気づいて，

「ぼく」は，ため息をついたのである。

問６　普通に話をするような文体で，「ぼく」の心情が率直《そっちょく》に描《えが》かれている。「ぼく」は，テツヨンの友情がこわれてしまったことが気にかかっており，それを大樹のせいにしたり，自分たちを責めたりしながら，テツヨンのメンバーがお互《たが》いにどのようにつきあってきたのかを思い返している。

三　慣用句の知識

①「鼻が高い」は，得意になって自慢気《じまんげ》なようす。　②「蜂《はち》の巣をつついたよう」は，大勢の人がいっせいにさわぎ出すさま。　③「寝耳《ねみみ》に水」は，不意のできごとに驚《おどろ》くこと。　④「音を上げる」は，“苦しさに耐《た》えられずに，弱音をはく”という意味。　⑤「根も葉もない」は，“何の証拠《しょうこ》もない”という意味。

四　対義語の知識

①「運動」は，物が動くこと。対義語は，動かないことを意味する「静止」。　②「閉鎖《へいさ》」は，閉ざすこと。対義語は，開け放すことを意味する「開放」。　③「安全」は，無事なこと。対義語は，事故や災害が起こり，命や身体，財産などが危なくなる可能性があることを意味する「危険」。　④「温和」は，落ち着いていて，おだやかで，やさしいこと。対義語は，暴力をふるったりして，荒々《あらあら》しくふるまうさまを意味する「乱暴」。　⑤「差別」は，差をつけて，区別すること。対義語は，差別がなく，等しいことを意味する「平等」。

五　漢字の書き取り

①　物を包むこと。　②　奮い立つこと。気持ちを奮い立たせること。　③　物をたくわえること。　④　音読みは「ヨ」で，「預金」などの熟語がある。　⑤　音読みは「セン」で，「染色」などの熟語がある。

2024年度 常総学院中学校

【適性検査Ⅰ】〈適性検査型試験〉（45分）〈満点：100点〉

1 あやのさんは、家の庭に花だんをつくる方法について、お父さんと話しています。

あやの：庭に花だんをつくって花を育てたいと思っているの。どんな花だんにしようか、いろいろ考えているのだけれど、お父さんは何か良い方法を知っている？

父　：家に直方体のレンガ（**図１**）が何個かあるから、それを使って花だんをつくるのはどうかな。真上から見たときに、花だんの形が長方形または正方形の形になるようにレンガを並《なら》べて、幅《はば》が10cmの花だんの外わくをつくるんだ。

あやの：それはいいね！　どんな形にしようかな。

父　：それなら、レンガに見立てた厚紙（**図２**）を使って、厚紙を並べてどんな形にするかを考えてみよう。厚紙は、角と角が合うようにすき間なく並べるんだよ。

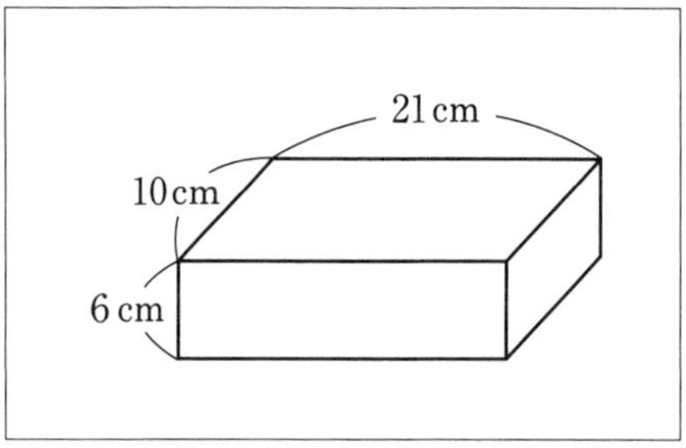

図１　花だんの外わくに使うレンガ

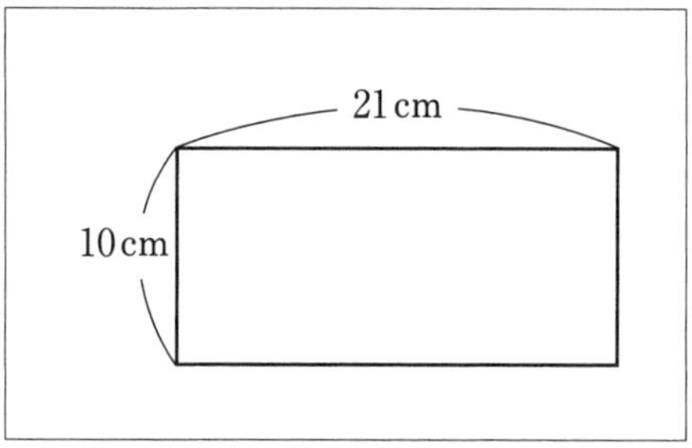

図２　レンガに見立てた厚紙

あやの：**図３**のように、厚紙を６枚《まい》並べてみたよ。

父　：上手に並べることができたね。大きさはどれくらいになるかな。

あやの：外わくの縦《たて》の長さが［ア］cm、横の長さが［イ］cmだね。

父　：そうだね。では、内側の四角形（斜線《しゃせん》部分）の面積は分かるかな？

あやの：内側の四角形の縦の長さが［ウ］cm、横の長さが［エ］cmだから、面積を求めると［オ］cm^2になったよ。

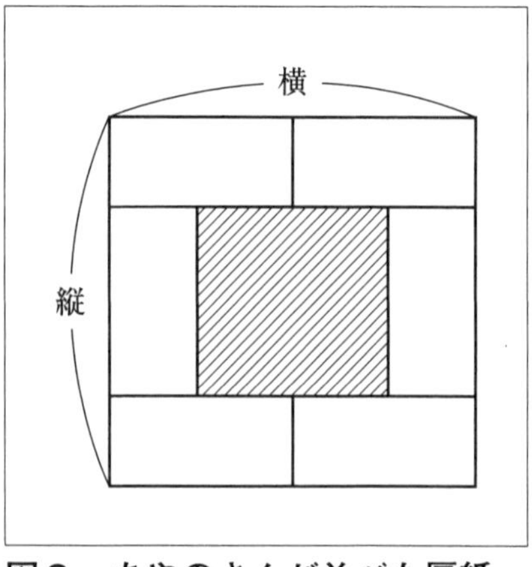

図３　あやのさんが並べた厚紙

問題１　会話文中の［ア］～［オ］にあてはまる数を書きなさい。

あやの：お父さんも厚紙を並べて、花だんの形を考えてみて！

父　：いいよ。お父さんは、内側の長方形の縦の長さが 32 cm、横の長さが 53 cm になるように厚紙を並べてみたよ。

あやの：内側の長方形の大きさだけでは、どんな形に厚紙を並べたのか分からないよ。

父　：そうかな？　外側の縦の長さと内側の縦の長さ、外側の横の長さと内側の横の長さのちがいに注目すれば、分かると思うよ。

あやの：あ、分かったよ！　縦の長さも横の長さも、外側の方が内側より［カ］cm 長いから、外側の縦の長さは［キ］cm、横の長さは［ク］cm だ。

父　：当たりだよ！　それが分かったら、厚紙を何枚並べたかも分かるかな？

あやの：厚紙の縦の長さと横の長さの組み合わせから考えていけばいいから、［ケ］枚だね。

問題２　会話文中の［カ］～［ケ］にあてはまる数を書きなさい。

問題３　会話の後、家にあったレンガの個数を数えると 14 個でした。厚紙 14 枚すべて使って、内側の四角形の面積が最も大きくなるように花だんの外わくを考える。このとき、内側の四角形の面積を答えなさい。

2 なおとさんとあやのさんは、来月参加するキャンプについて、話しています。

なおと：全員で18人だから、1グループ6人ずつになるように、A、B、Cの3つのグループに分かれて活動するよ。ぼくはAグループで、あやのさんはBグループだよ。

あやの：お昼ごはんのメニューは何がいいかな。自分たちでつくることができる料理がいいね。

なおと：カレーはどうかな。

あやの：いいね。それなら、どんなカレーをつくるか考えよう。

なおと：Aグループはチキンカレー、Bグループはポークカレー、Cグループはビーフカレーをつくることにしよう。

あやの：それぞれのカレーの材料を調べてまとめてみたよ（**図1**）。

ビーフカレー（2人分）		**ポークカレー（3人分）**		**チキンカレー（4人分）**	
牛肉	100g	ぶた肉	250g	とり肉	400g
じゃがいも	2個	じゃがいも	3個	じゃがいも	3個
にんじん	$\frac{1}{2}$本	にんじん	1本	にんじん	1本
玉ねぎ	$\frac{1}{2}$個	玉ねぎ	1個	玉ねぎ	2個
カレールー	40g	カレールー	90g	カレールー	80g
水	400mL	水	450mL	水	600mL

図1　カレーの材料

なおと：肉以外は、どのカレーも同じ材料を使うんだね。

あやの：そうだね。カレールーと水は、キャンプ場でまとめて用意するから、必要な量を先に教えてほしいそうよ。

なおと：どのグループも6人分のカレーをつくるから、それぞれのカレーの材料に書いてあるカレールーと水の量を6人分になるように計算する必要があるね。

あやの：ビーフカレー6人分をつくるのに必要なカレールーは［ア］g、水は1200mL、ポークカレー6人分をつくるのに必要なカレールーは180g、水は［イ］mL、チキンカレー6人分をつくるのに必要なカレールーは［ウ］g、水は［エ］mLだよ。

なおと：そうすると、必要なカレールーは全部で［オ］g、水は全部で［カ］mLになるね。

あやの：さっそく、キャンプ場にお願いしよう。

問題１　会話文中の［ア］～［カ］にあてはまる数を書きなさい。

なおと：カレールーと水以外は、キャンプ場の近くの店に自分たちで買いに行くんだね。
あやの：キャンプ場の近くに、スーパーマーケットと精肉店と八百屋《やおや》があるそうだよ。
なおと：できるだけ材料を安く買うことができるといいな。
あやの：そうだね。キャンプ場から、それぞれの店の商品の値段《ねだん》が書かれたメモ（**図２**）をもらっているから、それを見てどの店で買うのがいいか考えよう。

スーパーマーケット

牛肉　300円／100g
ぶた肉　180円／100g
とり肉　150円／100g
＊どの種類の肉も
300g以上買うと10%引き
600g以上買うと15%引き

じゃがいも　3個160円
にんじん　2本120円
玉ねぎ　2個150円
＊野菜はそれぞれ1個ずつ
買うことはできない

精肉店

牛肉　250円／100g
ぶた肉　160円／100g
とり肉　130円／100g

八百屋

じゃがいも　1個60円
にんじん　1本70円
玉ねぎ　1個80円

（すべて税込《ぜいこ》みの値段）

図２　商品の値段が書かれたメモ

なおと：ぼくのグループは６人分のチキンカレーをつくるから、とり肉をスーパーマーケットと精肉店のどちらで買うほうが安く買えるのかを考えてみよう。
あやの：まず、必要なとり肉の量は［キ］gだから、スーパーマーケットで買うと、代金は［ク］円になるね。
なおと：同じ量のとり肉を精肉店で買うと、代金は［ケ］円だから、［コ］で買うほうが、［サ］円安く買うことができるよ！

問題２　会話文中の［キ］～［ケ］、［サ］にあてはまる数を書きなさい。また、［コ］にあてはまる店を、スーパーマーケットまたは精肉店のどちらかを選んで答えなさい。

あやの：わたしは、材料の買い出し係になったよ。

なおと：あやのさんのBグループは、ポークカレーをつくるんだったね。

あやの：そうだよ。6人分のカレーをつくるのに必要な材料の量を考えて、キャンプ場からもらったメモ（**図2**）をもとに、買い物の計画を立てようと思っているの。買い物全体の代金ができるだけ安くなるように買いたいな。

なおと：お昼ごはんの時間に間に合うようにカレーをつくるために午前9時にキャンプ場を出発して45分以内にキャンプ場に戻《もど》ってくるようにしよう。

あやの：キャンプ場からそれぞれの店まではどれくらいの時間がかかるのかな。

なおと：キャンプ場から、それぞれの場所に行くまでの時間が書いてある資料（**図3**）をもらっているよ。キャンプ場とスーパーマーケットの間はバスで移動できるみたいだよ。

キャンプ場周辺の地図

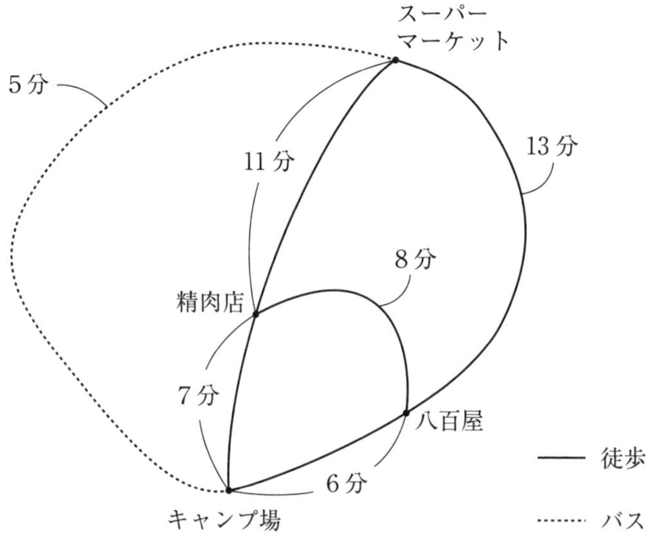

バスの時刻表

キャンプ場→スーパーマーケット		スーパーマーケット→キャンプ場	
8時	0分・20分・40分	8時	5分・25分・45分
9時	5分・25分・45分	9時	10分・30分・50分
10時	10分・30分・50分	10時	15分・35分・55分

図3　キャンプ場周辺の地図とバスの時刻《じこく》表

問題3　あやのさんは、キャンプ場を午前９時に出発し、ポークカレーをつくるのに必要な材料をすべて買い、９時45分までにキャンプ場に戻ります。買い物全体の代金が最も安い場合の代金を求めなさい。また、キャンプ場を出発してから戻ってくるまでのルートも答えなさい。例えば、キャンプ場を出発して、精肉店、スーパーマーケット、八百屋の順で買い物をしてキャンプ場に戻るときは、「キャンプ場→精肉店→スーパーマーケット→八百屋→キャンプ場」というように答えることとします。また、どのように求めたのかを言葉や数、式、図、表などを使って説明しなさい。ただし、バスの料金は考えないものとし、それぞれの店での買い物時間は次の通りとします。

精肉店	５分
八百屋	５分
スーパーマーケット	10分

3 ひろしさんとけいこさんは、おもちゃのモビールについて話をしています。ただし、おもりをつり下げるための糸や棒《ぼう》の重さは無視《むし》できるものとします。

ひろし：おもちゃのモビール（**図1**）は、ゆらゆらとバランスをとりながら不規則に動いているね。

けいこ：そうだね。あれは棒にとりつけたかざりのつり合いがとれているんだね。

ひろし：棒とおもりを使って、モビールのようなおもちゃがつくれるか試《ため》してみよう。

けいこ：まずは、糸を棒の中心に固定して天井《てんじょう》からつり下げ、同じ重さのおもりをいくつかつり下げて**図2**のようなモビールをつくってみたよ。

図1

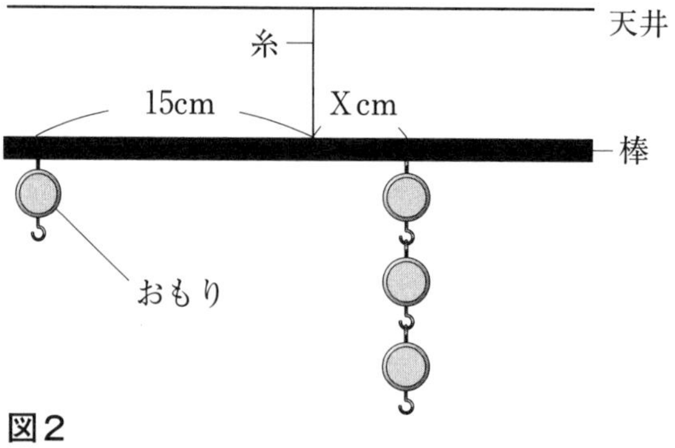

図2

ひろし：このとき、棒が水平につり合うようにするには、Xの長さを[あ]cmにすればいいね。

けいこ：本当だ。棒が水平につり合ったよ。

ひろし：おもちゃのモビールみたいに、複数の棒やおもりをつり下げて、すべての棒を水平につり合わせてみたいね。

問題1　会話文中の[あ]にあてはまる数を書きなさい。

問題２　ひろしさんとけいこさんは、**図３**のように複数のおもりをつり下げて、すべての棒を水平につり合わせました。A～Eは、それぞれ重さの異《こと》なるおもりを表しています。おもりAの重さが40gのとき、おもりEの重さは何gになりますか。

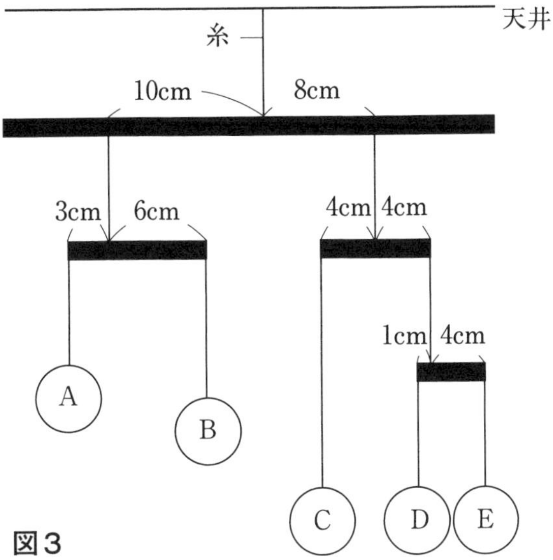

図３

問題３　**図４**はモビールについているかざりFで、**図４**の傾《かたむ》きのまま静止していました。このかざりFに同じ大きさの穴《あな》を２つあけて、それぞれの穴に重さが同じかざりP、Qを１つずつつり下げることにしました。かざりFの傾きが**図４**のまま変わらないような、かざりP、Qをつり下げる位置を示したものはどれですか。次の**ア～エ**の中から１つ選びなさい。また、どのようにつり下げたとき、かざりFが傾かないといえますか。**図４**の「糸を通る直線」という言葉を使って説明しなさい。ただし、図中の**○**はつり下げる穴の位置を表しているものとします。

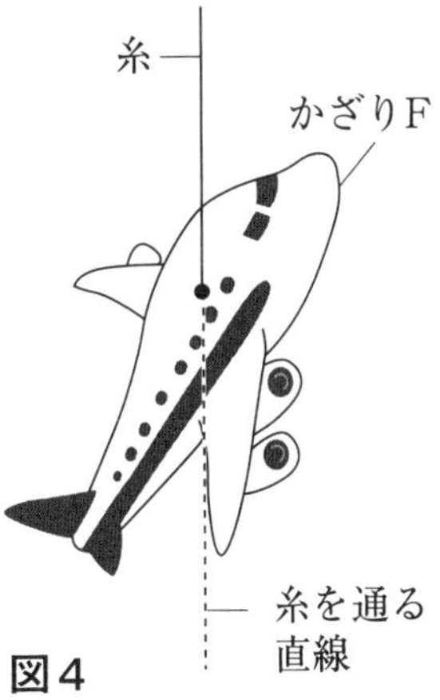

図４

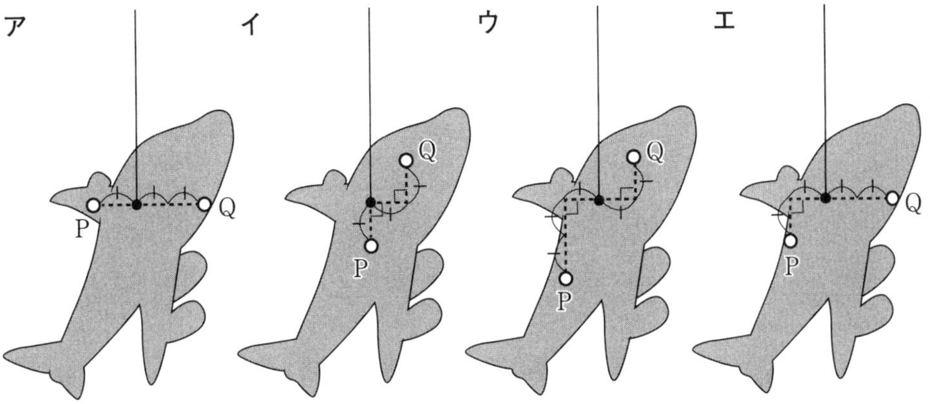

4 ひろしさんは、植物が行う光合成のはたらきについて先生と話をしています。

先　生：ＢＴＢ液を使って、植物が行う光合成のはたらきについて調べてみます。まず、息をふきこんで青色から緑色にしたＢＴＢ液で満たした試験管Ａ～Ｆを用意し、試験管Ｂ～Ｆには大きさや葉の数がほぼ同じのオオカナダモを入れます。試験管Ｃにはアルミニウムはく、試験管Ｄには赤色のセロファン、試験管Ｅには緑色のセロファン、試験管Ｆには青色のセロファンをそれぞれ巻《ま》きました（**図１**）。試験管Ａ～ＦにＬＥＤ電球の光をしばらく当てます。その後、ＢＴＢ液の色を観察してみましょう。

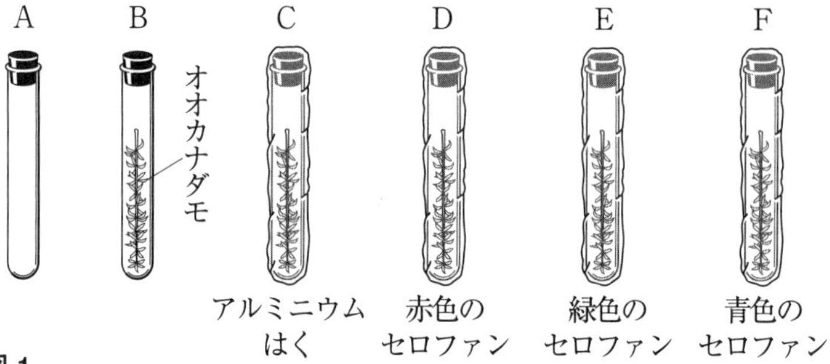

図１

ひろし：先生、試験管Ｃにアルミニウムはくを巻くのは光を当てないためだということはわかりますが、試験管Ｄ～Ｆにセロファンを巻くのはなぜですか。

先　生：日光やＬＥＤ電球の光には、さまざまな色の光が混ざっています。光は波のような性質をもっていて、波１回分の長さによって色がちがって見えます。波１回分の長さは波長とよばれ、単位はナノメートル（記号：nm）で表します。**図２**は実験に使ったＬＥＤ電球から出る光の波長と光の強さを表したもので、横軸《じく》は波長、縦《たて》軸は光の強さを表しています。**図２**から、さまざまな波長の光が混ざっていることがわかりますね。また、**表１**は光の色と波長の関係をまとめたものです。

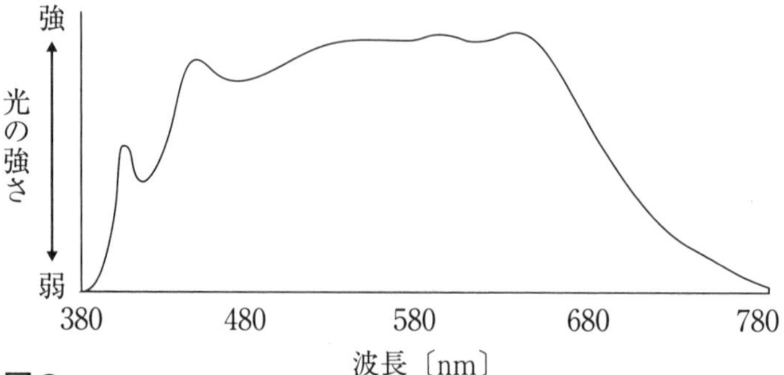

図２

表１

	波長〔nm〕
青色	450－485
緑色	500－565
赤色	625－780

ひろし：色のついたセロファンを通った光はどうなるのでしょうか。

先　生：例えば、赤色のセロファンを通して景色を見ると、すべて赤色に見えます。これは、赤色以外の波長の光はセロファンに吸収《きゅうしゅう》され、赤色の光だけが目に届《とど》くからです。

ひろし：緑色のセロファンでは緑色以外の波長の光が、青色のセロファンでは青色以外の波長の光がセロファンに吸収されるのでしょうか。

先　生：その通りです。

ひろし：なるほど。光を当てたときのＢＴＢ液の色を**表２**にまとめました。

表２

試験管	A	B	C	D	E	F
オオカナダモの有無	無	有	有	有	有	有
試験管に巻いたもの	なし	なし	アルミニウムはく	赤色のセロファン	緑色のセロファン	青色のセロファン
ＢＴＢ液の色	緑色	青色	黄色	青緑色	黄緑色	青緑色

先　生：よくまとめられていますね。この実験から、光合成について考えてみましょう。

問題１　実験では、ＢＴＢ液の色の変化から、水溶液《すいようえき》中の二酸化炭素の増減を調べられます。それはなぜですか。二酸化炭素の性質に注目して説明しなさい。

問題２　実験で、試験管ＢのＢＴＢ液の色が青色になったのはなぜですか。「呼吸《こきゅう》」と「光合成」の語句を使って説明しなさい。

問題３　ひろしさんは、植物が光合成を行うのは葉などに見られる緑色の粒《つぶ》であることを知り、この粒がなぜ緑色に見えるのかを考察しました。この粒が緑色に見える理由を、実験の結果に注目して説明しなさい。

【適性検査Ⅱ】 〈適性検査型試験〉 (45分) 〈満点:100点〉

〔解答するときの注意〕解答を直すときには,**消しゴムを使ってていねいに消してから直しなさい。**
次のように,付け加えたり,けずったりしてはいけません。

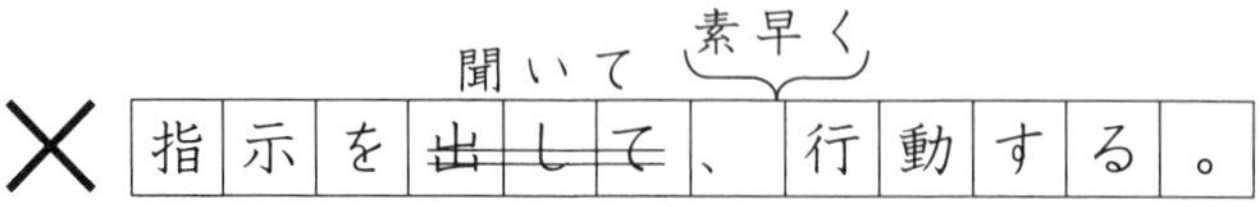

1 けんとさんは、来年の夏に家族で北海道へ旅行に行くことになり、北海道の地図(**資料1**)を見ながらお父さんと話をしています。

父　:北海道旅行で行ってみたい場所はあるかい?

けんと:ぼくはａ宗《そう》谷《や》丘陵《きゅうりょう》(**資料1のあ**地点)に行きたいな。宗谷丘陵にある、ほたての貝がらをくだいてしきつめた「白い道」を自転車で走ってみたいよ。ほら、この写真(**資料2**)のような景色が広がっているんだ。

父　:とても楽しそうだね。ただ、宿泊《しゅくはく》するのが札幌《さっぽろ》市(**資料1のい**地点)だから、宗谷丘陵までは行けないかもしれないなあ。

けんと:そうか、残念だなあ。北海道はとても広いから、一度の旅行で回りきるのは難《むずか》しいね。

父　:そうだね。札幌市周辺の観光が中心になると思うけれど、見るところがたくさんあると思うよ。お父さんは札幌市にあるｂ札幌オリンピックミュージアムに行ってみたいんだ。

けんと:札幌市でもオリンピックが開かれたことがあるんだね。ぼくは、この間社会の授業でｃ北海道の歴史について学んだから、札幌市にある北海道博物館に行ってみたいと思ったよ。

父　:よし、それじゃあ旅行の計画を立ててみようか。

資料1　北海道の地図

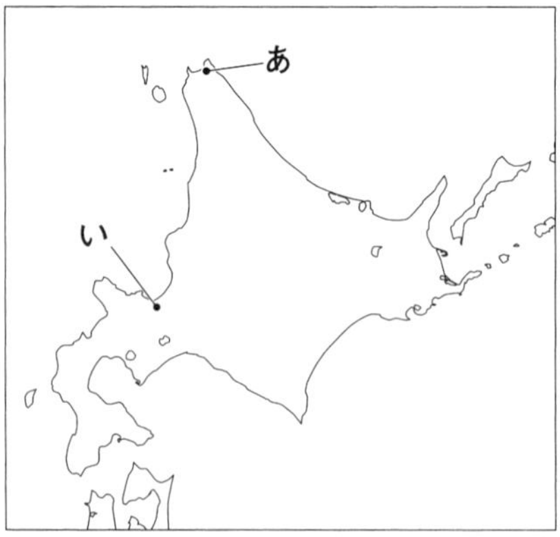

資料2　宗谷丘陵のようす

問題1　下線部ａ(宗《そう》谷《や》丘陵《きゅうりょう》)について、けんとさんは次のようにまとめました。文章中の[A]~[C]にあてはまることばの組み合わせとして最も適切なものを、次のページの**ア**~**ク**から1つ選んで、その記号を書きなさい。

けんとさんのまとめ

資料1と**資料2**から、宗谷丘陵は北海道の[A]に位置しており、[B]が広がっています。また、**資料2**から、[C]発電が行われていることがわかります。

ア　A－北端《ほくたん》　B－なだらかな丘《おか》　C－地熱
イ　A－北端　B－なだらかな丘　C－風力
ウ　A－北端　B－険しい山々　C－地熱
エ　A－北端　B－険しい山々　C－風力
オ　A－東端　B－なだらかな丘　C－地熱
カ　A－東端　B－なだらかな丘　C－風力
キ　A－東端　B－険しい山々　C－地熱
ク　A－東端　B－険しい山々　C－風力

問題２　下線部ｂ（札幌オリンピック）について、右の①、②の資料は、札幌オリンピックの開《かい》催《さい》に合わせて整備されたものの一部を示しています。①、②の資料は、どのようなことを意図して整備されたと考えられますか。①、②の資料を参考にして書きなさい。

①　地下鉄南北線の開通

②　五輪大橋

問題３　下線部ｃ（北海道の歴史）に関する次の①～③の文と、そのころの日本に関係する**資料Ａ～資料Ｃ**の組み合わせとして最も適切なものを、下の**ア～カ**から１つ選んで、その記号を書きなさい。

①　幕府《ばくふ》が鎖国《さこく》体制をとっていたころ、幕府に交易の独占《どくせん》権を認《みと》められた松前藩《まつまえはん》が先住民のアイヌの人々と交易を行っていた。

②　屯田兵《とんでんへい》とよばれる人々が現在の北海道に移り住み、警備《けいび》を行うとともに新たな土地をひらいた。

③　日本に稲作《いなさく》が伝わり、全国へ広がっていったころ、北海道では独自の文化が形成されていた。

資料Ａ　福沢諭吉《ふくざわゆきち》

資料Ｂ　吉野ヶ里遺跡《よしのがりいせき》

資料Ｃ　出島《でじま》

ア　①－Ａ　②－Ｂ　③－Ｃ
イ　①－Ａ　②－Ｃ　③－Ｂ
ウ　①－Ｂ　②－Ａ　③－Ｃ
エ　①－Ｂ　②－Ｃ　③－Ａ
オ　①－Ｃ　②－Ａ　③－Ｂ
カ　①－Ｃ　②－Ｂ　③－Ａ

けんと：北海道の観光地をたくさん挙げてみたけれど、北海道は知れば知るほど面白《おもしろ》いね。とても興味がわいたよ。

父　：そうだね。でも観光地だけ調べていたのでは、本当に北海道のことを知ったとはいえないのではないかな。

けんと：確かに、北海道の基本的なことについて知らないかもしれない。d人口や産業について調べてみようかな。

父　：旅行をさらに楽しいものにするために、いろいろと調べてみるといいよ。

問題4　下線部d（人口や産業）について調べたけんとさんは、**資料3～資料5**を集め、これらの資料にもとづいて、わかったことをまとめました。下の**まとめ①～まとめ③**のうち、**資料3～資料5**から読み取れる内容として、正しいものには○を、誤《あやま》っているものには×を書きなさい。

資料3　北海道の年齢《ねんれい》別人口の移り変わり

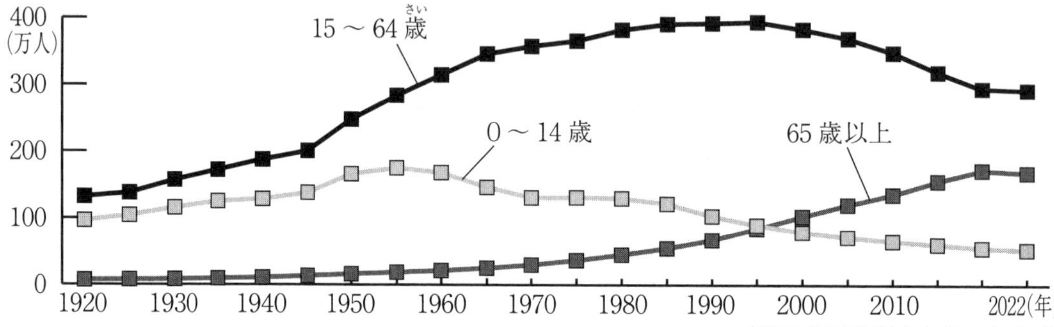

（総務省国勢調査などより作成）

資料4　北海道をふくむ4道県の農業別産出額割合《わりあい》

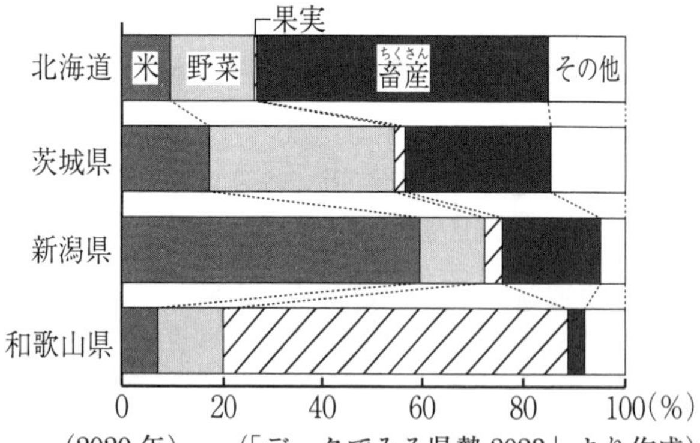

（2020年）　（「データでみる県勢2023」より作成）

資料5　北海道の産業別就業《しゅうぎょう》割合

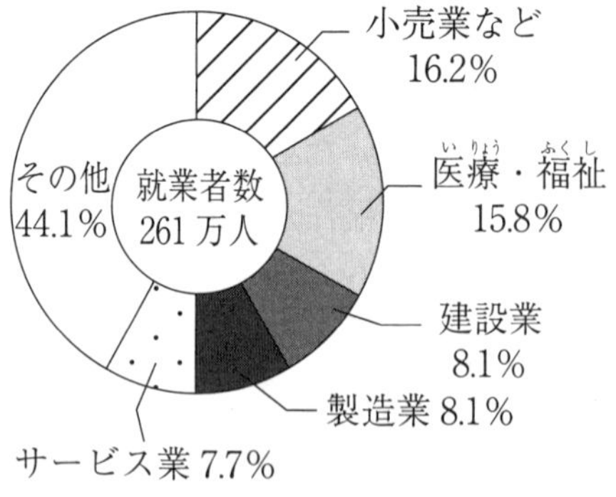

（2023年）（北海道ホームページより作成）

まとめ①

年齢別人口を見ると、1990年から2000年の間に0～14歳と65歳以上の人口が逆転している。

まとめ②

北海道は畜産の割合が4道県のうち最も高く、米の割合は4道県のうち2番目に高い。

まとめ③

医療・福祉で働く人は35万人以上で、建設業とサービス業で働く人は、どちらも15万人以上である。

2 たかしさんとしおりさんは、クラスで行われる研究発表会の発表内容について話し合っています。

たかし：ぼくたちの班《はん》の発表内容は「日本の自動車生産について」に決まったよ。どんな発表内容にしようか。

しおり：日本では自動車生産がさかんに行われているよね。海外への輸出も行っているし、海外での生産も行われていると授業で習ったよ。

たかし：発表するにあたって、まずは日本の自動車生産の基本的な内容をまとめてみようか。

問題1　次の**資料1**中の**A～C**は、日本の自動車の国内生産台数、海外生産台数、輸出台数のいずれかを示しています。**A～C**にあてはまるものの組み合わせとして最も適切なものを、下の**ア～カ**から1つ選んで、その記号を書きなさい。

資料1　日本の自動車の生産と貿易

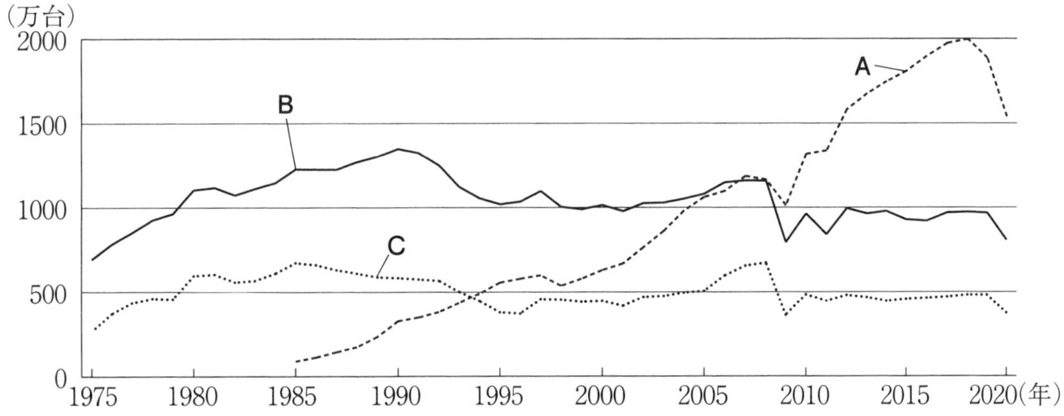

(「数字でみる日本の100年」などより作成)

ア　**A**－国内生産台数　**B**－海外生産台数　**C**－輸出台数
イ　**A**－国内生産台数　**B**－輸出台数　**C**－海外生産台数
ウ　**A**－海外生産台数　**B**－国内生産台数　**C**－輸出台数
エ　**A**－海外生産台数　**B**－輸出台数　**C**－国内生産台数
オ　**A**－輸出台数　**B**－海外生産台数　**C**－国内生産台数
カ　**A**－輸出台数　**B**－国内生産台数　**C**－海外生産台数

たかし：**資料1**のように年ごとに見ると、日本の自動車生産は時代によって変化していることがわかるね。

しおり：このような変化がおこったのには、外国での自動車の普《ふ》及《きゅう》も関係しているのではないかな。外国の自動車事情についても調べてみようよ。

たかし：2019年における日本、中国、アメリカ合衆国《がっしゅうこく》、オーストラリアの人口や自動車保有台数に関する資料が見つかったけれど、自動車保有台数のグラフには日本以外の国名が書かれていないね。

しおり：この**資料２**～**資料４**からわかる情報を整理して考えてみようよ。自動車保有台数の合計と人口100人あたりの自動車保有台数のちがいがヒントになるのではないかな。

たかし：人口100人あたりの自動車保有台数はどのように計算されているのかな。

しおり：自動車保有台数の合計を人口で割って、100をかけると計算ができるよ。例えば日本であれば自動車保有台数の合計はおよそ7500万台、人口はおよそ12500万人だから、7500万台を12500万人で割って、それに100をかけるとおよそ60台になるよ。

たかし：なるほど。この計算をすれば他の国もわかりそうだね。

資料２　日本、中国、アメリカ合衆国、オーストラリアの人口

	日本	中国	アメリカ合衆国	オーストラリア
人口（万人）	12686	143378	32907	2520

（「世界国勢図会 2022/23」より作成）

資料３　自動車保有台数（合計）

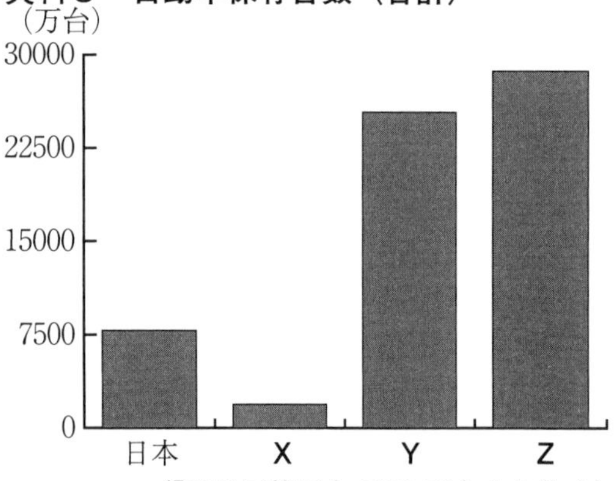

（「世界国勢図会 2022/23」より作成）

資料４　自動車保有台数（人口100人あたり）

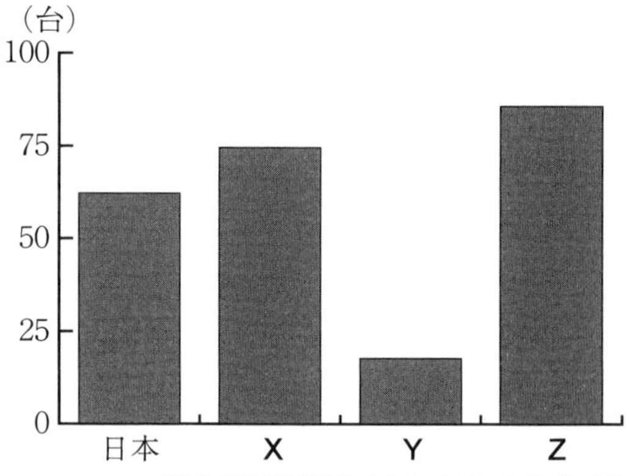

（「世界国勢図会 2022/23」より作成）

問題２　**資料３**、**資料４**中の**X**～**Z**にあてはまる国の組み合わせとして最も適切なものを、次の**ア**～**カ**から１つ選んで、その記号を書きなさい。

ア　**X**－オーストラリア　**Y**－中国　**Z**－アメリカ合衆国
イ　**X**－オーストラリア　**Y**－アメリカ合衆国　**Z**－中国
ウ　**X**－中国　**Y**－オーストラリア　**Z**－アメリカ合衆国
エ　**X**－中国　**Y**－アメリカ合衆国　**Z**－オーストラリア
オ　**X**－アメリカ合衆国　**Y**－中国　**Z**－オーストラリア
カ　**X**－アメリカ合衆国　**Y**－オーストラリア　**Z**－中国

たかし：自動車は世界中で使われているから、もし外国に行ったら日本産の自動車を見ることがあるかもしれないね。

しおり：多くの人が乗るからこそ自動車は安全でなくてはいけないよね。各自動車メーカーの努力が、安全な自動車を生み出しているんだろうね。

たかし：日本の自動車の製造方法は授業で学んだよね。どんな特長があったか、改めて考えてみようよ。

問題３　たかしさんは、日本の自動車の製造方法について**資料５**のようにまとめました。**資料５**から、日本の自動車製造にはどのような特長があることがわかりますか。

資料５　日本の自動車の製造方法

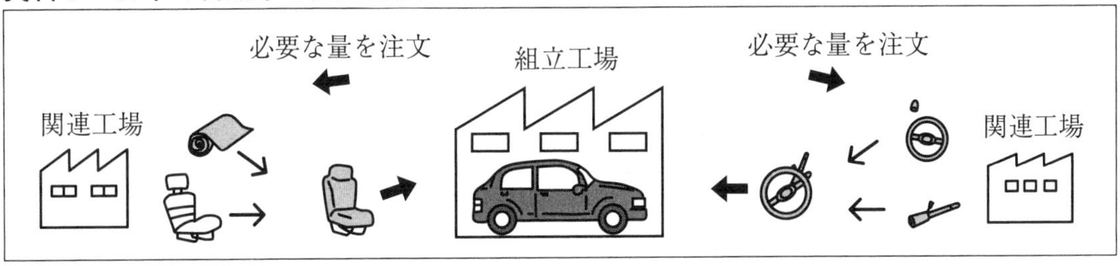

しおり：自動車の安全性はとても大切だね。その他に自動車が抱《かか》える問題はないかな。

たかし：環境《かんきょう》への影響《えいきょう》は考える必要があると思うよ。自動車が出す排気《はいき》ガスが、地球温暖化につながっているらしいんだ。

しおり：最近はよく、走行時に排気ガスを出さないＥＶについてのニュースを見る気がするよ。世界各国が普及目標を定めていて、日本も現在主流のガソリン車に代わって、ＥＶの普及を進めようとしているみたいなんだ。

たかし：ＥＶは電気自動車のことだよね。どのぐらい普及させるつもりなのかな。

資料６　ＥＶの普及について

2021年、当時の首相《しゅしょう》が「2035年までに新車販売《はんばい》で電動車※100%を実現する」と発言した。

※ＥＶをふくむ、電気を動力のすべてまたは一部とする自動車。

資料７　電動車の普及率の推移《すいい》

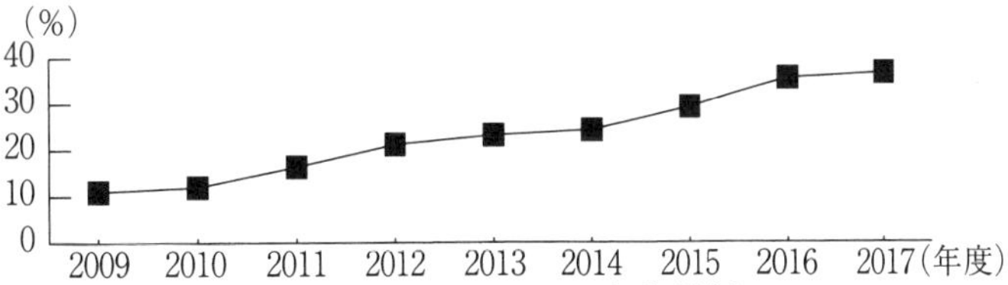

(国土交通省・経済産業《けいざいさんぎょう》省資料より作成)

資料８　ＥＶとガソリン車の比較《ひかく》

	ＥＶ	ガソリン車
航続距離《こうぞくきょり》※	200kmほど	500km以上
価格《かかく》	およそ500万円 (普通車平均)	200～300万円 (普通車平均)

※燃料を最大まで積んだ時に走行できる距離。

資料９　ＥＶのバッテリー

使い続けると容量が減り、航続距離が短くなってしまうことがある。

問題４　**資料６**～**資料９**から読み取れる、ＥＶの普及に関する問題点を、その理由をふまえて書きなさい。

3 けんとさんのクラスでは、総合的な学習の時間に「人間とＡＩ（人工知能）」をテーマに学習し、調べたことを発表することになりました。次の**資料１～資料４**は、発表に向けて集めたものです。

資料１　ＡＩができること

識別…大量のデータの中からパターンをぬき出して分類し、認識《にんしき》を行う ・音声認識・画像認識・言語解析《かいせき》　など
予測…「識別」で得た情報をもとに、これから起こりうることを予測する ・マッチング・数値《すうち》予測・需要《じゅよう》予測　など
実行…「識別」「予測」の結果をもとに、最適な方法を計画し実行する ・作業の自動化・行動の最適化・デザイン　など

資料２　ＡＩの活用事例

◇**音声応答アプリケーション**　識別（音声認識）

スマートフォンなどのＡＩ搭載《とうさい》機器に話しかけた音声をＡＩが認識し、質問に回答したり、サービスをすすめたりするアプリケーション。

◇**ＡＩ－ＯＣＲソリューション**　**Ａ**

銀行などで、さまざまな形式の記入用紙のなかから手書きの文字を認識して、統《とう》一《いつ》された形式にデータ化するシステム。

◇**ＡＩ搭載ロボット**　実行（行動の最適化）

介護施設《かいごしせつ》などで、過去の行動パターンなどから最適な方法を判断して行動するロボット。たとえば、最短ルートで適切な場所に物品を移動することを自力で行う。

◇**マッチングソリューション**　予測（マッチング）

就職《しゅうしょく》活動サイトなどで、実際に取り引きが成立した結果を参考に傾向《けいこう》を分析《ぶんせき》して、新たな企業《きぎょう》とのマッチング率を予測し、提案することができるシステム。

（**資料１**、**資料２**は、総務省　令和４年度「自治体におけるＡＩ活用・導入ガイドブック」より作成）

資料３　デジタル化を進める上での課題や障壁《しょうへき》（複数回答・上位５項目《こうもく》）

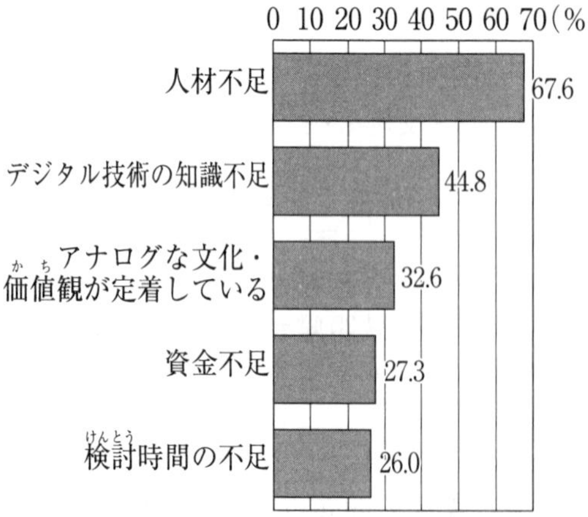

（総務省　令和４年度「情報通信白書」より作成）

資料４　ＡＩの活用が一般《いっぱん》化する時代に求められる、人間の能力（複数回答）

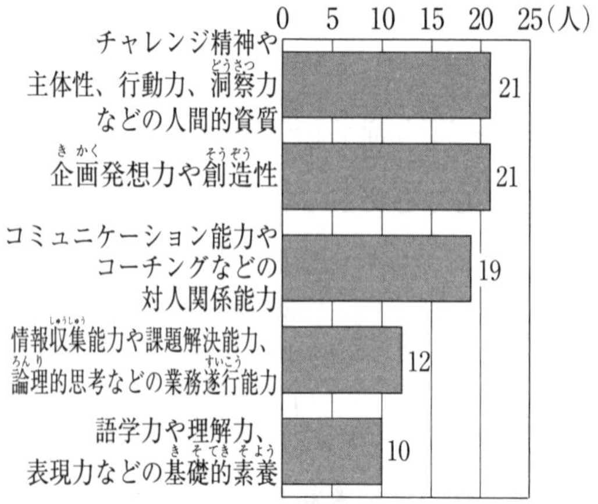

（総務省　平成28年度「情報通信白書」より作成）
＊有識者27人に聞いたもの。

けんと：資料を見ながら発表内容を決めていこう。

ふみか：そうだね。私《わたし》は、「ＡＩの機能」と、「私たちの日常生活を結びつけて考えられるようなもの」を調べて、その結果をまとめたよ。**資料２**の「**ＡＩ−ＯＣＲソリューション**」の機能を書き忘《わす》れてしまったのだけれど、ここには、[A]が入るの。

けんと：なるほど。そこは、**資料１**の内容から考えられるね。具体的な事例があってわかりやすいと思うから、発表でも、事例は伝えよう。それと、今見ていて、企業などが採用の仕方を今後工夫《くふう》することで、[B]にあるような問題を改善《かいぜん》できそうだと思ったんだ。すでにそういったことをしている企業などの取り組みもいっしょに紹介《しょうかい》したらどうかな。

ふみか：いいと思う！　調べてみるよ。私は調べているなかで、ＡＩが過去のデータをあつかえるだけでなく、[C]ことがすごいと思ったよ。

けんと：確かにそうだね。その点も伝わるようにしよう。ぼくが借りてきた本(**資料５**)も、調べてきてくれたことに関連していると思う。読んでみて。

問題１　けんとさんたちの会話文と、**資料１**～**資料４**を参考に、次の⑴～⑶の問題に答えなさい。

⑴　**資料２**と会話文の[A]に共通してあてはまる最も適切なものを、次の**ア**～**エ**から１つ選んで、その記号を書きなさい。

ア　識別（画像認識）　　**イ**　予測（数値予測）

ウ　予測（需要予測）　　**エ**　実行（デザイン）

⑵　会話文の[B]にあてはまる最も適切なものを、次の**ア**～**エ**から１つ選んで、その記号を書きなさい。

ア　**資料１**　　**イ**　**資料２**　　**ウ**　**資料３**　　**エ**　**資料４**

⑶　**資料１**をもとにして、会話文の[C]にあてはまる内容を、**25字以上、35字以内**で書きなさい。ただし、「、」も１字として数え、文字に誤《あやま》りがないようにしなさい。

資料５　借りてきた本の一部

　ＡＩは、人間の脳《のう》の中で行われている認識や思考演算をコンピュータ上に※1実装《じっそう》して、携《けい》帯《たい》電話や家電製品、車、ビルや工場などの管理システムに導入していく技術である。

　ＡＩに何ができるのでしょうか、という質問には、「人の想像できることはなんでも」と答えるしかない。人間の能力を再現していく技術なので、「今できること」は限られていても、「未来できること」は無限だ。「自由自在に空を飛んで」も「地球の裏側《うらがわ》に穴《あな》を掘《ほ》って」も「私のために小説を書いて」「私の病気に、私より早く気がついて」だって。

　その能力は、もちろん、人を超《こ》える。

　ただし、人を超えるということと、人の手に負えないということは違《ちが》う。多くの方は、そこを誤解《ごかい》している。

人を超えるということで言えば、「力持ち」なら、ブルドーザーは人を超えている。「記憶《きおく》力」「計算力」では、既《すで》に７０年前のコンピュータが人を超えているのだ。機械が人を超えること自体は、恐《おそ》れることではない。むしろ、人を超えなきゃ意味がない。

では、人間の職業を奪《うば》いますよね、と質問されたら、それもＹＥＳである。

かつて、※2内燃エンジンが発明されて、「穴を掘る人」や「荷物を担《かつ》いで運ぶ人」は失業した。しかしそれは、人類が命を落とすような過酷《かこく》な労働から解放された瞬間《しゅんかん》でもあった。

人工知能も同様である。ほどなく、※3遠隔操作《えんかくそうさ》によるブルドーザーなどの半自動運転が可能になる。そうなれば、荒野《こうや》や山の中で危険《きけん》な目に遭《あ》っている建機の※4オペレータたちは、快適なオフィスで命の危険なく働ける。さらに、午前中は北海道《ほっかいどう》の山奥《やまおく》で、午後は沖縄《おきなわ》の海岸線で働くことも可能なので、建築業界の人手不足が大幅《おおはば》に解消される。とはいえ、それは、逆の見方をすれば、「人の職業が奪われる」ことでもある。

２０００年ごろから編集ソフトとプリンタが進化して、企業はちょっとしたチラシを自作できるようになった。このため、町の印刷屋さんの多くが廃業《はいぎょう》やビジネススタイルの変更《へんこう》に追い込《こ》まれた。時代の※5趨勢《すうせい》は、人工知能の登場を待たずとも、技術の革新《かくしん》と共に常に、「今の職業」を呑《の》み込んできた。

人工知能は、たいていの定型作業を※6代替《だいたい》してしまうので、呑み込まれていく職業は、たしかに少なくはない。しかし、人工知能の開発・運用に大きなパワーがかかるようになり、失業した人の数以上の雇用《こよう》が必要になる。コンピュータが登場して、そろばんを弾《はじ》く人が要《い》らなくなっても、それ以上のＩＴエンジニアを社会は必要とするようになったのと同じだ。それに、ＡＩとの付き合いは、単なるプログラミングよりきっと面白《おもしろ》い。

でも、ＡＩは、いつか人間を支配するのでは？

その質問には、私は否《いな》と答える。現在のＡＩには、生存《せいぞん》本能がなく、自我《じが》がない。よりよく生きよう、誰《だれ》よりも優遇《ゆうぐう》してほしい、誰かをいじめて自分の存在価値《かち》を確かめたい、という「気持ち」の回路は作られていない。それらは、現在のＡＩの守備範囲《はんい》の外にある。

しかし、その設計を誰かが仕込めば、もちろんそうなる。自動車だって、「２０２５年1月1日１０時、ブレーキを不能にする」というふうに制御《せいぎょ》系にプログラミングされていれば、未来のある日、突然《とつぜん》ブレーキが効かなくなる。機械が人を襲《おそ》うのに、人工知能である必要はないのだ。

機械を設計した人に悪意があれば、人工知能に限らず、その危険をはらんでいる。だからこそ、メーカーの信頼《しんらい》性が大事なのだと私は思う。

（黒川伊保子《くろかわいほこ》「幸福になるための人生のトリセツ」による。一部表記を改めた。）

※1 実装して　とりつけて。　※2 内燃エンジン　熱エネルギーから力をつくり、機械を動かす装置《そうち》。

※3 遠隔操作　離《はな》れたところから機械などを操作《そうさ》すること。　※4 オペレータ　運転や操作をする人。

※5 趨勢　動向。　※6 代替して　もともとあったものを、ほかのものに代えて。

けんと：この文章を読んでどう思ったかな。

ふみか：私は、ＡＩの発展《はってん》に対して、人手不足が解消したり、作業の効率がよくなって便利になったりするという、いい印象ばかりがあったから、ＡＩが「人間の職業を奪います」という表現が衝撃《しょうげき》的だったな。

けんと：そうだね。筆者は、奪われる職業があるのは、［D］をＡＩが代わりに行うことができるからだと述べているね。でもそれとは対照的に、人間は現在のＡＩにはない、「気持ち」をもっているとも述べているから、それを生かすにはどうすればよいか考えたいね。

ふみか：［D］は、**資料１**の「識別」にあたりそうだね。

けんと：ＡＩと生きていく上で、ＡＩについての知識を深め、ぼくたちが何を意識すればよいか考えていくことが大切だね。発表に向けて、資料をまとめて、構成を考えていこう。

問題２　**資料５**とけんとさんたちの会話文をもとに、次の⑴、⑵の問題に答えなさい。

⑴　会話文の［D］に共通してあてはまる最も適切な言葉を、**資料５**から**４字**でぬき出して書きなさい。

⑵　けんとさんたちは、これまでに集めた資料や話し合ったことから**資料６**の構成メモを作成しました。

この構成メモ（**資料６**）③をもとに、発表原稿《げんこう》（**資料７**）の［E］に入る内容を、**20字以上、30字以内**で書いて、原稿を完成させなさい。

ただし、「**支配**」という言葉を必ず使い、「、」も１字として数え、文字に誤りがないようにしなさい。

資料６　けんとさんたちの構成メモ

番号	スライド	発表原稿のためのメモ
①	ＡＩの機能と活用	・ＡＩができること（表を示す） ・ＡＩの活用事例（写真や動画で見せる）
②	ＡＩと生きる時代に必要なこと	・現状もしくは今後考えられる課題（グラフを示す） ・求められている人間の能力（上位項目を紹介する）
③	まとめ	**・人手不足の解消 ⇔ 現在の人間の職業が奪われる** **・ＡＩは人の手に負えなくなるものではない**

資料７　スライド③の発表原稿

スライド③	**ＡＩの発展により、私たちの現在の仕事が奪われ、新たなものに変わっていくこともあります。私たちが大人になったときにどのような職業があるのか、どのような能力が求められているのか、考えていくきっかけになりました。** **今後もＡＩは進化していくと考えられますが、ＡＩが［E］とは考えられないそうです。**

4　しおりさんは新聞委員会の活動で、「今知ってもらいたい、未来の社会問題」というテーマで記事を書くことになりました。しおりさんたちは世界（**資料1**）と日本（**資料2**）で分担《ぶんたん》してそれぞれ資料をまとめ、話し合っています。

資料１　未来の社会の姿《すがた》と課題（世界）

社会の流れ	今後の動向
人口の増加 …1950年に約25億人だった世界人口が、2050年には約97億人になると予想されている	・医療《いりょう》制度の持続が難《むずか》しくなる ・食糧《しょくりょう》が不足する
急速な都市化 …都市で生活する人が増える	・※インフラ不足が深刻《しんこく》化する
地球温暖《おんだん》化	・大気汚染《おせん》が深刻化する ・資源《しげん》が尽《つ》きる
ＡＩなどによる技術の進歩	・産業や労働が変化する ・個人情報などの保護の強化が求められる

資料２　未来の社会の姿と課題（日本）

社会の流れ	今後の動向
人口の減少・少子高齢《こうれい》化 …2050年には、人口の約40％が65歳《さい》以上になると予想されている	・医療制度の持続が難しくなる
インフラの老朽《ろうきゅう》化	・インフラ整備やメンテナンスの必要性が増す
地球温暖化	・自然災害の規模《きぼ》が大きくなる ・海に近い地域《ちいき》の水没《すいぼつ》危機《きき》
ＡＩなどによる技術の進歩	・産業や労働が変化する ・個人情報などの保護の強化が求められる

※ インフラ　交通網《もう》や上下水道、電力施設《しせつ》などの社会の基盤《きばん》のこと。

しおり：**資料１**と**資料２**をもとに、記事で取り上げる内容を決めていこう。
けんと：こうして見ると、世界と日本でさまざまな社会の流れや今後の動向があることがわかるね。
たかし：その中でも、地球温暖化とＡＩについてのことは、［　**A**　］。
けんと：そうだね。それだけ広くに関わることなんだね。記事では、ここに出ている問題の複数にかかわっているものを取り上げるのはどうかな。
しおり：いいね。資料をつくっているときに、日本と世界には分類できないと思って挙げなかったのだけれど、これらの問題を解決する方法の１つとして最近注目をあびている、「代替《だいたい》食品」というものがあると知ったの。**資料３**を見て。これは、代替食品のなかでも「代替肉」というものについてまとめられたものなの。

資料３　「代替肉」について

代替肉とは、動物肉の代わりの肉のことで、豆類などの植物を原料とした植物性代替肉と、※1培養《ばいよう》肉とがある。植物性代替肉は昔から存在《そんざい》し、宗教《しゅうきょう》・思想上、健康上の理由によって動物の肉を食べることをさける習慣がある人たちに好まれたことや、安価であることなどから、開発・使用がされていた。現在でも、代替肉というと多くが植物性代替肉のことを指し、近年は飲食店やスーパーマーケット、コンビニエンスストアなどでも、大豆で作った肉を使ったハンバーガーなどの肉製品が提供《ていきょう》されている。一方、培養肉とは、牛や豚《ぶた》などから取りだした細胞《さいぼう》を培養液の中で増やし、人工的に作った肉のことである。培養肉は、2013年にオランダの教授が培養牛肉のハンバーガーを発表し話題となった、まだ新しいものであり、高価格となることなどから今のところ一般販売《いっぱんはんばい》はされていないが、世界的に関心が高まっている。

〈代替肉への関心が高まっている背景《はいけい》〉

B

・地球温暖化にともなう異常《いじょう》気象の発生などにより、今後水不足になる危険《きけん》性のある国が増えると考えられている。

・畜産業《ちくさんぎょう》では多くの水を使用する。日本では畜産業をふくむ農業用水の使用量が、水使用量全体（農業用水・工業用水・生活用水）の約７割《わり》を占《し》める。

C

・※2人為《じんい》的に排出《はいしゅつ》される※3温室効果ガスの総量の21～37％は、食料システム（生産から消費までの全体）によるものだとされている。

・家畜のえさを作るために、化学肥料や農薬が大量に使われる。

D

・家畜《かちく》を育てるために、大量の穀物《こくもつ》が必要となる（例：牛肉１kgあたり、約11kg）。

・世界人口が年々増加しており、今後も増える予想である。

E

・以前に比べ、見た目や食感がより本物に近い食品を作れるようになった。

・食品会社や食肉企業《きぎょう》が共同で開発している。

※1 培養　細胞《さいぼう》などを、人工的に育てたり、増やしたりすること。
※2 人為的に　人間の手によって。
※3 温室効果ガス　地球の気温上昇《じょうしょう》をもたらすガス。

たかし：へえ。こういうものがあるんだね。世界的な取り組みだと思うのだけれど、新聞記事にするときに、“健康に気をつかう人にうれしい”とか、“未来の給食ではあたり前になるかもしれない”とか、みんなにも身近な話につなげたら、興味をもってもらえる記事にできていいのではないかな。

しおり：そうだね。社会の問題に興味をもってもらえるように、その方向で調べてまとめていこう。

問題１　**資料１**、**資料２**をもとに、会話文の A にあてはまる内容を書きなさい。

問題２　**資料３**を読んで、次の(1)、(2)の問題に答えなさい。

(1)　次の**ア**～**カ**のうち、**資料３**から読み取れる内容として、正しいものには**○**を、誤《あやま》っているものには**×**を書きなさい。

ア　化学肥料や農薬の使用をさけるために、家畜を育てる農家が減っている。
イ　今後水不足になる危険性のある国が増える原因の１つは、異常気象の発生である。
ウ　代替肉は、近年できたものではなく、以前から利用されていたものである。
エ　最近では、飲食店などで培養肉をはじめとした代替食品が販売されている。
オ　食用の牛１頭を育てるためには、約11kgという大量の穀物が必要である。
カ　2013年にオランダの教授が発表した代替肉は、牛の細胞を培養して作られた。

(2)　しおりさんたちは、**資料３**の**〈代替肉への関心が高まっている背景〉**に、それぞれ見出しを付けることにしました。 B ～ E にあてはまる最も適切なものを、次の**ア**～**オ**から１つずつ選んで、その記号を書きなさい。

ア　研究が進み、より安価な培養肉へ
イ　地球温暖化などの環境《かんきょう》問題
ウ　心配されている食糧不足
エ　いつかは尽きてしまう資源
オ　進歩していく食品加工技術

2024年度

常総学院中学校　▶解　答

※　編集上の都合により，適性検査型試験の解説は省略させていただきました。

適性検査Ⅰ　＜適性検査型試験＞（45分）＜満点：100点＞

解　答

1　**問題１**　ア　41　イ　42　ウ　21　エ　22　オ　462　**問題２**　カ　20　キ　52　ク　73　ケ　10　**問題３**　4032cm^2

2　**問題１**　ア　120　イ　900　ウ　120　エ　900　オ　420　カ　3000　**問題２**　キ　600　ク　765　ケ　780　コ　スーパーマーケット　サ　15　**問題３**　**代金**…1390円／**ルート**…(キャンプ場→)スーパーマーケット→精肉店(→キャンプ場)／**求め方**…(例)　必要な材料は，ぶた肉500g，じゃがいも６個，にんじん２本，玉ねぎ２個だから，代金が安いのは，精肉店のぶた肉800円，スーパーマーケットのじゃがいも320円，にんじん120円，玉ねぎ150円で，代金の合計は1390円となる。ルートは，先にスーパーマーケットに行くルートと先に精肉店に行くルートが考えられるが，かかる時間は，先にスーパーマーケットに行く場合が43分で，先に精肉店に行く場合は45分をこえてしまうので，キャンプ場→スーパーマーケット→精肉店→キャンプ場というルートである。

3　**問題１**　5　**問題２**　7.5g　**問題３**　ウ／**説明**…(例)　かざりP，Qをつける位置と糸を通る直線とのきょりが左右でそれぞれ等しいとき，かざりFは傾かないといえる。

4　**問題１**　(例)　二酸化炭素は水にとけて酸性を示すため，水溶液中の二酸化炭素が増えると，その水溶液は酸性にかたむき，減ると元にもどるから。　**問題２**　(例)　オオカナダモが行う呼吸によって放出される二酸化炭素の量より，光合成によって吸収される二酸化炭素の量のほうが多かったから。　**問題３**　(例)　光合成には赤色と青色の光がおもに吸収されて使われ，緑色の光はあまり吸収されずに反射されるから。

適性検査Ⅱ　＜適性検査型試験＞（45分）＜満点：100点＞

解　答

1　**問題１**　イ　**問題２**　(例)　地下鉄の開通や道路の整備をすることで，オリンピックを見に来る人などの交通の便をよくした。　**問題３**　オ　**問題４**　**まとめ①**…○　**まとめ②**…×　**まとめ③**…○

2　**問題１**　ウ　**問題２**　ア　**問題３**　(例)　必要なときに必要な量だけを注文することで，つくりすぎて余ってしまうことがなくなり，コストをさく減できることがわかる。　**問題４**　(例)　EVはガソリン車に比べて価格が高く，航続距離が短いうえに，バッテリーの容量が減少して航続距離がさらに短くなってしまうなどの問題があるため，目標に対して普及があまり進んでいない。

3 **問題１** (1) ア　(2) ウ　(3) (例) これから起こりうることを予測して，最適な方法を計画し実行している(ことがすごいと思ったよ。)　**問題２** (1) 定型作業　(2) (例) 人の手に負えなくなることはなく，いつか人間を支配する(とは考えられないそうです。)

4 **問題１** (例) 世界でも日本でもあげられているね　**問題２** (1) **ア** ×　**イ** ○　**ウ** ○　**エ** ×　**オ** ×　**カ** ○　(2) **B** エ　**C** イ　**D** ウ　**E** オ

2023
年度

常総学院中学校

【算　数】〈第１回一般試験〉（50分）〈満点：100点〉

1　次の計算をしなさい。

（１）　$6+3\times 9$

（２）　$45\div 3\times(32-27)$

（３）　$21-18\div(34-4\times 7)$

（４）　$3\frac{1}{8}-1\frac{3}{4}+2\frac{1}{6}$

（５）　$1.6\div 2.8\div 0.2\times 3.5$

（６）　$0.8\div\frac{4}{13}-\frac{5}{9}\times 0.18$

（７）　$\left(\frac{2}{35}+\frac{2}{63}+\frac{2}{99}\right)\times 55$

2　次の□にあてはまる数を答えなさい。

（１）　６年生□人に，500 枚《まい》の画用紙を同じ枚数ずつ配ると 38 枚あまり，600 枚の色紙を同じ枚数ずつ配ると６枚あまりました。ただし，画用紙や色紙はあまりができるだけ少なくなるように配ったものとします。

（２）　倉庫に２種類の製品Ａ，Ｂが□個ずつありました。この製品を１回にＡを９個，Ｂを５個だけ台車に積んで運び出すことを何回かくり返したところ，Ａをちょうど全部運び出したときにＢは 44 個残っていました。

（３）　Ａさんは，□円を持って本屋に行き，持っているお金の$\frac{1}{8}$で小説を買いました。次に，残りのお金の$\frac{2}{5}$で参考書を買い，さらに，残ったお金の$\frac{2}{3}$で問題集を買ったところ，560 円が残りました。ただし，消費税は考えないものとします。

（４）　下のように，白と黒のご石を左からある規則にしたがって，並《なら》べていきます。

○●○○●●○○●●●○○●●●●○…

黒のご石だけを左から数えて 100 個目のご石は，全部のご石を左から数えて□個目のご石です。

3　ある中学校の１年生はＡ組とＢ組の２クラスあり，いずれも生徒の人数は35人です。この２クラスで，生徒が所属している部活動について調べたところ，次のことがわかりました。

①　Ａ組とＢ組の生徒全員が文化部，運動部のいずれかに所属している。
②　Ａ組の男子と女子の人数の比は２：３である。
③　Ａ組の男子で，文化部に所属している生徒と運動部に所属している生徒の人数の比は４：３である。
④　Ｂ組は，男子，女子ともに，文化部に所属している生徒と運動部に所属している生徒の人数の比は３：２である。
⑤　１年生全体の男子で，文化部に所属している生徒と運動部に所属している生徒の人数の比は10：７である。
⑥　１年生全体の女子で，文化部に所属している生徒と運動部に所属している生徒の人数の比は23：13である。

このとき，次の問いに答えなさい。

（１）　Ａ組の男子で運動部に所属している生徒の人数は何人ですか。

（２）　Ｂ組の男子で運動部に所属している生徒の人数は何人ですか。

（３）　Ａ組の女子で文化部に所属している生徒の人数は何人ですか。

（5）　0，1，3，5，7の５枚のカードの中から３枚を並べて，３けたの整数をつくります。そのうち，５の倍数は□通りできます。

（6）　定価の20％引きで売ると100円の利益になり，定価の30％引きで売ると110円の損になる品物の原価は□円です。ただし，消費税は考えないものとします。

（7）　右の図は，１辺の長さが16cmの正方形ＡＢＣＤと，正方形ＡＢＣＤの各辺の真ん中の点Ｅ，Ｆ，Ｇ，Ｈを通る円をかき，ＡとＦ，ＡとＧをそれぞれ結んだものです。かげをつけた部分の面積は□cm^2です。ただし，円周率は3.14とします。

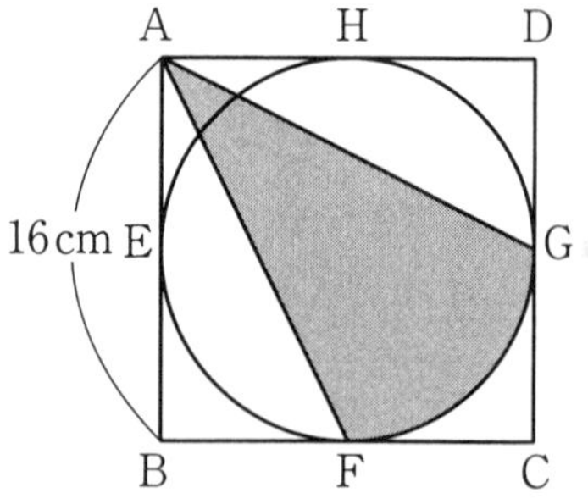

（8）　右の図は，厚さ１cmの板を組み合わせてつくった箱で，側面や底の厚さは１cmです。また，角はすべて直角で，ふたはありません。この箱に使った板の体積の合計は□cm^3です。

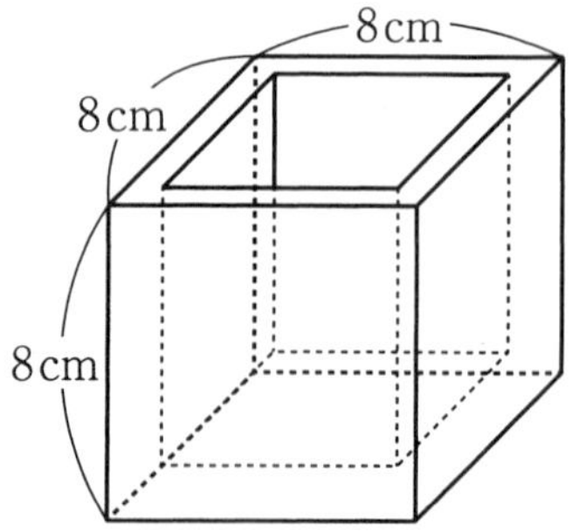

4　Ｐ地点とＳ地点を結ぶ，道のりが21kmの１本道があります。Ａ，Ｂ，Ｃの３人が同時にＰ地点を出発し，この道を通ってＳ地点に行くことにしました。Ａはつねに自動車を運転し，Ｂ，ＣはＡが運転する自動車に乗るか，Ｓ地点に向かって歩きます。３人はＳ地点に着くまでに次のように進みました。

①　Ｐ地点を出発したときは，ＢはＡの自動車に乗り，Ｃは歩いてＳ地点に向かった。 ②　Ｐ地点から16kmのところにあるＱ地点で，ＢはＡの自動車を降《お》りて歩いてＳ地点に向かい，ＡはＱ地点から引き返して進み，歩いているＣと出会うとＣを自動車に乗せて，Ｓ地点に向かって進んだ。 ③　Ｃを乗せたＡの自動車がＢを追いぬいたあと，Ｒ地点でＣはＡの自動車を降りて歩いてＳ地点に向かい，ＡはＲ地点から引き返して進み，歩いているＢと出会うとＢを自動車に乗せて，Ｓ地点に向かって進んだ。 ④　Ｂを乗せたＡの自動車とＣは同時にＳ地点に着いた。

右のグラフはＡ，Ｂ，Ｃの３人がＰ地点を出発してからの時間とＰ地点からの道のりの関係を表したものです。このとき，次の問いに答えなさい。ただし，自動車の速さは時速60km，Ｂ，Ｃが歩く速さは時速4kmとし，自動車が方向を変えたり，人が乗り降りしたりするための時間は考えないものとします。

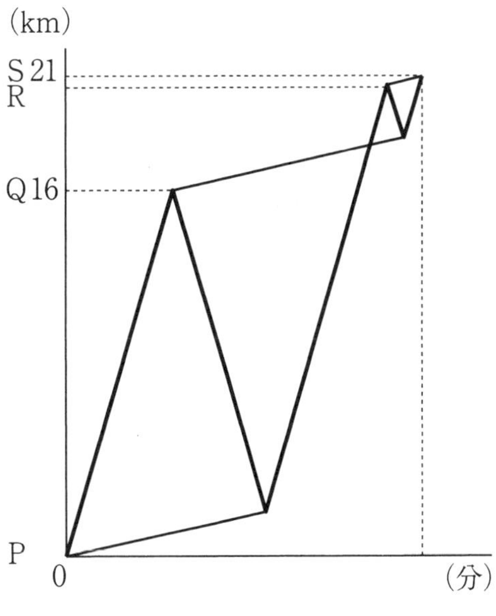

（1）　ＡがＱ地点から引き返してＣと出会ったのは，Ｐ地点から何kmのところですか。

（2）　Ｃを乗せたＡの自動車がＢを追いぬいたのは，３人がＰ地点を出発してから何分後で，Ｐ地点から何kmのところですか。

（3）　Ｓ地点に着いたのは，３人がＰ地点を出発してから何分何秒後ですか。

5 121，3443のように，数字を逆から並べても，もとの数と同じになる整数を「回文数」といいます。１けたの回文数は，0，1，2，3，4，5，6，7，8，9の10個，２けたの回文数は，11，22，33，44，55，66，77，88，99の９個あります。このとき，次の問いに答えなさい。

（１）３けたの回文数の個数は全部で何個ですか。

（２）同じ２けたの整数を２回かけてできる３けたの回文数Ａを考えます。1 × 1 = 1，2 × 2 = 4，3 × 3 = 9，4 × 4 = 16，5 × 5 = 25，6 × 6 = 36，7 × 7 = 49，8 × 8 = 64，9 × 9 = 81より，回文数Ａの百の位と一の位の数は，1，4，5，6，9のいずれかになるので，回文数Ａは1□1，4□4，5□5，6□6，9□9の形であることがわかります。また，31 × 31 = 961，32 × 32 = 1024より，２回かける２けたの整数は31以下です。回文数Ａが1□1の形である場合，11 × 11 = 121，19 × 19 = 361より，121が回文数Ａであることがわかります。回文数Ａは121以外にあと２つありますが，その２つの数を求めなさい。

（３）２けたの回文数99と３けたの回文数555をかけた積は54945となり，５けたの回文数になります。同じように，２けたの回文数77とある３けたの回文数をかけた積が５けたの回文数Ｘになりました。このとき，５けたの回文数Ｘを求めなさい。

【社　会】〈第１回一般試験〉（30分）〈満点：50点〉

1　**次の地図と文を見て、後の問いに答えなさい。**

【地図】 中心からの距離《きょり》と方位が正しい地図

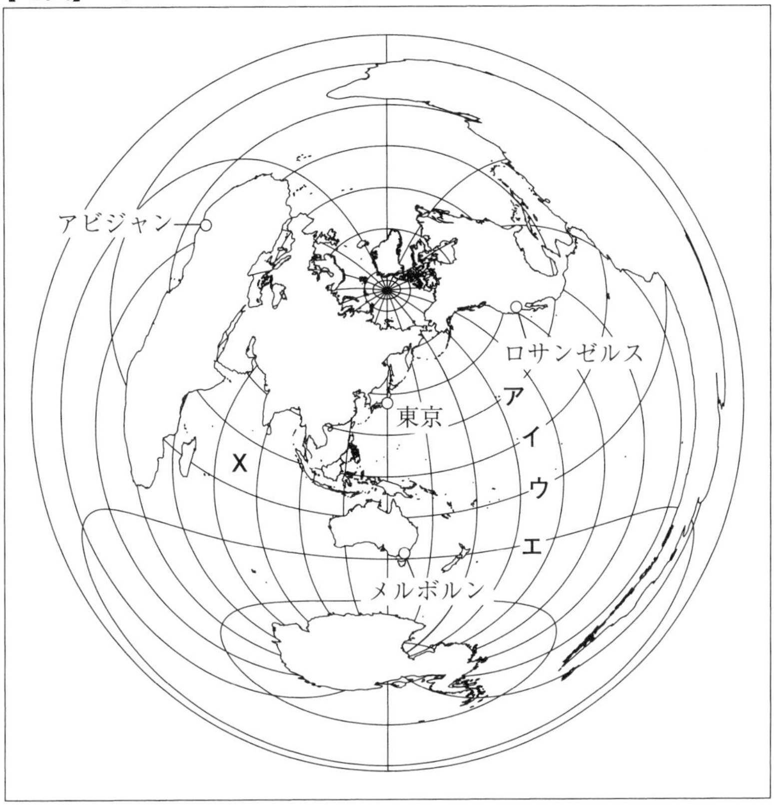

A　地球は球体であるため、平面で表される地図では、国の形や面積、距離や方位などを、すべて同時に正確に表すことはできません。そのため、世界地図には、①中心からの距離と方位が正しい正距方《せいきょほう》位《い》図法《ずほう》、角度が正しいメルカトル図法、面積が正しいモルワイデ図法などさまざまな種類があります。

B　地球上の位置は、②赤道を０度とする緯度《いど》と、ロンドンのグリニッジ天文台跡《あと》を通る経線を０度とする経度によって表されます。また、世界には③３つの大洋と６つの大陸があり、国々は大きく④６つの州に分けられます。

C　日本はユーラシア大陸の東側に位置する国です。南北に長い弓のような形をしており、⑤南の端《はし》は北緯 20 度、⑥北の端は北緯 45 度に位置しています。また、日本列島は北海道、本州、四国、九州の４つの大きな島と、その周辺の約 7000 もの小さな島から成り立っています。

問１　下線部①に関して、**地図**中の東京から見て最も遠い都市と、東京から見たその都市の方位の組み合わせとして正しいものを、次の中から１つ選び、**記号**で答えなさい。

ア　都市－アビジャン　　　方位－北西
イ　都市－アビジャン　　　方位－北東
ウ　都市－ロサンゼルス　　方位－北西
エ　都市－ロサンゼルス　　方位－北東
オ　都市－メルボルン　　　方位－北西
カ　都市－メルボルン　　　方位－北東

問２　下線部②に関して、赤道を示している緯線を、**地図**中の**ア**～**エ**の中から１つ選び、**記号**で答えなさい。

問３　下線部③に関して、世界の３つの大洋のうち、**地図**中に**X**で示した大洋を何といいますか。その**名称**《めいしょう》を答えなさい。

問４　下線部④に関して、次の**グラフ**は、世界の人口と面積について、各州ごとの割合を示したものであり、**グラフ**中の**ア**～**エ**は、それぞれ北アメリカ州、ヨーロッパ州、アフリカ州、アジア州を示しています。アフリカ州を示しているものを１つ選び、**記号**で答えなさい。

【グラフ】

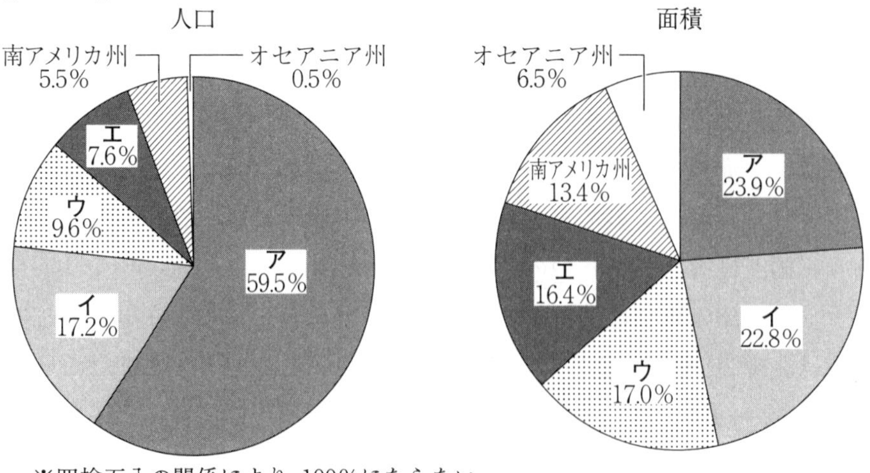

※四捨五入の関係により、100％にならない。

＜「データブック オブ・ザ・ワールド　2022年版」より作成＞

問５　下線部⑤に関して、右の**資料**は、日本の南の端に位置する沖ノ鳥島《おきのとりしま》を示しています。**資料**のように沖ノ鳥島で護岸工事が行われた理由を、次の中から１つ選び、**記号**で答えなさい。

【資料】

ア　貴重な生態系を守っていくため。
イ　船が発着しやすいようにするため。
ウ　津波《つなみ》の被害《ひがい》から守るため。
エ　排他的経済水域《はいたてきけいざいすいいき》を失わないため。

問６　下線部⑥に関して、次の文は、日本の北の端についてまとめたものです。文中の空欄《くうらん》（［　　　］）にあてはまる**語句**を答えなさい。

> 日本の北の端は択捉島《えとろふとう》に位置しています。択捉島は、国後島《くなしりとう》、色丹島《しこたんとう》、歯舞群島《はぼまいぐんとう》と合わせて［　　　］とよばれており、現在、ロシア連邦《れんぽう》との間で領土問題を抱《かか》えています。

2 次の文と地図を見て、後の問いに答えなさい。

東北地方の中央には、日本最長の　A　山脈が南北に走っており、東北地方を日本海側と太平洋側に分けています。北海道は、石狩《いしかり》山地を中心として、北見《きたみ》山地、日高《ひだか》山脈、天塩《てしお》山地、夕張《ゆうばり》山地がそれぞれ南北に走っています。これらの山地・山脈はそれぞれの地域の①気候に大きな影響《えいきょう》を与《あた》えています。

東北地方と北海道は、ともに②稲作《いなさく》がさかんに行われており、2020年の米の収穫《しゅうかく》量は、東北地方と北海道で日本の収穫量の35％以上を占《し》めていました。また、水産業がさかんであるという共通点もあり、太平洋側の岩手県や宮城県にまたがる三陸《さんりく》海岸には、入り江《え》や岬《みさき》が複雑に入り組んだ　B　海岸が発達しており、ほたて貝やかきなどの養殖《ようしょく》が行われています。

1970年代以降、交通網《もう》の整備が進んだことから、東北地方の高速道路や空港の周辺に電子部品工場が進出し、③工業が成長しました。北海道は農畜《ちく》産物や水産加工品を中心とする食料品工業や、木材を原料とする紙・パルプ工業がさかんです。

また、東北地方と北海道には、多くの世界遺産や観光地があるため、観光業もさかんに行われています。青森県と秋田県の県境に広がる白神《しらかみ》山地や北海道の知床《しれとこ》半島など、豊かな自然が観光資源となっており、北海道の釧路《くしろ》湿原《しつげん》や阿寒湖《あかんこ》などは、水鳥の生息地として重要な湿地《しっち》を守るための　C　条約に登録されています。

【地図Ⅰ】

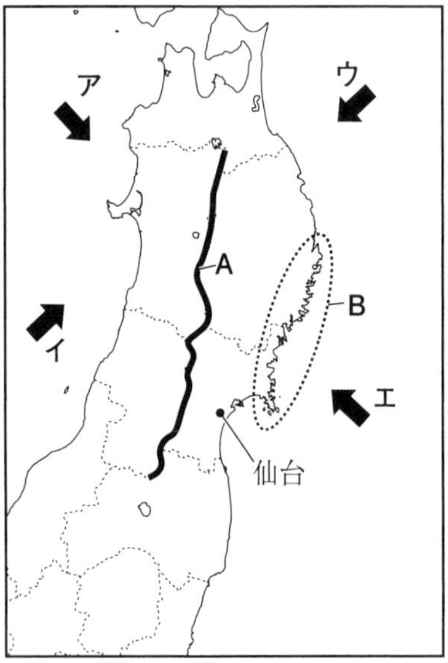

【地図Ⅱ】

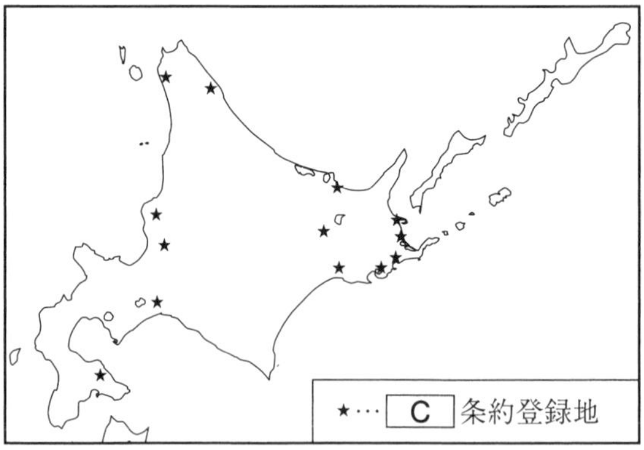

問１　文中の空欄（ A ～ C ）にあてはまる最も適当な**語句**を答えなさい。なお、文中の記号と、**地図Ⅰ**、**Ⅱ**中の記号は同じものを指しています。

問２　下線部①に関して、次のグラフは、日本各地の気候を雨温図で示したものですが、**地図Ⅰ**中に示した仙台《せんだい》の雨温図として最も適当なものを、次の中から１つ選び、**記号**で答えなさい。なお、以下の雨温図は、仙台のほか、旭川《あさひかわ》、金《かな》沢《ざわ》、潮岬《しおのみさき》（和歌山県）、岡山、長崎のものです。

ア

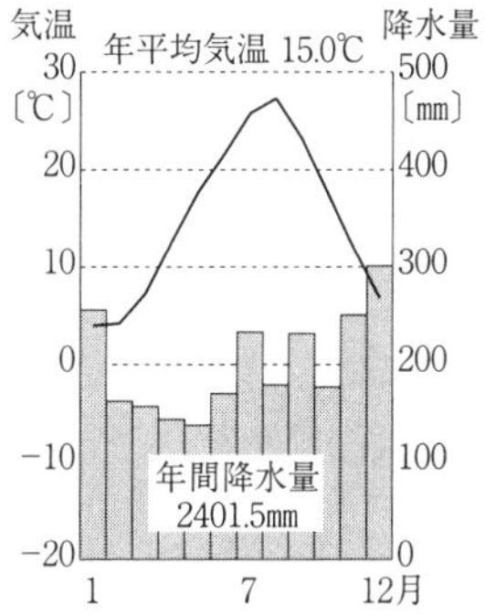

イ

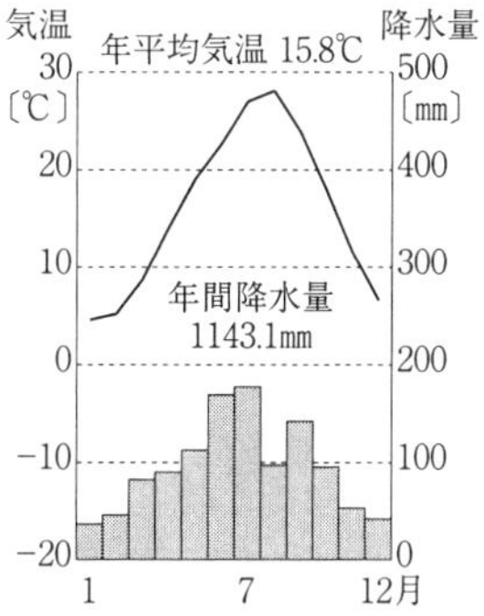

ウ

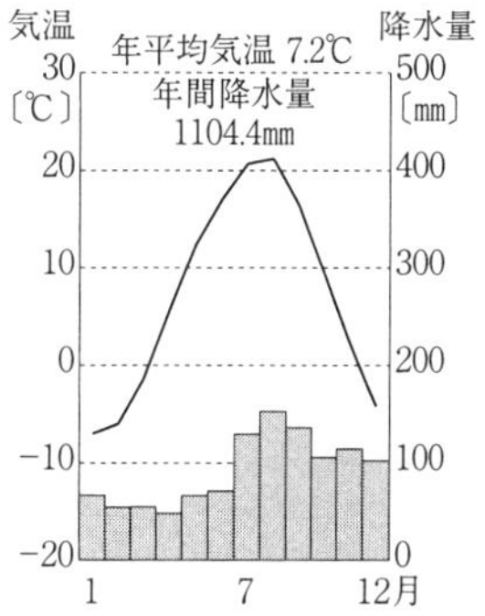

エ

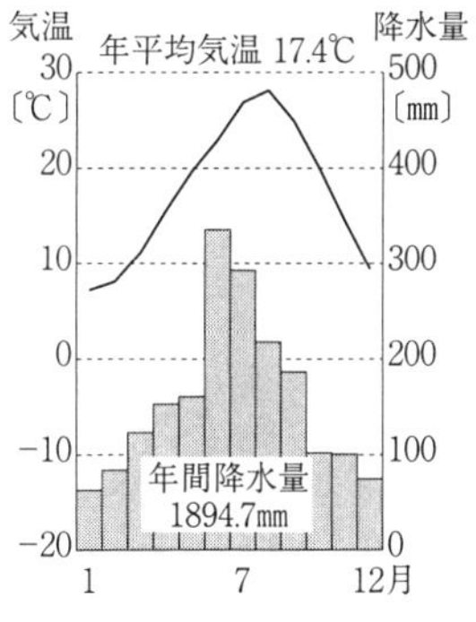

オ

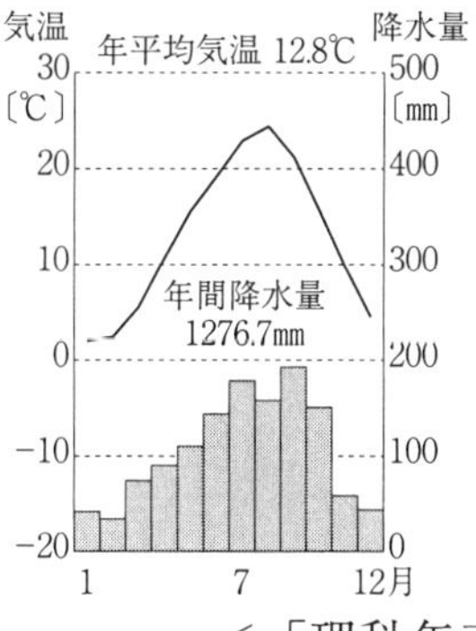

カ

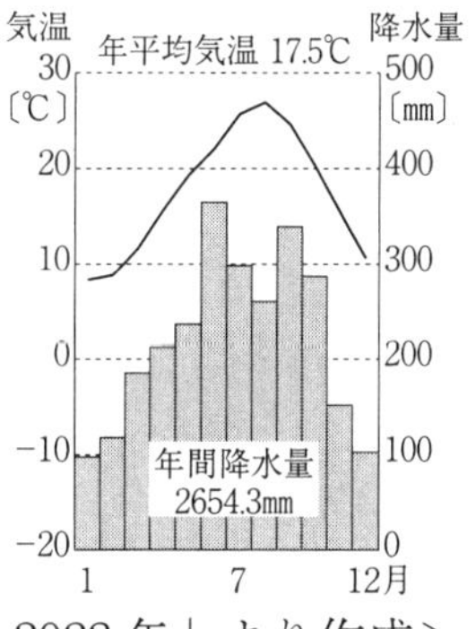

＜「理科年表　2022年」より作成＞

問３　下線部②に関して、東北地方では、初夏から夏にかけてやませが吹《ふ》きつけ、冷害など稲の成長に大きな影響をおよぼすことがあります。やませが吹く方向として正しいものを、**地図Ⅰ**中の**ア～エ**の中から１つ選び、**記号**で答えなさい。

問４　下線部③に関して、次の**グラフⅠ**は、2018年における食料品の製造品出荷《しゅっか》額等上位６道県の内訳を、次のページの**グラフⅡ**は、2018年の北海道、岩手県、秋田県、山形県の製造品出荷額等とその内訳を示しています。**グラフⅠ**、**グラフⅡ**から読み取れることとして正しいものを、次のページの**ア～エ**の中から１つ選び、**記号**で答えなさい。

【グラフⅠ】　　　　（2018年）

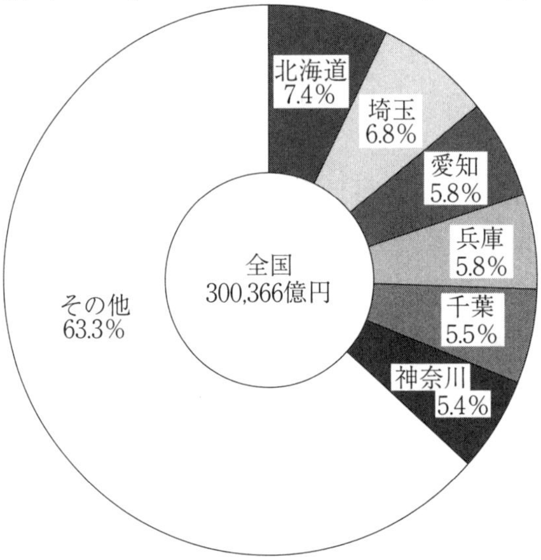

＜「データでみる県勢　2021年版」より作成＞

【グラフⅡ】　(2018年)

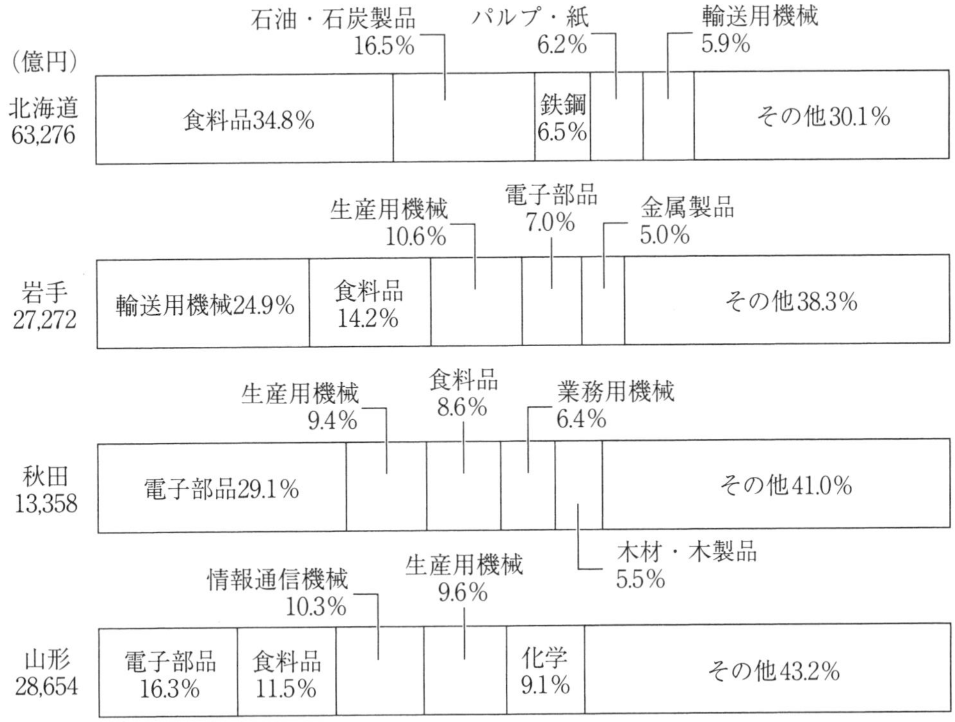

<「データでみる県勢　2021年版」より作成>

ア　2018年における食料品の製造品出荷額等上位６道県の出荷額の合計は、2018年における北海道の製造品出荷額等の合計の２倍以上になる。

イ　2018年における秋田県の食料品の製造品出荷額等は、2018年における神奈川県の食料品の製造品出荷額等の10分の１以下になる。

ウ　2018年における岩手県、秋田県、山形県の電子部品の製造品出荷額等の合計は、2018年における北海道の食料品の製造品出荷額等よりも多くなる。

エ　その他をのぞく、**グラフⅠ**中の関東地方に位置する県の食料品の製造品出荷額等の合計は、**グラフⅡ**中の４道県の製造品出荷額等の合計の３分の１以下になる。

3　次の文を読み、後の問いに答えなさい。

日本は長い歴史において、日本以外の国と多く関わってきました。縄文《じょうもん》時代の人々は狩猟《しゅりょう》や漁、採集をしながら生活していましたが、①弥生《やよい》時代になり稲作が広まったことで、人々は定住するようになりました。

②飛鳥《あすか》時代には聖徳太子《しょうとくたいし》（厩戸皇子《うまやどのおうじ》）が隋《ずい》と対等な関係での国交を開くために使節を派遣《はけん》したり、奈良《なら》時代には遣唐使《けんとうし》が持ち帰ったとされる貴重な品が正倉院《しょうそういん》に納められたりしました。このころ、僧《そう》の［　A　］は奈良の大仏の造営に協力し、橋やため池をつくるなどしました。

平安《へいあん》時代に遣唐使の派遣が停止されると、③国風《こくふう》文化とよばれる日本の気風に合った文化が生まれました。このころには藤原《ふじわら》氏による摂関《せっかん》政治が行われていましたが、その後、［　B　］が上皇《じょうこう》となって院政《いんせい》を開始しました。平清盛《たいらのきよもり》は宋《そう》との貿易をさかんに行うために大輪田泊《おおわだのとまり》（神戸《こうべ》市）を修築しましたが、平家はのちに④壇ノ浦《だんのうら》の戦いに敗れて滅亡《めつぼう》し、源頼朝《みなもとのよりとも》によって鎌倉《かまくら》に幕府が開かれました。

鎌倉時代中期には⑤元寇《げんこう》とよばれる、２度にわたる元軍の襲来《しゅうらい》を経験しました。また、このころは武士が中心の世の中だったため、⑥鎌倉文化とよばれる素朴《そぼく》で質実な文化が新しく生まれました。16世紀にはスペインやポルトガルとの交易が行われるようになり、⑦織田信長《おだのぶなが》は鉄砲《てっぽう》を活用して長篠《ながしの》の戦いに勝利しました。

江戸《えど》時代になると、⑧徳川家光《とくがわいえみつ》の時代に鎖国《さこく》体制が完成し、幕府によって外国との貿易が制限されました。そのため、鎖国下の日本では⑨独特の文化が栄えましたが、一方で、日本は世界の動きから大きく取り残されることとなりました。

開国後の日本では、明治《めいじ》政府が西洋の国々に追いつくためにさまざまな政策を行い、近代化を進めました。その中で板垣退助《いたがきたいすけ》らは⑩議会を開いて政治を行うべきであると主張しました。また、明治時代に世界の新しい知識や技術が日本に持ち込《こ》まれると、細菌《さいきん》学者の北里柴三郎《きたさとしばさぶろう》やアフリカのガーナで黄熱病《おうねつびょう》の調査研究を行った［　C　］など、世界的な学者が多く活躍《かつやく》しました。大正《たいしょう》時代には普通《ふつう》選挙に基《もと》づく政党政治の実現が主張され、⑪国民の間に民主主義を求める意識が高まりました。

1914年に第一次世界大戦がおこると、日本は日英《にちえい》同盟を理由に連合国側で参戦し、この大戦は⑫日本の経済にも大きな影響を与えました。しかし、第一次世界大戦後の不景気が続く中で、軍部は満州侵略《まんしゅうしんりゃく》を主張し、五《ご》・一五《いちご》事件や⑬二《に》・二六《にろく》事件を経て政治への発言力を強めました。

太平洋戦争をふくめた第二次世界大戦は、⑭日本の降伏《こうふく》によって終戦し、戦後の日本は連合国軍総司令部《れんごうこくぐんそうしれいぶ》（ＧＨＱ）の指導のもとで民主化を進めました。

問1　空欄（ A ～ C ）にあてはまる人物の組み合わせとして正しいものを、次の中から1つ選び、**記号**で答えなさい。

ア　A ：鑑真《がんじん》　B ：聖武《しょうむ》天皇　C ：野口英世《のぐちひでよ》
イ　A ：行基《ぎょうき》　B ：聖武天皇　C ：福沢諭吉《ふくざわゆきち》
ウ　A ：鑑真　B ：白河《しらかわ》天皇　C ：福沢諭吉
エ　A ：行基　B ：白河天皇　C ：野口英世

問2　下線部①についての説明として正しいものを、次の中から1つ選び、**記号**で答えなさい。

ア　100余りの国に分かれており、定期的に中国に使いを送っていました。
イ　はにわという素焼《すや》きの土器をつくり、豊作を祈《いの》っていました。
ウ　近畿《きんき》地方の勢力が大王《おおきみ》を中心にまとまり、大和《やまと》政権をつくっていました。
エ　渡来人《とらいじん》によって土木技術や須恵器《すえき》、漢字などが伝えられました。

問3　下線部②におこったできごとを示した次の**年表Ⅰ**のうち、天武《てんむ》天皇が即位《そくい》したのはいつですか。最も適当な時期を、**年表Ⅰ**中の**ア**～**エ**の中から1つ選び、**記号**で答えなさい。

【年表Ⅰ】

604	十七条の憲法が制定されました。
	↓**ア**
645	大化《たいか》の改新が始められました。
	↓**イ**
663	白村江《はくすきのえ》の戦いがおこりました。
	↓**ウ**
672	壬申《じんしん》の乱がおこりました。
	↓**エ**
701	大宝律令《たいほうりつりょう》がつくられました。

問４　下線部③に関して、次の文中の空欄（［　　］）にあてはまる**語句**を答えなさい。

　このころ、貴族の住居である寝殿造《しんでんづくり》のふすまや屏風《びょうぶ》、また、絵巻物には日本の風俗《ふうぞく》や自然がえがかれました。「源氏《げんじ》物語《ものがたり》絵巻《えまき》」や「鳥獣戯画《ちょうじゅうぎが》」に代表されるこれらの絵を［　　］といいます。

問５　下線部④に関して、壇ノ浦の戦いがおこった場所として正しいものを、右の**地図**中の**ア**～**エ**の中から１つ選び、**記号**で答えなさい。

【地図】

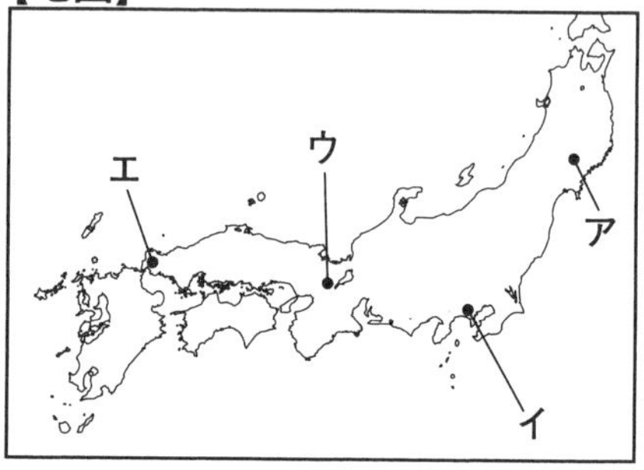

問６　下線部⑤に関して、次の文中の空欄（［　W　］、［　X　］）にあてはまる語句の組み合わせとして正しいものを、下の中から１つ選び、**記号**で答えなさい。

　13 世紀初めに成立したモンゴル帝国は、その後国号を元と改め、高麗《こうらい》を服属させた後、日本も従わせようと使いを送りました。しかし、執権《しっけん》［　W　］はその要求を拒否《きょひ》し、御家人《ごけにん》たちに［　X　］の守りを固めさせました。

ア　W－北条時宗《ほうじょうときむね》　　X－鎌倉
イ　W－北条時宗　　X－九州地方北部
ウ　W－北条政子《まさこ》　　X－鎌倉
エ　W－北条政子　　X－九州地方北部

問７　下線部⑥についての説明として正しいものを、次の中から１つ選び、**記号**で答えなさい。

ア　京都の東山《ひがしやま》に、禅宗《ぜんしゅう》の影響を受けた銀閣《ぎんかく》が建てられました。
イ　狩野永徳《かのうえいとく》らが、城中のふすまや屏風に障壁画《しょうへきが》をえがきました。
ウ　中国の建築様式を取り入れた東大寺南大門《とうだいじなんだいもん》に、金剛力士像《こんごうりきしぞう》がつくられました。
エ　釈迦三尊像《しゃかさんぞんぞう》や玉虫厨子《たまむしのずし》などが納められている、法隆寺《ほうりゅうじ》が建てられました。

問８　下線部⑦についての説明として正しいものを、次の中から１つ選び、**記号**で答えなさい。

ア　敵対していた比叡山延暦寺《ひえいざんえんりゃくじ》を焼き討《う》ちにしました。
イ　農民による一揆《いっき》を防ぐために刀狩《かたながり》を行いました。
ウ　キリスト教宣教師の国外追放を命じました。
エ　明《みん》を従えるために朝鮮《ちょうせん》へ出兵しました。

問９　下線部⑧に関して、徳川家光は大名を取り締《し》まるための法令に参勤交代《さんきんこうたい》の制度を追加しました。大名が無許可で城を修理することや、無断で縁組《えんぐみ》をすることを禁止した、この法令の**名称**を答えなさい。

問10　下線部⑨に関して、19世紀初めごろを中心に栄えた化政《かせい》文化についての説明として**誤っているもの**を、次の中から１つ選び、**記号**で答えなさい。

ア　小林一茶《こばやしいっさ》が農民の感情を繊細《せんさい》にくみ取り、多くの俳諧《はいかい》(俳句)をよみました。
イ　松尾芭蕉《まつおばしょう》が日本諸国を旅して俳諧(俳句)をよみ、「奥《おく》の細道《ほそみち》」を書きました。
ウ　葛飾北斎《かつしかほくさい》が「富嶽三十六景《ふがくさんじゅうろっけい》」などの優《すぐ》れた風景画をえがきました。
エ　歌川《うたがわ》（安藤《あんどう》）広重《ひろしげ》が「東海道五十三次《とうかいどうごじゅうさんつぎ》」をえがいて人気を集めました。

問11　下線部⑩に関して、自由民権運動や、自由民権運動が行われていた時代の政治についての説明として**誤っているもの**を、次の中から１つ選び、**記号**で答えなさい。

ア　大隈重信《おおくましげのぶ》は自由党、板垣退助は立憲改進党《りっけんかいしんとう》という政党をつくりました。
イ　各地に広まった自由民権運動を受け、政府は国会開設の詔《みことのり》を出しました。
ウ　板垣退助らは政府に対して、民撰議院設立《みんせんぎいんせつりつ》の建白書《けんぱくしょ》を提出しました。
エ　当時は、薩摩藩《さつまはん》や長州《ちょうしゅう》藩の出身者を中心とした藩閥《はんばつ》政治が行われていました。

問12　下線部⑪に関して、このような風潮を何といいますか。その**名称**を答えなさい。

問 13　下線部⑫に関して、右の**グラフ**は、第一次世界大戦前後の日本の貿易額の変化を示しています。**グラフ**から読み取れることについて述べた次の文中の空欄（ Y 、 Z ）にあてはまる語句の組み合わせとして正しいものを、下の中から１つ選び、**記号**で答えなさい。

【グラフ】

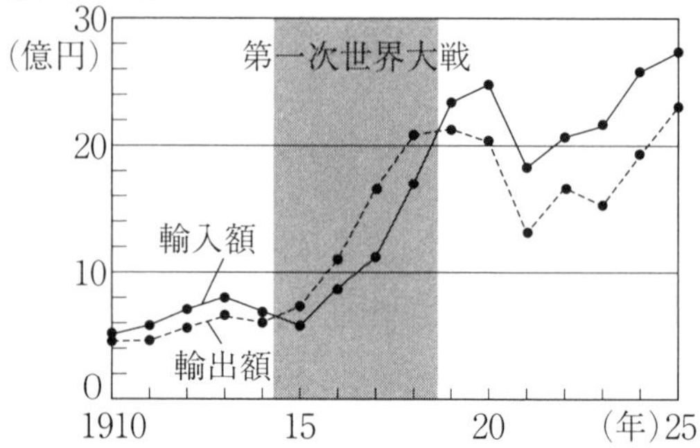

＜「日本外国貿易年表」より作成＞

グラフからは、第一次世界大戦中に日本では Y を上回っていることがわかります。これにより、第一次世界大戦を経て、日本の景気は Z と考えられます。

ア　Y－輸入額が輸出額　　Z－良くなった
イ　Y－輸入額が輸出額　　Z－悪くなった
ウ　Y－輸出額が輸入額　　Z－良くなった
エ　Y－輸出額が輸入額　　Z－悪くなった

問 14　下線部⑬の説明として正しいものを、次の中から１つ選び、**記号**で答えなさい。

ア　海軍の青年将校らによって、犬養毅《いぬかいつよし》首相が殺害されました。
イ　この事件によって、政党政治は終わりました。
ウ　この事件は、日本の国際連盟脱退《こくさいれんめいだったい》の反対運動としておこりました。
エ　軍部内閣をつくろうと、青年将校らが東京の中枢《ちゅうすう》部を占領《せんりょう》しました。

問 15　下線部⑭に関して、日本の降伏以後におこったできごとを示した次の**年表Ⅱ**のうち、日本国憲法が成立したのはいつですか。最も適当な時期を、**年表Ⅱ**中の**ア**～**エ**の中から１つ選び、**記号**で答えなさい。

【年表Ⅱ】

1945	ポツダム宣言を受諾《じゅだく》しました。
	｜ **ア** ↓
1951	サンフランシスコ平和条約に調印しました。
	｜ **イ** ↓
1956	国際連合への加盟が認められました。
	｜ **ウ** ↓
1964	東京でオリンピック大会を開催《かいさい》しました。
	｜ **エ** ↓
1972	中国との国交を正常化しました。

4 **次のⅠ～Ⅲの文を読み、後の問いに答えなさい。**

Ⅰ　①日本国憲法の三原則は、日本の政治の基本的なあり方を決めるものであり、日本国憲法は日本の最高法規とされています。そのため、その②改正には慎重《しんちょう》な手続きが定められています。また、日本国憲法では、基本的人権について、だれも奪《うば》うことのできない権利であることを保障しています。近年では、産業や科学技術の発展に伴《ともな》い、日本国憲法には規定されていない権利である、③新しい人権も主張されています。

Ⅱ　政治には④立法、行政、司法の３つのはたらきがあり、日本では立法を国会、行政を⑤内閣がそれぞれ担《にな》っています。また、日本では議院内閣制《ぎいんないかくせい》がとられており、内閣は国会の信任に基づいて成立し、国会に対して連帯して責任を負います。一方、地方の政治は知事や市町村長、地方議会議員が行っています。地方自治の単位である都道府県や市町村を　X　といい、その地域に住む住民には、さまざまな⑥権利が与えられています。

Ⅲ　2022年５月24日、QUAD《クアッド》が東京で行われました。QUADとは、日本、　Y　、オーストラリア、インドの４か国間の話し合いを指し、これら４か国は、自由や民主主義、法の支配などの共通した価値観を持っています。今回の首脳会談では、近年問題視されている⑦気候変動に対しての具体的な方策について議論を交わし、また、インド太平洋地域および世界の⑧平和について、主権や領土一体性の尊重、平和的解決の重要性を訴《うった》えました。

問１　下線部①の内容として**あてはまらないもの**を、次の中から１つ選び、**記号**で答えなさい。

ア　国の主権は国民にあります。
イ　天皇は日本国と日本国民のまとまりの象徴《しょうちょう》です。
ウ　二度と戦争をおこさず、世界平和の実現のために努力します。
エ　国民が生まれながらにして持つ権利を尊重します。

問２　下線部②に関して、次の**資料Ⅰ**は、日本国憲法改正の手続きの流れを示しています。**資料Ⅰ**中の空欄（［　A　］、［　B　］）にあてはまる語句の組み合わせとして正しいものを、下の中から１つ選び、**記号**で答えなさい。

【資料Ⅰ】

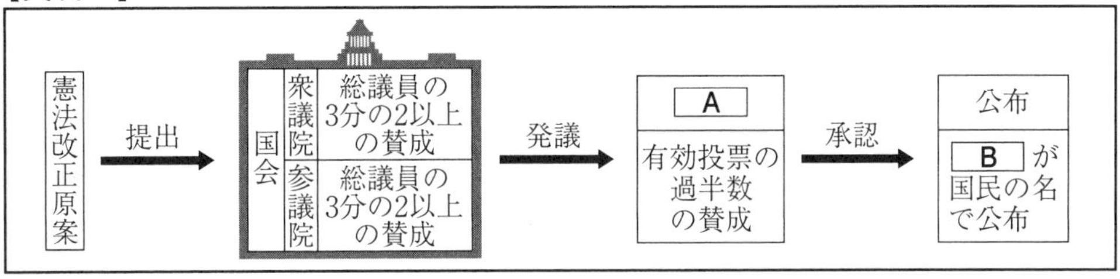

ア　**A**－国民審査《しんさ》　　**B**－内閣総理大臣
イ　**A**－国民審査　　**B**－天皇
ウ　**A**－国民投票　　**B**－内閣総理大臣
エ　**A**－国民投票　　**B**－天皇

問３　下線部③として**あてはまらないもの**を、次の中から１つ選び、**記号**で答えなさい。

ア　請求《せいきゅう》権　　**イ**　知る権利
ウ　環境《かんきょう》権　　**エ**　プライバシーの権利

問４　下線部④に関して、立法と行政を担っている国会と内閣の関係についての説明として正しいものを、次の中から１つ選び、**記号**で答えなさい。

ア　内閣は、国会がつくった予算案について審議をし、決定した予算に従って政治を行います。
イ　内閣不信任案が可決されると、内閣は衆議院《しゅうぎいん》を解散するか総辞職しなければなりません。
ウ　各省庁の長である国務大臣《こくむだいじん》は、３分の１以上が国会議員から選ばれなければなりません。
エ　国会の種類のうち、国会が必要と認めたときに開かれる国会を特別会（特別国会）といいます。

問５　下線部⑤の仕事として正しいものを、次の中から１つ選び、**記号**で答えなさい。

ア　外国と結んだ条約の承認　　**イ**　弾劾《だんがい》裁判所の設置
ウ　最高裁判所長官の指名　　**エ**　法律が憲法に違《い》反《はん》していないかの審査

問６　空欄（ X ）にあてはまる**語句**を答えなさい。

問７　下線部⑥に関して、有権者の３分の１以上の署名がなければ請求できないこととしてあてはまるものを、次の中から１つ選び、**記号**で答えなさい。

ア　首長や議員の解職　　**イ**　監《かん》査《さ》
ウ　条例の制定や改廃《かいはい》　　**エ**　特別法の制定

問８　安全保障理事会の常任理事国でもある、空欄（ Y ）にあてはまる国の**名称**を答えなさい。

問９　下線部⑦に関して、環境問題に対する世界的な取り組みのうち、1992年に開催され、環境保全や持続可能な開発について話し合った国連会議を、次の中から１つ選び、**記号**で答えなさい。

ア　国連人間環境会議
イ　国連気候変動枠組《わくぐみ》条約締約《ていやく》国会議
ウ　国連持続可能な開発会議
エ　地球サミット（国連環境開発会議）

問10　下線部⑧に関して、右の**資料Ⅱ**の内容にあてはまる活動の略称を、次の中から１つ選び、**記号**で答えなさい。

ア　ＰＫＯ　　**イ**　ＮＰＴ
ウ　ＩＭＦ　　**エ**　ＷＦＰ

【資料Ⅱ】

紛争《ふんそう》地域において停戦が合意され、紛争当事国が活動の受け入れに同意した際に、国連加盟国から派遣された人々が停戦の監視や敵対兵力の引き離《はな》しなどを行う。

【理　科】〈第１回一般試験〉（30分）〈満点：50点〉

1　次のうちから，最も適したものを一つ選び記号で答えなさい。

（１）　右の図のようなオタマジャクシが成長して，カエルになるまでのようすを表したものとして正しいものはどれですか。

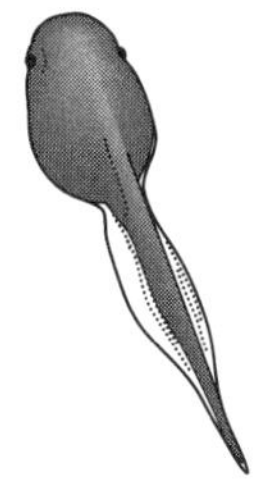

ア．オタマジャクシ→前あしが生える→後ろあしが生える→しっぽが縮む→カエル
イ．オタマジャクシ→前あしが生える→しっぽが縮む→後ろあしが生える→カエル
ウ．オタマジャクシ→後ろあしが生える→前あしが生える→しっぽが縮む→カエル
エ．オタマジャクシ→後ろあしが生える→しっぽが縮む→前あしが生える→カエル
オ．オタマジャクシ→しっぽが縮む→前あしが生える→後ろあしが生える→カエル
カ．オタマジャクシ→しっぽが縮む→後ろあしが生える→前あしが生える→カエル

（２）　下の図は，ヒトの目のつくりを表したものです。明るいところから暗いところに移動したときの，ヒトの目の反応として正しいものはどれですか。

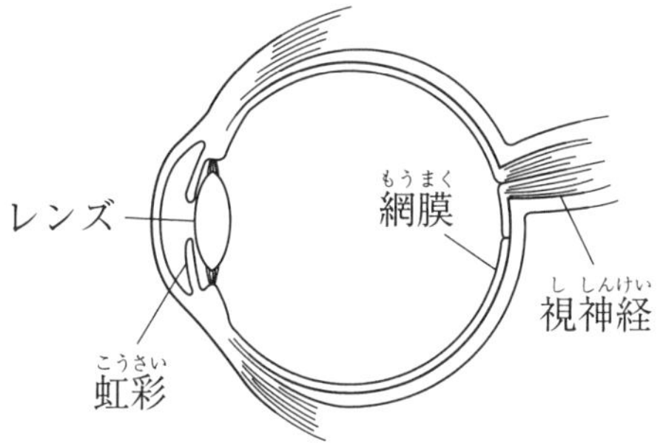

ア．虹彩のはたらきにより，ひとみが大きくなる。
イ．虹彩のはたらきにより，ひとみが小さくなる。
ウ．レンズのはたらきにより，ひとみが大きくなる。
エ．レンズのはたらきにより，ひとみが小さくなる。

（３）　さまざまな鳥のあしのつくりについて調べました。水面を泳ぐのに適しているあしのつくりとして正しいものはどれですか。

ア．
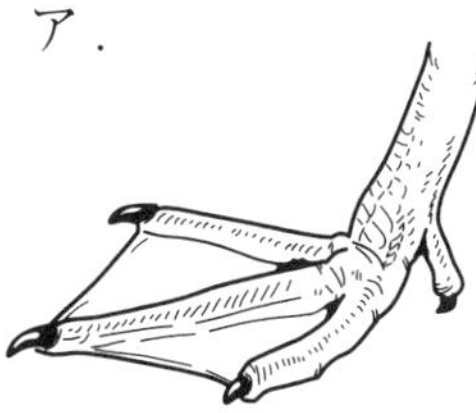
イ．

ウ．

エ．

(4) ある湖で，魚を200匹《ぴき》つかまえて印をつけ，もう一度湖に放ちました。次の日に再び魚をかたよりなく200匹つかまえたところ，印がついた魚が5匹ふくまれていました。この湖にいると考えられる魚の数として正しいものはどれですか。ただし，この湖において魚の出入りはなく，印は魚に影響《えいきょう》がないものとします。

ア．約4000匹　　イ．約8000匹　　ウ．約40000匹　　エ．約80000匹

(5) 下の図は，生物の食べる，食べられるという関係を模式《もしき》的に表した図です。図中の生物Dとして正しいものはどれですか。ただし，図中の生物A⇒生物Bは，生物Aが生物Bに食べられることを示しています。

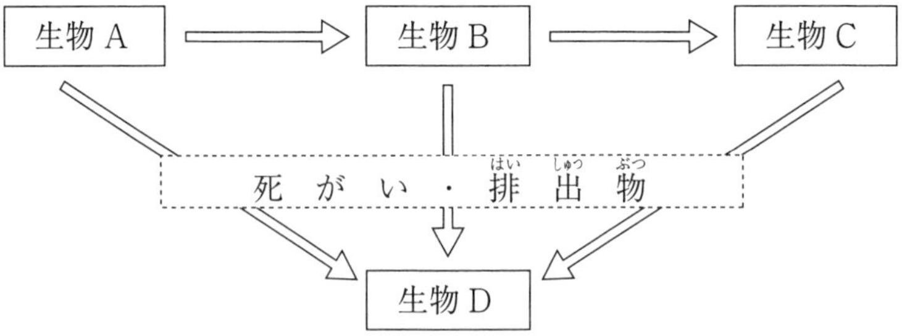

ア．ナズナ　　イ．ヤスデ　　ウ．キツネ　　エ．ウサギ

(6) 右の図は，夏の大三角を表しています。夏の大三角を構成している星についての説明として正しいものはどれですか。

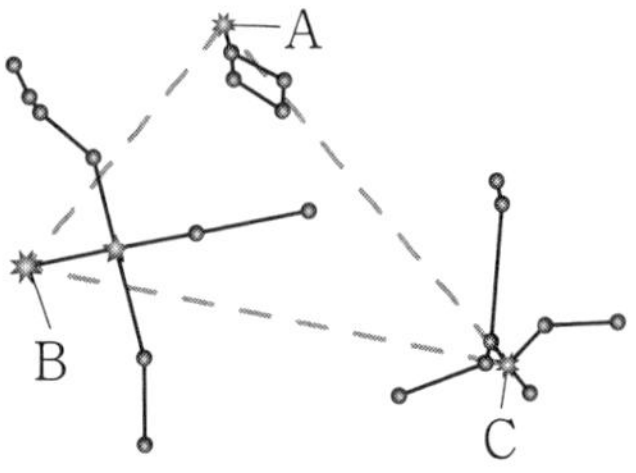

ア．Aの星はデネブで，わし座《ざ》の一部である。

イ．Bの星はシリウスで，はくちょう座の一部である。

ウ．Cの星はアンタレスで，さそり座の一部である。

エ．どの星も1等星で白色である。

(7) 海風や陸風がふくときの，それぞれの海と陸での温度の関係の組み合わせとして正しいものはどれですか。

	海風	陸風
ア	海の温度　＞　陸の温度	海の温度　＞　陸の温度
イ	海の温度　＞　陸の温度	海の温度　＜　陸の温度
ウ	海の温度　＜　陸の温度	海の温度　＞　陸の温度
エ	海の温度　＜　陸の温度	海の温度　＜　陸の温度

(８)　部屋の窓《まど》の内側に水滴《すいてき》がついていました。このときの，部屋の中の空気と外の空気の性質についての説明として正しいものはどれですか。

ア．部屋の中の温度は高く，外の温度は低くなっている。また，部屋の中の空気がかわいているほど窓に水滴がつきやすくなる。

イ．部屋の中の温度は高く，外の温度は低くなっている。また，部屋の中の空気がしめっているほど窓に水滴がつきやすくなる。

ウ．部屋の中の温度は低く，外の温度は高くなっている。また，部屋の中の空気がかわいているほど窓に水滴がつきやすくなる。

エ．部屋の中の温度は低く，外の温度は高くなっている。また，部屋の中の空気がしめっているほど窓に水滴がつきやすくなる。

(９)　右の図は，太陽，金星，地球が一直線上に並《なら》んでいるときのようすを表したものです。金星は太陽のまわりを216日で１周し，地球は360日で１周すると，次に太陽，金星，地球がまた図と同じ位置で一直線上に並ぶのは何か月後ですか。ただし，１か月は30日間とします。

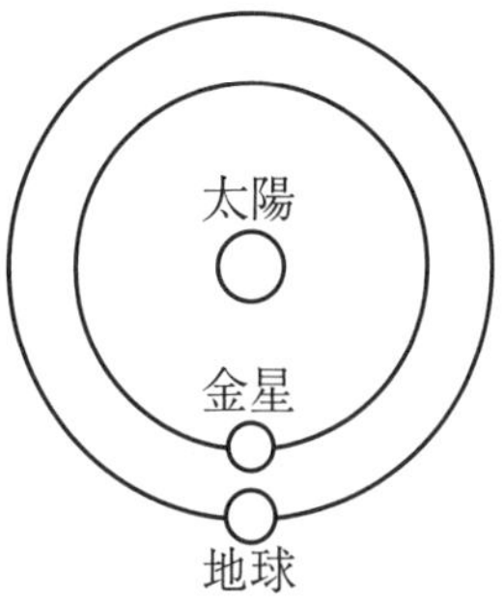

ア．10か月後

イ．18か月後

ウ．36か月後

エ．60か月後

(10)　右の図は，地球，月と太陽の位置を模式的に表したものです。月がAの位置にあるとき，北半球から見える月の形はどれですか。ただし，黒くぬりつぶされている部分は見えないものとします。

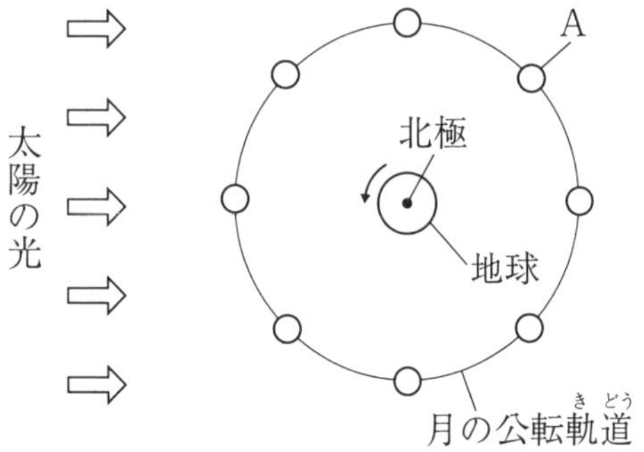

(11)　入っている空気と水の量が異なる同じ大きさの注射器があります。それぞれのピストンを同じ力でおしたとき，ピストンが最も大きく動くものはどれですか。

ア

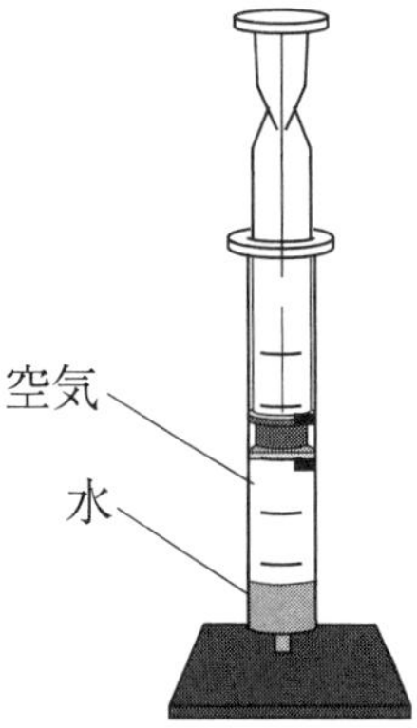

イ

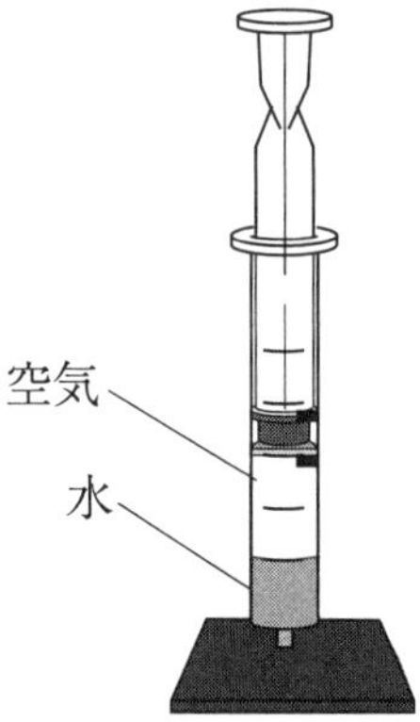

ウ

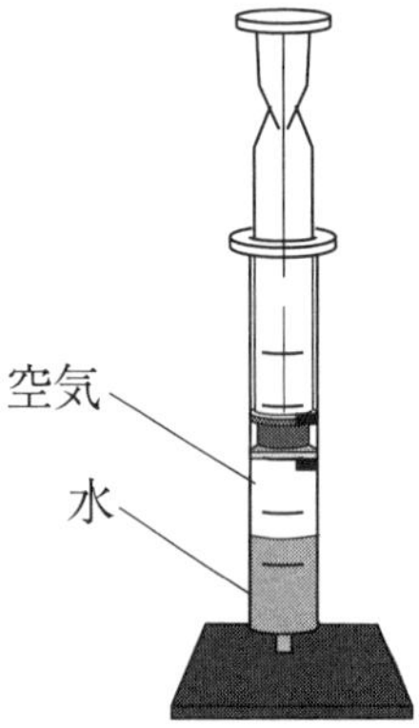

エ

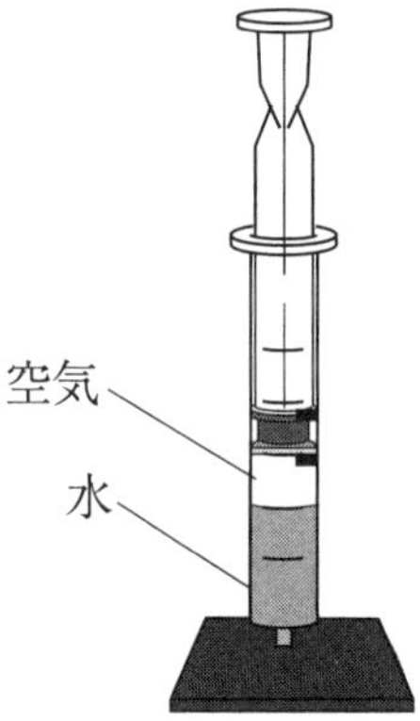

(12)　２本の試験管Ａ，Ｂを用意し，右の図のように，どちらにもせっけん水の膜《まく》をはりました。試験管Ａは湯につけ，試験管Ｂは氷水につけました。そのときの試験管Ａ，Ｂのようすはどれですか。

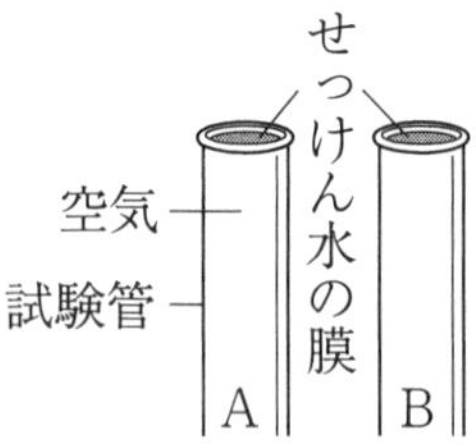

ア

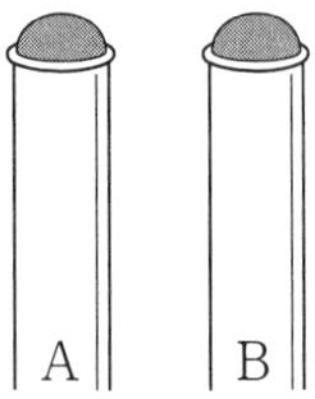

イ

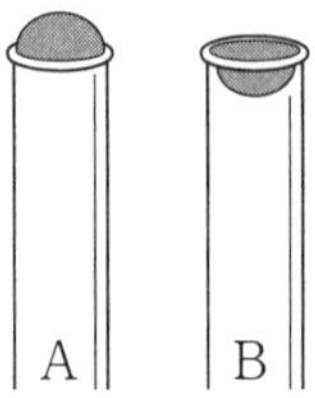

ウ

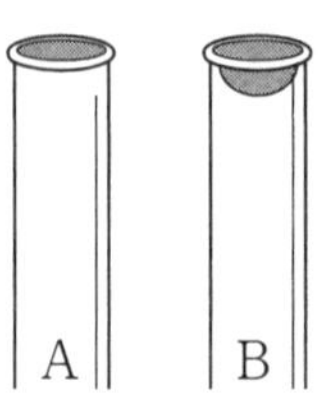

エ

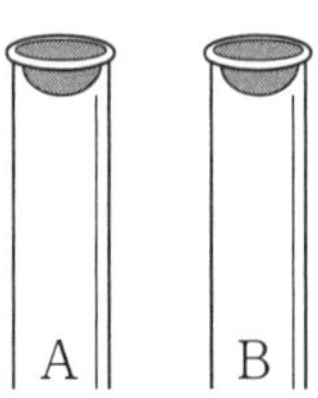

(13)　右の図は，ビーカーに水とコーヒーシュガーを入れたときのようすを表したものです。かき混ぜずに長い時間そのままにしたところ，コーヒーシュガーはすべてとけきりました。このときのビーカーの中の水よう液のこさの説明として正しいものはどれですか。

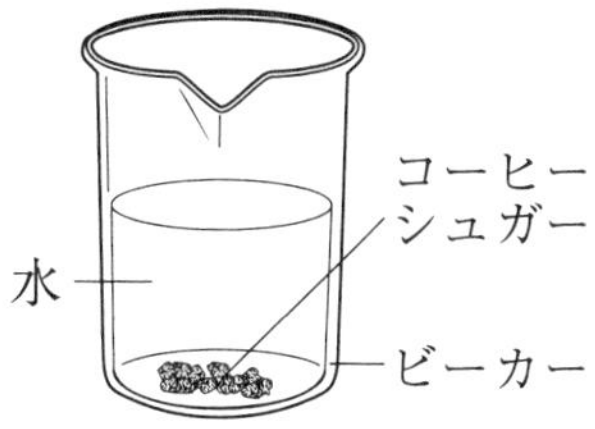

ア．上の部分がこくなる。

イ．下の部分がこくなる。

ウ．どこも同じこさになる。

エ．どこもはじめはこいが，だんだんうすくなる。

(14)　氷が水にうく理由として正しいものはどれですか。

ア．氷と水では，氷よりも水のほうの密度《みつど》が大きいから。

イ．氷と水では，水よりも氷のほうの密度が大きいから。

ウ．固体は液体に必ずうくという性質があるから。

エ．水よりも氷のほうが冷たいから。

(15)　石けん水，食酢《しょくす》，砂糖《さとう》水のpHの組み合わせとして正しいものはどれですか。

	石けん水	食酢	砂糖水
ア	3	7	10
イ	3	10	7
ウ	10	3	7
エ	10	7	3

(16)　何もつるしていないときの長さが6cmのばねAは，10gのおもりをつるすと2cmのびます。右の図のように，ばねAを2本つないで，棒《ぼう》の真ん中に200gのおもりをつるしました。このときのばねAの長さはどれですか。ただし，棒の重さは考えないものとします。

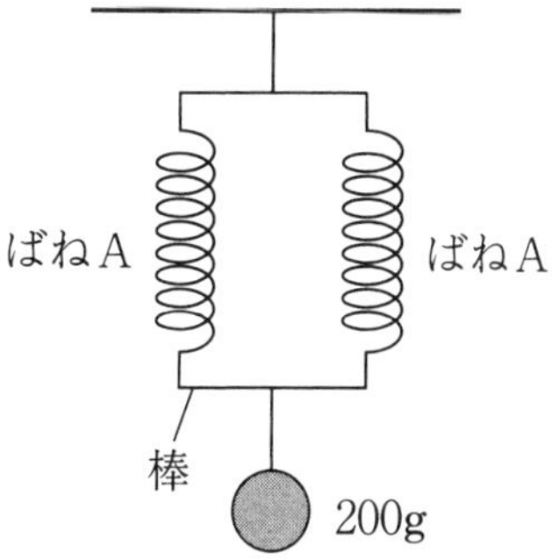

ア．23cm　　　イ．26cm

ウ．106cm　　　エ．206cm

(17)　床に垂直に立てた鏡の前にＡ～Ｄの４つの物体を置き，Ｐの位置から鏡を見ました。下の図は，そのようすを真上から見たものです。このとき，鏡にうつっていたものの組み合わせとして正しいものはどれですか。

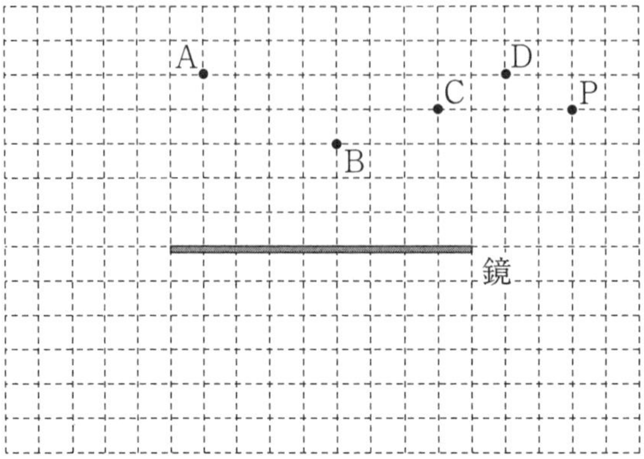

ア．ＡとＢ　　イ．ＡとＣ　　ウ．ＢとＣ　　エ．ＣとＤ

(18)　同じ大きさの鏡を使って，太陽の光を日かげにあるかべに反射《はんしゃ》させました。このとき，光を当てた部分の温度が最も高くなるものはどれですか。

ア．１枚の鏡をかべの近くに置く。

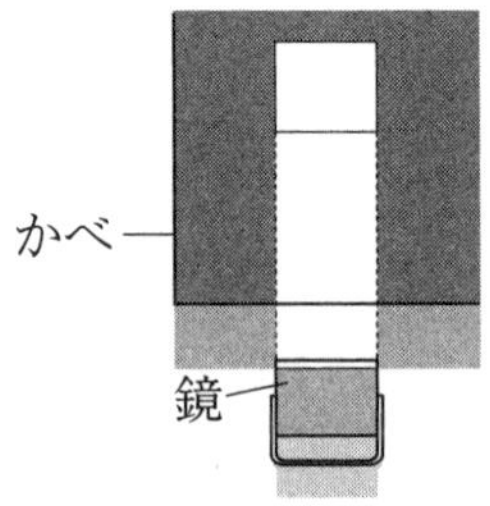

イ．１枚の鏡をかべから遠いところに置く。

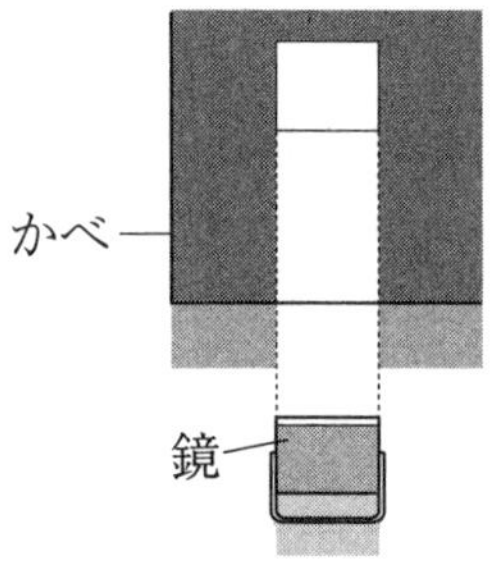

ウ．２枚の鏡をかべの近くに置く。

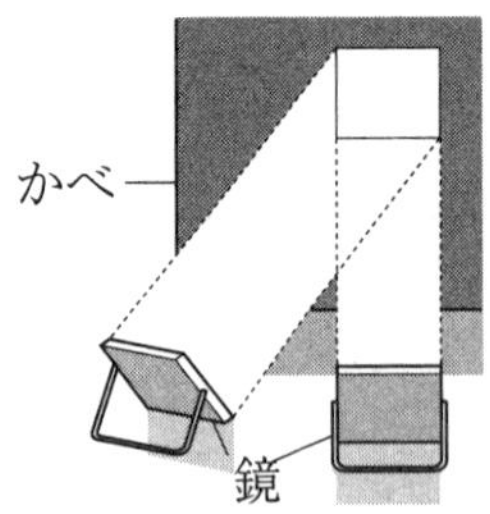

エ．２枚の鏡をかべから遠いところに置く。

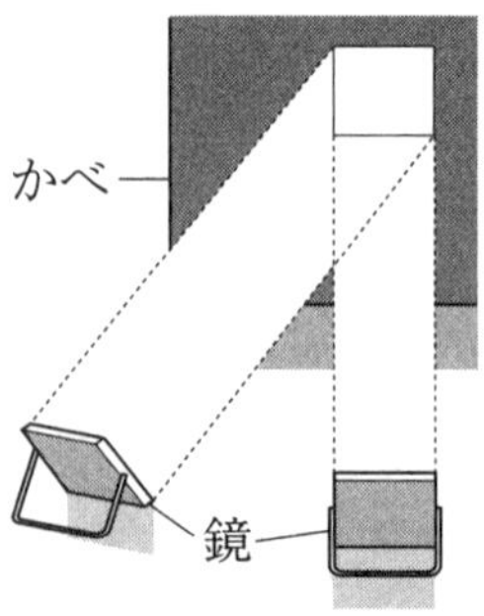

(19)　糸におもりをつけたふりこの運動を調べました。下の表は，このふりこに10gのおもりをつけ，ふれるはばは同じにし，ふりこの長さを変えたときの10往復する時間をまとめたものです。次に下の図のように，ふりこの長さを40cmにし，このふりこをつるした点から真下20cmのところでくぎを打ち，40gのおもりをつけ，表のときと同じふれはばになるようにして，おもりから手をはなしました。このふりこが10往復するのにかかる時間はどれですか。ただし，おもりの大きさはいずれも同じであり，糸のおもさや空気の抵抗《ていこう》は考えないものとします。

ふりこの長さ〔cm〕	20	40
10往復する時間〔秒〕	9	13

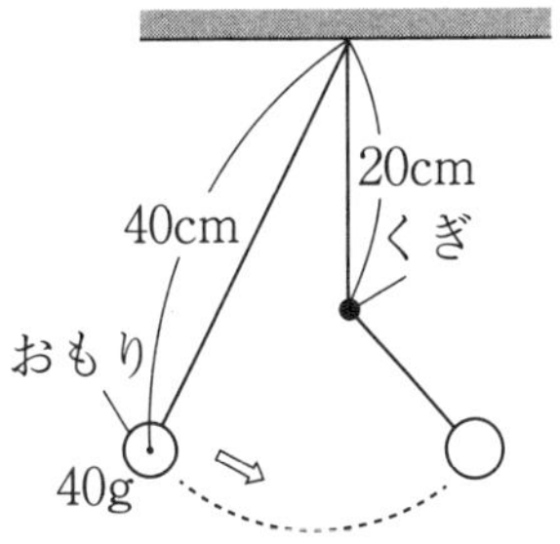

ア．5.5秒　　イ．11秒
ウ．22秒　　エ．44秒

(20)　下の図は，電車の中のつり革《かわ》の動きを表したものです。電車が一定の速さで進んでいるときと，電車が減速したときのつり革の動きを表したものの組み合わせとして正しいものはどれですか。

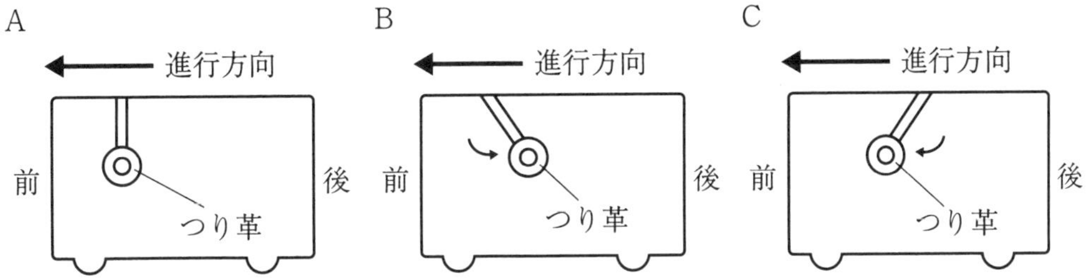

	電車が一定の速さで進んでいるとき	電車が減速したとき
ア	A	B
イ	A	C
ウ	B	A
エ	B	C

2 図1のように，電源装置と電気抵抗が20 Ωの抵抗器をつないだ回路をつくり，回路に加えた電圧の大きさと回路に流れた電流の大きさを調べ，表1にまとめました。また，図1の抵抗器のかわりにさまざまな長さ，断面積のニクロム線A～Dを1つずつつないで，流れる電流の大きさを調べ，その結果を表2にまとめました。これについて，あとの問いに答えなさい。ただし，電流の流れにくさの大きさを表したものが電気抵抗です。

図1

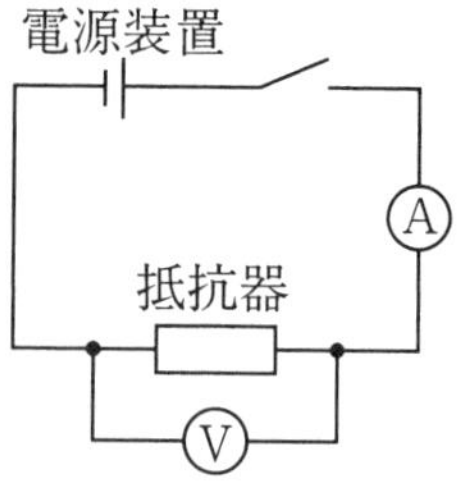

表1

電圧〔V〕	電流〔A〕
0	0
1	0.05
2	0.1
3	0.15

表2

ニクロム線	長さ〔cm〕	断面積〔mm^2〕	電流〔mA〕
A	10	1	70
B	10	2	140
C	20	1	35
D	20	2	70

（1） 表1から，電圧〔V〕，電流〔A〕，電気抵抗〔Ω〕の関係を表した式として正しいものはどれですか。

ア．電圧〔V〕＝電流〔A〕＋電気抵抗〔Ω〕　イ．電流〔A〕＝電圧〔V〕＋電気抵抗〔Ω〕

ウ．電圧〔V〕＝電流〔A〕×電気抵抗〔Ω〕　エ．電流〔A〕＝電圧〔V〕×電気抵抗〔Ω〕

（2） 図1の回路に11Vの電圧を加えたとき，流れた電流の大きさは何mAになると考えられますか。

（3） 表2の結果からわかることを説明した次の文章の［ X ］，［ Y ］にあてはまる数字はいくつですか。

> 表2の結果を比べると，ニクロム線の長さが2倍になると，流れる電流の大きさは［ X ］倍になることがわかる。また，ニクロム線の断面積が2倍になると，流れる電流の大きさは［ Y ］倍になることがわかる。

	X	Y
ア	2	2
イ	2	$\frac{1}{2}$
ウ	$\frac{1}{2}$	2
エ	$\frac{1}{2}$	$\frac{1}{2}$

(4)　ニクロム線Ｅを２本用意し，図２，図３のように直列，並列《へいれつ》につなぎ回路をつくりました。これについて説明したあとの文章の[あ]～[え]にあてはまる言葉の正しい組み合わせはどれですか。

図２

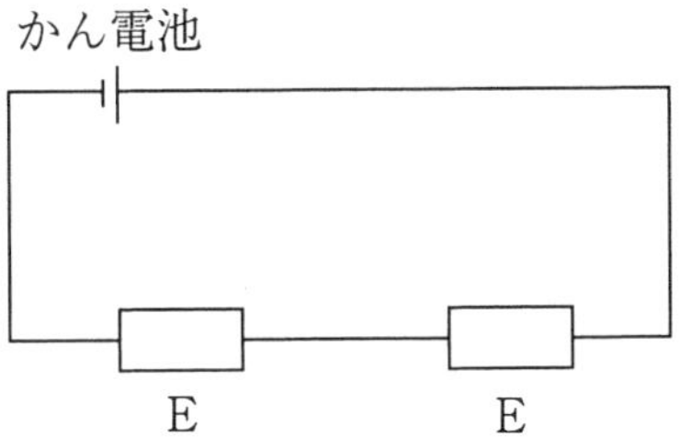

図３

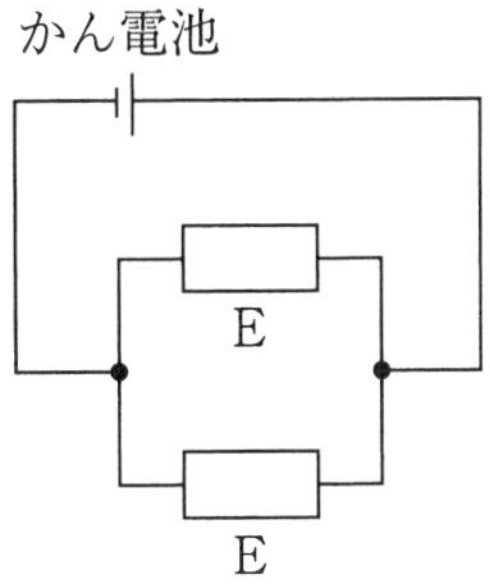

図２のようにニクロム線Ｅを２本直列でつなぐと[あ]が２倍のニクロム線を１本つないだことと同じなので，ニクロム線Ｅを１本つないだときと比べて流れる電流の大きさは[い]になる。また，図３のように，ニクロム線Ｅを２本並列でつなぐと[う]が２倍のニクロム線を１本つないだことと同じなので，ニクロム線Ｅを１本つないだときと比べて流れる電流の大きさは[え]になる。

	あ	い	う	え
ア	長さ	２倍	断面積	$\frac{1}{2}$倍
イ	長さ	$\frac{1}{2}$倍	断面積	２倍
ウ	断面積	２倍	長さ	$\frac{1}{2}$倍
エ	断面積	$\frac{1}{2}$倍	長さ	２倍

(5)　図４はかん電池と１本のニクロム線Ｅのみをつないだ回路で，図５はかん電池と４本のニクロム線Ｅをつないだ回路です。これらを比べたとき，図５の回路全体に流れる電流の大きさは，図４の回路に流れる電流の大きさの何倍ですか。

図４

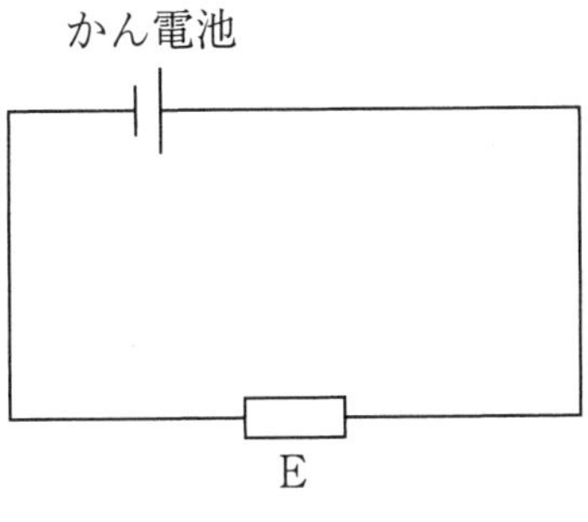

図５

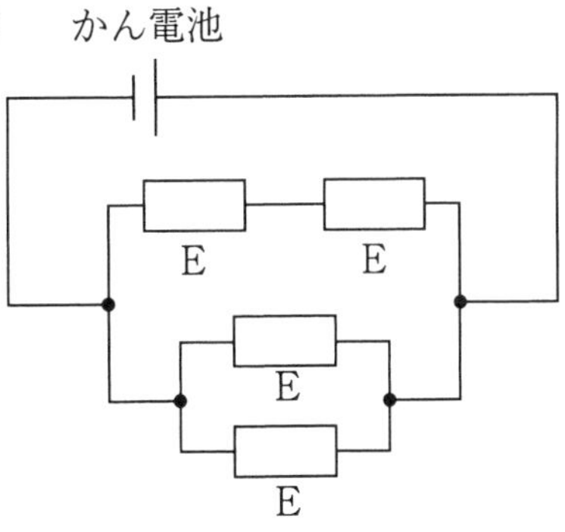

3 よく光を当てたオオカナダモの葉を数分間熱湯にひたし，その葉をスライドガラスにのせてプレパラートをつくり，顕微鏡《けんびきょう》で観察しました。図１は，そのときに観察した葉のようすです。その後，葉にヨウ素液をたらして顕微鏡で観察したところ，図１の（あ）の部分の色が変化していました。また，試験管Ａ～Ｄに水を入れ青色ＢＴＢ液を数滴《すうてき》加えた。そこへ息をふきこんで液体の色を緑色にした。図２のように，試験管Ａ，Ｂにはオオカナダモを入れ，試験管Ｂ，Ｄはアルミニウムはくでおおいました。その後，試験管Ａ～Ｄによく光を当て，試験管内の液体の色を観察したところ，表のようになりました。これについて，あとの問いに答えなさい。

図１

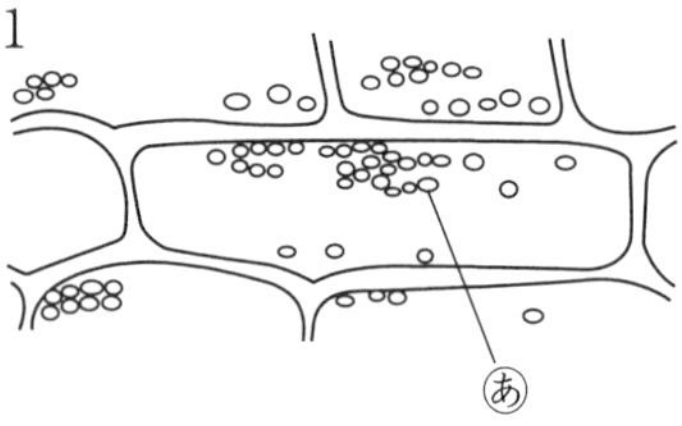

図２

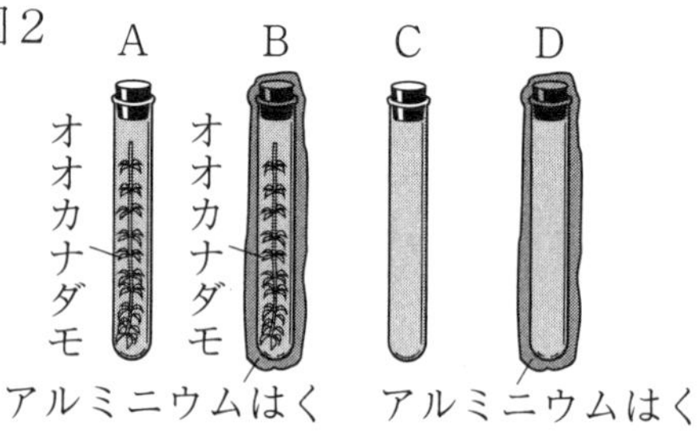

表

試験管	A	B	C	D
液体の色	青色	黄色	緑色	緑色

（1） 図１の（あ）は緑色の粒《つぶ》で，オオカナダモの葉の中で光合成が行われる場所です。（あ）を何といいますか。

（2） 下線部について説明した次の文章の［ X ］，［ Y ］にあてはまる言葉の正しい組み合わせはどれですか。

> ヨウ素液をたらして顕微鏡で観察したとき，（あ）の部分の色は［ X ］に変化していた。また，このとき（あ）の部分の色が変化したのは，光合成によってつくられた［ Y ］がヨウ素液と反応したためである。

	X	Y
ア	青むらさき色	酸素
イ	青むらさき色	でんぷん
ウ	赤かっ色	酸素
エ	赤かっ色	でんぷん

(３)　図２で，試験管の液体の色が変化した理由について説明した次の文章の ［ P ］，［ Q ］ にあてはまる言葉の正しい組み合わせはどれですか。

> 試験管内の青色のＢＴＢ液に息をふきこんだときに液体の色が緑色に変化したのは，息にふくまれる ［ P ］ が液体にとけこんだためである。試験管Ａで液体の色が変化したのは，オオカナダモの ［ Q ］ のはたらきによって液体中の ［ P ］ がとり入れられたためである。

	P	Q
ア	酸素	呼吸
イ	酸素	光合成
ウ	二酸化炭素	呼吸
エ	二酸化炭素	光合成

(４)　試験管Ａと試験管Ｂにおいて，試験管Ｂをアルミニウムはくでおおったのはなぜですか。オオカナダモの光合成のはたらきに着目して，簡単に説明しなさい。

(５)　実験後の試験管Ａと試験管Ｂ内のオオカナダモの葉を採取し，数分間熱湯にひたしてからヨウ素液をたらしたときのようすとして正しいものはどれですか。

ア．試験管Ａの葉は色が変化し，試験管Ｂの葉も色が変化した。

イ．試験管Ａの葉は色が変化したが，試験管Ｂの葉は色が変化しなかった。

ウ．試験管Ａの葉は色が変化しなかったが，試験管Ｂの葉は色が変化した。

エ．試験管Ａの葉は色が変化せず，試験管Ｂの葉も色が変化しなかった。

四 次の熟語《じゅくご》の対義語（意味が反対や対《つい》になる言葉）を、後の［　　］のカタカナの中からそれぞれ一つずつ選び、漢字に直して答えなさい。

① 利益　② 疎遠《そえん》　③ 苦痛《くつう》　④ 発散　⑤ 温暖《おんだん》

カイラク	カンレイ	キュウシュウ	ソンガイ	シンミツ

五 次の傍線《ぼうせん》部のカタカナを、それぞれ漢字に直しなさい。

① 発表会でピアノをエンソウする。
② ジシャクに砂鉄《さてつ》が引き寄せられる。
③ 彼《かれ》の提案が有効かどうかを全員でケントウする。
④ つり糸をタらして魚がかかるのを待つ。
⑤ 一日のんびりと読書をしてクらす。

三 **次の（　）に漢字一字をそれぞれあてはめて、慣用句を使った文を完成させなさい。また、その慣用句の意味を、後からそれぞれ一つずつ選び、記号で答えなさい。**

① 祖父は若《わか》いころから身を（　）にして働き、自分の店を持つにいたった。

② 物事が思いどおりに進んでいるからといって、（　）に乗るべきではない。

③ 彼女《かのじょ》のあまりの手際《てぎわ》のよさに（　）を巻《ま》いた。

④ あの人は最初こそ頼《たよ》りなかったが、だんだんと部長の仕事が（　）についてきた。

⑤ 彼《かれ》は（　）を割《わ》ったような性格で、とてもつき合いやすい人だ。

ア 得意になるあまり、勢いづいてつけ上がる。

イ とても心が広く、常におだやかである。

ウ 相手の行いに圧倒《あっとう》され、感心する。

エ さっぱりしていて真っすぐである。

オ 経験を重ねてふるまいや態度が立場にふさわしくなる。

カ 苦労をいとわず、けんめいに努力する。

キ 深い考えがなく、軽はずみな行動をする。

問４　③「聞かれて黙った」とあるが、「わたし」が黙ったのはなぜか。三十字以上四十字以内で説明しなさい。（句読点・記号がある場合は一字に数える。）

問５　④「みんなの反対押しきって、真歩をキャプテンにした」とあるが、西野センパイが「わたし」をキャプテンにした理由を、六十字以上七十字以内で説明しなさい。（句読点・記号がある場合は一字に数える。）

問６　本文の表現と内容の説明として最も適切なものを、次の中から選び、記号で答えなさい。

ア　「わたし」の視点《してん》から西野センパイの言動をくわしく描《えが》き、「わたし」が西野センパイのキャプテン時代の心構えを聞いて心を打たれ、センパイを見習って、陸上部を引っぱっていこうと改めて決意する様子をわかりやすく表現している。

イ　擬態《ぎたい》語やたとえの表現を効果的に使い、問題を起こした葉月と沙凪に対する腹立《はらだ》たしさや、力不足の自分に対する歯がゆさを抱きながらも、西野センパイの説得を受けて二人と和解する気になっていく「わたし」の心情の変化を強調している。

ウ　会話文と「わたし」の心の中の思いを中心にして、「わたし」がキャプテンとしての自分の立場にとまどい、部活内のいざこざに直面して弱音をはきながらも、西野センパイとのやりとりを通して前向きになっていく様子を描いている。

エ　周囲の光景の移り変わりに「わたし」の心情を重ね合わせ、キャプテンとしての自信を持てずになやみながらも、西野センパイからのはげましを受けて、部活内にある自分への反発に負けまいと勇気を奮《ふる》い起こす「わたし」の様子を印象づけている。

問1 空欄《くうらん》 A ～ E にあてはまる会話文として適切なものを、次の中からそれぞれ一つずつ選び、記号で答えなさい。

ア さっき美羽留泣いてたよ。沙凪も葉月も休んじゃったから。当てつけみたいになってるし

イ 無理！

ウ 沙凪ももう走れないって言うから、練習休んでいっしょに来たんだよ

エ 何してんの。練習きてよ

オ いまさらそんなこと言わないでよ。決まったことなんだから

カ みらいが勝手に決めて、結果だけ押《お》し付けて、走れるわけないじゃん。馬じゃないんだよ

キ どこにいるの。立花先生に捜してこいって言われた

問2 ①「頭の中が、落としたスイカみたいにぐじゃぐじゃだ」とあるが、具体的には「わたし」のどのような状態を示しているか。「……状態。」につながる形で、六十字以上七十字以内で説明しなさい。（句読点・記号がある場合は一字に数える。）

問3 ②「そのせいじゃないよ。おまえのせいだよ」とあるが、このときの西野センパイについての説明として最も適切なものを、次の中から選び、記号で答えなさい。

ア 「わたし」が、問題の原因を美羽留のせいにしていることに怒《いか》りを抱《いだ》きつつも、本当の原因に気づかせようとしている。

イ 厳《きび》しく率直《そっちょく》な言い方で助言することで、問題を正面から突《つ》きつけ、どうすべきかを逃げずに考えるよう促《うなが》している。

ウ 「わたし」が、キャプテンらしく問題に対処《たいしょ》できていないことに失望し、いら立ちを「わたし」にぶつけている。

エ すでに引退《いんたい》した自分を頼ろうとする「わたし」の態度にあきれ、突き放すようにして自立させようとしている。

（注１）立花先生……陸上部の顧問《こもん》。

（注２）補導……問題行動の疑《うたが》いのある子どもに、警察《けいさつ》が声をかけて指導すること。

（注３）符音……「わたし」と同じ陸上部の三年生。

（注４）棄権……ここでは、大会出場の権利を捨《す》てること。

（注５）陸部……陸上部の略。

（注６）ファイナリスト……決勝進出者。

（注７）リレメン……リレーメンバーの略。

（注８）つぐみや美玲……陸上部の二年生。

（注９）スターティングブロック……陸上選手がスタートするときに、その足を支える器具。

（注10）スターター……選手に対してスタートの合図を出す人。

（注11）スパイクピン……競技用のくつにとりつけるピン。

センパイに手を握《にぎ》られ、がまんできなかった。涙があふれて、ぽたぽた落ちる。

「ハンカチくらい持っとけよ」

センパイが貸してくれた。持ってるけど、かばんのいちばん底でくしゃくしゃになってるから、恥《は》ずかしくて出せない。

「泣いとけ泣いとけ。でも知らない人が見たら、あの子きっと男に振られたと思われるぞ。まぁ、わたしはいいけどさ。涙が止まったらちゃんとひとりずつ、会って話しろよ」

わたしはうなずくしかなかった。

西野センパイは泣き止《や》むまで、じっと待っていてくれた。

帰りますと立ちあがったとき、ハンカチをどうしようか迷った。

「センパイ、これ……」

「ちゃんと洗《あら》って返せよ。常識だろ」

「じゃあ、今度家まで返しにいきます」

「こなくていい。競技場へもらいにいくから。七月二十四日、リレー決勝のあとでな」

そして別れぎわ、こう言った。

「真歩、キャプテンって、そんなに悪くないから」

そこにはあの西野キャプテンの笑顔があった。

まずみらいと話をしよう。そのあと沙凪や葉月とも。

（村上《むらかみ》しいこ『ダッシュ！』より）

「じゃあその気持ちを言葉にして、態度で示せよ。それが見えないから、みんなバラバラになっちゃうんじゃないのかな」

センパイは簡単《かんたん》に言うけど、どうすればいいのかわからない。こんなことじゃ、永遠にみんなを引っぱることなんてできない。

一口水を飲む。悔しさで涙《なみだ》がこぼれそうになる。目の前のテーブルがにじんで見えた。

「誰に遠慮《えんりょ》してんの？　立花先生？」

そうかもしれない。

かといって、沙凪や葉月みたいに真っ向からはむかうなんて、わたしには無理。

「立花先生、言ってなかった？」

「何をですか？」

「この決定に不満だったら、勝手にすればいいって」

「言ってました。センパイも言われたんですか？」

「うん。……ねえ、勝手にすればいいじゃん。真歩が思うようにやれば。こわいんじゃない？　自分で決めるのが。いつも誰かのせいにして、逃《に》げ道用意して。人任せにして。それじゃキャプテンつとまらないし、誰もついてこなくて当然じゃん」

「そんな……」

「立花先生って、いい人だよ。選手が反抗《はんこう》したら大会に出さない先生もよそにはいるけど、そんなことしないし。むしろ待ってるかも」

「待ってる？」

「そっ。本当の意味で真歩たちがリレメンになれるのを。そのためにはまず、おまえが自分の言葉で話さなきゃ。先生に言われてとか、みらいに気をつかってとかじゃなく。自分の言葉で話して、言ったことを必死になってやれば、みんなついてくるって。真歩ならできるって。だからわたし、④みんなの反対押《お》しきって、真歩をキャプテンにしたんだから」

「なんでも聞いて」

「どうしてわたしを、キャプテンなんかにしたんですか。いつも落ちこむんです。沙凪みたいに、かっこよく走れたらいいのにとか、みらいみたいに、ちゃんと後輩《こうはい》をリードできたらいいのにとか。葉月みたいに大人の彼氏《かれし》がいたら、一目置かれるだろうなとか。わたしなんて、説得力のかけらもないのに」

「真歩はさ、みんなの話を聞いてあげられる。そう思ったからキャプテンに指名した。でも誤算《ごさん》だったのは、自分の言葉を持ってないってとこ」

「立花先生にも言われました」

「真歩はどう思ってるの？　このまま一年生に、リレメン譲《ゆず》っちゃっていいわけ？　もちろんそれもアリだと思う。もしそうなら、はっきり自分の言葉で言うべきだよ。たとえ悔《くや》しくても、あきらめましたって。流れに任せるんじゃなくってさ。それでも沙凪や葉月が戻《もど》ってこないんだったら、つぐみ(注8)や美玲《みれい》使ってメンバー組めばいいじゃん。どうなのおまえは？」

③聞かれて黙《だま》った。

ここまできて、まだ自分で答えが出せない。三年生になれば自然に沙凪たちとリレーを走れると思ってた。

センパイがすくっと立って、セルフサービスになってる水を持ってきてくれた。そしてまた席に着くと、黙ってわたしを見た。

自分のまわりの音が全部消えたような気がした。

ふと女子四百メートルリレー決勝のトラックが頭に浮《う》かぶ。スターティングブロック(注9)が見える。スターター(注10)が台に上がり、競技場が静まりかえる。スパイクピン(注11)がカチカチ音を鳴らす。そのとき、バトンを持ってそこに立っているのは……。

心の奥から言葉が生まれた。

「わたしは……わたしだって負けたくない！」

ラになっちゃったんです」

「②そのせいじゃないよ。おまえのせいだよ」

「そんな」

　はっきり言われてまた落ちこむ。

「おまえの気持ちがふらふらしてるから、みんなが迷うんだよ。心の中にだって手のひらがあるんだよ。ちゃんとそこへバトンパスしなきゃ、伝わるものも伝わらない」

　センパイは言って、たこ焼きをすすめてきた。おいしいはずなのに味がしない。

「ねえ真歩。わたしさ、キャプテンしてるとき、ずっとこわかった。百もハードルも、いつも準決で負けて、そのうち沙凪が決勝残るようになったじゃん。決勝にも残れないキャプテンって、どうよって。みんなからバカにされていないか内心心配だった」

　センパイの目がどこか遠くを見る。苦しんでるセンパイの姿なんて見たことなかった。

「それでどうしたんですか」

「自分にとっての陸上ってなんなんだろうって考えた。そのとき思い出した。わたしがセンパイから言われた言葉。おまえの笑顔《えがお》いいって。試合前にその顔見ると落ち着けるって。そしたらもう、これしかないなって思ったんだ。もちろん決勝に残りたくて、最後まで必死でやった」

「だから、勝っても負けても笑顔だったんですね。わたしもセンパイの笑顔好きです。焼きいもみたいであったかいです」

「いもかよ。せめてピザまんにしてよ。でもな、顔の表情は作れても、心の表情は作れないから。顔色とか顔つきとかいうけど、心色とか心つきとか言わないだろ。心の中はどんなに繕《つくろ》ってもわかっちゃう。特に真歩は正直だから」

「バカなだけです。センパイ聞いていいですか？」

「それより真歩、練習は？」

西野センパイの顔見て、せっかくハレた気分が、またふさいでしまった。

「えっ、どうしたの？」

「センパイ。陸部(注5)バラバラになっちゃったんです。もう泣きたい気分です」

「あっ、そう。でも、意味もなく泣いても、何もかわらないから」

「わかってます。けど」

「じゃあ、なんかおごってやるから、下行こうか」

西野センパイについてエスカレーターでおりた。センパイがたこ焼きを買ってくれて、テーブルに着く。今の陸上部の状態を説明する間、センパイは黙々《もくもく》と口を動かした。

「ここのたこ焼き、おいしいよね。たこがプリプリしてる」

話を聞き終わったセンパイの第一声。

「わたしの話聞いてました？」

「うん聞いた。おまえも食べろよ」

「こんなときに無理です。でもひとつだけ」

「食べてるじゃん。それにしても速いね」

「えっ、食べるの普通《ふつう》ですよ」

「ちがうよ。真歩ンとこの一年生」

「美羽留、すごいです。うまく育てれば、全国大会のファイナリスト(注6)だって夢じゃないです。でもそのせいでリレメン(注7)が、バラバキャプテンになったばっかりに、バラバラになっちゃった。

南沢中女子四百メートルリレー、(注4)棄権《きけん》します。理由は仲間割《わ》れです。キャプテンが無能だからです。

もうキャプテンなんてやめてしまいたい。だいたいわたしに、人をまとめる力なんてない。なんで西野《にしの》センパイは、わたしなんかをキャプテンにしたんだろう。①頭の中が、落としたスイカみたいにぐじゃぐじゃだ。

「あんた、どこ中《ちゅう》！」

「うわわぁー」

いきなり呼ばれ、叫《さけ》んで跳《と》んじゃった。

「きゃはは、驚《おどろ》きすぎぃー。今、二十センチはねたよ」

「西野キャプテン」

「キャプテンはおまえだ」

「すいません。センパイ何してるんですか？」

「万引き」

「へっ？」

「嘘《うそ》だよ。相変わらず反応悪いな」

「ほっといてください」

「ほっとけないよ。ぼーっとして、蒸《む》し暑さで脳《のう》みそが溶《と》け出してるんじゃない」

「そんなことないですよぉー」

近い状態ではあったけど。

〈美羽留に罪はないけど……でも納得できないの〉

「ねっ、沙凪はそこにいるの？」

〈いるわけないでしょ。あの足で〉

ブチッと、電話が切れた。

葉月の居場所はわかってる。うしろで聞きなれたアナウンスが流れていた。ショッピングセンター・ビッグバンだ。

あの騒々《そうぞう》しさからすると、二階のゲーセンあたり。自転車を走らせ、十分でショッピングセンターに到着《とうちゃく》した。新記録だ。

一階の飲食店ブースを抜《ぬ》け、エスカレーターに向かう。チラッとアイスクリームの店が見えた。(注3)符音《ふおん》に相談してみようか。そんな考えが一瞬《いっしゅん》頭をよぎった。

ダメだ。こんなことで負担《ふたん》をかけられない。

それに、わたしはまた誰《だれ》かに頼《たよ》ろうとしている。

キョロキョロしながら歩いても、それらしい姿は見つからなかった。ドーナッツ店やかわいい小物店にもいない。

金券《きんけん》ショップ脇《わき》のエスカレーターに乗って二階フロアへ。いっそのこと、迷子《まいご》の呼《よ》び出しでもしてやろうか。

二階にも中学生の姿はなかった。帰宅《きたく》部の高校生がいるくらいだ。わたしだけ南沢中《みなみさわちゅう》のジャージでうろうろして目立ってるかも。本当に補導されたらどうしよう。百円ショップや服屋さん。そしてフロアのいちばん奥《おく》にあるゲームセンターにも姿はない。

もしやと思って、下着屋さんも覗《のぞ》いてみた。

あとは……まさかあの葉月が本屋さんに……でも一応行ってみた。雑誌《ざっし》コーナーや趣味《しゅみ》の本。文庫本や漫画《まんが》。児童書コーナーまで。

全部見たけど、どこにもいない。あとは……もうない。

絶望的な気分におそわれた。葉月がいないという事実もだけど、陸上部はこのままどうなっちゃうんだろうかって。わたしが

二　次の文章を読んで、後の問い（問１〜問６）に答えなさい。

〈陸上部キャプテンの「わたし（真歩《まほ》）」は、大会のリレーメンバーから外され、大会では、みらい、葉月《はづき》、沙凪《さなぎ》の他、真歩に代わって一年生の美羽留《みはる》が走ることに決定した。みらいはその方針《ほうしん》に賛成したが、葉月は決定に納得《なっとく》できず、沙凪も納得ができないうえに足をけがしていることから、次の日、部活を無断欠席してしまった。〉

（注1）立花《たちばな》先生はわたしを見ると、正門に向かって顔を振《ふ》る。

「キャプテン、捜《さが》して話をしてこい。練習はいいから帰れ」

「そんな……」

「おまえの仕事だ。（注2）補導《ほどう》されたら、おれのケータイに電話してこい」

「はい」

荷物を抱《かか》えると、わたしはジャージ姿《すがた》のまま、自転車置き場へ走った。

前カゴに通学用かばんを入れて、ケータイを出す。葉月に電話すると、あっけないくらいすぐに出た。

「　A　」

〈　B　〉

「　C　」

〈　D　〉

「　E　」

問５　⑤「我が亡き後に洪水よ　来たれ」とあるが、筆者はこの言葉を引用することで、現代人のどのような傾向《けいこう》を示そうとしているのか。五十字以上六十字以内で説明しなさい。（句読点・記号がある場合は一字に数える。）

問６　本文の説明として最も適切なものを、次の中から選び、記号で答えなさい。

ア　時間に対する考え方の時代ごとの変化について、歴史的な出来事を挙げながら考察したうえで、グローバル化が進んだ現代では、世界のさまざまな国とのつながりを強くするために、時間の公有化をさらに進める必要があることを述べている。

イ　人間と時間の関係について、筆者の実体験や時間に関する歴史にもとづいて説明したうえで、現代の時間のあり方が人間にあたえている影響《えいきょう》と問題点を挙げ、未来への展望を持って自分たちのすべきことを考える必要があることを主張している。

ウ　時計作りの技術の発達と日本の社会における時計の役割について、時代ごとに分けて紹介《しょうかい》したうえで、人間の生活の中で正確な時間の管理が不可欠である理由と、未来に向けて日本人がどのように時間を利用していくべきかを説明している。

エ　日本人が時間というものをどのように受け止めてきたかを、日本と世界各国の時計の歴史を比較《ひかく》しながら説明したうえで、現代の加速された時間の危険《きけん》性を指摘《してき》し、従来《じゅうらい》の日本人らしい時間感覚を取りもどすべきであることを主張している。

問２　③「新たな恐怖の時代」とあるが、どのような時代のことか。最も適切なものを、次の中から選び、記号で答えなさい。

ア　個人の時間の流れよりも、社会的集団の中で共有されている時間の流れを重要視すべきであるという考えを強要される時代。

イ　個人に流れる時間と、社会的集団の中で受け入れられている時間の流れを調和させることに苦闘しなければならない時代。

ウ　世界中の人々が独自の時間の中で生きることを軽視して、客観的な運動をもとにした、単一の時間の基準を求める時代。

エ　世界中の人々が全て画一的な時間の基準によって統制されてしまい、その基準に従って行動しなければならない時代。

問３　空欄《くうらん》［　Ａ　］～［　Ｃ　］にあてはまる言葉として適切なものを、次の中からそれぞれ一つずつ選び、記号で答えなさい。
（同じ記号は二度以上使わない。）

ア　すなわち　　イ　さらに　　ウ　しかし　　エ　したがって　　オ　例えば　　カ　なぜなら

問４　④「懐中時計が発明され」とあるが、「懐中時計」の発明による人間の生活の変化について二人の児童が話をしている。次の会話の空欄にあてはまる言葉を、本文中から十八字で抜《ぬ》き出して答えなさい。（句読点・記号がある場合は一字に数える。）

Ａさん「懐中時計が登場する前は、教会が鐘を鳴らして時間を知らせていたと述べられているよ。でも、懐中時計の発明によって、個人が時計を持って、それぞれの都合で時間を管理できるようになったんだ。」

Ｂさん「そうだね。つまり、人間は［　　　］を手に入れることができたということだよ。教会に時間を管理されていた時代に比べると、本当に大きな変化だね。」

（注４）マリー・アントワネット……十八世紀のフランス国王ルイ十六世の妃《きさき》。

（注５）封建時代……頂点《ちょうてん》に立つ君主が、土地を家来《けらい》に分けあたえて治めさせていた時代。

（注６）門閥……家柄《いえがら》。

（注７）通時的……ある現象を時間の流れに沿《そ》って見るさま。

（注８）共時的……ある現象を特定の時期に限定して見るさま。

（注９）軌を一にしている……方針《ほうしん》や方向性が同じである。

（注10）ローカル……ある地域に限定されているさま。

（注11）刹那的……今のことだけを追い求めるさま。

（注12）累積……どんどん積み重ねること。

（注13）来たれ……来なさい、という意味。

問１　①「常に変化する」、②「誰にも共通する」と似た意味の言葉として適切なものを、次の中からそれぞれ一つずつ選び、記号で答えなさい。

①「常に変化する」　ア　千変万化《ばんか》　イ　変幻《へんげん》自在　ウ　臨機《りんき》応変　エ　天変地異《ちい》

②「誰にも共通する」　ア　散在　イ　典型　ウ　象徴《しょうちょう》　エ　普遍《ふへん》

所で、時間が個人ごとにバラバラであっては困《こま》る。こうして国として統一《とういつ》した時間を定め、やがて国境を越《こ》えて互《たが》いの時間を換算《かんさん》する取り決めが行われるようになった。「標準時」と呼《よ》ぶ、世界中の人間誰にも共通する時間の中で、人は生きるようになったのである。日本の標準時は一八八八年（明治《めいじ》二一年）から施行《しこう》され、これによって「遅刻《ちこく》」という概念《がいねん》が生まれたそうである。近代になって集団を律する時間が国家によって定められ、［C］交通や貿易の発達によって地球は一体化し、世界中が共通した時間網《もう》で覆《おお》われることになった。（注10）ローカルに生きている私たちなのだが、グローバルな時間に否応《いやおう》なく従《したが》わざる得なくなっているのが現在であろう。

それと同時に、私たちはより速くあることに最大の価値《かち》を置き、世界中が加速された時間を生きるようになった。その結果として、（注11）刹那《せつな》的な発想になり、遠い未来のことを考えなくなってしまった。「今だけ」自分（たち）だけが利得にありつけばよいと思う習性である。実際、貴重《きちょう》な地下資源《しげん》を使い尽《つ》くし、美しい自然を破壊《はかい》し、原発の廃棄《はいき》物を（注12）累積《るいせき》させ、多大な借金と老朽《ろうきゅう》化した都市ばかりを残すというふうに、自分たちの世代が贅沢三昧《ぜいたくざんまい》をし尽《つ》くして、その災厄《さいやく》は全て子孫たちに押《お》し付けている。まさに⑤「我《わ》が亡《な》き後に洪水《こうずい》よ（注13）来たれ」である。しかし、それではあまりに私たちの子孫に対して無責任ではないか。未来に登場する私たちの子孫に何を残すかを考えること、つまりこの時間は未来にも流れ、子孫たちが生きるのであるという「通時的発想」を回復する必要があるのでないかと思う。「時」を巡《めぐ》る歴史はこのことを物語っているのではないだろうか。

（池内了《いけうちさとる》『科学と社会へ望むこと』より）

（注１）修道院……キリスト教信者が共同生活をするための施設《しせつ》。

（注２）イエズス会の宣教師……キリスト教のイエズス会に所属し、各国にキリスト教の教えを広める人。日本にもキリスト教を伝えた。

（注３）懐中時計……服のポケットなどに入れて持ち歩く小さな時計。

は十九世紀に書かれた絵なのだが、まさにこの頃まで、「時」が長い間人々の生活を律《りっ》していたことがわかる。

日本に機械式時計が伝来したのは十六世紀で、(注2)イエズス会の宣教師《せんきょうし》が持ち込んだ。種子島《たねがしま》に鉄砲《てっぽう》が渡来《とらい》したのと同じ頃である。この時計の機械的な仕組みに感嘆《かんたん》し、手先の器用な職人たちが自らの手で時計を生産するようになった。鉄砲も同じで、日本は一時世界一の鉄砲所有国となったのである。やがて戦乱《せんらん》が絶えた江戸《えど》時代には、鉄砲鍛冶《かじ》の仕事はすたれたが、時計職人はより高級な時計作りに熱中した。当時は、太陽の動きに合わせて時間を決める「不定時法」であったので、季節ごとに、また地域《ちいき》ごとに時間が異《こと》なっていた。そのことまで考慮《こうりょ》した時計でなければならないから、実に巧妙《こうみょう》な工夫《くふう》が必要とされたのである。この日本人の器用さと工夫好きという特性によって活かされた「時」を測るための技術開発が、(注3)懐中《かいちゅう》時計の時代になって日本の時計産業の発展《はってん》の礎《いしずえ》になったと言われている。

十八世紀になって小型の機械式時計、つまり④懐中時計が発明され、装飾品《そうしょく》としても重宝《ちょうほう》されて、誰もが欲《ほ》しがった。(注4)マリー・アントワネットが、あらゆる機能を盛《も》り込んだ世界一美しい時計を注文したことが知られている。もっともそれを手にする前に、彼女《かのじょ》は革命《かくめい》で処刑《しょけい》されてしまったのだが。懐中時計の出現は、教会が鐘で知らせ、人々に共有される時間から、個人がそれぞれ時計を所有して、自分の都合で時間をコントロールするようになったことを意味する。まさにフランス革命が、過去の(注5)封建《ほうけん》時代の(注6)門閥《もんばつ》や血統が物言う(注7)通時的な時間感覚から、個人の生き方を最重要視《さいじゅうようし》する(注8)共時的世界観をもたらしたのと、(注9)軌《き》を一《いつ》にしている。個人を制約する公共時間から解放されて、人々は自分が支配する時間という大いなる自由を得た気分になったのである。市民革命は腕《うで》時計とともにやってきたと言えるかもしれない。なんだか、高校に入学してお祝いでもらった腕時計を腕にはめて何度も見入った、あのときめきと似ているような気がする。

しかし、再び時間は公有化されることになった。産業革命によって鉄道が各地を結ぶようになって、列車の到着《とうちゃく》や発車の時刻を共通にしていなければならないからだ。それだけでなく、工場や官庁《かんちょう》や学校や軍隊など、多くの人間が集合し、共同作業をする場えると、人間が追いかけて来た「時」の歴史は、個人としての時間と集団としての時間をいかに調和させるかに苦闘《くとう》してきた歴史と言えるかもしれない。その結果、今や世界全体が単一《たんいつ》の「時」に支配され、そのまま先導されていくのではないかという、③新たな恐怖の時代を迎《むか》えているのではないだろうか。

誰にも共通する時間を定めるために、規則的に変化する客観的な運動が探《さが》された。最初に選ばれたのは、東から昇《のぼ》り西に沈《しず》む太陽の運動、そして日ごとに形を変えつつ三〇日足らずで元の形に戻る月の変化である。これによって、人々は一日、一月を数え、季節の変化を知り、暦《こよみ》として整理して農作業に活《い》かすようになった。時間は生活を区切る重要な目安になったのである。

[A]、太陽や月の運動・変化からは大ざっぱな時間しか測れない。一本の棒《ぼう》が作り出す太陽の影《かげ》によって時間を測る日時計は、宇宙《うちゅう》の運動を地上に固定する素晴《すば》らしいアイデアなのだが、短い時間間隔《かんかく》や正確な時刻《じこく》を知ることはできない。より短い時間を正確に測れる時計が求められるようになるのは必然であった。このことは、人間の集団的活動が活発になるとともに、時間を精度よく測る必要ができたことを意味している。

[B]、紀元六六〇年に中大兄皇子《なかのおおえのおうじ》（後《のち》の天智天皇《てんじてんのう》）が、水の落下を使用した水時計を使って時間を測った（これを「漏《ろう》刻《こく》」と言う）ことが知られている。日時計では不可能な、雨の日や夜でも時間が測れる時計が日本に登場した最初であった。権力《けんりょく》を持つ者は人々の時間を支配することを望んだのである。現在「時の記念日」は六月十日なのだが、その由来は、大津《おおつ》市にある天智天皇を祀《まつ》る近江《おうみ》神社が、この日に「漏刻祭」を行うことに因《ちな》んだもののようである。

ヨーロッパで機械式の時計が発明されたのは十三世紀末で、毎日決められた時間に祈《いの》りを捧《ささ》げるために修道院(注１)で造られた。やがて都市の教会に広がり、鐘《かね》を鳴らして人々に時間を知らせるという重要な役割《やくわり》を担《にな》うようになった。時報の鐘の音が聞こえる範囲《はんい》で一つの都市が形成されたと言われている。まさに「時」が人間の共同生活をつなぐ役割を担うようになったのだ。ミレーの名画「晩鐘《ばんしょう》」では、若《わか》い農夫の夫婦《ふうふ》が遠くに見える教会の鐘の音を聞き、作業を中断して手を合わせている光景が描《えが》かれている。これ

2023年度 常総学院中学校

【国　語】〈第一回一般試験〉(五〇分)〈満点：一〇〇点〉

一　次の文章を読んで、後の問い（問１～問６）に答えなさい。

子どもの頃《ころ》、深夜に目覚めて何も見えず、このまま永遠に真《ま》っ暗闇《くらやみ》が続くのではないかという恐怖《きょうふ》に捉《とら》われたことがある。このときの「永遠」という感覚は、何も変化せず時間が止まってしまったかのような感覚のことだ。それまでにそのような経験をしたことがなかったので、そのままずっと続くのではないかと思い込《こ》んでしまったのである。人間は①常に変化する環境《かんきょう》の中で生きており、変化を通じて時間の歩みを知らず知らずのうちに認識《にんしき》し、時間の軌跡《きせき》を追い続けている存在《そんざい》なのではないか。だから、何事も変化しないかのような瞬間《しゅんかん》を過ごして、私《わたし》は時間を失ったかのように恐怖を感じたのであった。

やがて、胸《むね》の鼓動《こどう》がドキンドキンと打つことで確かに時が進んでいることを知って、その恐怖は消えた。このまま永遠に鼓動を打ち続けるのみとは考えずに、やがて朝が来るだろうと思ったからだ。「明けない夜はない」との意識がいつの間にか刷り込まれていたためだろう。そう思うと安心したためか、すぐに寝入《ねい》ってしまい、夜中に目覚めて暗闇の恐怖に駆《か》られたことは夢の中の出来事のように思われた。胸の鼓動という私の体が指し示す時間が、私を平静に戻《もど》してくれたのである。誰《だれ》もが鼓動を打っているのだから、その時間は私だけでなく、横で寝ている兄にも共通して流れている、そう思い当たったこともある。

人間は、それぞれが持つ独自の時間を生きつつ、②誰にも共通する時間が流れていることを知って、時の流れとともに生起する規則性を読み取ってきた。さらに、その時間を社会的集団として共有することによって、文明社会を築いてきたのである。言い換《か》

2023年度

常総学院中学校　▶解説と解答

算　数　＜第１回一般試験＞（50分）＜満点：100点＞

解　答

[1] (1)　33　(2)　75　(3)　18　(4)　$3\frac{13}{24}$　(5)　10　(6)　$2\frac{1}{2}$　(7)　6　[2] (1)　66人　(2)　99個　(3)　3200円　(4)　127個目　(5)　21通り　(6)　1580円　(7)　114.24 cm^2　(8)　260cm^3　[3] (1)　６人　(2)　８人　(3)　14人　[4] (1)　２km　(2)　46分後，18km　(3)　53分40秒後　[5] (1)　90個　(2)　484，676　(3)　66066

解　説

[1]　四則計算，計算のくふう

(1)　$6+3\times9=6+27=33$

(2)　$45\div3\times(32-27)=15\times5=75$

(3)　$21-18\div(34-4\times7)=21-18\div(34-28)=21-18\div6=21-3=18$

(4)　$3\frac{1}{8}-1\frac{3}{4}+2\frac{1}{6}=3\frac{3}{24}-1\frac{18}{24}+2\frac{4}{24}=2\frac{27}{24}-1\frac{18}{24}+2\frac{4}{24}=1\frac{9}{24}+2\frac{4}{24}=3\frac{13}{24}$

(5)　$1.6\div2.8\div0.2\times3.5=\frac{16}{10}\div\frac{28}{10}\div\frac{2}{10}\times\frac{35}{10}=\frac{8}{5}\times\frac{5}{14}\times\frac{5}{1}\times\frac{7}{2}=10$

(6)　$0.8\div\frac{4}{13}-\frac{5}{9}\times0.18=\frac{8}{10}\times\frac{13}{4}-\frac{5}{9}\times\frac{18}{100}=\frac{13}{5}-\frac{1}{10}=\frac{26}{10}-\frac{1}{10}=\frac{25}{10}=\frac{5}{2}=2\frac{1}{2}$

(7)　$(A+B)\times C=A\times C+B\times C$となることを利用すると，$\left(\frac{2}{35}+\frac{2}{63}+\frac{2}{99}\right)\times55=\frac{2}{35}\times55+\frac{2}{63}\times55+\frac{2}{99}\times55=\frac{22}{7}+\frac{110}{63}+\frac{10}{9}=\frac{198}{63}+\frac{110}{63}+\frac{70}{63}=\frac{308}{63}+\frac{70}{63}=\frac{378}{63}=6$

[2]　整数の性質，差集め算，相当算，規則性，場合の数，売買損益，面積，体積

(1)　500－38＝462(枚)，600－６＝594(枚)より，６年生の人数は462と594の公約数で38より大きい数になる。右の図１の計算より，２つの数の最大公約数は，２×３×11＝66で，66の約数のうち38より大きい数は66しかないから，６年生の人数は66人である。

図１

2)	462	594
3)	231	297
11)	77	99
	7	9

(2)　１回運び出すと，ＡはＢより，９－５＝４(個)多く運び出すので，運び出した回数は，44÷４＝11(回)とわかる。よって，この製品の個数は，９×11＝99(個)になる。

(3)　右の図２で，参考書を買ったあとの残りのお金の，$1-\frac{2}{3}=\frac{1}{3}$が560円にあたるから，参考書を買ったあとの残りのお金は，$560\div\frac{1}{3}=1680$(円)である。すると，小説を買ったあとの残りのお金の，$1-\frac{2}{5}=\frac{3}{5}$が1680円にあたるので，小説を買ったあとの残りのお金は，$1680\div\frac{3}{5}=2800$(円)になる。よって，はじめに持っていたお金の，$1-\frac{1}{8}=\frac{7}{8}$が2800円にあたるから，はじめに持っていたお金は，2800

図２

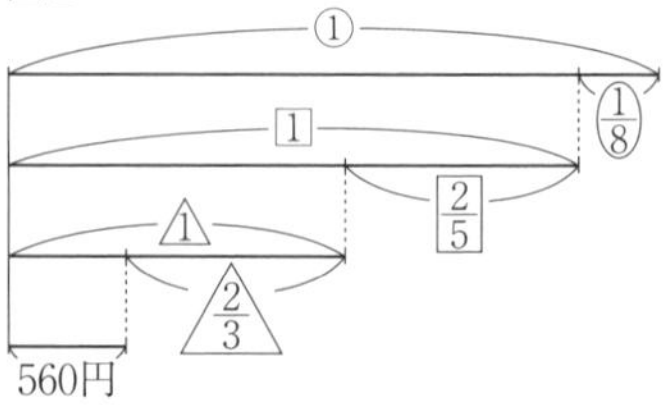

÷$\frac{7}{8}$＝3200(円)となる。

(4)　黒のご石は1個，2個，3個，4個，…と並んでいて，白のご石は，はじめに1個，その後は黒のご石の間に2個ずつ並んでいる。1＋2＋3＋…＋13＝(1＋13)×13÷2＝91(個)より，黒のご石は14個並ぶ間に100個目になる。そのときまでに，白のご石ははじめの1個と，2個が13回あるので，黒だけを数えて100個目のご石は全体では，100＋1＋2×13＝127(個目)とわかる。

(5)　5の倍数の一の位は0か5になる。一の位が0のとき，百の位は4通りあり，十の位は残りの3通りあるから，4×3＝12(通り)できる。一の位が5のとき，百の位に0は使えないので，3通りあり，十の位は0をふくめて残りの3通りあるから，3×3＝9(通り)できる。よって，全部で，12＋9＝21(通り)できる。

図3

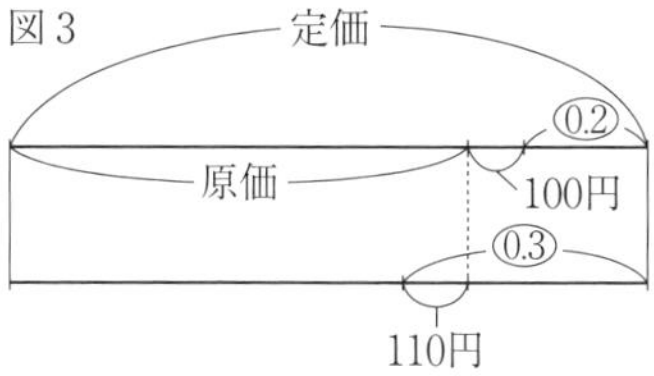

(6)　右の図3より，定価の，0.3－0.2＝0.1が，100＋110＝210(円)にあたるので，この品物の定価は，210÷0.1＝2100(円)である。よって，この品物の原価は，2100×(1－0.2)－100＝1580(円)と求められる。

図4

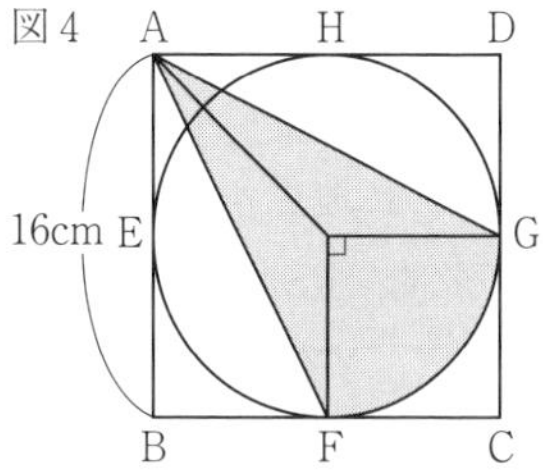

(7)　右の図4のように，かげをつけた部分は半径，16÷2＝8(cm)の円の$\frac{1}{4}$と，底辺と高さがそれぞれ8cmの三角形2個に分けられる。よって，かげをつけた部分の面積は，8×8×3.14×$\frac{1}{4}$＋8×8÷2×2＝50.24＋64＝114.24(cm^2)となる。

(8)　板の体積と容積の合計は，8×8×8＝512(cm^3)である。また，容積の部分の内のりのたてと横の長さはどちらも，8－1×2＝6(cm)で，高さは，8－1＝7(cm)だから，容積は，6×6×7＝252(cm^3)とわかる。よって，板の体積は，512－252＝260(cm^3)と求められる。

3　比の性質，倍数算

(1)　A組の男子の人数は，35×$\frac{2}{2+3}$＝14(人)となるので，A組の男子で運動部に所属している生徒の人数は，14×$\frac{3}{4+3}$＝6(人)である。

(2)　表にまとめると右のようになるので，(8＋[3])：(6＋[2])＝10：7と表せる。ここで，$A:B=C:D$のとき，$A\times D=B\times C$となることを利用すると，この式は，

A組

	文化部	運動部	合計
男子	8人	6人	14人
女子			21人
合計			35人

B組

	文化部	運動部	合計
男子	[3]	[2]	
女子	◇3	◇2	
合計			35人

(8＋[3])×7＝(6＋[2])×10となる。さらに，$(P+Q)\times R=P\times R+Q\times R$より，8×7＋[3]×7＝6×10＋[2]×10，56＋[21]＝60＋[20]，[21]－[20]＝60－56，[1]＝4(人)になる。よって，B組の男子で運動部に所属している生徒の人数は，4×2＝8(人)となる。

(3)　B組の男子の人数は，4×(3＋2)＝20(人)なので，B組の女子の人数は，35－20＝15(人)である。すると，1年生全体の女子の人数は，21＋15＝36(人)なので，そのうち，文化部に所属している生徒の人数は，36×$\frac{23}{23+13}$＝23(人)になる。また，B組の女子で文化部に所属している生徒の人数は，15×$\frac{3}{3+2}$＝9(人)である。よって，A組の女子で文化部に所属している生徒の人数は，23－9＝14(人)と求められる。

4　グラフ―速さと比

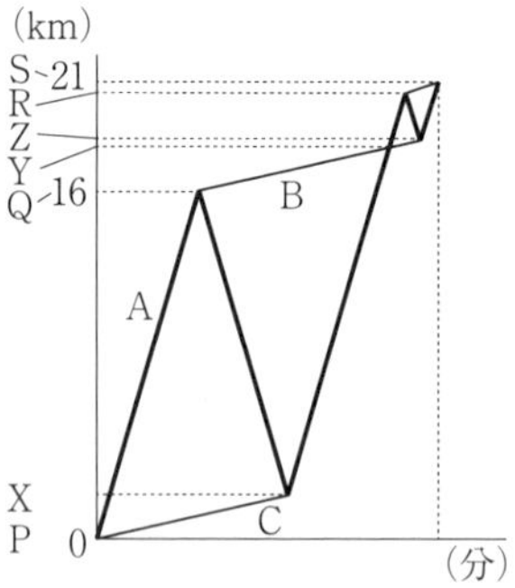

⑴　右の図のように，ＡがＣと出会った地点をＸ地点とすると，Ａが，Ｐ→Ｑ→Ｘと進んだ道のりと，Ｃが，Ｐ→Ｘと進んだ道のりの比は，ＡとＣの速さの比と同じで，60：４＝15：１となる。この比を用いると，PQ間の道のりは，（15＋１）÷２＝８と表せるので，PQ間とPX間の道のりの比は８：１とわかる。よって，PX間の道のりは，$16\times\frac{1}{8}=2$（km）だから，ＡがＣと出会ったのはＰ地点から２kmのところである。

⑵　ＡがＢを追いぬいた地点をＹ地点とする。Ａが，Ｑ→Ｘ→Ｙと進んだ道のりと，Ｂが，Ｑ→Ｙと進んだ道のりの比は，ＡとＢの速さの比と同じで，60：４＝15：１である。すると，⑴と同様に，XY間とQY間の道のりの比は８：１で，XQ間とQY間の道のりの比は，（８－１）：１＝７：１となる。また，⑴より，XQ間とPX間の道のりの比も，（８－１）：１＝７：１だから，QY間の道のりはPX間の道のりと同じ２kmとわかる。よって，Ｙ地点，つまり，ＡがＢを追いぬいた地点は，Ｐ地点から，16＋２＝18(km)のところである。さらに，Ａが，Ｐ→Ｑ→Ｘ→Ｙと進んだ道のりは，16＋(16－２)×２＋２＝16＋28＋２＝46(km)なので，ＡがＢを追いぬいたのは出発してから，$46\div60=\frac{23}{30}$(時間後)，つまり，$60\times\frac{23}{30}=46$(分後)となる。

⑶　Ｒ地点から引き返したＡがＢと出会った地点をＺ地点とする。⑴，⑵と同様に考えて，YZ間，ZR間，RS間の道のりの比は１：７：１とわかり，YS間の道のりは，21－18＝３(km)である。すると，YZ間，RS間の道のりは，$3\times\frac{1}{1+7+1}=\frac{1}{3}$(km)，ZR間の道のりは，$3-\frac{1}{3}\times2=\frac{7}{3}$(km)となる。よって，Ａが，Ｙ→Ｒ→Ｚ→Ｓと進んだ道のりは，$\frac{1}{3}+\frac{7}{3}\times3+\frac{1}{3}=\frac{23}{3}$(km)なので，ＡがＢを追いぬいてからＳ地点に着くまでの時間は，$\frac{23}{3}\div60=\frac{23}{180}$(時間)となる。これは，$60\times\frac{23}{180}=7\frac{2}{3}$(分)，$60\times\frac{2}{3}=40$(秒)より，７分40秒なので，出発してから，46分＋７分40秒＝53分40秒後にＳ地点に着いたとわかる。

5　整数の性質

⑴　１□１の形の回文数は，101，111，121，…，191の10個ある。同様に，２□２，３□３，…，９□９の形も回文数はそれぞれ10個ずつある。よって，３けたの回文数は全部で，10×９＝90(個)ある。

⑵　４□４の場合，２回かける２けたの整数の一の位は２か８であり，12×12＝144，18×18＝324，22×22＝484，28×28＝784より，４□４の形の回文数Aは484となる。５□５の場合，２回かける２けたの整数の一の位は５であり，15×15＝225，25×25＝625より，５□５の形の回文数Aはない。

表１

４□４	６□６
12×12＝144	14×14＝196
18×18＝324	16×16＝256
22×22＝484	24×24＝576
28×28＝784	26×26＝676
５□５	９□９
15×15＝225	13×13＝169
25×25＝625	17×17＝289
	23×23＝529
	27×27＝729

表２

１□□□１	77×303＝23331
２□□□２	77×606＝46662
３□□□３	77×909＝69993
４□□□４	77×292＝22484
５□□□５	77×595＝45815
６□□□６	77×808＝62216
７□□□７	77×191＝14707
８□□□８	77×494＝38038
９□□□９	77×797＝61369

表３

77×818＝62986
77×828＝63756
77×838＝64526
77×848＝65296
77×858＝66066
77×868＝66836
77×878＝67606
77×888＝68376
77×898＝69146

６□６，９□９の場合も同様に考えると，上の表１より，121以外の回文数Aは484，676とわかる。

(3)　５けたの回文数Xが１□□□１のとき，かける３けたの回文数は３□３となるが，77×303＝23331より，77×３□３＝１□□□１となることはない。２□□□２，３□□□３，…についても同様に考えると，上の表２より，77にかけて５けたの回文数になるのは，77×８□８＝６□□□６の場合のみとわかる。よって，上の表３より，５けたの回文数Xは66066である。

社　会　＜第１回一般試験＞（30分）＜満点：50点＞

解　答

1　問１　ア　問２　イ　問３　インド(洋)　問４　イ　問５　エ　問６　北方領土
2　問１　A　奥羽(山脈)　B　リアス(海岸)　C　ラムサール(条約)　問２　オ　問３　ウ　問４　イ　3　問１　エ　問２　ア　問３　エ　問４　大和絵　問５　エ　問６　イ　問７　ウ　問８　ア　問９　武家諸法度　問10　イ　問11　ア　問12　大正デモクラシー　問13　ウ　問14　エ　問15　ア　4　問１　イ　問２　エ　問３　ア　問４　イ　問５　ウ　問６　地方公共団体(地方自治体)　問７　ア　問８　アメリカ合衆国　問９　エ　問10　ア

解　説

1　世界と日本の地理についての問題

問１　【地図】は，中心(東京)からの距離《きょり》と方位が正しい正距方位図法で描かれたものである。したがって，東京との距離が最も遠い都市はアビジャン(コートジボワール)で，東京から見て左上に位置していることから，方位は北西とわかる。なお，ロサンゼルス(アメリカ合衆国)は東京から見て北東(右上)に，メルボルン(オーストラリア)は東京から見て南(下)に位置している。

問２　赤道は東南アジアのインドネシアなどを通ることから，イが赤道を示している緯線と判断できる。なお，アは北緯20度線，ウは南緯20度線，エは南緯40度線を示している。

問３　Xはインドやアフリカに面していることから，三大洋のうちのインド洋とわかる。なお，三大洋はインド洋以外に太平洋と大西洋がある。

問４　世界の州のうち，人口が最も多く，面積も最も大きいのはアジア州で，人口・面積ともに２番目となっているのが，アフリカ州である。なお，ウはヨーロッパ州，エは北アメリカ州を示している。

問５　沖ノ鳥島(東京都小笠原《おがさわら》村)は北緯20度25分の日本最南端《たん》に位置するサンゴ礁《しょう》からなる島で，満潮時には小さな２つの岩が海面に出るだけで波の浸食《しんしょく》によって消滅《しょうめつ》する恐れがあった。この島が消滅すると，島の周囲200海里に広がる日本の排他的経済水域が失われてしまうため，1980年代後半から多額の費用をかけて周囲をコンクリートで囲む護岸工事が行われた。

問６　択捉《えとろふ》島・国後《くなしり》島・色丹《しこたん》島・歯舞《はぼまい》群島は合わせて北方領土とよばれており，日本固有の領土であるが，現在はロシア連邦に占拠《せんきょ》されており，日本とロシア連邦との間で領土問題となっている。

2　東北地方の地形や気候，産業などについての問題

問１　A　東北地方の中央を南北に走っている日本最長の山脈は，奥羽山脈である。　B　三陸

海岸には，入り江や岬が複雑に入り組んだリアス(式)海岸が見られる。　**C**　貴重な自然環境である湿地《しっち》や干潟を保護するために定められた「特に水鳥の生息地として国際的に重要な湿地に関する条約」は1971年にイランの都市ラムサールで採択《さいたく》されたことから，一般にラムサール条約とよばれる。

問２　ア～カの雨温図のうち，ウは冬の平均気温が０℃以下となっており，年平均気温も10℃未満であることから北海道の旭川，カは冬でも平均気温が10℃近くで，年間降水量も2500mmを超《こ》えていることから，黒潮の影響で比較《ひかく》的温暖な和歌山県の潮岬とわかる。また，アは冬の降水量が多いことから日本海側の気候に属する金沢(石川県)，イは年間降水量が比較的少ないことなどから瀬戸内の気候と考えられるので岡山と判断できる。残るエとオは長崎と仙台のいずれかとなるが，エとオを比べるとエのほうが年平均気温が高く，冬の平均気温も高いことから，エが九州に位置する長崎と考えられ，オが仙台となる。

問３　やませは，東北地方の太平洋側で初夏から盛夏にかけて吹《ふ》きつける北東の風で，寒流の親潮(千島海流)の上を吹きわたってくるため冷たく湿《しめ》っており，これが長く続くと日照不足となって気温が上がらず，冷害の原因となる。よって，【地図Ⅰ】の方角は北東から南西に矢印が向かっているウが正しい。

問４　ア　2018年における食料品の製造品出荷額等上位６道県の出荷額の合計は300366億円×(7.4％＋6.8％＋5.8％＋5.8％＋5.5％＋5.4％)で約110234億円，2018年における北海道の製造品出荷額等の合計の２倍は63276億円×２で126552億円なので，誤りとわかる。　イ　2018年における秋田県の食料品の製造品出荷額等は13358億円×8.6％で約1149億円，2018年における神奈川県の食料品の製造品出荷額等は300366億円×5.4％で約16220億円となる。よって，2018年における秋田県の食料品の製造品出荷額等は，2018年における神奈川県の食料品の製造品出荷額等の10分の１以下であることがわかるので，正しい。　ウ　2018年における岩手県・秋田県・山形県の電子部品の製造品出荷額等の合計は，(27272億円×7.0％)＋(13358億円×29.1％)＋(28654億円×16.3％)で約10467億円，2018年における北海道の食料品の製造品出荷額等は300366億円×7.4％で約22227億円となることから，誤りとわかる。　エ　その他をのぞく，【グラフⅠ】中の関東地方に位置する県の食料品の製造品出荷額等の合計は，埼玉県・千葉県・神奈川県の合計なので，300366億円×(6.8％＋5.5％＋5.4％)で約53165億円，【グラフⅡ】中の４道県の製造品出荷額等の合計は63276億円＋27272億円＋13358億円＋28654億円で132560億円となっており，誤りとわかる。　なお，【グラフⅡ】の北海道，岩手県，秋田県，山形県の製造品出荷額等(億円)は，従業者４人以上の事業所を対象とした数値である。

３　各時代の歴史的なことがらについての問題

問１　A　奈良の大仏の造営に協力し，橋やため池をつくるなどした僧は行基で，その功績が認められ，最高僧位の大僧正《だいそうじょう》に任じられた。なお，鑑真《がんじん》は唐(中国)から日本にわたり，唐招提寺《とうしょうだいじ》を建立したことなどで知られる僧である。　B　1086年，白河天皇は位を８歳の皇子(堀河天皇)にゆずって上皇となり，上皇の屋敷(院)で政治(院政)を開始した。なお，聖武天皇は奈良時代に国分寺や国分尼《に》寺を建立させたほか，東大寺に大仏を造立させたことなどで知られる天皇である。　C　アフリカのガーナで黄熱病の調査研究を行ったのは野口英世である。なお，福沢諭吉は明治時代初めに『学問のすゝ《す》め』などを著し，人間の平等や学問の重要性を説いた人物である。

問２　日本が100余りの国に分かれており，なかには中国の皇帝に使いを送る国もあったことが，中国の歴史書である『漢書』地理志に記されており，これは紀元前１世紀ごろの弥生時代にあたる。なお，イ・ウ・エはいずれも古墳時代についての説明である。また，はにわは古墳の上や周囲に置かれた素焼きの焼き物で，死者のたましいをしずめるなどの役割があったとされている。

問３　天武天皇は，天智天皇の死後に起こったあとつぎ争いである壬申《じんしん》の乱に勝利して即位《そくい》したので，【年表Ⅰ】中のエにあてはまる。

問４　国風文化のころに寝殿造のふすまや屏風《びょうぶ》，絵巻物にえがかれた絵は，大和《やまと》絵とよばれる。

問５　壇ノ浦《だんのうら》の戦い(1185年)は平氏と源氏による最後の戦いで，源氏の源頼朝が弟の義経らを派遣して，この地(山口県)で平氏を滅ぼした。よって，エが正しい。

問６　元が日本を従わせようと使いを送ったときの日本は鎌倉時代であり，当時の執権《しっけん》は北条時宗である。北条時宗は，元の要求を拒否《きょひ》し，御家人たちに九州北部の守りを固めさせたので，イが正しい。なお，北条政子は鎌倉幕府を開いた初代将軍源頼朝の妻である。

問７　東大寺南大門にある金剛《こんごう》力士像(阿形《あぎょう》と吽形《うんぎょう》)は，鎌倉時代初めの1203年に運慶《うんけい》・快慶《かいけい》ら慶派一門によって寄木《よせぎ》造という技法でつくられた木材彫刻《ちょうこく》である。なお，アは東山文化(室町時代)，イは桃山文化(安土桃山時代)，エは飛鳥文化(飛鳥時代)についての説明。

問８　織田信長は，1571年に延暦寺を焼き討《う》ちしているので，アが正しい。なお，イ・ウ・エはいずれも豊臣秀吉についての説明である。

問９　江戸幕府が築城や大名どうしの結婚などに制限を設けるために作成した法令を武家諸法度《しょはっと》という。武家諸法度は江戸幕府の第２代将軍徳川秀忠《ひでただ》によって1615年に初めて出され，以降も将軍の代替《が》わりごとに改定が加えられた。第３代将軍徳川家光のときには，参勤交代の制度が追加されたことで，大名は１年おきに江戸と領地に住むことを義務づけられ，大名の妻子は人質として江戸に置くことを命じられた。

問10　松尾芭蕉が日本諸国を旅して俳諧《はいかい》(俳句)をよみ，「奥の細道」を著したのは，化政文化ではなく元禄文化のころなので，イが誤っている。

問11　大隈重信は立憲改進党を，板垣退助は自由党をつくったので，アが誤っている。なお，各地に広まった自由民権運動を受け，政府は1881年に国会開設の詔(国会開設の勅諭《ちょくゆ》)を出しているので，イは正しい。板垣退助らは，1874年に政府に対して民撰《みんせん》議院設立の建白書を提出しているので，ウは正しい。自由民権運動が行われていた当時は，薩摩藩や長州藩の出身者を中心とした藩閥政治が行われていたので，エは正しい。

問12　大正時代に見られた，国民の間に民主主義を求める意識が高まった風潮を，大正デモクラシーという。

問13　【グラフ】からは，第一次世界大戦中の日本では，輸出額が輸入額を上回っていることが読み取れる。これにより，第一次世界大戦を経て，日本の景気は良くなったと考えられるので，ウが正しい。

問14　二・二六事件は，1936年に陸軍の青年将校らが東京の中枢部を占拠し，大臣などを殺傷したできごとなので，エが正しい。なお，アとイは五・一五事件の説明である。ウについて，日本は1933年に国際連盟を脱退《だったい》したが，二・二六事件は国際連盟脱退の反対運動ではないので，誤り。

問15　日本国憲法は1946年11月３日に公布され，翌47年５月３日に施行されたので，【年表Ⅱ】中のアにあてはまる。なお現在，公布日の11月３日は「文化の日」，施行日の５月３日は「憲法記念日」として，国民の祝日になっている。

４ 日本国憲法や国会・内閣，国際機関などについての問題

問１　日本国憲法の三原則は，アの国民主権，エの基本的人権の尊重，ウの平和主義であるが，イは天皇の地位について述べているので，日本国憲法の三原則の内容としてあてはまらない。

問２　日本国憲法を改正するためには，まず国会で改正案を審議し，衆・参各議院の総議員の３分の２以上の賛成によって，国会がこれを発議(国民に提案)する。その後，国民の承認を得るための国民投票において，有効投票の過半数の賛成があれば憲法改正が承認され，天皇が国民の名で公布する。よって，エが正しい。なお，国民審査は最高裁判所の裁判官に対して行われるものである。

問３　現代社会では，情報化の進展や環境問題の深刻化など，日本国憲法の制定時には想定できなかった問題が生じており，日本国憲法に直接保障する規定はないが，知る権利や環境権，プライバシーの権利，自己決定権などが，新しい人権として主張されるようになった。なお，アの請求権は基本的人権を保障するための権利にふくまれ，日本国憲法には裁判を受ける権利(第32条)などとして規定がある。

問４　ア　予算案は，内閣が作成したものを国会で審議する。　　イ　内閣不信任案が可決されたとき，内閣は10日以内に衆議院を解散するか，総辞職しなければならないので，正しい。　　ウ　国務大臣は，過半数が国会議員から選ばれなくてはならない。　　エ　特別会(特別国会)は，衆議院議員総選挙の日から30日以内に召集《しょうしゅう》されるものである。

問５　天皇は，内閣の指名にもとづいて，最高裁判所長官の任命を行うことが，日本国憲法第６条２項に規定されている。なお，アとイは国会，エ(違憲立法審査権)は裁判所の仕事である。

問６　地方自治の単位である都道府県や市区町村は，地方自治体(地方公共団体)とよばれる。

問７　地方自治体(地方公共団体)に関して，有権者の直接請求権が定められている。直接請求権のうち，原則として有権者の３分の１以上の署名が必要なのがアの首長や議員の解職請求や議会の解散請求である。なお，イの監査やウの条例の制定や改廃は，有権者の50分の１以上の署名が必要となっている。また，特別法は１つの地方自治体にのみ適用される法律のことで，住民投票でその過半数の同意がなければ国会はこれを制定することができないと日本国憲法第95条で規定されている。

問８　QUADは，日米豪印(日本・アメリカ合衆国・オーストラリア・インド)戦略対話の通称である。また，安全保障理事会は世界の平和と安全を守る国際連合の中心機関で，常任理事国はアメリカ合衆国・ロシア連邦・中国(中華人民共和国)・イギリス・フランスの５か国である。

問９　1992年に環境保全や持続可能な開発について話し合われた国連会議は，エの地球サミット(国連環境開発会議)で，ブラジルのリオデジャネイロで開催された。なお，アについて，国連人間環境会議はスウェーデンのストックホルムで1972年に開催された。イについて，気候変動枠組条約は1992年の地球サミットで採択されており，国連気候変動枠組条約締約国会議は1995年以降ほぼ毎年開催されている。ウについて，国連持続可能な開発会議はリオ＋20ともよばれ，2012年にブラジルのリオデジャネイロにおいて地球サミットから20周年を迎える機会に開催された。

問10　紛争地域において停戦が合意され，紛争当事国が活動の受け入れに同意したさいに，国連加盟国から派遣された人々が停戦の監視や敵対兵力の引き離しなどを行うのは，PKO(国連平和維持活動)である。なお，イは核兵器不拡散条約，ウは国際通貨基金，エは世界食糧計画の略称。

理 科 ＜第１回一般試験＞（30分）＜満点：50点＞

解 答

1 (1) ウ　(2) ア　(3) ア　(4) イ　(5) イ　(6) エ　(7) ウ　(8) イ　(9) ウ　(10) オ　(11) ア　(12) イ　(13) ウ　(14) ア　(15) ウ　(16) イ　(17) ア　(18) ウ　(19) イ　(20) イ　**2** (1) ウ　(2) 550mA　(3) ウ　(4) イ　(5) 2.5倍　**3** (1) 葉緑体　(2) イ　(3) エ　(4) （例）オオカナダモが光合成を行うには光が必要であることを確かめるため。　(5) イ

解 説

1 小問集合

(1)　オタマジャクシが成長してカエルになるまでには，後ろあしが生える→前あしが生える→しっぽが縮む，という順番に変化し，呼吸方法もえらから肺と皮ふに変化する。

(2)　ヒトの目では，ひとみの大きさを虹彩《こうさい》のはたらきで変化させて，入る光の量を調節している。明るいところから暗いところに移動すると，多くの光を必要とするため，ひとみが大きくなる。

(3)　水をとらえることができる水かきがついているあしは，水面を泳ぐのに適している。そのため，水鳥のあしは，アのように指が膜《まく》でつながっているものが多い。

(4)　200匹《びき》に印をつけて放したのち，再び200匹つかまえたうちの５匹に印がついていたことから，この湖にいると考えられる魚の数は，印をつけた魚の，$\frac{200}{5}=40$(倍)と考えられる。したがって，$200\times40=8000$(匹)と求められる。

(5)　生物の食べる，食べられるという関係を食物連鎖《れんさ》という。図で，生物Ａは植物，生物Ｂは草食動物，生物Ｃは肉食動物，生物Ｄは菌《きん》類や細菌類，土中の小動物などである。したがって，選択肢《せんたくし》の生物を当てはめると，生物Ａはナズナ，生物Ｂはウサギ，生物Ｃはキツネ，生物Ｄはヤスデとなる。

(6)　Ａのこと座のベガ，Ｂのはくちょう座のデネブ，Ｃのわし座のアルタイルを結んだものを夏の大三角とよんでいる。これらの３つの星はどれも１等星で白色に見える。

(7)　あたためられた空気は，まわりの同じ体積の空気より軽いため上昇《じょうしょう》し，その空気があったところにはまわりから空気が流れこむ。陸は海よりもあたたまりやすく，晴れた日の昼は陸のほうが温度が高くなって上昇気流が生じ，海から陸に向かって海風がふく。また，夜は海のほうが温度が高くなって上昇気流が生じ，陸から海に向かって陸風がふく。

(8)　空気中の水蒸気が窓で冷やされると，水滴《すいてき》になって窓につく。水滴は部屋の窓の内側についていたことから，部屋の中の，温度が高く水蒸気を多く含《ふく》んだ空気が，窓(外の温度の低い空気)で冷やされたと考えられる。

(9)　１周は360度なので，金星は１日に，$360\div216=\frac{5}{3}$(度)回転し，地球は１日に，$360\div360=1$(度)回転する。したがって，１日に，$\frac{5}{3}-1=\frac{2}{3}$(度)の差が広がっていく。その差が360度になるときに３つの天体が再び同じ順で一直線上に並ぶことになるので，$360\div\frac{2}{3}=540$(日後)，つまり，$540\div30=18$(か月後)に太陽—金星—地球の順に並ぶことになる。その後，36か月後，54か月後，

72か月後…に一直線上に並ぶが，図と同じ位置（図の下側）で次に並ぶのは，12の倍数である36か月後となる。

(10)　満月と下弦《かげん》の月の間の月なので，オのような月の右側が少し欠けて見える月になる。

(11)　空気はおし縮めることができるが，水はほとんどおし縮めることができない。したがって，空気の量が最も多いアの注射器のピストンが最も大きく動く。

(12)　空気はあたためると体積が増え，冷やすと体積が減る。したがって，湯につけるとせっけん水の膜は上にふくらみ，氷水につけると試験管の中に吸いこまれてへこむ。

(13)　コーヒーシュガーがすべてとけたとき，コーヒーシュガーは水の中に一様に広がっており，どこも同じこさになっている。

(14)　水が氷になるとその体積が大きくなるので，同じ体積で比べると，氷よりも水のほうが重くなる。つまり，水の方が氷より密度が大きくなるので，氷は水にうく。

(15)　pHは酸性，中性，アルカリ性の強さを示す数値で，７は中性を表し，７より小さくなると酸性が強くなり，７より大きくなるとアルカリ性が強くなる。したがって，アルカリ性の石けん水は10，酸性の食酢《しょくす》は３，中性の砂糖水は７となる。

(16)　ばねＡ１本あたりには100ｇの重さがかかるので，ばねＡののびは，$2\times\frac{100}{10}=20$(cm)となり，全体の長さは，６＋20＝26(cm)と求められる。

(17)　右の図のように，まず，鏡に対してＰと対称《たいしょう》な位置にＰ′をとり，Ｐ′と鏡の両端《りょうはし》を結ぶ。このとき，かげの部分に入っているＡとＢが，Ｐから鏡にうつって見える。

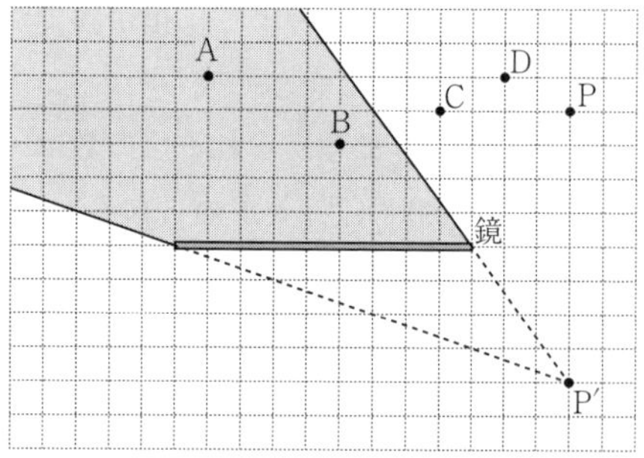

(18)　２枚の鏡で太陽の光を反射させたほうが温度は高くなる。また，光は進むあいだに拡散するので，かべの近くに置くほうが温度は高くなる。

(19)　図のふりこの長さは，くぎの左側では40cmになり，くぎの右側では，40−20＝20(cm)になる。したがって，このふりこが10往復するのにかかる時間は，９÷２＋13÷２＝11(秒)となる。

(20)　動いている物体はそのまま動き続けようとし，止まっている物体は止まり続ける。電車が動き出すとき，つり革は止まり続けようとするため，Ｂのように進行方向と反対の方向にかたむき，減速するときは，つり革は動き続けようとするため，Ｃのように進行方向と同じ方向にかたむく。また，一定の速さで進んでいるときは，Ａのように止まり続ける。

2　ニクロム線のつなぎ方と回路を流れる電流の大きさについての問題

(1)　表１で，電流が０でないとき，電圧を電流で割った値がいつも20になっていることから，(電圧)÷(電流)＝(電気抵抗《ていこう》)という関係が成り立つ。よって，(電圧)＝(電流)×(電気抵抗)となる。

(2)　(1)の関係より，流れた電流の大きさは，11÷20＝0.55(Ａ)となる。１Ａは1000ｍＡなので，流れた電流の大きさは550ｍＡとわかる。

(3)　ある条件について調べるときには，調べる条件以外が同じになっているものどうしを比べる。ＡとＣ，ＢとＤから，ニクロム線の長さが２倍になると流れる電流の大きさは$\frac{1}{2}$倍になることがわかり，ＡとＢ，ＣとＤから，ニクロム線の断面積が２倍になると流れる電流の大きさは２倍になることがわかる。

(4), (5)　同じニクロム線を２本直列につなぐと，長さが２倍のニクロム線を１本つないだのと同じことになる。そこで，ニクロム線を１本つないだときと比べて流れる電流の大きさは$\frac{1}{2}$になる。また，同じニクロム線を２本並列につなぐと，断面積が２倍のニクロム線を１本つないだのと同じことになり，ニクロム線を１本つないだときと比べて流れる電流の大きさは２倍になる。このことから，図５で上側のニクロム線を２本直列につないだ部分には，図４のＥを流れる電流の$\frac{1}{2}$の電流が流れ，下側のニクロム線を２本並列につないだ部分には，図４のＥを流れる電流の２倍の電流が流れる。したがって，図５の回路全体では，図４の，$\frac{1}{2}+2=2.5$(倍)の電流が流れる。

3　植物のはたらきについての問題

(1)　植物は光のエネルギーを利用して，㋐の葉緑体で水と二酸化炭素からでんぷんと酸素をつくり出す。植物のこのようなはたらきを光合成という。

(2)　でんぷんがあるとヨウ素液は青むらさき色に変化する。

(3)　BTB液の色は酸性，中性，アルカリ性の度合で変化する。この実験では，とけている二酸化炭素の量によって変化し，その量が多くなると青色から緑色に変化し，さらに黄色に変化する。試験管Ａでは，オオカナダモの光合成のはたらきによって，液体中にとけている二酸化炭素がとり入れられて減ったため，液体の色が緑色から青色に変化したと考えられる。

(4)　試験管全体をアルミニウムはくでおおうと，オオカナダモに光が当たらなくなる。試験管Ｂと他の３つの試験管の結果から，オオカナダモが光合成を行うためには光が必要なことが確かめられる。

(5)　試験管Ａのオオカナダモは光合成によってでんぷんができているが，試験管Ｂのオオカナダモは光が当たらなかったため光合成ができず，でんぷんができていない。したがって，ヨウ素液をたらしたとき，試験管Ａの葉は青むらさき色に変化するが，試験管Ｂの葉の色は変化しない。

国 語 ＜第１回一般試験＞（50分）＜満点：100点＞

解 答

一　**問１**　①　ア　②　エ　**問２**　エ　**問３**　**Ａ**　ウ　**Ｂ**　オ　**Ｃ**　イ　**問４**　自分が支配する時間という大いなる自由　**問５**　(例)　自分たちの世代だけが利得にありつければよく，それと引きかえに残される災厄を全て子孫に押し付けようとする傾向。　**問６**　イ

二　**問１**　**Ａ**　エ　**Ｂ**　イ　**Ｃ**　オ　**Ｄ**　カ　**Ｅ**　ア　**問２**　(例)　葉月が見つからず，陸上部がどうなるのかと絶望的な気分になり，人をまとめる力のない自分がキャプテンに選ばれた理由がわからなくなって混乱している(状態。)　**問３**　イ　**問４**　(例)　一年生にリレーメンバーを譲っていいのか，まだ自分で答えが出せなかったから。　**問５**　(例)　みんなの話を聞いてあげられるし，本当は自分の言葉で自分の考えを話したうえで，言ったことを必死に実行する力があるはずだと考えたから。　**問６**　ウ　**三**　(漢字，記号の順で)　①　粉，カ　②　図，ア　③　舌，ウ　④　板，オ　⑤　竹，エ　**四**　①　損害　②　親密　③　快楽　④　吸収　⑤　寒冷　**五**　下記を参照のこと。

●漢字の書き取り

五 ① 演奏　② 磁石　③ 検討　④ 垂(らして)　⑤ 暮(らす)

解　説

一 **出典は池内了《いけうちさとる》の『科学と社会へ望むこと』による。**人間と時間との関係を，その歴史を振《ふ》り返りながら考察し，現在の人間と時間の関係が抱《かか》えている問題点について指摘《してき》している。

問１　①「千変万化《せんぺんばんか》」は，次々と変化すること。なお,「変幻自在《へんげんじざい》」は，自由に姿・形を変えて現れたり消えたりすること。「臨機応変」は，そのときどきの状況《じょうきょう》に合わせて，適切に対応すること。「天変地異」は，自然災害や変わったできごと。　②「普遍《ふへん》」は，広く行きわたっていること。すべてのものにあてはまること。なお,「散在」は，あちこちに散らばって存在していること。「典型」は，基準となるもの。「象徴《しょうちょう》」は，抽象《ちゅうしょう》的なものごとを，より具体的なものや形によって表現すること。

問２　直前で,「新たな恐怖《きょうふ》の時代」とは,「世界全体が単一の『時』に支配され，そのまま先導されていく」時代のことだと述べられている。本文の後ろから二つ目の段落に,「近代になって集団を律する時間が国家によって定められ～世界中が共通した時間網《じかんもう》で覆《おお》われること」になったとあるので，エが選べる。

問３　**A**「誰《だれ》にも共通する時間を定めるために，規則的に変化する客観的な運動」が探され，最初に「太陽の運動」と「月の変化」が選ばれたが,「太陽や月の運動・変化からは大ざっぱな時間しか測れない」というつながりである。よって，前のことがらを受けて，それに反する内容を述べるときに用いる「しかし」があてはまる。　**B**「より短い時間を正確に測れる時計」の例として，中大兄皇子が使った水時計があげられているので，具体的な例をあげるときに用いる「例えば」が合う。　**C**「近代になって集団を律する時間が国家によって定められ」，それに加えて「交通や貿易の発達によって地球は一体化し，世界中が共通した時間網で覆われることになった」のだから,「さらに」がふさわしい。

問４　続く部分にあるとおり,「懐中《かいちゅう》時計の出現は，教会が鐘《かね》で知らせ，人々に共有される時間から，個人がそれぞれ時計を所有して，自分の都合で時間をコントロールするようになったことを意味する」のである。その結果,「個人を制約する公共時間から解放されて，人々は自分が支配する時間という大いなる自由を得た気分になった」のだから，ここがぬき出せる。

問５　前の部分に注目する。現在,「私たちはより速くあることに最大の価値」を置くようになり,「『今だけ』自分(たち)だけが利得にありつけばよい」と考え，その代償《だいしょう》となる災厄《さいやく》を子孫たちに押《お》しつけようとしている。その傾向《けいこう》が「我《わ》が亡《な》き後に洪水《こうずい》よ　来たれ」という言葉で表現されている。

問６　本文の後半にあるとおり，筆者は，現代社会において，時間の公有化が進みすぎたために起きた問題点について指摘し，さらに自分たちの世代だけが利得にありつけばよいと考えている現代人の習性について,「あまりに私たちの子孫に対して無責任」だと述べている。そのうえで，子孫たちが生きる未来のことを考えようとする「『通時的発想』を回復する必要がある」と主張しているのだから，イが合う。なお，現代は「時間の公有化」が進みすぎているので,「時間の公有化をさらに進める必要がある」としたアは合わない。また，本文では世界中の人間と時間との関係について述べられており，特に日本人だけを取り上げているわけではないので，ウとエもふさわしくない。

二 **出典は村上《むらかみ》しいこの『ダッシュ！』による。**葉月《はづき》と沙凪《さなぎ》を捜《さが》していた「わたし」（真歩《まほ》）が，二人を見つけられずに無力感を抱《いだ》いていたとき，前キャプテンの西野《にしの》センパイと出会い，キャプテンとしてのふるまいについて話を聞く。

問１ 立花先生から葉月と沙凪を捜すよう指示された「わたし」が，葉月に電話をかけていることをおさえる。　**Ａ** 部活を無断欠席している葉月への第一声だから，「わたし」は「何してんの。練習来てよ」と言ったものと考えられる。　**Ｂ** 「練習来てよ」と言われた葉月は，端的《たんてき》に「無理！」と返答したはずである。　**Ｃ** 部活への出席を強く拒絶《きょぜつ》され，「わたし」は困ったものと推測できる。よって，「いまさらそんなこと言わないでよ。決まったことなんだから」が入る。　**Ｄ** いまになって決まったことを受け入れないなんて言わないでほしいと話す「わたし」に，葉月はどうしても納得《なっとく》できない理由をぶつけたはずである。よって，「みらいが勝手に決めて，結果だけ押《お》し付けて，走れるわけないじゃん。馬じゃないんだよ」があてはまる。　**Ｅ** 直後で，葉月が「美羽留《みはる》に罪はないけど……でも納得できないの」と言っていることから，「わたし」は，「美羽留」の話を葉月にしたものと想像できる。よって，「さっき美羽留泣いてたよ」があてはまる。

問２ 前の部分に注目する。葉月が見つからず，このままでは陸上部はどうなってしまうのだろうかと思うと，「わたし」は，「絶望的な気分」におそわれ，「人をまとめる力」がない自分が，なぜキャプテンを務めているのかもわからなくなり，ものごとをまともに考えられない状態におちいったのである。

問３ 直前にあるとおり，「わたし」は，美羽留のせいで，リレーのメンバーがバラバラになってしまったと話している。しかし，西野センパイは，バラバラになったのは，美羽留のせいではなく，「わたし」のせいだと言った。後の部分で，「わたし」が自分の気持ちに向き合うようになっていることから，西野センパイは，あえて厳しい言い方をすることで，「わたし」が問題を直視し，自分の責任を自覚して，解決方法を見出《みいだ》すように仕向けているのである。よって，イが選べる。

問４ 西野センパイに，自分はリレーについてどうしたいと思っているのかと聞かれて，「わたし」は，黙《だま》っている。直後にあるとおり，「わたし」は，このときになっても，自分がリレーのメンバーについてどうしたいのか，迷っていたからである。

問５ ぼう線③の前の部分に注目する。西野センパイが「わたし」をキャプテンに選んだのは，「わたし」なら，「みんなの話を聞いてあげられる」からだと話している。また，ぼう線④の直前にあるとおり，「自分の言葉で話して，言ったことを必死になってやれば，みんなついてくる」し，真歩ならできるだろうと思っていることがわかるので，この部分をまとめる。

問６ 部内でのもめごとに直面した「わたし」は，自信を失い，自分がなぜキャプテンに指名されたのかもわからなくなっていたが，西野センパイと話し合ううちに，自分がどうするべきなのかがわかり，前向きな気持ちになったのである。よって，ウがふさわしい。なお，「わたし」ははじめ，陸上部を引っぱっていこうと決意していたわけではないので，「改めて決意する」とあるアは誤り。また，葉月や沙凪に対して腹立たしく思ってはいないため，イも正しくない。「周囲の光景の移り変わり」はとくに描《えが》かれておらず，葉月と沙凪は，一年生の美羽瑠がリレーメンバーに選ばれたことに反発しているのであって，「わたし」に反発しているわけではないので，エもふさわしくない。

三 慣用句の完成

①「身を粉にする」は，“苦労を惜《お》しまず，一心に働く”という意味。　②「図に乗る」は，ものごとが思いどおりに運んだために，調子に乗って，つけあがること。　③「舌《した》を巻く」は，ひじょうに驚《おどろ》くこと。感心すること。　④「板につく」は，経験を積んで，地位や職業にふさわしい態度などが身につくこと。　⑤「竹を割ったよう」は，裏表のない，さっぱりした性格であるさま。

四 対義語の知識

①「利益」は，もうけや得のこと。対義語は，損をすること，利益を失うことを意味する「損害」。②「疎遠《そえん》」は，関係が薄《うす》く，遠ざかっているさま。対義語は，非常に親しく，関係が密接であるさまを表す「親密」。　③「苦痛」は，苦しみや痛みのこと。対義語は，気持ちよく，楽しいことを意味する「快楽」。　④「発散」は，内部にたまったものが，散らばって，外部に出ること。対義語は，外部にあるものを内部に吸いこみ，取り入れることを意味する「吸収」。　⑤「温暖」は，気候が暖かいさま。対義語は，気候が寒いさまを意味する「寒冷」。

五 漢字の書き取り

①　音楽を奏《かな》でること。　②　鉄を引きつける力を持つ物質。　③　ものごとをよく調べて，それで良いのか悪いのかを考えること。　④　音読みは「スイ」で，「垂直」などの熟語がある。⑤　音読みは「ボ」で，「暮色」などの熟語がある。

2023年度 常総学院中学校

【適性検査Ⅰ】 〈適性検査型試験〉（45分）〈満点：100点〉

〔注　意〕**1** **2** の問題について，答えが分数になるときは，それ以上約分できない形で表しなさい。

1 ひろしさんは、かけ算のしかたについて、お父さんと話しています。

ひろし：２けた以上のかけ算のしかたについて考えているのだけれど、筆算を使わない計算のしかたはあるのかな。

お父さん：それなら、お父さんが子どものころに、おもしろい方法を教えてもらったことがあるよ。

ひろし：どんな方法なの。教えて！

お父さん：いいよ。例として、15 × 15 の場合で説明するね。１辺の長さが 15cm の正方形の面積の求め方を利用した方法をまとめたよ（**図１**）。

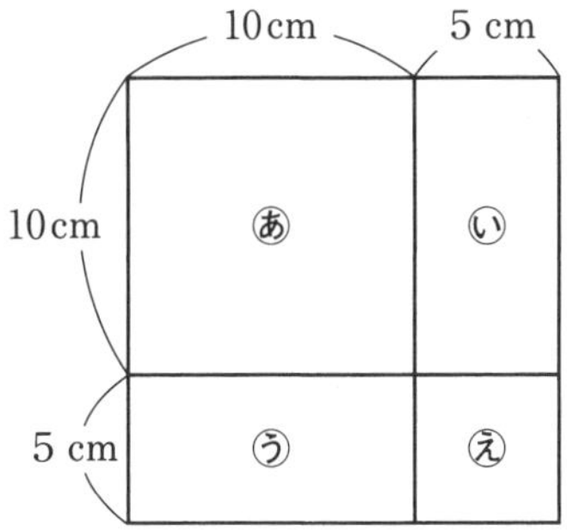

①　１辺の長さが 15cm の正方形を(あ)、(い)、(う)、(え)のように、４つの長方形と正方形に分ける。

②　(あ)～(え)の四角形それぞれの面積を求める。

③　②で求めた面積の合計を求める。

［式］　$10 \times 10 + 10 \times 5 + 5 \times 10 + 5 \times 5$
$= 10 \times 10 + 10 \times 5 \times 2 + 5 \times 5$
$= 100 + 100 + 25$
$= 225$ （cm^2）

図１　正方形の面積の求め方を利用した 15 × 15 の計算の方法

ひろし：この方法を使えば、筆算を使わなくても計算ができそう。

お父さん：それでは、35 × 35 の答えを正方形の面積の求め方を利用して考えてみよう。

ひろし：**図1**の方法と同じように、4つの長方形と正方形の面積の合計を求めればよいから、
35 × 35 = [ア] × [ア] + [ア] × [イ] × 2 + 25 = [ウ] （cm^2）
かな。

お父さん：正解だよ。よくできたね！

問題１　会話文中の [ア] ～ [ウ] にあてはまる数を書きなさい。

お父さん：次に、**図１**で利用した正方形をちがう形にかきかえてみると、**図２**のように、１つの長方形と１つの正方形ができるよ。

ひろし：この長方形と正方形の面積の合計を求めればいいんだね。**図１**のように考えたときよりも計算がもっと簡単《かんたん》になったよ。

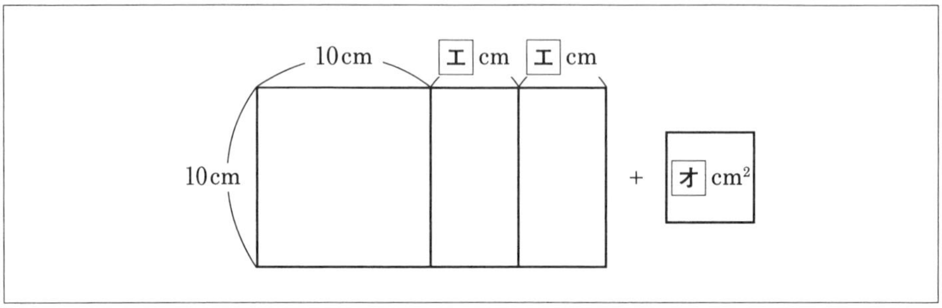

図２　図１で利用した正方形をちがう形にかきかえた図

問題２　図２の［エ］、［オ］にあてはまる数を書きなさい。また、［カ］×［カ］の計算結果を求める式を**図２**のように考えたとき、80 × 90 ＋ 25 ＝ 7225 となりました。このとき、［カ］にあてはまる数を書きなさい。

ひろし：かけ算がおもしろくなってきたよ。もっと教えて！

お父さん：かけ算を、長方形や正方形の面積の求め方を利用して考える方法は、同じ数どうしのかけ算でなくても使うことができそうだね。

ひろし：たとえば、593 × 997 というかけ算も簡単に計算することができるのかな。

お父さん：**図３**のような長方形をかくと、考えられるよ。これを利用して考えてごらん。

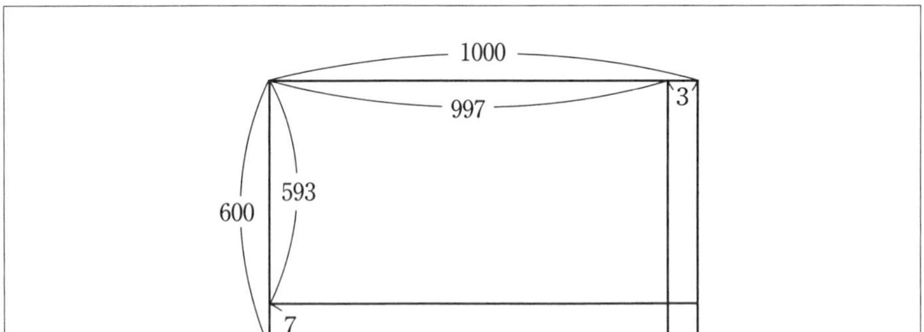

図３　593 × 997 の計算方法を長方形を利用して表した図

問題３　1000、600、３、７の数字のみを使って、593 × 997 の計算結果を求める式をつくりなさい。また、計算結果を書きなさい。ただし、かっこは使わない式で表すものとします。

2 ひろしさんとけいこさんは、**農業体験のしおり（資料）**を見ながら話をしています。

資料　農業体験のしおり

＜農業体験をする畑について＞

下の図のように、畑は長方形の形をしていて、Ａ～Ｇの７つの区画に分かれており、それぞれの区画でいろいろな野菜が育てられています。事前に班《はん》ごとに話し合って、どの区画で農業体験をするかを決めておきましょう。

[農業体験をする畑]

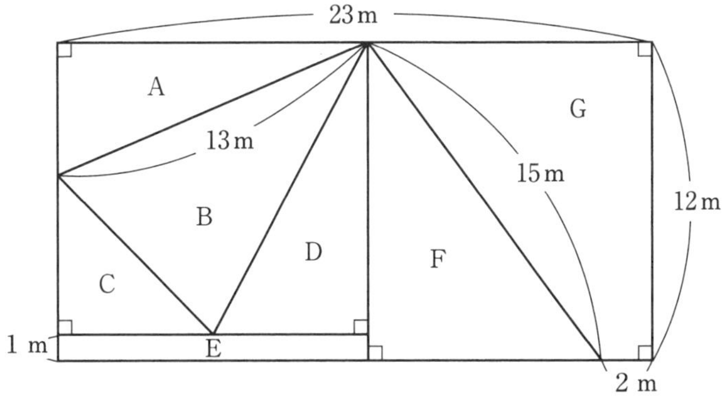

＜それぞれの区画で育てられている野菜を［ヒント］をもとに考えてみよう！＞

[ヒント]
・きゅうりの区画は四角形の形をしていて、面積は $12m^2$ である。
・Ａの区画のまわりの長さは 30m である。
・Ｃの区画は二等辺三角形の形をしていて、トマトの区画である。
・じゃがいもの区画の面積は、トマトの区画の面積の３倍である。

＜スケジュール＞

10：00　農業をしている方のお話を聞く
11：30　お昼ごはん
12：30　各担当《たんとう》場所でそれぞれの農業体験
15：00　各担当場所で水をまく

ひろし：農業体験に行くのが楽しみだな。けいこさんは育ててみたい野菜はある？

けいこ：じゃがいもを育ててみたいと思っているの。じゃがいもの区画はどれくらいの大きさかな。

ひろし：**[ヒント]** から考えると、じゃがいもの区画は［　ア　］で、その面積は［　イ　］m^2 になるね。

問題１　会話文中の［　ア　］にあてはまる区画の記号を**資料**のＡ～Ｇの中から１つ選びなさい。また、［　イ　］にあてはまる数を書きなさい。

ひろし：もし、**[農業体験をする畑]** のそれぞれの区画で育てる野菜を自分で決められたら、おもしろそうだよね。

けいこ：たしかにおもしろそう！　考えてみようよ。

ひろし：Ａ～Ｄの区画では、トマト、きゅうり、ピーマンの３種類の野菜を育てたいな。となり合った区画では、同じ種類の野菜を育てないようにし、何も育てない区画はないようにしたいな。

けいこ：Ａ～Ｄのどの区画でどの野菜を育てるかの組み合わせは、全部で［　ウ　］通りあるね。

問題２　会話文中の［　ウ　］にあてはまる数を書きなさい。ただし、Ｅ～Ｇの区画では、トマト、きゅうり、ピーマン以外の野菜を育てるものとします。

ひろし：最後に、**[農業体験をする畑]** に水をまくんだね。畑全体に１m^2 あたり 1.5kg の水をまくそうだよ。

けいこ：畑は広いから、かなり時間がかかりそうね。１人で水をまくと、６kg の水をまくのに３分かかるって、聞いたことがあるよ。畑全体に水を１人でまくとすると、どれくらいの時間がかかるのかしら。

問題３　**[農業体験をする畑]** の全体に１人で水をまくのにかかる時間は何時間何分かを求めなさい。また、どのように求めたのかを言葉や数、式、図、表などを使って説明しなさい。

3 ひろしさんとけいこさんは、泥《どろ》と砂《すな》を使って、水のしみこみやすさを比べるため、次の〔実験１〕を行いました。

〔実験１〕

図１のように、同じペットボトルを２つ用意し、それぞれのペットボトルを切って、口をガーゼでおおって輪ゴムでしばり、上の部分を逆さにして下の部分に立て、それぞれ装置《そうち》A、Bとした。泥と砂を装置A、Bにそれぞれ入れてから、[あ]量の水を同時に入れ、[い]をそれぞれストップウォッチで測定した。

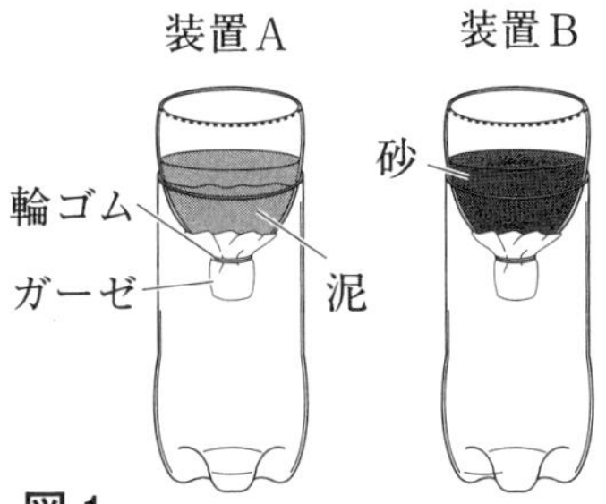

図１

ひろし：〔実験１〕から、砂の方が水がしみこみやすいことがわかったね。

次に、泥と砂の水のかわきやすさを比べるため、〔実験２〕を行いました。

〔実験２〕

〔実験１〕のあと、装置内から同じ[う]の泥と砂を**図２**のようにペトリ皿にとり出し、同じ厚さに広げた。その後、日当たりと風通しが同じ場所にしばらく置いた。

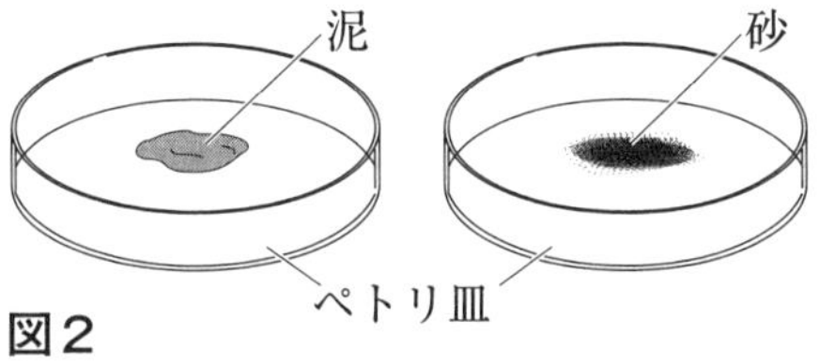

図２

けいこ：〔実験２〕では、砂の方が泥よりも先にかわいたね。

ひろし：つまり、土は粒《つぶ》の大きさによって水のしみこみやすさとかわきやすさがちがうということだね。植物を育てている植木鉢《うえきばち》の土には、どのような土を使っているのだろう。

けいこ：植物が生育しやすいように、調節してあると思うよ。植物の生育には水が必要だから、水が[え]土、つまり水もちのよい土が必要だよね。

ひろし：でも、根が空気にふれることも必要だから、水が植木鉢に何日もたまらないように、水が[お]しみこむ土、つまり水はけのよい土も必要だよ。

問題１　〔実験１〕、〔実験２〕の[あ]～[う]について、次の各問いに答えなさい。

① [あ]にあてはまる内容を次の**ア**～**ウ**の中から一つ選びなさい。

ア　装置Aに装置Bより多い　　**イ**　装置Bに装置Aより多い　　**ウ**　同じ

② [い]にあてはまる内容を、「時間」という言葉を使って書きなさい。

③ [う]にあてはまる内容を次の**ア**～**ウ**の中から一つ選びなさい。

ア　重さ　　**イ**　体積　　**ウ**　面積

問題２　会話文中の[え]と[お]にあてはまる内容を書きなさい。

問題３　会話文から、植物を植木鉢で育てるときに、どのような土を使うとよいと考えられますか。土の粒の大きさにふれながら、理由とともに説明しなさい。

4 ひろしさんは、ペットボトルを飛ばすしくみについて先生と話をしています。

先　生：まず、ペットボトルに、ペットボトルの容積の約３分の１の水を入れ、**図**のような装置を組み立てます。空気入れで、ペットボトルに空気を入れていきましょう。

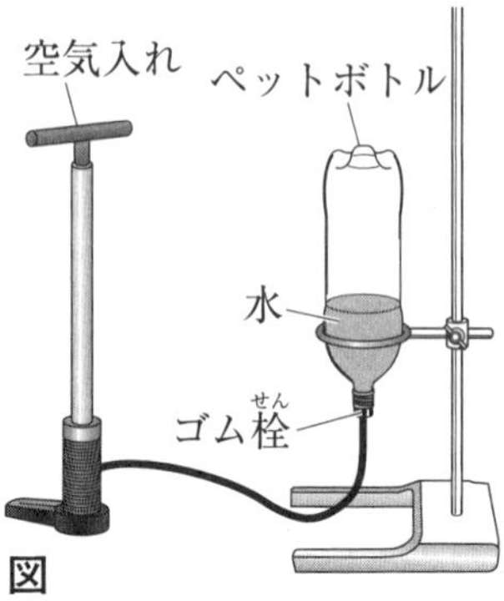

図

ひろし：ペットボトルが上向きに飛びました！　空気入れで入れた空気によって、ペットボトル内の空気がおしちぢめられ、それがもとにもどろうとする力で、ペットボトルが飛んだのですね。ところで先生、どうして水を入れたのですか。

先　生：ペットボトルが飛んでいるときのようすをよく観察してみましょう。

ひろし：水がペットボトルからすべて出て、すぐにペットボトルの上向きの動きが止まりました。

先　生：実は、水がすべて出たあとに、空気もペットボトルから出ているのですが、空気は水よりペットボトルの口から出る速さが速いため、すぐに空気入れで加えた分の空気が出きってしまうのです。

ひろし：そうなのですね。ペットボトルが上向きに動く力がはたらく時間は、ペットボトルの口から水または空気が出ている時間なので、よりペットボトルを高く飛ばすために水を入れるのですね。それでは、ペットボトルに入れる水の量を増やすほど、ペットボトルは高く飛ぶのですか。

先　生：いいえ。水を多く入れすぎると、ペットボトルはあまり飛ばなくなります。理由の一つが、水を多く入れすぎると、ペットボトル全体の重さが重くなるからです。他の理由として、空気の性質に注目すると、どのような理由が考えられるでしょうか。

問題１　下線部のように、ペットボトルに空気を入れていったときについて、次の各問いに答えなさい。

①　空気入れの手ごたえは空気を入れるにつれてどのようになりましたか。次の**ア**～**ウ**の中から一つ選びなさい。

ア　しだいに大きくなった。　**イ**　しだいに小さくなった。　**ウ**　変わらなかった。

②　ペットボトル内の水面の高さは空気を入れるにつれてどのようになりましたか。次の**ア**～**ウ**の中から一つ選びなさい。

ア　高くなった。　**イ**　低くなった。　**ウ**　変わらなかった。

問題２　ペットボトルに水を入れると高く飛ぶのはなぜですか。水と空気がペットボトルの口から出る速さに注目して説明しなさい。

問題３　ペットボトルに入れる水の量が多すぎるとあまり飛ばなくなるのはなぜですか。空気の性質に注目して説明しなさい。

【適性検査Ⅱ】　〈適性検査型試験〉　（45分）　〈満点：100点〉

1　たつやさんの学校では、日本の各都道府県について調べています。今日は茨城県について調べたたつやさんと、鹿児島県について調べたひかりさんとで話し合いをしています。

たつや：ぼくは自分が住んでいる茨城県について調べたよ。ひかりさんはどうしたの。
ひかり：私《わたし》はおばあちゃんが住んでいる鹿児島県にしたわ。何度か行ったことがあるけれど、とてもいいところなの。
たつや：そうなんだね。それじゃあ、まずは基本的な情報を見比べてみようか。
ひかり：そうだね。二つの県について**資料１**から**資料５**を見て考えてみよう。**a**<u>茨城県と鹿児島県の統計を見てわかること</u>は、どのようなことかな。
たつや：［　　　A　　　］ということがわかるね。茨城県と鹿児島県は遠くはなれているけれど、共通点もあるかもしれないね。
ひかり：そうだね。それぞれが調べてきたことを見せ合ってみようか。

問題１　下線部**a**（<u>茨城県と鹿児島県の統計を見てわかること</u>）について、たつやさんは、**資料１**～**資料５**を使って考えました。［　A　］に入るたつやさんの説明の内容として、適切なものを次の**ア**～**オ**の中から**すべて**選びなさい。

ア　人口は茨城県が多く面積は鹿児島県が大きいので、人口密度《みつど》が高いのは茨城県である
イ　茨城県の人口と企業《きぎょう》数は、いずれも鹿児島県を上回り、２倍以上となっている
ウ　県庁《けんちょう》所在地の年平均気温は茨城県が高いが、年間降水量《こうすいりょう》は鹿児島県が多い
エ　県庁所在地の降水量が最も多い月は、茨城県も鹿児島県も同じ月である
オ　かんしょの収穫《しゅうかく》量割合《わりあい》は茨城県と鹿児島県で全体の５割以上をしめており、その生産量は35万ｔをこえている

資料１　茨城県と鹿児島県の人口の比較（2020年）

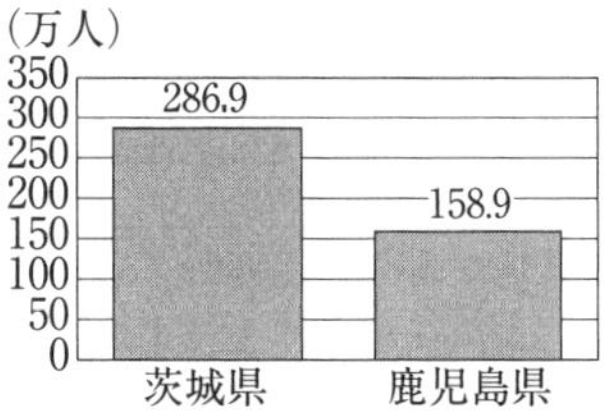

資料２　茨城県と鹿児島県の面積の比較（2020年）

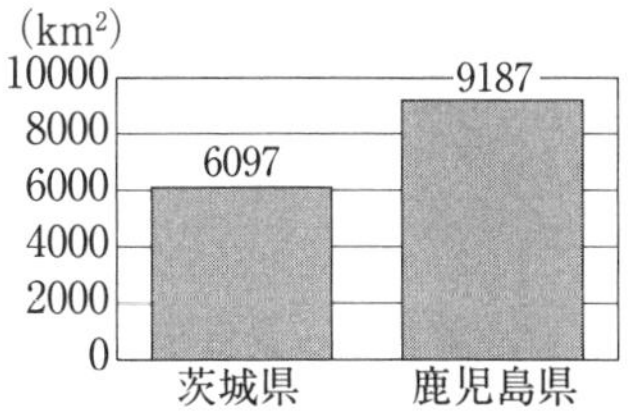

資料３　茨城県と鹿児島県の企業数の比較（2016年）

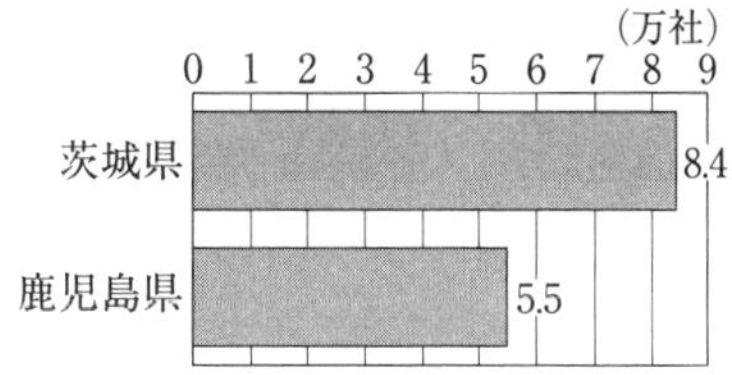

（**資料１～３**は「データでみる県勢 2022」より作成）

資料４　県庁所在地の気温と降水量

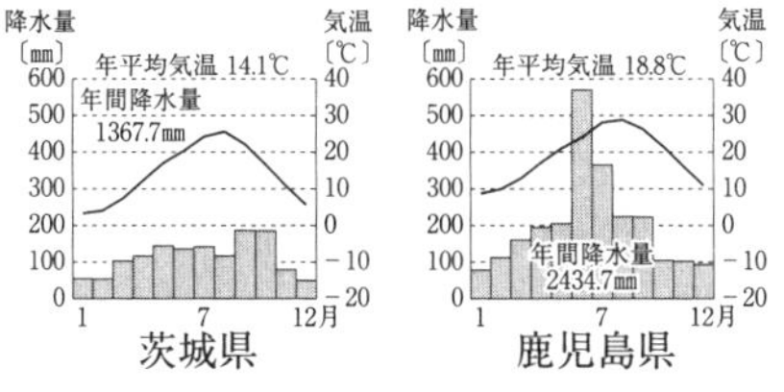

（「理科年表 2022」より作成）

資料５　かんしょ（さつまいも）の都道府県別収穫量割合（2020年）

（「日本国勢図会 2022/23」より作成）

たつや：じゃあ、茨城県について調べたことを発表するね。茨城県は農業がさかんだから、茨城県の農業を中心に調べたよ。

問題２　たつやさんは、茨城県の農業について説明するために、３つの資料をもとに**メモ**をつくりました。**たつやさんのメモ**の［　Ｂ　］に入ることばとして、最も適切なものを次の**ア**～**エ**の中から一つ選びなさい。

ア　規模《きぼ》の大きな農業　　　**イ**　売り上げや利益が増える農業

ウ　グローバルな農業　　　**エ**　次世代に受けつぐ農業

たつやさんのメモ

茨城県は農業がさかんで、全国有数の農業産出額をほこっています。農業で全国をリードする茨城県ですが、近年新しい取り組みが行われています。それは生産や販売《はんばい》に関して新しい取り組みを行う農家などを県や市町村が支援《しえん》する事業で、「ステップアップ事業」とよばれています。**資料６**～**資料８**のようなテーマで取り組みを行うことで、農家の人たちそれぞれが［　Ｂ　］を実現することを目指しています。

資料６　干しいもの販売

新たなデザインのシールを制作して、販売量が約1.5倍になった。消費者からは「わかりやすい」「素朴《そぼく》でかわいい」といった評価を受けている。

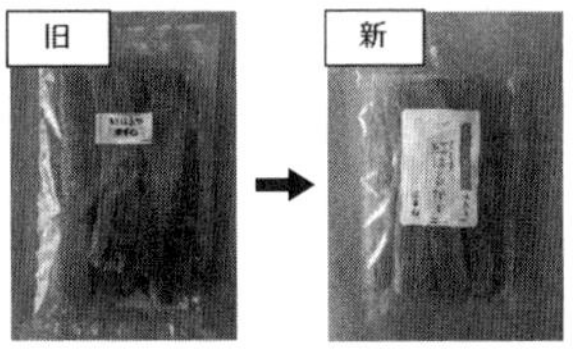

資料７　薬剤《やくざい》散布の機械導入

広い範囲《はんい》を効率的に薬剤散布できる機械を導入したことで、今まで３人で行っていた作業を１人でできるようになり、また作業時間も削減《さくげん》された。

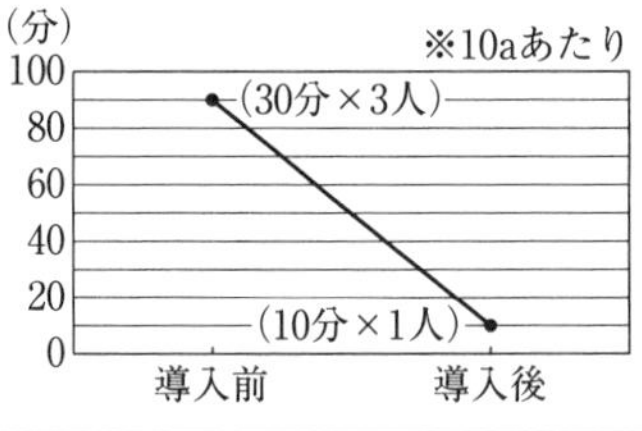

資料８　※圃場《ほじょう》管理ソフトの導入

圃場管理ソフトを導入し、すべての圃場で効率的な経営を目指したところ、３年間で栽培《さいばい》面積が２倍以上になり、従事者《じゅうじしゃ》人数も大きく増加した。

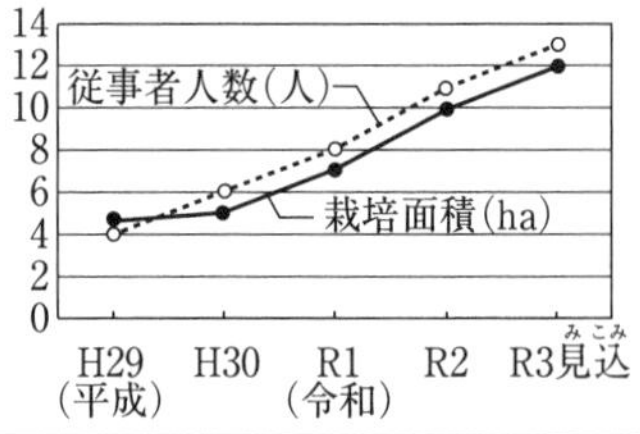

※圃場　農産物を育てる場所のこと。

（**資料６**～**資料８**は茨城県ホームページ資料より作成）

問題３　たつやさんが**メモ**をつくったときに使った資料は、**資料６**～**資料８**の他にもう一つあります。**資料６**～**資料８**と関連が深く、たつやさんが**メモ**をつくるときに参考にした資料として、最も適切なものを次の**ア**～**エ**の中から一つ選びなさい。

ア　他の県でさかんに栽培されている農産物の写真とその説明文

イ　魚の養殖《ようしょく》のために開発された機械の説明と導入した結果に関する説明文

ウ　伝統的な農産物を示した写真とその栽培方法の説明文

エ　果物を使ったジャムなど、新しい製品を示した写真とその説明文ひかり：茨城県と同じように、鹿児島県でも農業がさかんに行われているよ。

ひかりさんのメモ

鹿児島県は九州の最南端《さいなんたん》に位置する県なので、大消費地には近くありませんが、広大な耕地や温暖《おんだん》な気候を生かして多くの農産物を生産しています。また、鹿児島県では新たな取り組みとして、「スマート農業」の導入を検討《けんとう》しています。

資料９　鹿児島県の農業産出額
割合（2019年）

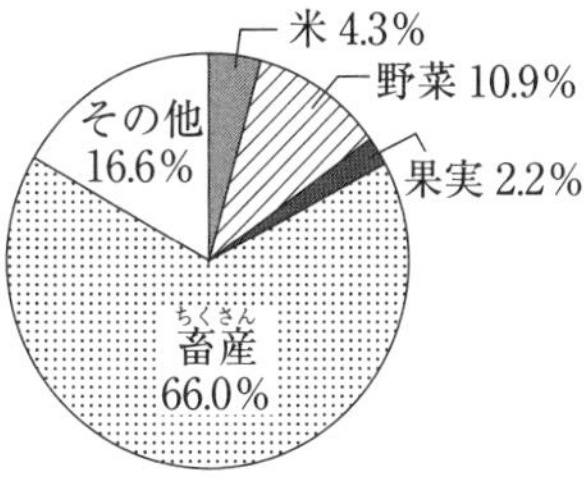

（「データでみる県勢 2022」より作成）

資料10　鹿児島県の農産物の海外への輸出

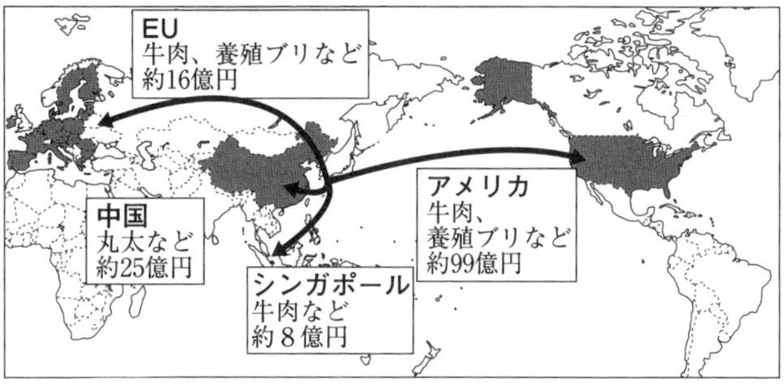

（九州農政局鹿児島県拠点《きょてん》資料より作成）

資料11　鹿児島県で生産が
さかんな農畜産物
（2020年）

農畜産物	全国順位
肉用牛	２位
かんしょ	１位
茶	２位

（「データでみる県勢 2022」より作成）

資料12　鹿児島県のスマート農業について

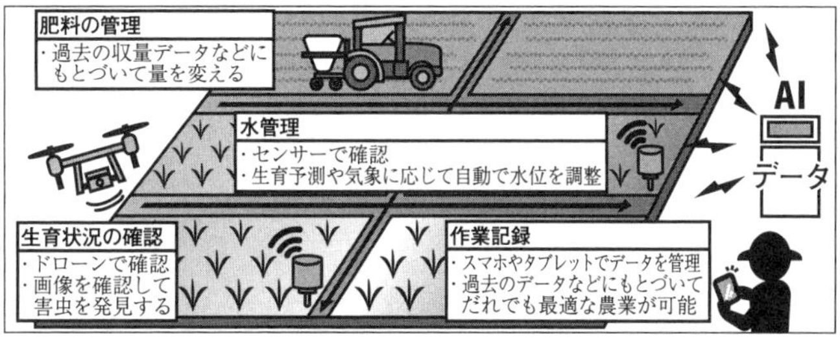

（鹿児島県ホームページ資料より作成）

問題４　たつやさんは、ひかりさんの発表を聞いて、さらに詳《くわ》しく知りたいことを三つ質問しました。**ひかりさんのメモ**と**資料９～資料12**をもとにした質問として、**適切でない**ものを次の**ア～エ**の中から一つ選びなさい。

ア　なぜ、鹿児島県では米の栽培ではなく、畜産がさかんなのか。

イ　海外への輸出に対して、海外からはどのような農産物が輸入されているのか。

ウ　ドローンで肥料や水を管理することによって、何か問題はおこらないのか。

エ　鹿児島県の農畜産物で、肉用牛や茶などの他に全国順位が高いものはあるのか。

問題５　ひかりさんは、スマート農業の一環《いっかん》として「農業機械のアシスト装置《そうち》」についても発表しました（**資料13・資料14**）。「農業機械のアシスト装置」を実施《じっし》することで、何が実現されると考えられますか、簡単に書きなさい。

資料13　アシスト装置の特徴《とくちょう》と効果

特徴	自動操縦《そうじゅう》機能つき田植え機
効果	ハンドル操作なしでまっすぐ走る。

資料14　アシスト装置を使用した人の話

私は田植えの初心者ですが、通常の田植え機と異《こと》なり、少し教えてもらっただけでまっすぐに田植えができました。

2 たつやさんは自分が住んでいる土浦市《つちうら》について、お父さんと話しています。

たつや：このあいだ学校で、茨城県を地域ごとに細かく区分できるということを知ったよ。茨城県は県央、県北、鹿行《ろっこう》、県南、県西地域にわかれるんだって。

お父さん：なるほど。じゃあ、土浦市はどこに区分されるかわかる？

たつや：土浦市は県南地域だよね。でも、自分の住んでいるところなのに土浦市について意外と知らないことが多いかもしれないと思ったよ。

お父さん：では、地図を見ながら確認《かくにん》してみようか。

問題１　たつやさんとお父さんは、**資料１**を見て、土浦市の位置を確認しています。土浦市周辺の都市のうち、次の**条件**にあてはまるものを**資料１**中から一つ選び、その都市名を書きなさい。

条件

つくばエクスプレスの駅があり、土浦市とは市境を接していない。

資料１　土浦市周辺の地図

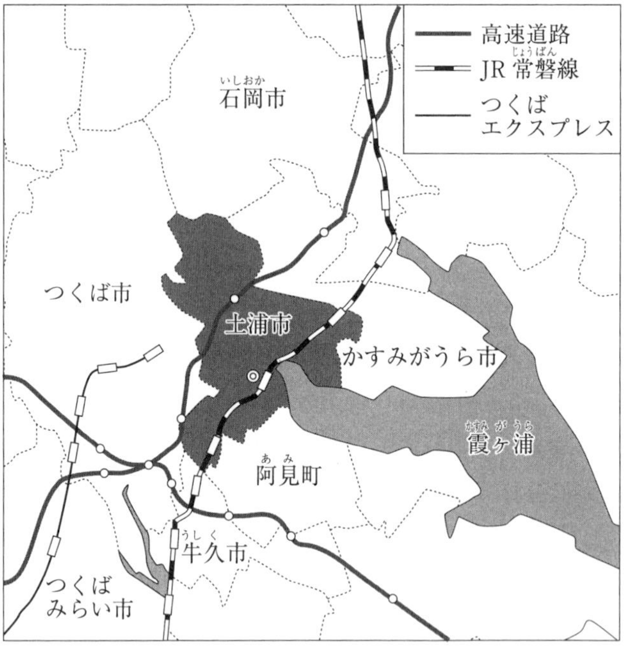

問題２　たつやさんは、**資料１**から読み取れる情報をまとめました。まとめた内容として、最も適切なものを次の**ア**～**エ**の中から一つ選びなさい。

ア　土浦市では線路が南西から北東に通っており、市内に駅は三つある。

イ　土浦市には線路の他に、高速道路が二本通っている。

ウ　土浦市の西側は、霞ヶ浦に面している。

エ　土浦市役所は、市の北側に位置している。

問題3　たつやさんとお父さんは、土浦市についてさらに詳しく調べるため、インターネットを利用して**資料2**～**資料5**を見つけ、わかったことを**メモ1**にまとめました。**メモ1**の［　A　］～［　C　］にあてはまる内容の組み合わせとして、最も適切なものを次の**ア**～**カ**の中から一つ選びなさい。

ア　A　つくば市から土浦市　B　商業や工業　C　牛久市の２倍以上
イ　A　つくば市から土浦市　B　農業や林業　C　つくば市の２分の１以下
ウ　A　つくば市から土浦市　B　農業や林業　C　牛久市の２倍以上
エ　A　土浦市からつくば市　B　商業や工業　C　つくば市の２分の１以下
オ　A　土浦市からつくば市　B　商業や工業　C　牛久市の２倍以上
カ　A　土浦市からつくば市　B　農業や林業　C　牛久市の２倍以上

資料2　土浦市内への通勤《つうきん》・通学者数（2015年）

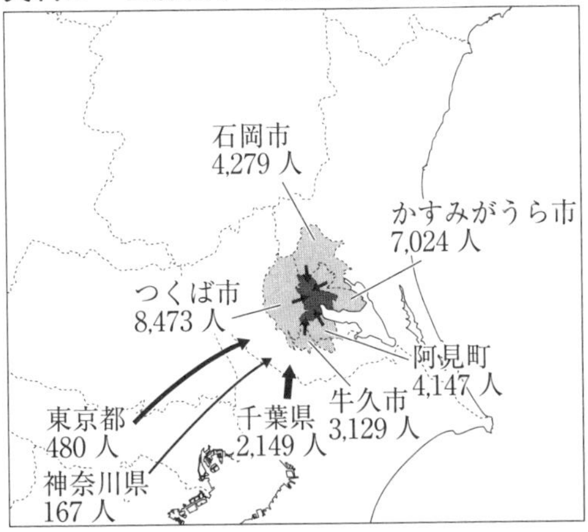

資料3　土浦市在住の通勤・通学者数（2015年）

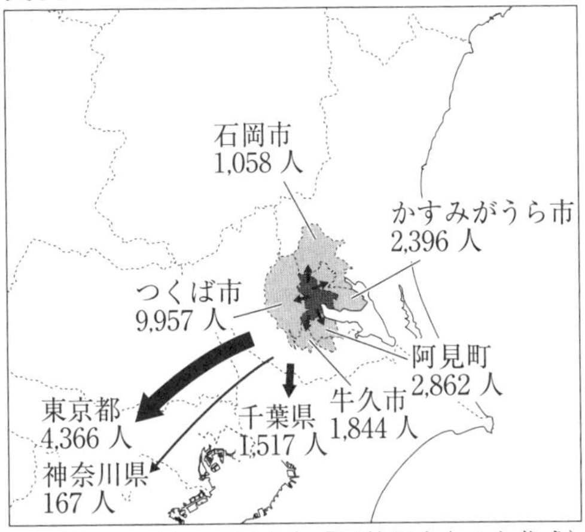

（**資料2**・**資料3**は総務省「国勢調査」より作成）

資料4　土浦市、茨城県、全国の産業別売上高割合（2016年）

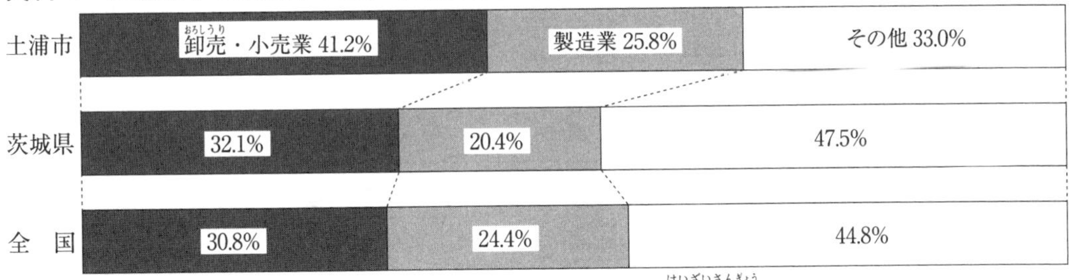

（総務省・経済産業省《けいざいさんぎょうしょう》「経済センサス」より作成）

資料5　土浦市、つくば市、牛久市の従業人口※（2020年）

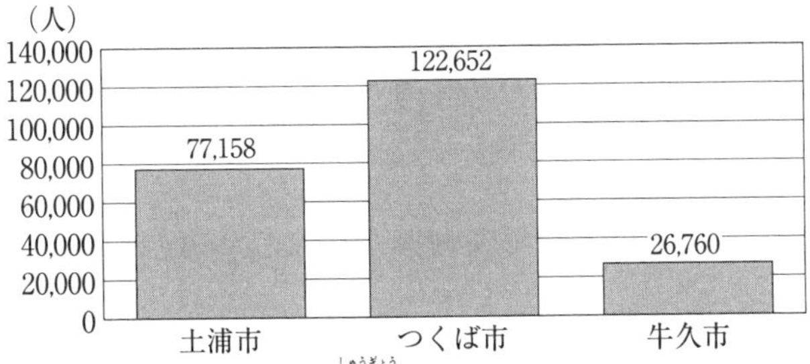

※従業人口…就業《しゅうぎょう》者が働いているところの人口。
（総務省「国勢調査」より作成）

メモ1

・通勤・通学者は、［　A　］に移動する人が最も多い。
・土浦市では、［　B　］がさかんに行われている。
・土浦市の従業人口は７万人をこえていて、［　C　］である。

たつや：茨城県外から土浦市に働きに来ている人もいるんだね。
お父さん：そうだね。都県によってその人数は異なるけれど、土浦市内への通勤・通学者数と土浦市在住の通勤・通学者数がどちらも 1000 人をこえているのは［ D ］のみだね。

問題４　［ D ］にあてはまる都県を、**資料２**、**資料３**を参考にして書きなさい。

お父さん：土浦市について色々と調べてきたけれど、何か他に気になることはある？
たつや：今の日本は高齢《こうれい》化が進んでいると聞いたことがあるから、**a** 土浦市の人口が気になるよ。やはり少子高齢化が進んでいるのかな。
お父さん：それじゃあ、土浦市の人口についても調べてみよう。

問題５　下線部 **a**（土浦市の人口）について、たつやさんとお父さんは土浦市の人口についての**資料６**〜**資料８**を見つけ、わかったことを**メモ２**にまとめました。**メモ２**の［ E ］〜［ G ］にあてはまることばをそれぞれ書きなさい。

資料６　土浦市の年齢別人口割合の推移《すいい》

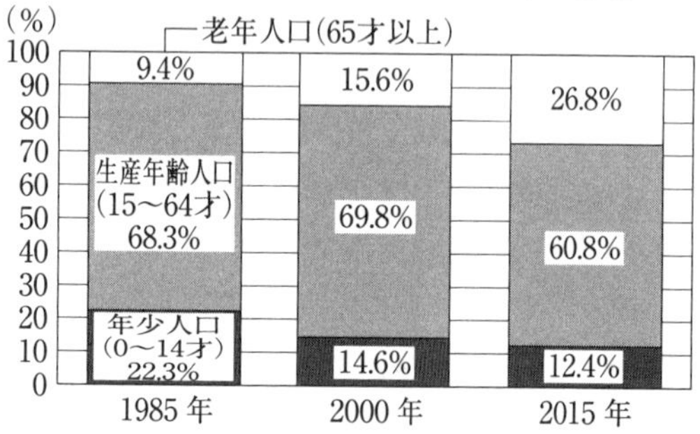

（総務省「国勢調査」より作成）

資料７　茨城県内の人口上位 10 市町村
(2022 年)

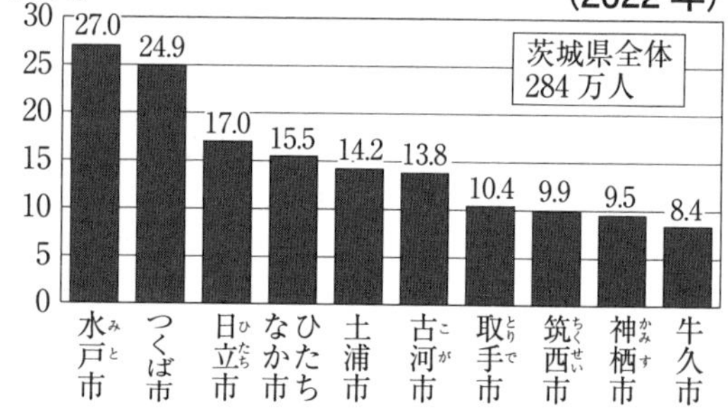

（茨城県ホームページより作成）

資料８　土浦市の将来《しょうらい》推定人口と目標人口

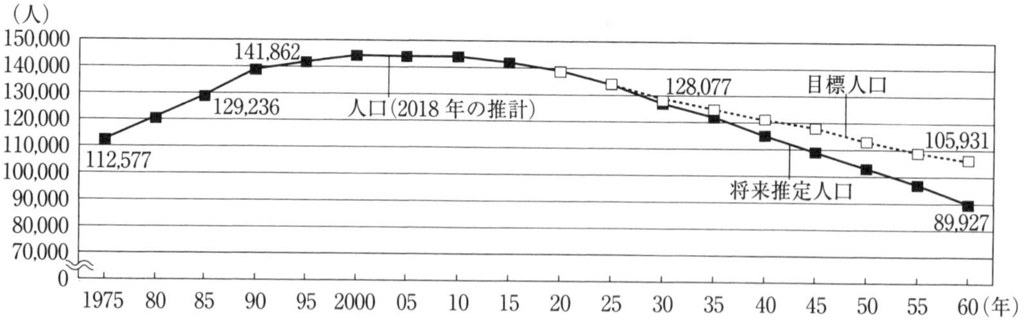

（第２期土浦市まち・ひと・しごと創生《そうせい》人口ビジョンより作成）

メモ２

・［ E ］ことから、高齢化が進んでいることがわかる。
・茨城県内の人口上位 10 市町村のうち、土浦市の人口の茨城県全体にしめる割合は［ F ］％である。
・将来推定人口と目標人口を比べると、人口は減少すると見込《こ》んではいるものの、土浦市は［ G ］ことを目指していることがわかる。

3 たつやさんの家に、いとこ（ゆうたとかなこ）が遊びに来ることになりました。たつやさんは、お母さんと次のような会話をしています。

お母さん：明日、二人が遊びに来るけれど、どんな料理を出したらいいか、いっしょに考えてくれる？
たつや：うん、いいよ。
お母さん：ありがとう。たつやは何か希望はある？
たつや：ぼくもいっしょに作りたいから、ぼくが手伝ったことがあるものがいいな。
お母さん：いっしょに作ってくれるの？　じゃあ、たつやと何度かいっしょに作ったことがある、オムライスかカルボナーラか、カレーライスにしようかな。
たつや：いいね。どれも好きだよ。二人には食べられないものなどはあるのかな。
お母さん：二人の希望は、お母さんが聞いてみるね。たつやは、今家にある食材を確認《かくにん》してくれる？
たつや：わかった。

（しばらくして、お母さんは、確認してきたメモをたつやに見せている。）

資料１　お母さんのメモ

・ゆうたは、生卵《たまご》が食べられない。
・かなこは、お米が好きなので、お米を使った料理が食べたい。

お母さん：二人の希望を聞いてメモしたよ（**資料１**）。あと、うちで作るときはいつもこの作り方ね（**資料２～資料４**）。

資料２　オムライスの作り方

①　とり肉・ピーマン・たまねぎを細かく切る。
②　**ア**フライパンにサラダ油をしいて①をいため、ご飯・ケチャップを加えてさらにいためる。
③　ボウルに卵を割《わ》り入れ、とく。
④　フライパンにサラダ油をしき、**イ**といた卵を入れて焼く。
⑤　皿に②、④を盛《も》りつけ、ケチャップをかけて完成。

資料３　カルボナーラの作り方

①　ベーコン・たまねぎを食べやすい大きさに切る。
②　パスタをゆでる。
③　フライパンにサラダ油をしいて①をいため、**ウ**牛乳《ぎゅうにゅう》・チーズ・生クリームを入れてソースを作る。
④　③に②を入れて、まぜる。
⑤　皿に盛りつけ、生卵をのせて完成。

資料４　カレーライスの作り方

①　**エ**ぶた肉・たまねぎ・じゃがいも・にんじんを食べやすい大きさに切る。
②　なべにサラダ油をしいて①をいため、ある程度火が通ったら、水を加えてにこむ。
③　②にカレールーを入れ、にこむ。
④　皿にご飯と③を盛りつけて完成。

たつや：なるほどね。オムライスかカレーライスがいいんじゃないかな？　これなら、[A]から、二人の希望を満たすことができるね。

お母さん：そうね。でも、たつやが調べてくれた家にある食材と照らし合わせて考える必要もあるよ。

たつや：そうか。今冷蔵庫《れいぞうこ》にある食材はこれだったよ（**資料５**）。あと、お米とパスタ、サラダ油、調味料も、たなにあったよ。

資料５　冷蔵庫にある食材

・卵	・じゃがいも	・ケチャップ
・にんじん	・牛乳	・チーズ
・ベーコン	・ぶた肉	・カレールー
・たまねぎ	・とり肉	

たつや：これを見ると、オムライスは、[B]

お母さん：そうね。そうしたら、カレーライスにしましょう。

問題１　**資料２**～**資料４**の下線部**ア**～**エ**のうち、たつやさんたちが作る料理を一つにしぼるときに、判断の材料にならないものはどれですか。最も適切なものを一つ選びなさい。

問題２　たつやさんが**資料１**～**資料４**の内容をふまえて、お母さんに伝えた内容を**25字以内**で、会話文の[A]にあてはまるように書きなさい。ただし、「、」や「。」も１字に数え、文字に誤《あやま》りがないようにしなさい。

問題３　たつやさんがレシピ（**資料２**～**資料４**）と**資料５**を見て、お母さんに伝えた内容を**15字以内**で、会話文の[B]にあてはまるように書きなさい。ただし、「、」や「。」も１字に数え、文字に誤りがないようにしなさい。

4　6年1組では、「環境《かんきょう》問題について考えよう」というテーマで、班《はん》ごとに調べたことを発表することになりました。たつやさんたちの班は、江戸《えど》時代のリサイクルについての文章(**資料1**)をもとに、**資料2**を作成し、先生に見せています。

資料1

私《わたし》たちはよく和服のことを話題にするが、はぎれのことは話題にしない。商品価値《かち》がなく、企業《きぎょう》の利益につながらないからだ。しかし着物は着られなくなったからと言って棄《す》てるものではなかった。糸を抜《ぬ》けば幾枚《いくまい》かの長方形に戻《もど》るので、そこから使えなくなった部分を除《のぞ》き、小さなサイズの着物やふとん皮や座布団《ざぶとん》や風呂敷《ふろしき》や敷物や大小の袋物《ふくろもの》、巾着《きんちゃく》、袖《そで》や裾《すそ》を補修《ほしゅう》する布、煙草《たばこ》入れの内部や側《がわ》に使う布、集めて縫《ぬ》い合わせて着物を再構成する布、そして※1つぎあてをして新たな衣類に再生する布などになったのである。

堀切辰一《ほりきりたついち》の「※2襤褸《らんる》達の遍歴《へんれき》」(染織《せんしょく》と生活社)という書物がある。ここには五センチ四方ほどの小さな※3裂《きれ》の実物が、一冊《いっさつ》の本の中に四〇〇点も添付《てんぷ》されている。これらの布は、使い古し、何十枚もつぎはぎし、着物や※4腰巻《こしまき》や野良《のら》着や布団地や※5蚊帳《かや》として使われていたのである。農作業で使った野良着、半纏《はんてん》、腰巻は、すり切れるとつぎあてをした。同じ布は無いので、様々な布が合わされ、それが美しい新たな衣類として蘇《よみがえ》った。ある腰巻に当てられた布は八三枚あったという。とても丁寧《ていねい》に縫いつけられ、何度も洗濯《せんたく》され、きちんとたたまれていたという。堀切辰一は、「きれいに洗《あら》ってある」「きちんとたたまれている」ことに注目する。はぎれはゴミではない。不要品でもない。かつての社会における価値観のもとで、宝物《たからもの》のように大切にされ、使われ、愛されたものなのだ。縫っても刺《さ》しても、当て布をしても着られないようになると、そこでやっと「布の寿命《じゅみょう》がきた」と言って、着る物ではなくなる。しかしそれでも棄てられることはない。裂《さ》いてそれを糸にし、裂き織りを織ったのである。裂き織りは敷物や入れ物や帯として使うことができた。

布の最後の最後は、かまどに入れられて燃やされる。燃やすと灰《はい》になる。その灰は「灰買い」に買われていって、洗剤《せんざい》や染物《そめもの》や畑の肥料となって再び土に戻り、その土から桑《くわ》や綿花が育って、また布に生まれ変わるのである。

※1　つぎあて　衣服の傷《いた》んだ部分に布をつけること
※2　襤褸　使い古された布のこと
※3　裂　ぬのきれのこと
※4　腰巻や野良着　どちらも、衣服の一つ
※5　蚊帳　蚊を防ぐために寝床《ねどこ》をおおう布のこと

(田中優子《たなかゆうこ》「江戸から見ると　1」による)

資料2

○着物は、糸を抜き、使えなくなった部分を除いて、他のものに使う布にしていた。
○様々なつぎあてをしたため、美しい新たな衣類として生まれ変わったものもあった。
○「襤褸達の遍歴」という本には、八三点の腰巻が添付されていて、昔の布のあつかわれ方を知ることができる。
○どうしても着られなくなったものも、棄てずに裂き織りにし、新たな敷物や入れ物や帯のために使い、最終的には燃やして灰にし、布となる植物を育てる肥料となった。

たつや：先生、ぼくたちの班の発表資料を作りました。どうでしょうか。

先　生：文章に書かれていることがよくまとめられていますね。発表で資料を提示するためには、見やすさを意識した工夫《くふう》をするとよいですよ。どのような工夫ができるでしょう。

ひかり：私は、**資料１**で使われている言葉の中で難《むずか》しいものは、発表のときはなるべく使わないようにするとよいと思います。

たつや：そうですね。「襤褸達の遍歴」や「裂き織り」といった言葉は、聞きなれないと思います。他にも、矢印などの記号を用いながら、内容をわかりやすく整理したらいいと思います。

ほのか：私は、発表の題名をつけるとわかりやすいのではないかと思います。

こうき：ぼくは、読みやすくするために、一文を短くするとよいと思いました。また、題名は、別の紙に大きく書くから、この資料にはなくてよいのではないかと思いました。

先　生：どの工夫もよいですね。イラストなどを入れてもいいかもしれませんよ。では、まずは、今出た意見をもとに、資料を作成してみましょう。

問題１　たつやさんたちは先生にアドバイスをもらったあと、出た意見をもとに**資料３**を作成しました。たつやさん、ひかりさん、ほのかさん、こうきさんのうち、意見が反映《はんえい》されなかったのはだれですか。解答らんに合うように書きなさい。

資料３

★着られなくなった服はすぐには捨《す》てなかった

→**ア**糸を抜き、使えなくなった部分を除いて、他のものに使う布にしていた

→**イ**様々なつぎあてをしたため、美しい新たな衣類になったものもあった

★**ウ**八三点もの腰巻が添付されている本があった

→昔の布のあつかわれ方を知ることができる！

★どうしても着られなくなった服は……

→裂いて、それを糸にして新たな敷物や入れ物や帯のために使った

→**エ**最終的には燃やして灰にし、布となる植物を育てる肥料となった

(たつやさんたちは、発表の前日に**資料3**を見直すことにした。)

たつや：**資料1**を読んで、みんなで内容をまとめて資料を作ったけれど、これで発表できるかな。
ほのか：今読み返して気づいたのだけれど、「[A]」という部分は、**資料1**に書かれていることとちがったね。
たつや：ほんとうだ。直さないといけないね。他に気になる点はある？
こうき：具体的な内容ばかり書いてしまったけれど、この文章が伝えたいことはどのようなことなのかという内容を入れたほうがいいのではないかな。
ひかり：たしかにね。私は、この文章が伝えたいことは、「かつての日本の社会において、はぎれとは、[B]ものであった」ということなのではないかと思ったよ。最後まで工夫をして様々なものに生まれ変わらせていることからもそれがわかるね。
たつや：今の自分たちのはぎれのあつかい方やリサイクルについて考えるきっかけにもなるよね。その内容も入れよう。

問題2　会話と**資料1**、**資料3**をふまえて、会話文の[A]にあてはまる最も適切なものを**資料3**のア～エの中から一つ選びなさい。

問題3　この文章が伝えたいことについて、ひかりさんが班のみんなに伝えた内容を**30字以内**で、会話文の[B]にあてはまるように書きなさい。ただし、「、」や「。」も1字に数え、文字に誤《あやま》りがないようにしなさい。

2023年度

常総学院中学校

▶解　答

※　編集上の都合により，適性検査型試験の解説は省略させていただきました。

適性検査Ⅰ　＜適性検査型試験＞（45分）＜満点：100点＞

解　答

[1] **問題１**　**ア**　30　**イ**　5　**ウ**　1225　**問題２**　**エ**　5　**オ**　25　**カ**　85　**問題３**　**式**…（例）　600×1000－７×1000－600×３＋７×３／**計算結果**…591221

[2] **問題１**　**ア**　F　**イ**　54　**問題２**　18　**問題３**　**答え**…３時間27分／**求め方**…（例）　畑全体の面積は，12×23＝276(m^2)だから，畑にまく水の重さは，1.5×276＝414(kg)とわかる。また，１分でまくことができる水の重さは，６÷３＝２(kg)になる。よって，畑全体に水をまくのにかかる時間は，414÷２＝207(分)より，207分＝３時間27分である。

[3] **問題１**　①　ウ　②　（例）　泥や砂の表面に水がなくなるまでの時間　③　イ　**問題２**　（例）　**え**　かわきにくい　**お**　はやく　**問題３**　（例）　根が十分な水を吸うことができるように水もちのよい粒の小さな土と，根が空気にふれることができるように水はけのよい粒の大きな土を混ぜた土を使うとよい。

[4] **問題１**　①　ア　②　ウ　**問題２**　（例）　水は，空気に比べてペットボトルの口から出る速さがおそいので，ペットボトルの口から水が出る時間が長くなり，ペットボトルが上向きに動く力がはたらく時間が長くなるから。　**問題３**　（例）　空気の量が少なくなり，おしちぢめられた空気がもとにもどろうとする力が小さくなるから。

適性検査Ⅱ　＜適性検査型試験＞（45分）＜満点：100点＞

解　答

[1] **問題１**　ア，オ　**問題２**　イ　**問題３**　エ　**問題４**　ウ　**問題５**　（例）　アシスト装置があることで，農業の経験がない人でも農業にちょう戦しやすくなること。

[2] **問題１**　つくばみらい(市)　**問題２**　ア　**問題３**　オ　**問題４**　千葉県　**問題５**　**E**　（例）　老年人口(65才以上の人口)の割合が増えている　**F**　5　**G**　（例）　推定よりも人口を増加させる(人口を維持する)

[3] **問題１**　ア　**問題２**　（例）　生卵を使っていないし，お米を使っている　**問題３**　（例）　ピーマンがないから作れないね。

[4] **問題１**　ほのか(さん)　**問題２**　ウ　**問題３**　（例）　ゴミでも不要品でもなく，宝物のように大切にされて使われていた

2022年度　常総学院中学校

〔電　話〕　029(842)0708
〔所在地〕　〒300－0849　茨城県土浦市中村西根1010
〔交　通〕　JR常磐線 ―「荒川沖駅」「土浦駅」，つくばエクスプレス線「つくば駅」，
下妻・古河，水戸，江戸崎方面などよりスクールバス

【算　数】〈第１回一般試験〉（50分）〈満点：100点〉

1　次の計算をしなさい。

（１）　$24-12\div4$

（２）　$(62-5\times7)\div3$

（３）　$13\times4-153\div\{101-6\times(42-28)\}$

（４）　$1\frac{1}{6}\div\left(2\frac{3}{4}\times\frac{7}{11}\right)$

（５）　$4\times0.8-6.6\div5.5$

（６）　$\left(1\frac{1}{2}+2\frac{2}{9}\div\frac{8}{27}\right)\times1\frac{4}{9}$

（７）　$0.9\div\left\{\left(2.7+\frac{4}{5}\right)-\left(1\frac{3}{4}-0.25\right)\right\}$

2 次の□にあてはまる数を答えなさい。

（1） 空《から》の状態から毎分5.4Lの割合《わりあい》で水を入れると，5分でいっぱいになる水そうがあります。この水そうに，空の状態から毎分□Lの割合で水を入れると，2分15秒でいっぱいになります。

（2） 1冊《さつ》の値段《ねだん》がえん筆1本の値段より120円高いノートがあります。このノート6冊とえん筆12本の代金の合計は1440円です。このとき，ノート1冊の値段は□円です。ただし，消費税は考えないものとします。

（3） P地点とQ地点を結ぶ，道のりが540mの1本道があります。AさんとBさんはP地点を同時に出発し，P地点とQ地点との間を1往復します。Aさんは分速75m，Bさんは分速60mで休まずに歩くと，2人はP地点を出発してから□分後にすれちがいます。

（4） 縦《たて》の長さと横の長さの比が4：3で，面積が108m^2の長方形の形をした土地があります。この土地の縦の長さは□mです。

（5） 濃《こ》さが16％の食塩水150gと，濃さが6％の食塩水□gを混ぜると，濃さが10％の食塩水ができます。

（6） ある商品を定価の10％引きで売ると400円の利益があり，定価の25％引きで売ると500円の損失になります。この商品の定価は，□円です。ただし，消費税は考えないものとします。

（7） 右の図は，直径が 12*cm* の半円と，半径が 12*cm*，中心角が 45 度のおうぎ形を重ねたものです。かげをつけた部分の周りの長さの合計は［　　　］*cm* です。ただし，円周率は 3.14 とします。

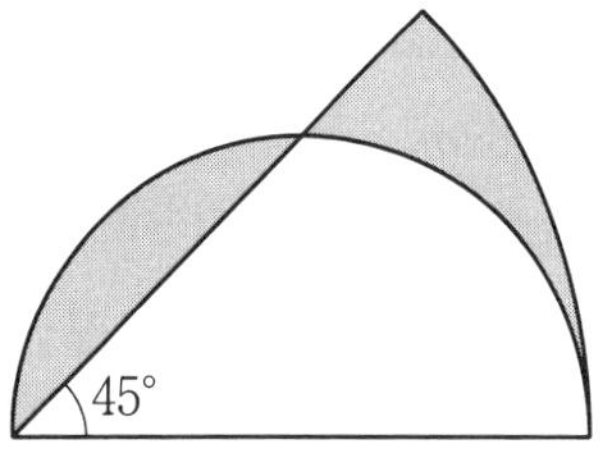

（8） 右の図の直方体ＡＢＣＤ－ＥＦＧＨを，３点Ａ，Ｃ，Ｆを通る平面と，３点Ｄ，Ｅ，Ｇを通る平面で切って，３つの立体に分けます。この３つの立体のうち，最も体積が大きい立体の体積は［　　　］cm^3 です。

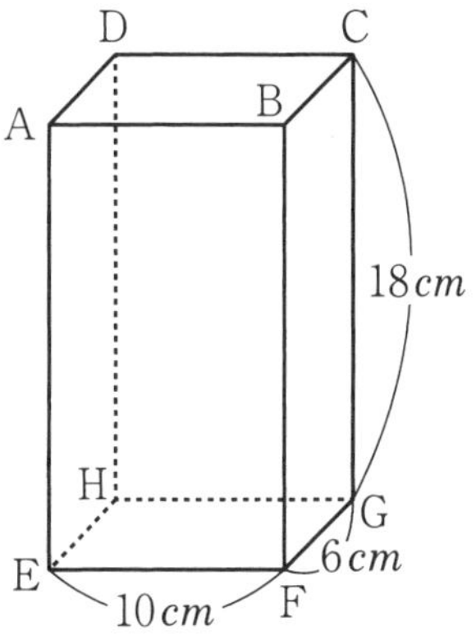

3 下の図のように，正方形の形をした同じ大きさの白いタイルと黒いタイルをある規則にしたがって並《なら》べてつくった図形を，１番目の図形，２番目の図形，３番目の図形，…とします。例えば，２番目の図形では，白いタイルは９枚《まい》，黒いタイルは６枚使われています。

このとき，次の問いに答えなさい。

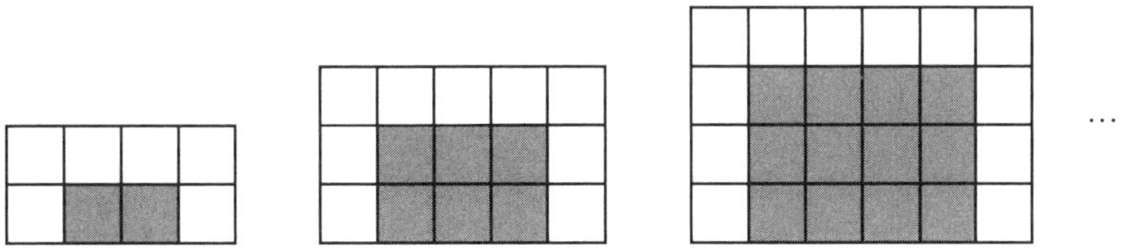

１番目　　２番目　　３番目　　…

（1） ４番目の図形で使われている白いタイルの枚数は何枚ですか。

（2） 白いタイルを 27 枚使う図形で使われている黒いタイルの枚数は何枚ですか。

（3） 白いタイルと黒いタイルを合わせて 288 枚使う図形では，黒いタイルは横に何枚並んでいますか。

4　図１のように，２つの長方形を組み合わせた図形ＡＢＣＤＥＦを㋐，１辺の長さが 16cm の正方形ＧＨＩＪを㋑とします。㋑を固定して，４点Ｅ，Ｆ，Ｈ，Ｉが直線 ℓ 上にあるようにしながら，㋐を矢印の方向に一定の速さで動かしたときの，㋐と㋑が重なった部分の面積について考えます。例えば，図２の場合，㋐と㋑が重なった部分はかげをつけた部分です。図３は，辺ＡＦと辺ＧＨが重なったときからの時間と，㋐と㋑が重なった部分の面積との関係を示したグラフです。

このとき，次の問いに答えなさい。

図１

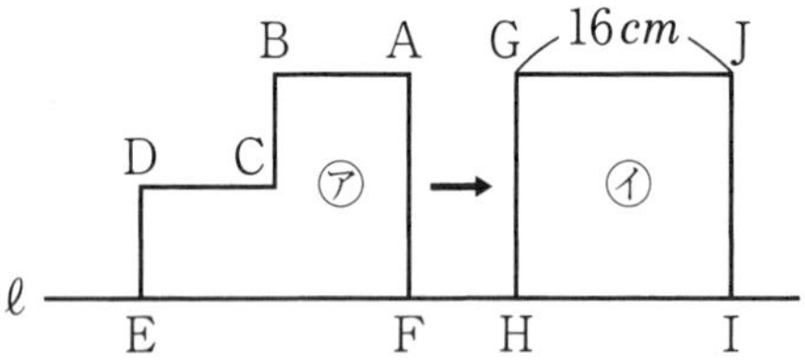

図２

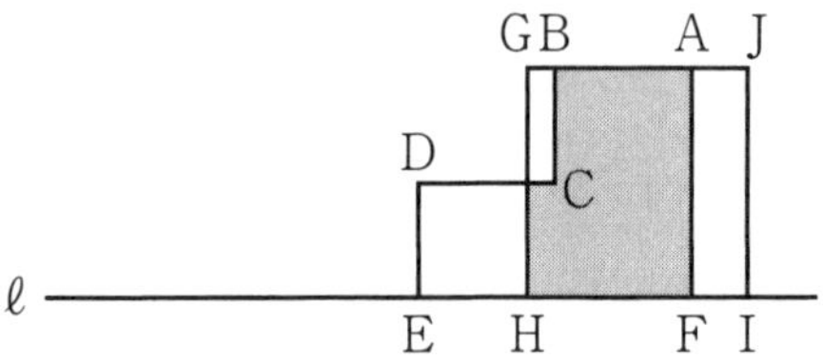

図３

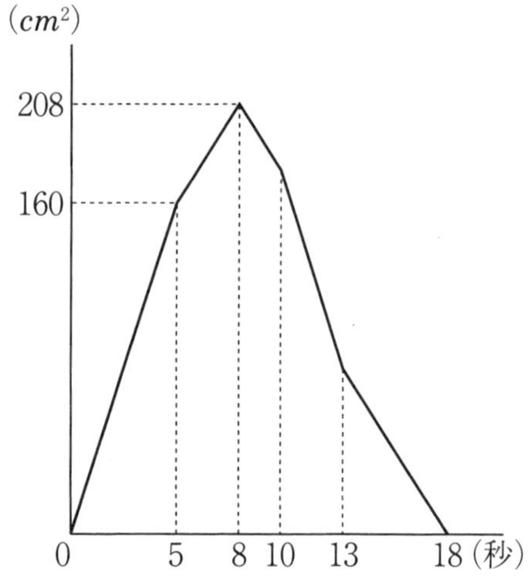

（１）　㋐が動く速さは毎秒何 cm ですか。

（２）　辺ＡＦと辺ＧＨが重なったときから９秒後の，㋐と㋑が重なった部分の面積は何 cm^2 ですか。

（３）　㋐と㋑が重なった部分の面積が２回目に 112cm^2 になるのは，辺ＡＦと辺ＧＨが重なったときから何秒後ですか。

5 大小２個のさいころを同時に投げて，１回投げるごとに次のような**ルール**で得点を決めることにします。

ルール

２個のさいころの出た目の数の積が，
　Ａ：２の倍数になる
　Ｂ：３の倍数になる
　Ｃ：５の倍数になる
のどれにあてはまるかを調べて，次のように得点を決める。
　Ａ，Ｂ，Ｃのすべてにあてはまるときは５点
　Ａ，Ｂ，Ｃのいずれか２つにあてはまるときは３点
　Ａ，Ｂ，Ｃのいずれか１つにだけあてはまるときは１点
　Ａ，Ｂ，Ｃのいずれにもあてはまらないときは０点

このとき，次の問いに答えなさい。

（１） 大小２個のさいころを１回だけ投げて，大きいさいころの出た目の数が５，小さいさいころの出た目の数が６のとき，得点は何点ですか。

（２） 大小２個のさいころを１回だけ投げたとき，得点が３点になる場合は全部で何通りありますか。

（３） 大小２個のさいころを２回投げたとき，得点の合計が５点になる場合は全部で何通りありますか。

【社　会】〈第１回一般試験〉（30分）〈満点：50点〉

1　次の地図と文を見て、後の問いに答えなさい。

【地図Ｉ】　緯線《いせん》と経線が直角に交わる地図

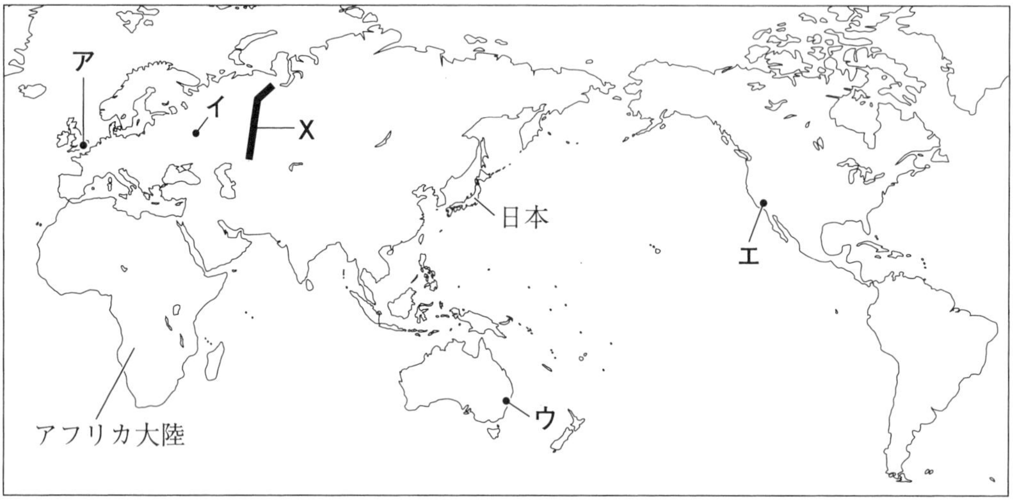

大陸にはさまざまな地形が存在しており、山脈や河川などは①国や地域の境界とされていることもあります。また、地形は気温や降水量などとの関係が深く、大陸の②気候にも大きな影響《えいきょう》を与《あた》えています。

現在、世界には約200の国があります。領域・□・主権は国家の三要素とされており、この三要素が満たされていないと国家としてみなされません。③日本はアジア州に属する国家であり、ユーラシア大陸の東側に位置する島国（海洋国）です。日本は、大きな４つの島と、④大小さまざまな島から構成されているため、⑤海洋資源の管理を認められている水域《すいいき》が国土面積よりも広くなります。

問１　下線部①に関して、ユーラシア大陸をアジア州とヨーロッパ州に分ける、**地図Ｉ**中の**X**の山脈を、次の中から１つ選び、**記号**で答えなさい。

ア　ヒマラヤ山脈　　**イ**　ロッキー山脈
ウ　ウラル山脈　　**エ**　アルプス山脈

問２　下線部②に関して、次の**グラフ**は、ユーラシア大陸、アフリカ大陸、北アメリカ大陸、南アメリカ大陸の気候帯の内訳《うちわけ》を示しています。**地図Ⅰ**中のアフリカ大陸を、次の中から１つ選び、**記号**で答えなさい。

グラフ

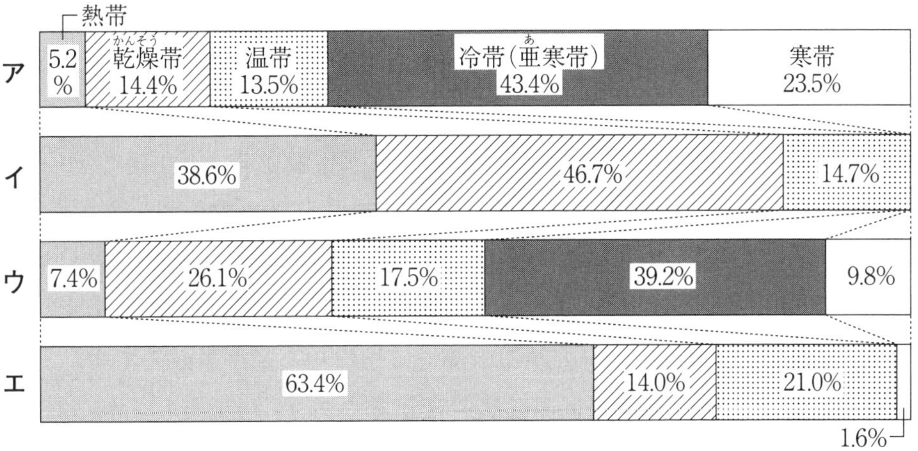

<「データブック オブ・ザ・ワールド　2021年版」より作成>

問３　文中の空欄《くうらん》（　　　）にあてはまる**語句**を答えなさい。

問４　下線部③に関して、**地図Ⅰ**中の日本が２月２日午前10時のとき、現地時刻が２月２日午前４時の都市はどこですか。**地図Ⅰ**中の**ア**～**エ**の中から１つ選び、**記号**で答えなさい。

問５　下線部④に関して、右の**地図Ⅱ**中の**Y**の島は、日本の最南端《たん》に位置しています。**Y**の島を、次の中から１つ選び、**記号**で答えなさい。

ア　南鳥島《みなみとりしま》　　**イ**　与那国島《よなぐにじま》
ウ　択捉島《えとろふとう》　　**エ**　沖ノ鳥島《おきのとりしま》

地図Ⅱ

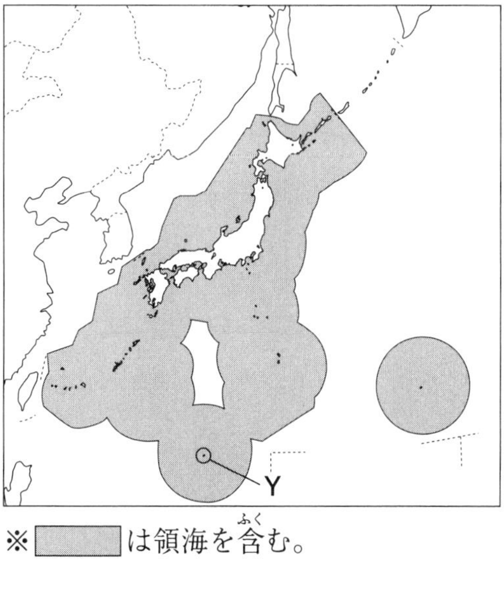

※　　　は領海を含《ふく》む。

問６　下線部⑤に関して、この水域は領海の外側で海岸線から200海里以内の範囲《はんい》と定められており、**地図Ⅱ**中では　　　で示されています。この水域の**名称**《めいしょう》を答えなさい。

2　**次の文と地図を見て、後の問いに答えなさい。**

九州地方は、日本列島の南西に位置しており、九州島と対馬《つしま》、五島《ごとう》列島などの島々から構成されています。九州地方には火山が多くあり、**地図**中の阿蘇《あそ》山には、火山の噴火《ふんか》によって火山灰《ばい》や溶岩《ようがん》のふき出したあとがくぼんでできた[A]があります。火山は噴火や火山灰などの被害《ひがい》を与える一方で、温泉などの観光資源や、①<u>マグマを利用した発電</u>などに活用されています。

人口が集中している北部では工業がさかんで、[B]工業地帯（域）が広がっています。日本の近代的な重工業の発祥《はっしょう》地として日本の産業発展を支えていましたが、1960年代のエネルギー革命以降はＩＣ（集積回路）や自動車などの機械工業がさかんになりました。また、②<u>九州地方の農業</u>は、南北で大きなちがいが見られます。平野が広がる北部では稲作《いなさく》が、シラスが広がる南部では畑作や畜産《ちくさん》がさかんです。

また、九州地方には世界文化遺産《いさん》や世界自然遺産が多くあり、観光業もさかんです。鹿児島県の[C]には、樹齢《じゅれい》千年をこえる縄文《じょうもん》杉などの本州とは異《こと》なる気候によって広がる自然を目当てに多くの人が訪《おとず》れています。

【地図】

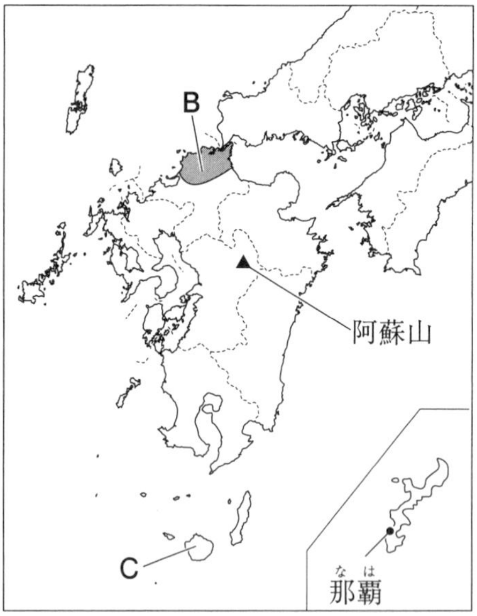

問１　文中の空欄（ A ～ C ）にあてはまる最も適当な**語句**を答えなさい。なお、文中の記号と、**地図**中の記号は同じものを指しています。

問２　次のグラフは、日本各地の気候を雨温図で示したものですが、**地図**中に示した那覇《なは》の雨温図として最も適当なものを、次の中から１つ選び、**記号**で答えなさい。なお、以下の雨温図は、那覇のほか、札幌《さっぽろ》、秋田、横浜《よこはま》、高知、広島のものです。

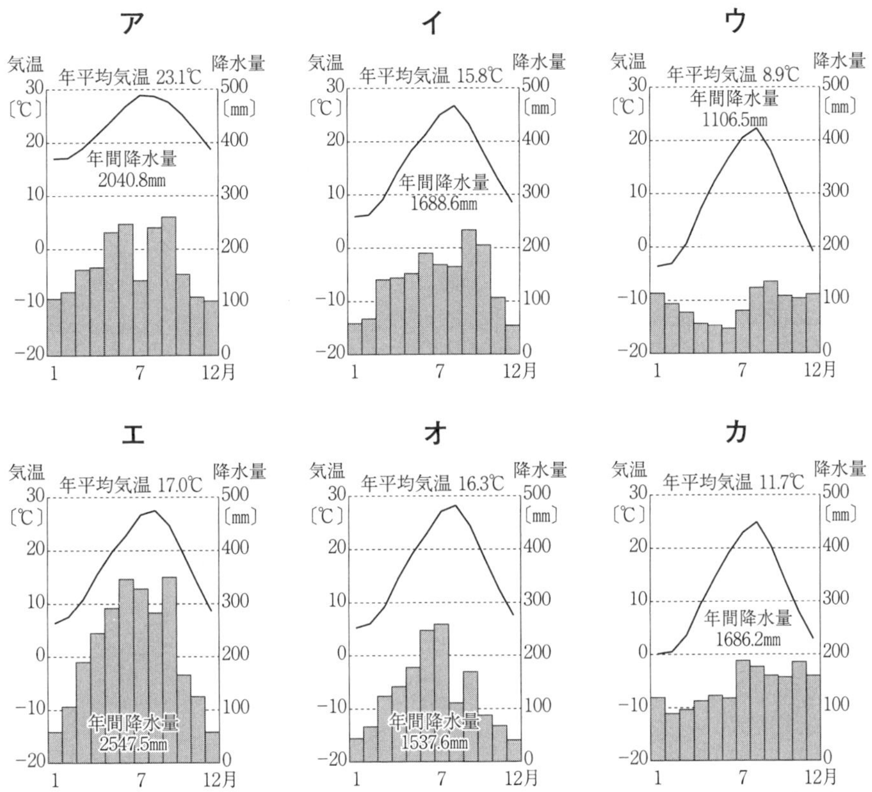

＜「理科年表　令和３年」より作成＞

問３　下線部①に関して、右の**表**は、日本における、火力を利用した発電、水力を利用した発電、原子力を利用した発電、マグマを利用した発電の発電量の推《すい》移《い》を示しています。マグマを利用した発電の発電量を示しているものを、**表**中の**ア**～**エ**の中から１つ選び、**記号**で答えなさい。

表　(百万 kWh)

	1980年度	2000年度	2018年度
ア	92092	96817	87398
イ	401967	669177	823589
ウ	871	3348	2113
エ	82591	322050	62109

<「日本国勢図会 2020/21年版」より作成>

問４　下線部②に関して、次の**グラフⅠ**は、2018年における農業産出額上位６道県の内訳を、次のページの**グラフⅡ**は、2018年のみかん、いちご、ピーマンの収穫《しゅうかく》量とぶたの飼育頭数の上位５道県の内訳を示しています。**グラフⅠ**、**グラフⅡ**から読み取れることとして正しいものを、次のページの**ア**～**エ**の中から１つ選び、**記号**で答えなさい。

グラフⅠ　(2018年)

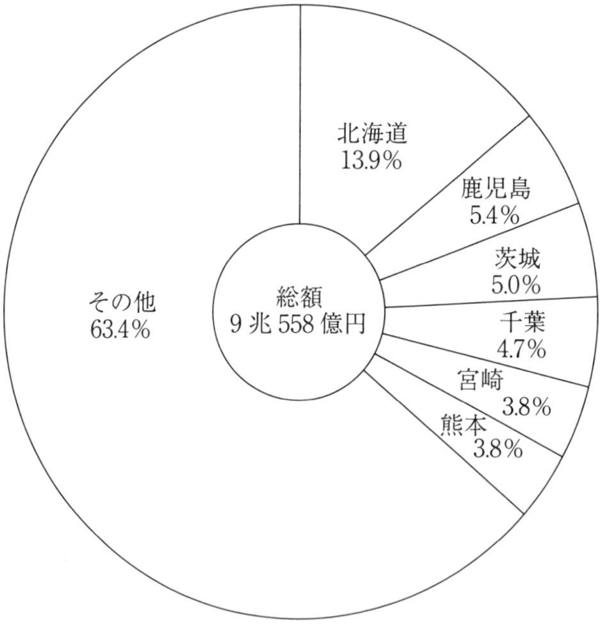

<「データでみる県勢　2021年版」より作成>

グラフⅡ　(2018年)

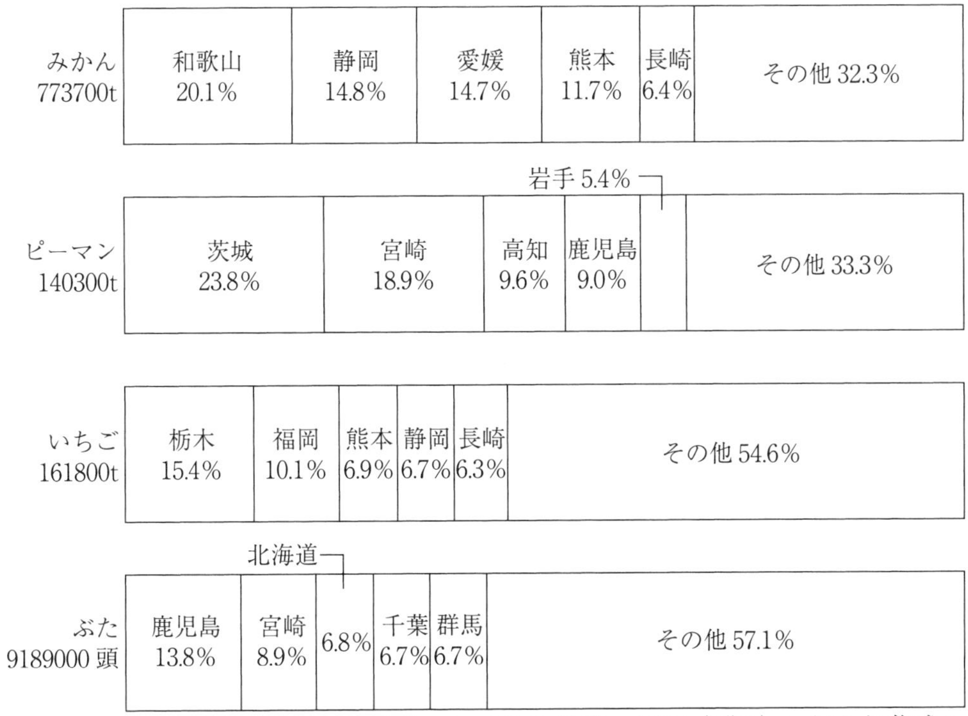

<「データでみる県勢　2020年版」などより作成>

ア　北海道の農業産出額は1兆円を超《こ》えており、また、**グラフⅡ**中の北海道のぶたの飼育頭数は、**グラフⅡ**中の九州地方の県のぶたの飼育頭数の合計のおよそ2分の1である。

イ　**グラフⅠ**中のその他を除いた九州地方の県の農業産出額の合計は、**グラフⅠ**中の北海道よりも多くなる。

ウ　**グラフⅡ**中のその他を除いた九州地方の県のいちごの生産量の合計は、**グラフⅡ**中のその他を除いた九州地方の県のみかんの生産量の合計の3倍以上である。

エ　鹿児島県の農業産出額は宮崎県の農業産出額より1000億円以上多いが、鹿児島県のピーマンの生産量は宮崎県のピーマンの生産量より10000t以上少ない。

3　**次の文を読み、後の問いに答えなさい。**

今から約1万年前の日本は①縄文時代であり、狩猟《しゅりょう》や採集を中心として、土器を使用して煮炊《にた》きを行っていました。3世紀以降は②大陸から日本に渡《わた》ってきた人々によって、漢字や仏教、機織《はたお》りの技術などが伝えられました。

飛鳥《あすか》時代には、推古《すいこ》天皇の摂政《せっしょう》である③聖徳太子《しょうとくたいし》による政治や645年以降は中大兄《なかのおおえの》皇子《おうじ》と[A]によって大化《たいか》の改新が行われ、天皇中心の政治が目指されました。奈《な》良《ら》時代に入るとききんなどによって社会が大きく乱《みだ》れたため、④聖武《しょうむ》天皇は東大寺《とうだいじ》に大仏をつくり、全国に国分寺・国分尼《に》寺を建てるよう命じました。

日本は中国や朝鮮《ちょうせん》半島との関わりが深く、⑤室町《むろまち》時代には室町幕府の3代将軍である[B]によって、⑥倭寇《わこう》を取り締《し》まることを条件に明《みん》との貿易が開始されました。⑦安土桃山《あづちももやま》時代に入ると外国との関わりは大きく広がり、スペインやポルトガルといったヨーロッパの国々とも交流が行われました。しかし、江戸《えど》時代には鎖国《さこく》体制が完成し、中国とオランダを除《のぞ》く外国と幕府との交易は行われなくなりました。

江戸時代には⑧交通網《もう》の発達などから産業が発達しましたが、18世紀後半には、ききんが起こり、幕府の対策に不満をもった人々によって江戸や大阪で大規模《きぼ》な打ちこわしが行われました。⑨当時の老中《ろうじゅう》はききんに備えて各地に倉を設けて米をたくわえさせたり、旗本《はたもと》や御家人《ごけにん》の借金を帳消しにしたりしました。しかし、出版の統制や厳しい倹約《けんやく》令に民衆《みんしゅう》は反発し、老中は失脚《しっきゃく》しました。

日本が開国し明治《めいじ》時代に入ると、国際社会に一刻も早く仲間入りするための近代化が求められ、『学問のすゝ《（す）》め』を著《あらわ》した[C]は西洋の事情を正しく理解することの大切さを説きました。また、明治時代以降は⑩外国との戦争も勃発《ぼっぱつ》し、人類最初の世界戦争である⑪第一次世界大戦にも参戦することとなりました。⑫1930年代には、軍事政権をつくり、国家をつくり直すべきであるという動きが活発になり、やがて太平《たいへい》洋《よう》戦争が勃発しました。

⑬第二次世界大戦が終結すると、日本はアメリカ合衆国の指導のもとで民主化を進め、国際社会へと復帰しました。戦後の日本は⑭アメリカ合衆国とソビエト連邦《れんぽう》（現在のロシア連邦）の対立の影響を受けつつも、国際社会での地位を回復していきました。

問1　空欄（[A]～[C]）にあてはまる人物の組み合わせとして正しいものを、次のページの中から1つ選び、**記号**で答えなさい。

ア　A：福沢諭吉《ふくざわゆきち》　B：中臣鎌足《なかとみのかまたり》　C：足利義満《あしかがよしみつ》

イ　A：中臣鎌足　B：足利義満　C：福沢諭吉

ウ　A：足利義満　B：福沢諭吉　C：中臣鎌足

エ　A：中臣鎌足　B：福沢諭吉　C：足利義満

問２　下線部①に関して、縄文時代の代表的な遺跡《いせき》である三内丸山《さんないまるやま》遺跡の位置を、右の**地図Ⅰ**中の**ア**～**エ**の中から１つ選び、**記号**で答えなさい。

地図Ⅰ

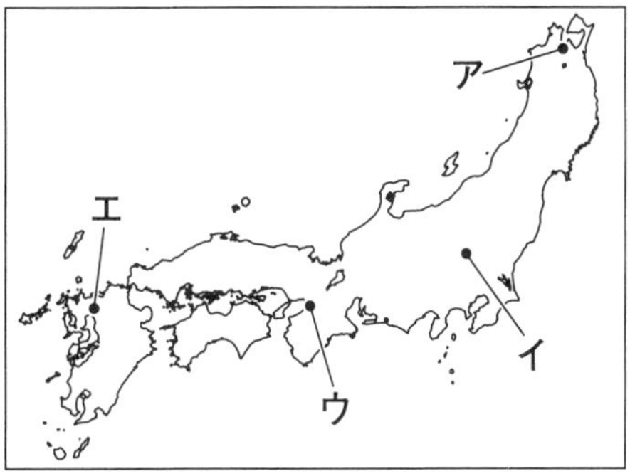

問３　下線部②に関して、このような人々を何といいますか。その**名称**を答えなさい。

問４　下線部③に関して、聖徳太子が行ったこととして**誤《あやま》っているもの**を、次の中から１つ選び、**記号**で答えなさい。

ア　能力や功績によって役人を登用するために冠位《かんい》十二階を定めました。

イ　役人の心構えを説くために、十七条の憲法《けんぽう》を制定しました。

ウ　仏教を厚く信仰《しんこう》し、現在の奈良県に法隆寺《ほうりゅうじ》を建てさせました。

エ　戸籍《こせき》を作成し、６歳《さい》以上のすべての男女に口分田《くぶんでん》を与えました。

問５　下線部④に関して、聖武天皇のころの文化についての説明として正しいものを、次の中から１つ選び、**記号**で答えなさい。

ア　「源氏物語《げんじものがたり》」を著した紫式部《むらさきしきぶ》や、「枕草子《まくらのそうし》」を著した清少納言《せいしょうなごん》など、宮中につかえる女性たちが文学作品を残しました。

イ　「古事記《こじき》」や「日本書紀《にほんしょき》」などの歴史書や、各地の伝説や産物をまとめた「風土記《ふどき》」などがつくられました。

ウ　観阿弥《かんあみ》・世阿弥《ぜあみ》父子が能楽《のうがく》（能）を大成し、また、「一寸法師《いっすんぼうし》」などの御《お》伽草子《とぎぞうし》がさかんに読まれました。

エ　鴨長明《かものちょうめい》が「方丈記《ほうじょうき》」で社会のむなしさを記したり、琵琶法師《びわほうし》が「平家物《へいけもの》語《がたり》」を語り伝えたりしました。

問６　下線部⑤に関して、室町時代の産業についての説明として正しいものを、次の中から１つ選び、**記号**で答えなさい。

ア　交通がさかんな地域で、物資を運ぶ馬借《ばしゃく》や、運送業者を兼《か》ねた倉庫業者である問《とい》が活躍しました。

イ　農作業に牛や馬が利用されるようになり、同じ土地で米と麦を交互につくる二毛作《にもうさく》が行われるようになりました。

ウ　佐渡《さど》金山や石見《いわみ》銀山などの開発が進み、金貨や銀貨、銅貨である寛永通宝《かんえいつうほう》などが全国で流通しました。

エ　現金収入を得るために、農村ではあさ、あぶらな、こうぞなどの商品作物の栽培《さいばい》が行われるようになりました。

問７　下線部⑥に関して、この貿易では、正式な貿易船に対して、倭寇の船と区別するための証明書が明から与えられました。この証明書の**名称**を答えなさい。

問８　下線部⑦に関して、安土桃山時代におこったできごとを示した次の**年表Ⅰ**のうち、本能寺《ほんのうじ》の変がおこったのはいつですか。最も適当な時期を、**年表Ⅰ**中の**ア**～**エ**の中から１つ選び、**記号**で答えなさい。

年表Ⅰ

1543	日本に鉄砲《てっぽう》が伝えられました。
	↓**ア**
1549	日本にキリスト教が伝えられました。
	↓**イ**
1575	長篠《ながしの》の戦いがおこりました。
	↓**ウ**
1588	刀狩令《かたながりれい》が発布されました。
	↓**エ**
1592	文禄《ぶんろく》の役《えき》がおこりました。

問９　下線部⑧に関して、右の**地図Ⅱ**は、江戸時代に整備された五街道《ごかいどう》を示しています。**X**、**Y**の街道の組み合わせとして正しいものを、次の中から１つ選び、**記号**で答えなさい。

地図Ⅱ

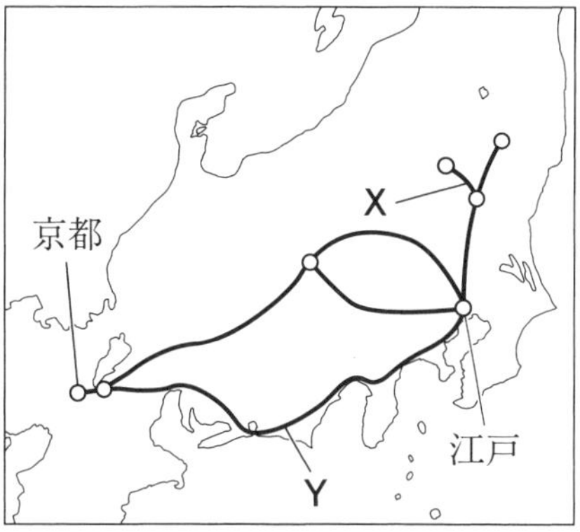

ア　**X**－奥州《おうしゅう》街道　　**Y**－甲州《こうしゅう》街道
イ　**X**－日光《にっこう》街道　　**Y**－甲州街道
ウ　**X**－奥州街道　　**Y**－東海道《とうかいどう》
エ　**X**－日光街道　　**Y**－東海道

問10　下線部⑨に関して、この人物は1787年から寛政《かんせい》の改革を主導しました。この人物を、次の中から１人選び、**記号**で答えなさい。

ア　徳川吉宗《とくがわよしむね》　　**イ**　田沼意次《たぬまおきつぐ》　　**ウ**　水野忠邦《みずのただくに》　　**エ**　松平定信《まつだいらさだのぶ》

問11　下線部⑩に関して、日清《にっしん》戦争のきっかけとなったできごとについての説明として正しいものを、次の中から１つ選び、**記号**で答えなさい。

ア　「扶清滅洋《ふしんめつよう》」を唱える義和団《ぎわだん》が北京《ぺきん》にある各国の公使館を包囲しました。
イ　東学《とうがく》を信仰《しんこう》する団体が組織した農民が、朝鮮半島南部で蜂起《ほうき》しました。
ウ　三民主義を唱えた孫文《そんぶん》を中心に、革命運動が盛り上がりました。
エ　三国干渉《さんごくかんしょう》によって、日本は獲得《かくとく》した遼東《りょうとう》半島を清に返還《へんかん》しました。

問12　下線部⑪に関して、日本は1902年に結んだ同盟を理由に、第一次世界大戦に参戦しました。この同盟相手国を、次の中から１つ選び、**記号**で答えなさい。

ア　イギリス　　**イ**　ドイツ　　**ウ**　オーストリア　　**エ**　イタリア

問 13　下線部⑫に関して、1930 年代のできごととして**誤っているもの**を、次の中から１つ選び、**記号**で答えなさい。

ア　国際連盟に満州《まんしゅう》国の建国が認められなかった日本は、国際連盟を脱退《だったい》して国際的な孤立《こりつ》を深めました。

イ　ナチス（国民社会主義ドイツ労働者党）のヒトラーがドイツの首相になりました。

ウ　納税額による制限が廃止《はいし》され、25 歳以上の男子全員に選挙権を与える普《ふ》通《つう》選挙法が制定されました。

エ　海軍の青年将校らによって犬養毅《いぬかいつよし》首相が暗殺される、五・一五事件がおこりました。

問 14　下線部⑬に関して、第二次世界大戦後におこったできごとを示した次の**年表Ⅱ**のうち、沖縄が日本に返還されたのはいつですか。最も適当な時期を、**年表Ⅱ**中の**ア**～**エ**の中から１つ選び、**記号**で答えなさい。

年表Ⅱ

1945	日本がポツダム宣言を受諾《じゅだく》しました。
	ア↓
1951	サンフランシスコ平和条約が結ばれました。
	イ↓
1965	日韓《にっかん》基本条約が結ばれました。
	ウ↓
1978	日中平和友好条約が結ばれました。
	エ↓
1990	東西ドイツが統一されました。

問 15　下線部⑭に関して、アメリカ合衆国を中心とする資本主義の西側と、ソ連が率いる共産主義の東側の陣営《じんえい》の対立を何といいますか。その**名称**を答えなさい。

4　次のⅠ～Ⅲの文を読み、後の問いに答えなさい。

Ⅰ　日本国憲法には３つの原則があり、国の政治のあり方を国民が決めることを「　X　」といいます。また、悲惨《ひさん》な戦争を二度と繰《く》り返さないという決意のもとで「①平和主義」が掲《かか》げられており、国の②交戦権は認められていません。「基本的人権の尊重」は、国民一人一人が人間らしく生きる権利をもつことです。③基本的人権は、平等権や社会権、④自由権などに分類され、侵《おか》すことのできない永久の権利として保障《ほしょう》されています。

Ⅱ　国の権力は立法権、行政権、司法権の三権に分けられています。これらの権力は、それぞれ独立した機関である国会、内閣、裁判所が担当《たんとう》し、一部に権力が集中することを防いでおり、この原則を⑤三権分立といいます。国民は、選挙によって国会議員を選出したり、世論で行政に影響を与えたりしてそれぞれの権力と関わっています。また、裁判所に対しては　Y　によって、最高裁判所の裁判官がその職にふさわしいかを判断します。

Ⅲ　2015年９月の国連サミットで「持続可能な開発目標（ＳＤＧｓ《エスディージーズ》）」が採《さい》択《たく》されました。国連加盟193か国が2016年から2030年までに達成することを掲げた目標であり、貧困や飢餓《きが》をなくすという開発途上《とじょう》国への支援《しえん》から、⑥海や陸の豊かさを守るという世界全体に関わるものまであります。行政機関だけでなく、積極的にＳＤＧｓに取り組む⑦大企業《きぎょう》や大学などが増加しています。

問１　空欄（　X　）にあてはまる**語句**を答えなさい。

問２　下線部①に関して、右の**資料Ⅰ**は、平和主義について定めた憲法の条文を示しています。この条文は日本国憲法の第何条で定められていますか。次の中から１つ選び、**記号**で答えなさい。

資料Ⅰ

日本国民は……国権の発動たる戦争と、武力による威嚇《いかく》または武力の行使は、国際紛《ふん》争《そう》を解決する手段としては、永久にこれを放棄《ほうき》する。

ア　第１条　　**イ**　第７条　　**ウ**　第９条　　**エ**　第12条

問３　下線部②に関して、次のページの文中の空欄（　　　）にあてはまる**語句**を答えなさい。

日本は交戦権と戦力の保持を認めていないが、自衛権は放棄していない。2014年７月、日本は、自国と密接な関係にある外国が武力攻撃《こうげき》を受けた際に、直接攻撃を受けていない第三国が協力して防衛を行う権利である［　　　］の行使を容認することを決定した。

問４　下線部③に関して、すべての人の人権が尊重される社会を目指して活動している、世界最大の国際人権ＮＧＯを、次の中から１つ選び、**記号**で答えなさい。

ア　インフォームドコンセント　　**イ**　ユニバーサルデザイン
ウ　ジャストインタイム　　**エ**　アムネスティインターナショナル

問５　下線部④に関して、自由権に**あてはまらないもの**を、次の中から１つ選び、**記号**で答えなさい。

ア　好きな学問を学べる権利　　**イ**　すべての子どもが学校に通う権利
ウ　職業や居住先を決められる権利　　**エ**　思想や意見を表現できる権利

問６　下線部⑤に関して、右の**資料Ⅱ**は、三権分立の仕組みを示しています。**資料Ⅱ**中の**い**、**お**にあてはまるものを、次の中から１つずつ選び、それぞれ**記号**で答えなさい。

資料Ⅱ

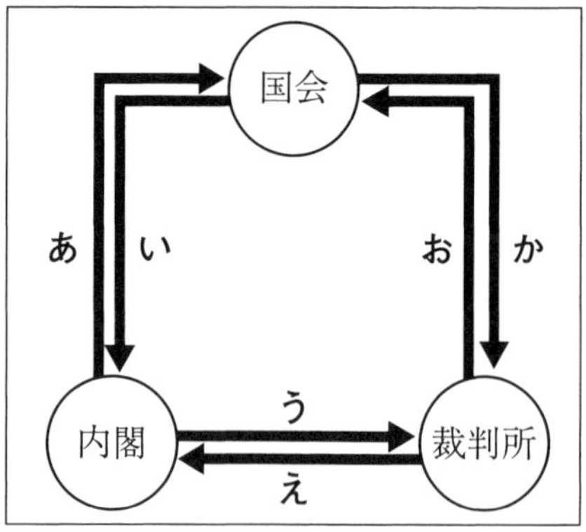

ア　違憲《いけん》立法審査《しんさ》
イ　最高裁判所長官の指名
ウ　弾劾《だんがい》裁判所の設置
エ　衆議院の解散
オ　命令、規則などの違法性の審査
カ　内閣総理大臣の指名

問７　空欄（［　Y　］）にあてはまる語句を、次の中から１つ選び、**記号**で答えなさい。

ア　国民投票　　**イ**　住民投票　　**ウ**　選挙　　**エ**　国民審査

問８　下線部⑥に関して、日本は高度経済成長期に公害によって海や陸の汚染《おせん》が問題となりました。次の**資料Ⅲ**は、公害苦情受理件数の推移を示しています。**資料Ⅲ**を正しく読み取ったものを、下の中から１つ選び、**記号**で答えなさい。

資料Ⅲ

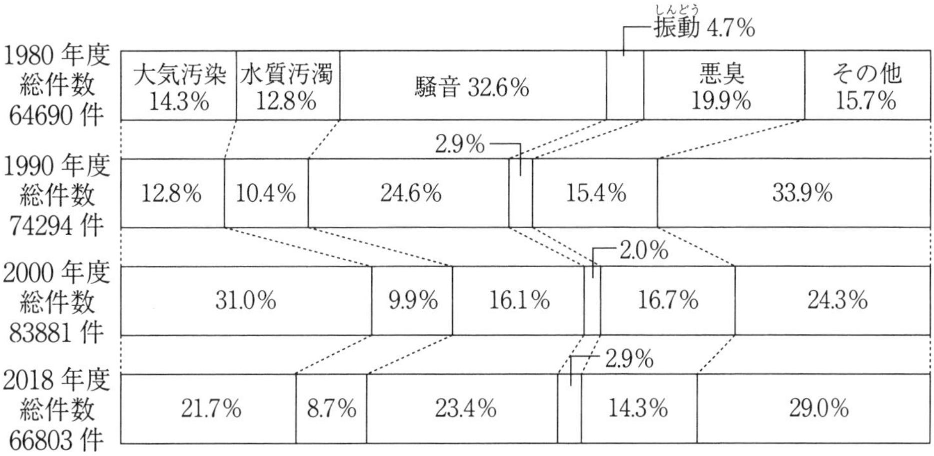

<「データでみる県勢　2021年版」ほかより作成>

ア　1980年度から2018年度にかけて、大気汚染と水質汚濁《おだく》は割合、苦情受理件数どちらも増加し続けている。

イ　2018年度の騒音《そうおん》に関する受理件数の割合は1980年度と比べて減少しているが、受理件数そのものは増加している。

ウ　悪臭《あくしゅう》に関する受理件数の割合が最も高いのは1980年度であり、その年の悪臭の受理件数は１万件を超《こ》えている。

エ　2000年度の大気汚染と水質汚濁に関する受理件数の合計は、1980年度の総件数よりも多い。

問９　下線部⑦に関して、右の**資料Ⅳ**は、2017年の各項目《こうもく》における、日本の大企業と中小企業の割合を示しています。**資料Ⅳ**中の**A**、**B**のうち、中小企業を示しているものを選び、**記号**で答えなさい。

資料Ⅳ

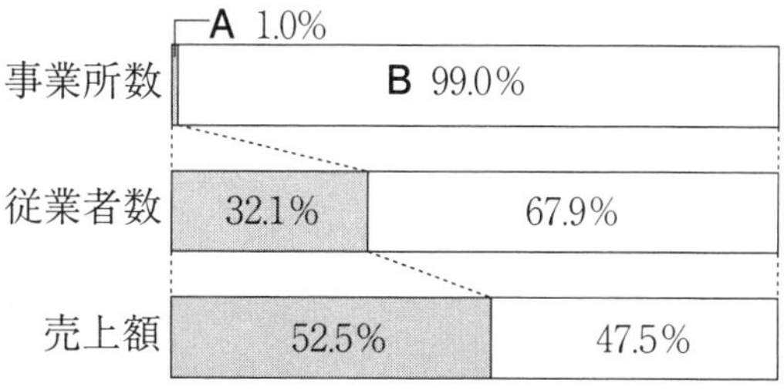

<「日本国勢図会 2020/21年版」より作成>

【理　科】〈第１回一般試験〉（30分）〈満点：50点〉

1　次のうちから，最も適したものを一つ選び記号で答えなさい。

（１）　アサガオのように，胚珠《はいしゅ》が子房《しぼう》に包まれている植物を何といいますか。

ア．種子植物　　イ．維管束《いかんそく》植物　　ウ．被子《ひし》植物　　エ．裸子《らし》植物

（２）　植物の性質を調べるために，ホウセンカの葉にさまざまな処理《しょり》をして，下の図のようなメスシリンダーＡ～Ｄをつくりました。下の表は，メスシリンダーＢ～Ｄの３時間後の水の減少量を表しています。３時間後のメスシリンダーＡの水の減少量として正しい値《あたい》はどれですか。

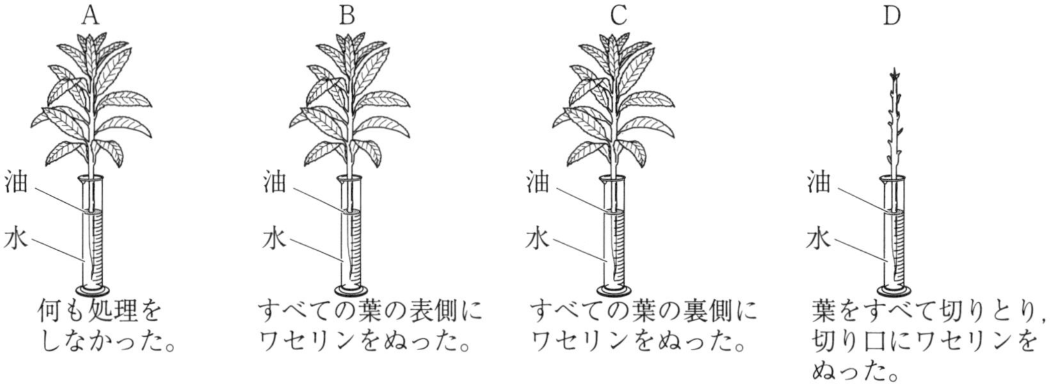

	メスシリンダーＢ	メスシリンダーＣ	メスシリンダーＤ
３時間後の水の減少量〔cm^3〕	1.9	0.8	0.2

ア．$1.1cm^3$　　イ．$2.5cm^3$　　ウ．$2.7cm^3$　　エ．$2.9cm^3$

（３）　メダカのオスとメスを同じ水そうに入れておいたところ，水そう内の水草にメダカのたまごがついていました。このメダカのたまごから，子メダカがかえるまでのおよその期間として正しいものはどれですか。ただし，水温は25℃とします。

ア．１日　　イ．10日　　ウ．20日　　エ．30日

（４） 右の図のＡは，ヒトのからだの臓器《ぞうき》を示したものです。Ａの臓器の名称《めいしょう》とはたらきについての説明として正しいものはどれですか。

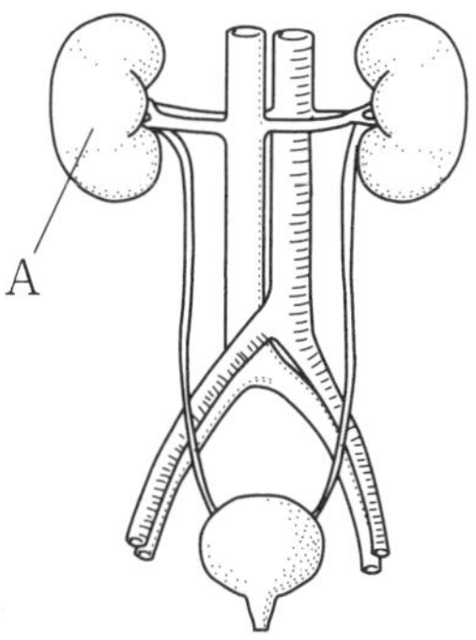

ア．Ａはかん臓で，有害なアンモニアを尿素《にょうそ》に変える。

イ．Ａはかん臓で，血液中の不要物をこし取って尿をつくる。

ウ．Ａはじん臓で，有害なアンモニアを尿素に変える。

エ．Ａはじん臓で，血液中の不要物をこし取って尿をつくる。

（５） 下の図は草食動物であるシマウマの顔を正面から見たときと，肉食動物であるライオンの顔を正面から見たときのようすです。シマウマの目が，ライオンの目に比べ，頭の横についていることによる利点として正しいものはどれですか。

ア．立体的に見ることができ，敵《てき》からすぐに逃《に》げることができる。

イ．立体的に見ることができ，敵との距離《きょり》を正確に知ることができる。

ウ．広い範囲《はんい》を見ることができ，敵からすぐに逃げることができる。

エ．広い範囲を見ることができ，敵との距離を正確に知ることができる。

（6） 地球，月，太陽が下の図のような位置に一直線に並《なら》んだときの，地球から見える月の形を何といいますか。

ア．下げんの月　　イ．上げんの月　　ウ．満月　　エ．新月

（7） 太陽の一部，または全部が月によってかくされる現象を日食といいます。日食は図１のように，厚紙に針《はり》で穴《あな》をあけたピンホールを用いて観察することができます。しゃ光板を用いて観察したとき図２のように見える日食を，ピンホールを用いて観察したとき，図１の白い紙に写る像はどれですか。

図１

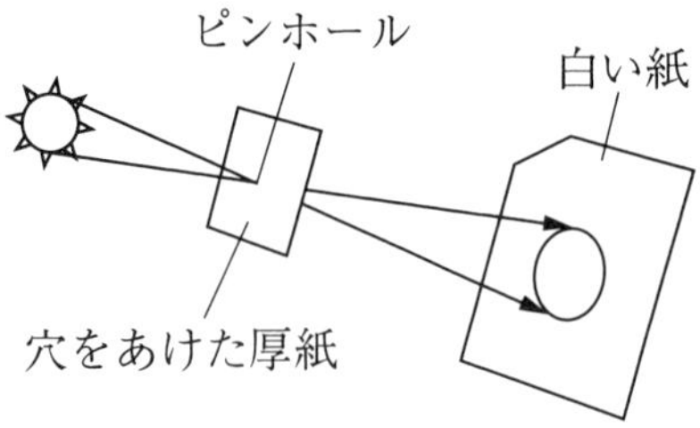

図２

ア

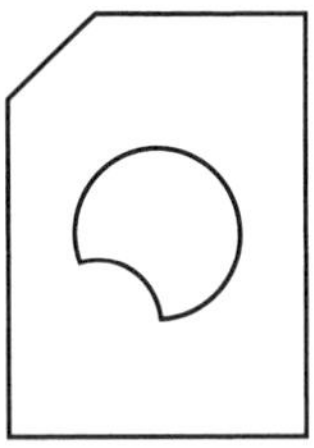

イ

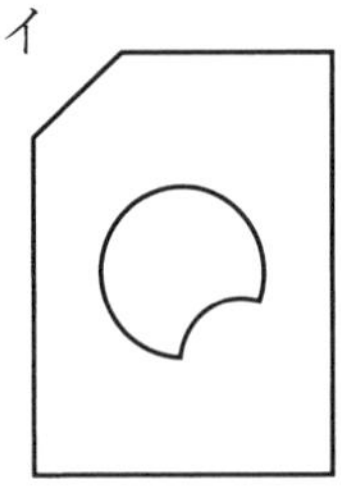

ウ

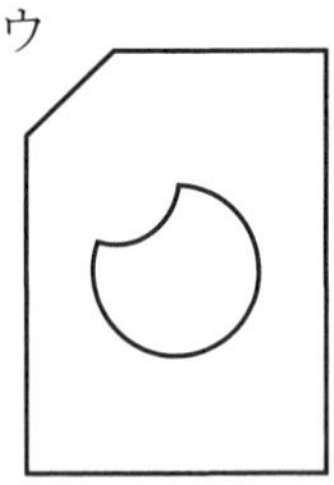

エ

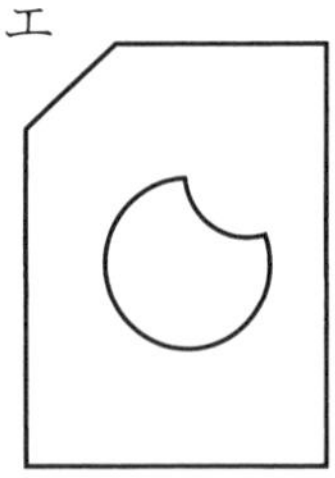

（8） 同じ場所で同じ時こくに見える星は，１年で360度動きます。星が１か月に回転する角度は何度ですか。

ア．15度　　イ．30度　　ウ．60度　　エ．90度

(９) ある地層《ちそう》から，小さな穴があいた小石や角ばっている小石が混ざった層が見つかりました。この層が堆積《たいせき》したときに起こったできごととして正しいものはどれですか。

ア．流れる水のはたらきがあった。

イ．大雨がふった。

ウ．火山が噴火《ふんか》した。

エ．大きな地震《じしん》があった。

(10) 下の図のグラフA，Bのうち，晴れの日を表しているグラフの記号と，その理由の組み合わせとして正しいものはどれですか。

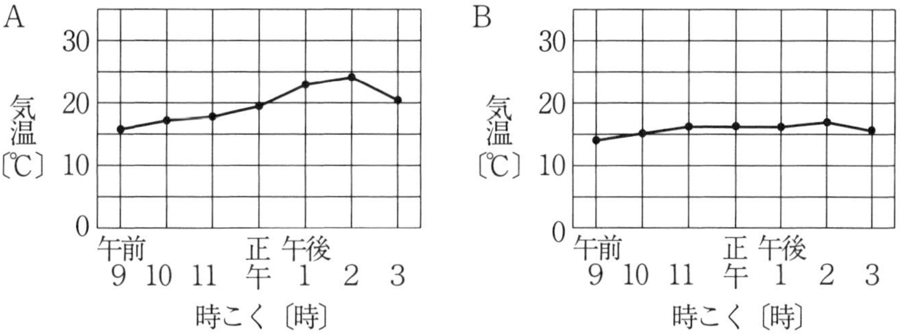

ア．記号：A　理由：気温の変化が小さいから。

イ．記号：A　理由：気温の変化が大きいから。

ウ．記号：B　理由：気温の変化が小さいから。

エ．記号：B　理由：気温の変化が大きいから。

(11) 鉄にあてはまり，マグネシウムにはあてはまらない特徴《とくちょう》はどれですか。

ア．磁石《じしゃく》につく。

イ．火をつけると燃える。

ウ．電気を通す。

エ．たたくと広がる。

(12)　炭酸水は，ある気体が水にとけた水溶液《すいようえき》です。炭酸水にとけている気体の特徴をいかして，身近な生活で利用されている例として正しいものはどれですか。

ア．最も軽い気体で，燃えても有害な物質が出ないため，車の燃料として使われることもある。

イ．燃えにくい気体であるため，消火器につめて利用されることもある。

ウ．他の物質とほとんど反応しないため，蛍光灯《けいこうとう》を長持ちさせるために蛍光灯に入れられている。

エ．空気と比べて軽いため，飛行船をうかすために使われている。

オ．変化しにくいため，飲料容器内の空気と置きかえられている。

(13)　右の図のように，わりばしを試験管内で加熱すると，黒い固体ができました。黒い固体をとり出し，さらに強く加熱したときのようすとして正しいものはどれですか。

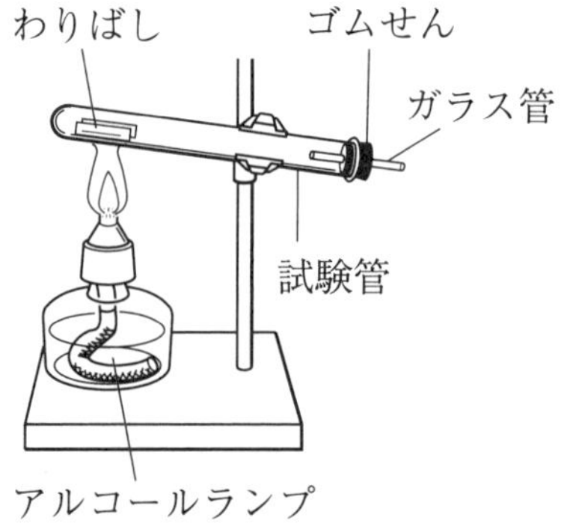

ア．ほのおとけむりを出して，激《はげ》しく燃える。

イ．ほのおとけむりを出さずに，赤く光りながらゆっくりと燃える。

ウ．燃えずに，しずかにとける。

エ．変化は見られない。

(14)　うすい塩酸にスチールウールを加えたときに発生する気体の性質として正しいものはどれですか。

ア．密度《みつど》が最も小さい物質で，水にとけにくい。

イ．上方《じょうほう》置換《ちかん》で集めることができ，水溶液はアルカリ性を示す。

ウ．火のついた線香を入れると，線香がほのおを上げて燃え，水にはとけにくい。

エ．石灰《せっかい》水に通すと石灰水が白くにごり，植物の光合成の材料になる。

(15)　下の表は，鉄，銅，アルミニウム，亜鉛《あえん》のそれぞれ4種類の金属でできた長さ1mの棒《ぼう》が，温度が1℃上がるごとにのびる長さを示しています。ある金属でできた長さ50cmの棒を熱して，温度を10℃上げたとき，棒が0.012cmのびました。この棒は何の金属でできていますか。

金属の種類	温度が1℃上がるごとにのびる長さ〔cm〕
鉄	0.0012
銅	0.0017
アルミニウム	0.0024
亜鉛	0.0030

ア．鉄

イ．銅

ウ．アルミニウム

エ．亜鉛

(16)　同じかん電池4こと同じ豆電球4こを用意して，下の図のように，かん電池が直列つなぎの回路と並列《へいれつ》つなぎの回路をつくりました。このとき，並列つなぎの回路の豆電球1こに流れる電流の大きさを1とすると，直列つなぎの回路の豆電球1こに流れる電流の大きさはいくつですか。ただし，直列つなぎの回路の2この豆電球に流れる電流の大きさはどちらも同じものとします。

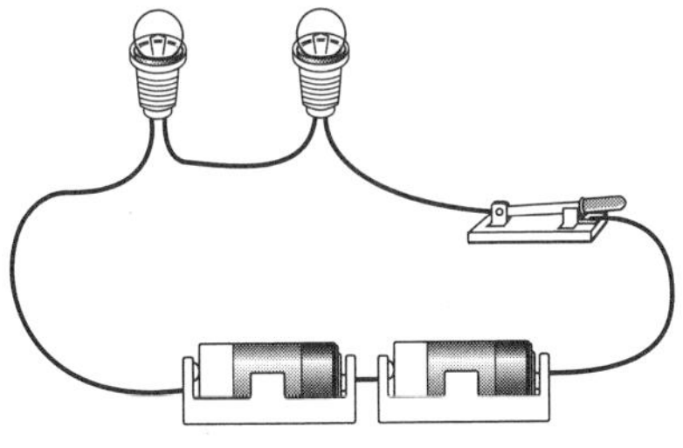

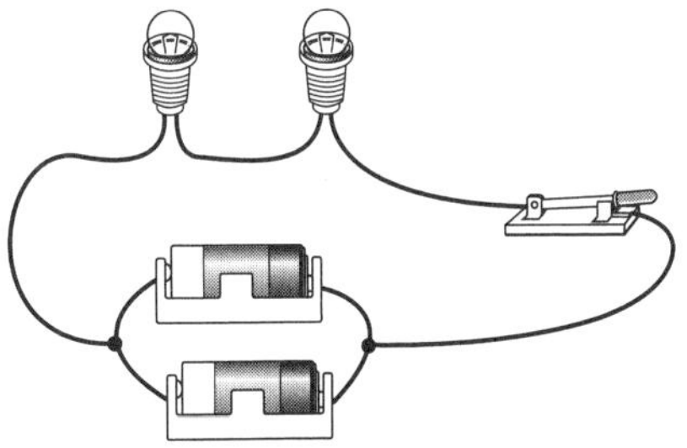

ア．1

イ．2

ウ．3

エ．4

(17)　輪じくとかっ車を組み合わせて，右の図のような装置《そうち》をつくりました。ある大きさの力でひもCを引いたとき，この装置がつり合いました。このとき，おもりAの重さは何gですか。ただし，輪じくの重さは100g，おもりBの重さは600g，輪じくの半径の長さは図のとおりで，かっ車とひもの重さや，ひもとかっ車，輪じくの間のまさつはないものとします。

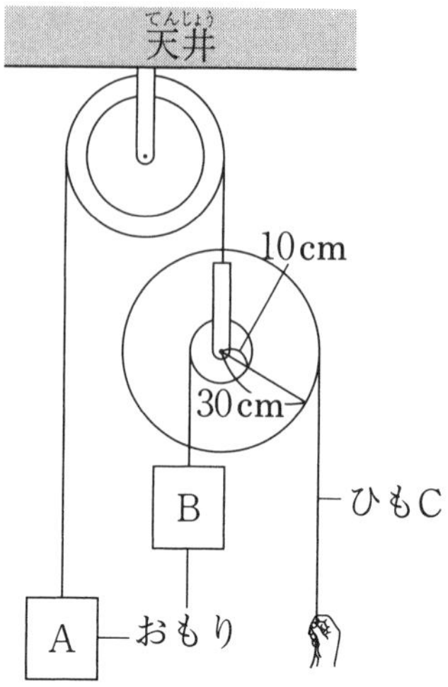

ア．700g
イ．900g
ウ．1000g
エ．1300g

(18)　電磁石の強さを調べるために，クリップを使って実験をしました。スイッチを入れるとクリップが最も多くつく電磁石はどれですか。

ア
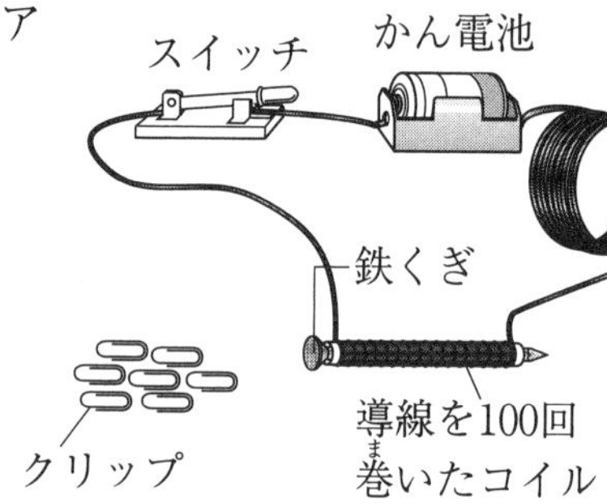

イ
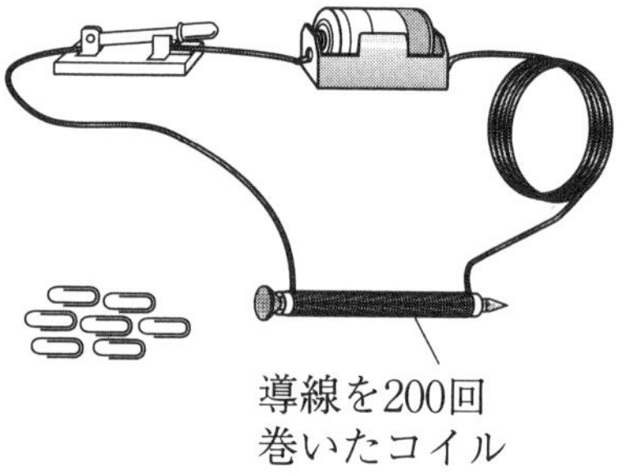

ウ
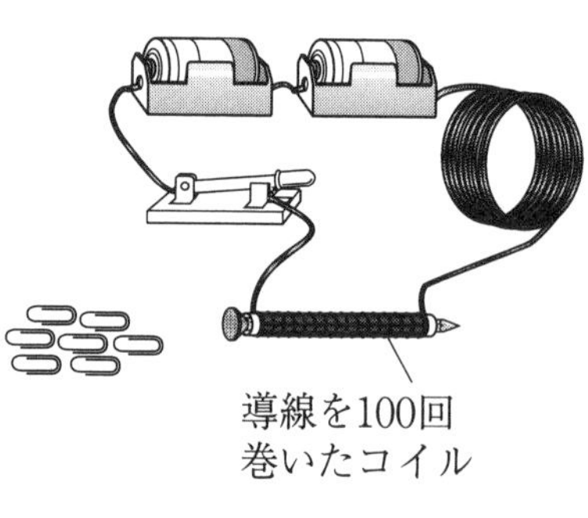

エ
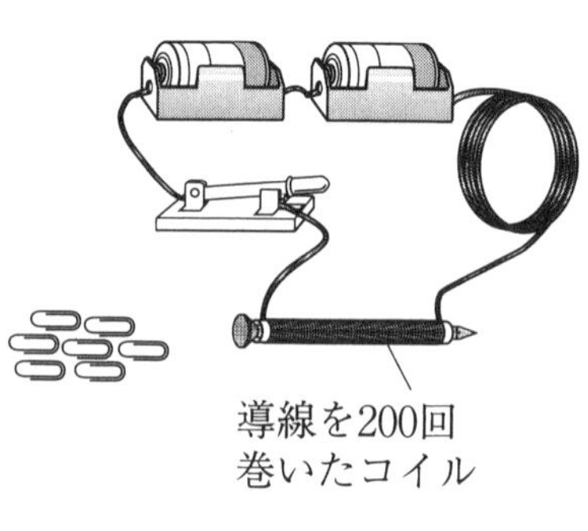

(19)　下の図のように，ろうそく，凸《とつ》レンズ，半透明《はんとうめい》のスクリーンを一直線に並《なら》べ，凸レンズの位置を固定しました。ろうそくから凸レンズまでの距離Ａが10cmのとき，凸レンズからスクリーンまでの距離Ｂをさまざまにかえても，スクリーン上にろうそくの像ができませんでした。このとき，スクリーンをはずし，凸レンズを通してろうそくを見ると，どのような像が見えますか。

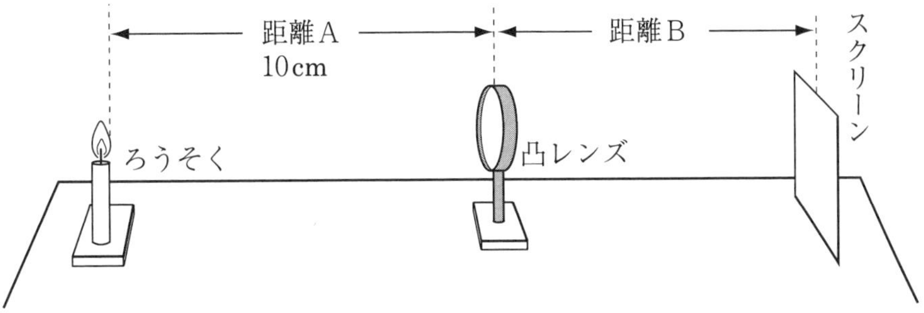

ア．ろうそくより小さく，上下左右が逆向きの像
イ．ろうそくより小さく，上下左右が同じ向きの像
ウ．ろうそくより大きく，上下左右が逆向きの像
エ．ろうそくより大きく，上下左右が同じ向きの像
オ．ろうそくと同じ大きさで，上下左右が逆向きの像
カ．ろうそくと同じ大きさで，上下左右が同じ向きの像

(20)　夜空に打ちあがる花火を見ていました。花火が開いてから，ドーンと音が聞こえるまで1.5秒かかりました。花火を見ていた地点から花火が開いたところまでの距離は何ｍですか。ただし，空気中を伝わる音の速さは秒速340ｍとします。

ア．255m
イ．340m
ウ．510m
エ．1020m

2 **糸の先におもりをぶら下げ，下の図のようなふりこをつくりました。下の表は，図のふりこのおもりの重さやふりこの長さ，ふれ幅《はば》をさまざまに変えて，ふりこが 10 往復する時間をはかった結果を示しています。これについて，後の問いに答えなさい。**

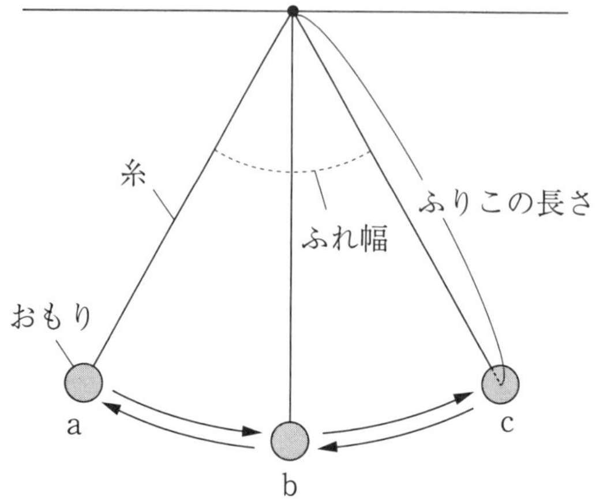

表

おもりの重さ〔g〕	20	30	40	40	50	50	60
ふりこの長さ〔cm〕	30	30	50	50	75	100	120
ふりこのふれ幅〔度〕	50	50	50	60	80	80	80
10 往復する時間〔秒〕	11.0	11.0	14.2	14.2	17.4	20.0	22.0

（1） ふりこのおもりの速さが最も速くなるのはおもりがどの位置にきたときですか。

ア．点 a　　イ．点 a と点 b のあいだ
ウ．点 b　　エ．点 b と点 c のあいだ
オ．点 c　　カ．どの位置も同じ

（2） 実験ではかった 10 往復する時間から，ふりこが 1 往復する時間を求める方法について説明した次の文が正しくなるように，（　　　）にあてはまることばを書きなさい。

はかった時間のずれを小さくするために，10 往復する時間を何回かはかり，その（　　　）を求めたあと，10 で割る。

（3） おもりの重さを 200g，ふりこの長さを 50cm，ふりこのふれ幅を 100 度にして，実験を行いました。このとき，1 往復する時間は何秒になると考えられますか。

（４） おもりの重さを50g，ふりこの長さを200cm，ふりこのふれ幅を80度にして，実験を行いました。このとき，１往復する時間は何秒になると考えられますか。

（５） ふりこが１往復する時間をふりこの周期といいます。ふりこの周期についての説明として正しいものはどれですか。

ア．おもりの重さが重いほど，ふりこの周期は長くなる。

イ．ふりこの長さが長いほど，ふりこの周期は長くなる。

ウ．ふりこのふれ幅が大きいほど，ふりこの周期は長くなる。

エ．おもりの重さ，ふりこの長さ，ふりこのふれ幅に関係なく，ふりこの周期はつねに一定である。

オ．おもりの重さ，ふりこの長さ，ふりこのふれ幅に関係なく，ふりこの周期はつねに変化している。

3 **ある環境《かんきょう》とそこにすむ生物のひとつのまとまりを「生態系《せいたいけい》」といいます。また，その生態系の中では，生物どうしの『食べる・食べられる』の関係が見られます。下の図のピラミッドは，『食べる・食べられる』の関係にある水中の生物の個体数を表しており，面積の大きさは個体数の多さを表現しています。ピラミッド中の生物Ａが生物Ｂを食べ，生物Ｂが生物Ｃを食べる，という関係が成り立っています。これについて，後の問いに答えなさい。**

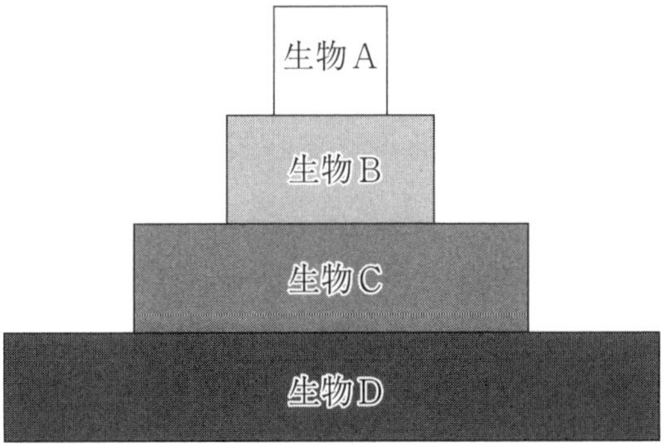

（１） 下線部について，『食べる・食べられる』という一連の関係を何といいますか。

（２） （１）のように，『食べる・食べられる』の関係にある生物の組み合わせとして正しいものはどれですか。

ア．ウサギとスズメ　　イ．ダンゴムシとミミズ

ウ．バッタとクモ　　エ．モンシロチョウとカブトムシ

（３） 図のピラミッドの生物Ａ～Ｄにあてはまる生物の組み合わせとして正しいものはどれですか。

	生物Ａ	生物Ｂ	生物Ｃ	生物Ｄ
ア	サメ	イワシ	ブリ	水の中の小さな生物
イ	水の中の小さな生物	イワシ	ブリ	サメ
ウ	サメ	ブリ	イワシ	水の中の小さな生物
エ	水の中の小さな生物	ブリ	イワシ	サメ

（４） 図のピラミッドの生物Ｃの個体数が，ある環境の変化によって急激《きゅうげき》に減少したとき，ピラミッドの個体数はどのように変化すると考えられますか。次の文の（　①　），（　②　）に入る生物の組み合わせとして正しいものはどれですか。

生物Ｃの個体数が減少すると，（　①　）の個体数は減少し，（　②　）の個体数は増加する。

ア．①生物Ａ　②生物Ｂ，生物Ｄ
イ．①生物Ｂ　②生物Ａ，生物Ｄ
ウ．①生物Ｄ　②生物Ａ，生物Ｂ
エ．①生物Ａ，生物Ｂ　②生物Ｄ
オ．①生物Ａ，生物Ｄ　②生物Ｂ
カ．①生物Ｂ，生物Ｄ　②生物Ａ

（５）（４）のように，生態系において，ある生物の個体数が一時的に変化しても，時間がたつとふたたびもとのバランスにもどると考えられます。それはなぜですか。図のピラミッドの生物Ｄが増加したとき，個体数がもとにもどるようすを簡《かん》単《たん》に説明しなさい。ただし，生物Ｃと生物Ｄの『食べる・食べられる』の関係のみに注目して，生物Ａ，生物Ｂについては考えないものとします。

（６） 生態系のバランスがくずれる要因として誤《あやま》っているものはどれですか。
ア．外国から持ちこんだ生物を野生に放す。
イ．南極大陸をおおう氷や氷河がとけて，海面が上しょうする。
ウ．手入れされなくなった里山の雑木林に，木が生《お》い茂《しげ》る。
エ．食べるために魚を大量に捕《と》る。
オ．個体数の減少した生物を保護して人工的に子孫をふやす。

四 次の熟語《じゅくご》の対義語（意味が反対や対《つい》になる言葉）を、後の□のカタカナの中からそれぞれ一つずつ選び、漢字に直して答えなさい。

① 禁止　② 支配　③ 勝利　④ 分裂《ぶんれつ》　⑤ 瞬間《しゅんかん》

エイエン　キョカ　トウイツ　ジュウゾク　ハイボク

五 次の傍線《ぼうせん》部のカタカナを、それぞれ漢字に直しなさい。

① シキュウこの仕事にとりかかってほしい。

② 時計のビョウシンの進む音が聞こえる。

③ 家臣が王様にチュウセイを誓《ちか》う。

④ 敵《てき》の攻撃《こうげき》をシリゾける。

⑤ 宿題を早めにスませる。

三 **次の（　）に漢字一字をそれぞれあてはめて、慣用句を使った文を完成させなさい。また、その慣用句の意味を、後からそれぞれ一つずつ選び、記号で答えなさい。**

① すてきな指輪を見かけたが、高価すぎて私《わたし》には（　）が出ない。
② 彼《かれ》は（　）が固い人なので、説得するのが大変だ。
③ ここは弟の（　）を立てて、彼の意見を受け入れよう。
④ 知人に頼《たの》みごとをしにいったが、とりつく（　）もなかった。
⑤ 二人の間に（　）をさすようなことは言わない。

ア　自分の考えにこだわって柔軟《じゅうなん》な思考ができない。
イ　一度始めたことは途中《とちゅう》でやめられない。
ウ　相手の名誉《めいよ》が傷《きず》つかないようにする。
エ　あいまいな言葉でごまかされる。
オ　うまくいっていることのじゃまをする。
カ　自分の能力を超《こ》えていてどうにもできない。
キ　態度が冷たくて話を進めようがない。

問３　本文中の空欄《くうらん》にあてはまる言葉として最も適切なものを、次の中から選び、記号で答えなさい。

ア　自由奔放《ほんぽう》　　イ　公明正大　　ウ　単刀直入　　エ　杓子定規《しゃくしじょうぎ》

問４　③「陸、次のキャプテンは君だ。引き受けてくれ」とあるが、黒岩は、選手としての陸をどのように評価し、期待しているか。「……と評価し、期待している。」につながる形で、五十字以上六十字以内で説明しなさい。（句読点・記号がある場合は一字に数える。）

問５　④「堂々巡り」とあるが、ここでは具体的にどのような状態を示しているのか。八十字以上九十字以内で説明しなさい。（句読点・記号がある場合は一字に数える。）

問６　本文の表現と内容の説明として最も適切なものを、次の中から選び、記号で答えなさい。

ア　物語の途中《とちゅう》で過去の場面を描《えが》くことで、かつて希望に満ちてジュニアクラブに入った陸が、現実の中でさまざまな難題《なんだい》にぶつかり、なやみながら乗り越えていこうとする姿《すがた》を印象づけている。

イ　たとえの表現や文章中の語順を変える表現をたくさん使うことで、陸の南雲への対抗《たいこう》意識や、厳しくもあたたかい指導をしてくれる黒岩コーチとのきずなの強さが強調されている。

ウ　陸の行動とともに周囲の風景の変化をくわしく描くことで、卑屈《ひくつ》になりがちだった陸が、キャプテンに指名されたことをきっかけに前向きになっていく様子がいきいきと表現されている。

エ　陸の心の中の思いを「　」を使わずに直接表現することで、陸の南雲に対する複雑な気持ちや、キャプテンに指名されたことによる心のゆれ動きがわかりやすく描かれている。

(注５) 叱責……上の立場の人間が、目下の人間の間違いについて厳しくしかること。
(注６) 散漫……しまりがなく集中力に欠ける様子。
(注７) ＶＩＰ……最も重要な人物。
(注８) 破綻……うまくいかず、どうにもならなくなること。

問１ ①「せめて賢明であるべきだ」とあるが、具体的にはどうするということか。「……という判断をすること。」につながる形で、三十五字以上四十字以内で説明しなさい。（句読点・記号がある場合は一字に数える。）

問２ ②「南雲デンキ自転車部ジュニアクラブのメンバーだ」とあるが、ジュニアクラブにおける陸についての説明として最も適切なものを、次の中から選び、記号で答えなさい。

ア ロードレースに情熱を燃やしてひたむきに練習を重ねているが、その一方で後輩である南雲にかなわないことを気にしすぎるせいで、かえって思うように実力を発揮《はっき》できないでいる。

イ 自転車で走ることを愛しており、また優秀《ゆうしゅう》なロードレースの選手としてそれなりの自負を持っているが、南雲のような飛び抜けた才能を持っているメンバーに対して劣等《れっとう》感を抱《いだ》いてもいる。

ウ 自転車に乗ることは好きであるものの、南雲のようにロードレースの選手としての自覚は必ずしも強くはなく、あくまで自分のペースを守って自転車を楽しむことに意味を見いだしている。

エ 向上心が強く負けず嫌《ぎら》いであり、ロードレースでは誰《だれ》にも負けたくないと考えているが、天才的な選手である南雲に対してだけは良きライバルとして純粋《じゅんすい》に尊敬の念を抱いている。

自信はない。引き受けたい気持ちはある。南雲デンキ自転車部ジュニアクラブのキャプテン、と言えば、自転車関係者の間ではちょっとした(注7)ＶＩＰ《ブイアイピー》扱いだ。でも、そんなうわついた理由で引き受けて、無能さを曝《さら》け出して(注8)破綻《はたん》するよりは、自重して引き受けない方がチームのためになるのではないか。でも……。

ふう、と大きく息を吐き出して、陸は自宅に目をやった。また④堂々巡《めぐ》りだ。

二階の窓から明かりが漏《も》れている。陸の部屋の隣《となり》、普段《ふだん》は使わない部屋だ。

父親が帰宅したのだろうか？

そんなはずはない。今頃は数人の同僚《どうりょう》とともに医療《いりょう》設備の整ったワゴンバスに乗って山奥の無医地区を巡回しているはずだ。出発して一週間、あと三週間は帰ってこない。

母親が片《かた》付けでもしているのかもしれない。

陸はサドルに腰を下ろした。ギアを軽くして、ゆっくりと坂を上る。もう少し家に着くまでの時間を引き延《の》ばして考えたかった。母親にキャプテンの話をするのは、心が決まってからでいい。

（川西蘭《かわにしらん》「風を運ぶ人」より）

（注１）タイアのグリップ……「タイア」はタイヤ。「グリップ」は物をしっかりとつかむ力のことで、ここではタイヤと路面の間に働くまさつ力のこと。

（注２）巡航速度……平地で一定時間維持《いじ》できる速度。

（注３）自転車ロードレーサー……ここではロードレースの競技者を指す。「ロードレース」は、舗装《ほそう》道路で行われる自転車競技。

（注４）フラットバー……自転車のハンドルの形の一種。まっすぐな形のハンドル。

陸はゆっくりと振《ふ》り返った。心臓《しんぞう》がどきどきする。黒岩はまっすぐに陸を見ていた。サングラスの黒いレンズの向こうで黒岩の目が光っているようだ。

「スタートから海岸通りの手前まではよく走っていた。が、海岸通りに入ったとたんに気が抜けた。折り返してからは持ち直したが、最後まで走りに魂《たましい》がこもっていなかった」

見透《す》かされている。さすがに南雲デンキ自転車部の育成コーチだ。陸は軽く唇《くちびる》をかんだ。

「……風が気になって、集中が乱《みだ》れました」

「それが最大の課題だ」黒岩はぴんと伸《の》ばした人指し指を陸の鼻に向けた。「集中の持続（注６）。散漫《さんまん》になるのが陸の欠点だ。周囲に気を配るのはいい。神経が濃《こま》やかなのもいい。けれど、集中を失ってはなんにもならない」

「わかっています」

「わかっているだろう、君は聡明《そうめい》だから。だが、わかった上で実践《じっせん》もして欲《ほ》しい。集中を持続する力がつけば、走りのレベルが上がる。それに、公道を走っているんだから、集中していなければ危険だ。一瞬の気の緩みが重大な事故を招く」

「改めます」陸は息を吐いた。「努力します」

「期待している」黒岩は微笑して言った。「キャプテンになれば、チーム全体への影響《えいきょう》も大きいのだから」

陸はもう一度礼をしてコーチ室を出た。

どうしよう？

そう思うのは迷いからではない。戸惑《とまど》いからだ。キャプテンは憧《あこが》れの存在だ。歴代のキャプテンは、まさにリーダーだった。チームをまとめ、レースではエース級の活躍《かつやく》をする。人格者で実力者だ。メンバーからは尊敬《そんけい》され、厚い信頼《しんらい》を寄せられる。

自分につとまるだろうか？

「キャプテンをやってくれないか?」

コーチ室に陸を招き入れると、黒岩コーチは□に言った。

陸は反射的に黒岩から目をそらして窓《まど》の外を見た。叱責でなくてよかった、とぼんやりと思った。そして、頭が空っぽになった。空は鉛色の雲に覆《おお》われている。鉛色の濃淡《のうたん》は墨絵《すみえ》を思わせる。夕暮《ぐ》れが近づいているせいか、かすかに朱《しゅ》がにじんでいるようだった。

「陸、聞こえているか?」

「無理です」

鉛色の空に向かって言った。

「無理ならば、頼《たの》まない」黒岩は静かに言った。口元に柔《やわ》らかな微笑《びしょう》が浮かんでいた。③「陸、次のキャプテンは君だ。引き受けてくれ」

でも、と言いかけて、陸は口を閉《と》じた。断る理由を挙げるのは簡単《かんたん》だ。向いていない、自信がない、他に適当な人がいる。けれど、口にするのは、ためらいがあった。キャプテンをやりたくないわけではない。そんなふうに思うのは、自分でも意外だった。

「考えさせてください」

わかった、と黒岩はうなずいた。満足そうだった。

「知っての通り、夏休み明けには新チームに切り替わる。返事は早い方がありがたいが、時間はまだある」

夏休みが終わるまで考えるつもりはなかった。一礼してコーチ室を出ようとした。

「今日の走りは感心しないな」

背後《はいご》から黒岩コーチが声をかけた。

に追いつくことはできない。

（中略）

走りに集中しろ。

気の抜けた走りを後半も続けるのは嫌《いや》だった。ペダルを回し、風を受けていると、体の奥《おく》から力が湧《わ》いてくる。なにも考えずに走る。それが陸にとっての幸福だった。

だらだらと続く坂を中間まで上がると、自宅《じたく》の屋根が見えてくる。

築五年、二階建て４ＬＤＫ《エルディーケー》。勤務《きんむ》医の父親が二十五年ローンを組んで建てた家だ。陸が小学生の頃《ころ》はニュータウンの中心部にある公団の集合住宅で生活していた。南雲学院中等部に入学し、一家はここに引っ越してきた。通学時間は自転車で約二十分、父親は通勤時間が三十分ほど長くなったけれど、もともと泊《と》まり込みが多いので気にしている様子はない。

陸はサドルから腰を上げ、立ち漕ぎを始めた。

自転車は(注4)フラットバーの軽量スポーツタイプだ。ロードレース用の自転車は高性能だけれど、扱《あつか》いが難《むずか》しい。日常の足に使うには不便だ。

さて、どうしよう？

ペダルを漕ぎながら陸は思った。ロッカールームを出たところでコーチの黒岩《くろいわ》に呼《よ》び止められ、コーチ室で話を聞いてから、もう何十回も自分に問い掛《か》けている。

コーチに呼び止められた時、気の抜けた走りを(注5)叱責《しっせき》されるのではないか、と警戒《けいかい》した。黒岩コーチはどんな手抜きも見逃《のが》さない。叱責して直らなければ、容赦《ようしゃ》なく切り捨《す》てる。厳しく、冷酷《れいこく》だ。

陸は海に目をやった。

風に煽《あお》られ、波が高い。ウィンドサーフィンの帆《ほ》がいくつか見え隠《かく》れしている。水平線には鉛色《なまりいろ》の雲が垂《た》れ込《こ》め、空と海が灰色《はいいろ》に溶《と》け合っている。七月も終わりに近づいているのに、梅雨《つゆ》はまだ明けていない。湿気《しっけ》を含《ふく》んだ南風は生暖《なまあたた》かく、肌《はだ》にまとわりつく。からりと晴れ上がった夏空を見られるのは、当分先になりそうだ。

(注2)巡航《じゅんこう》速度に切り替《か》えて、陸は海岸通りをバスターミナルまで走った。そこが折り返し地点だ。

バス待ちの客たちは好奇《こうき》の視線をこちらに向けている。無理もない。専用《せんよう》のヘルメットをつけ、チーム名のロゴが入った派手《はで》なジャージを着た(注3)自転車ロードレーサーを見る機会はそう多くはない。しかも、走っているのは中学生と高校生だ。総勢三十人ほど。全員が②南雲デンキ自転車部ジュニアクラブのメンバーだ。

南雲デンキ自転車部ジュニアクラブは、南雲デンキグループの中核《ちゅうかく》、南雲デンキが創設《そうせつ》した実業団チーム「南雲デンキ自転車部」の下部組織で、中学生と高校生がメンバーになっている。小学生が練習に参加することもあるが、有望な選手に限られる。全国的にも強豪《きょうごう》クラブとして知られ、大きな大会で好成績を残している。クラブに入会する際には厳《きび》しい選抜《せんばつ》があり、クラブに入ってからもレギュラーメンバーになるには激《はげ》しい競争がある。

陸は中学一年になると同時にジュニアクラブに入会し、高校一年からレギュラー選手になっている。自分でもそこそこ走れるとは思う。たぶん、アマチュアレーサーとしては同世代のトップクラスには入るだろう。でも、そこからは抜け出せない。見えない天井《てんじょう》があるのだ。トップ集団を抜けて、見えない天井を突《つ》き破り、頂点まで達するのは翼を持つ者だけだ。

ジュニアクラブに入って、陸は初めて翼を持つ者の存在《そんざい》を知った。

それまでは幸福だった、と思う。努力すれば、壁《かべ》を越《こ》えることができると無邪気《むじゃき》に信じていられたから。

今は違《ちが》う。翼の羽ばたきを耳にして、翼の巻《ま》き起こす風を受けると、努力の空《むな》しさが胸《むね》に残る。どんな努力をしても翼を持つ者ダメだ、止まらない。諦《あきら》めかけたとたん、風が弱まり、タイア(注1)のグリップが回復した。

ぐっと足を踏《ふ》ん張って、体ごと自転車を横風にぶつける。タイアのゴムが路面に食いつく感触《かんしょく》がハンドルから伝わってくる。傾《かたむ》いていた自転車は俊敏《しゅんびん》に反応し、独楽《こま》のように起き上がった。見えない糸で引き起こされたみたいだ。ペダルを漕《こ》いで加速する。

自転車はすぐにバランスを取り戻《もど》し、安定した。

口をすぼめて息を吐《は》き出した。危《あぶ》なかった。

ひゅん、と鞭《むち》が鳴るような音がして、かすかな風とともにオレンジの影《かげ》が通りすぎた。

「先輩《せんぱい》、お先です」

声を聞いた時には、南雲真一《なぐもしんいち》の背中《せなか》は五メートル先にあった。

オレンジ色のジャージに「nagumo sport Jr. club」のロゴ、筋肉《きんにく》の薄《うす》い背中は華奢《きゃしゃ》で頼《たよ》りない感じがする。けれど、彼《かれ》の肩甲骨《けんこうこつ》の下のあたりには透明《とうめい》な翼《つばさ》が生えているのだ。

南雲はその翼を使って羽ばたく。まだ中学三年生で二学年も下なのに力の差はすでに歴然としている。翼を持つ者と持たない者の差だ。その差は決して埋《う》まらない。

サドルから尻《しり》を上げ、南雲は海からの強い横風を気にする様子もなく、軽《かろ》やかなペダリングで自転車のスピードを上げていく。

透明な翼の羽ばたきが聞こえてくるようだ。

負けるものか。反射《はんしゃ》的に追いかけようとした。けれど、熱い衝動《しょうどう》は一瞬で消えてしまった。

追うだけ無駄《むだ》だ。

霜嶺陸《しもみねりく》はサドルに腰《こし》を戻し、視線《しせん》を路面に向けて深呼吸《こきゅう》をした。

どうせ、追いつけはしない。危険《きけん》を冒《おか》して無駄なことをするのは愚《ぐ》の骨頂《こっちょう》だ。翼がないのであれば、①せめて賢明《けんめい》であるべきだ。

問６　本文の説明として最も適切なものを、次の中から選び、記号で答えなさい。

ア　コンピューターの能力と人間の能力を比較《ひかく》したうえで、無理にコンピューターに勝とうとせずに、人間のおよばない部分をコンピューターに補《おぎな》わせることが、人間の社会を進歩させて人間の価値を高めることにつながると述べている。

イ　コンピューターと人間の関係を考察して、人間が大量の知識を記憶できるコンピューターに頼《たよ》るあまり、思考力の基本となる知識を身につけることを怠《おこた》っていると指摘《してき》し、今後コンピューターの役割《やくわり》がさらに大きくなることに危機《きき》感を示している。

ウ　知識ばかり重視《じゅうし》する現状について具体的な問題点を挙げて批判《ひはん》するとともに、コンピューターの出現が社会におよぼす影《えい》響《きょう》を説明して、知識を記憶するだけのコンピューターにはない、人間独自の能力に注目すべきだと主張している。

エ　知識を増やすことが中心だった今までの教育に疑問《ぎもん》を示し、知識を身につけるとかえって思考力が衰《おとろ》えることを、具体例を挙げながら説明したうえで、知識の蓄積《ちくせき》をコンピューターにすべて任せて人間の思考力を高めるべきだと主張している。

二　**次の文章を読んで、後の問い（問１～問６）に答えなさい。**

大通りを下り、緩《ゆる》やかなコーナーを抜《ぬ》けて、海岸通りに入った瞬間《しゅんかん》、すっと自転車が宙《ちゅう》に浮《う》いた。

ハンドルをぎゅっと握《にぎ》り締《し》め、上体を低くして、息を止めた。

風だ。

海からの横風をまともに喰《く》らったのだ。コーナーにオーバースピードぎみで入り、風を気にする余裕《よゆう》がなかった。

路面をセンターラインの方に滑《すべ》っていく。なすすべはない。対向車が来ないことを願うばかりだ。

問３　②「のんきな時代は、コンピューターの登場で終わってしまった」とあるが、コンピューターの登場に対する筆者の考えについて二人の児童が話をしている。次の会話の空欄にあてはまる言葉を、本文中から二十字で抜《ぬ》き出して答えなさい。（句読点・記号がある場合は一字に数える。）

Aさん「知識だけ詰め込んでおけば成功できた時代のことを、筆者は『のんきな時代』と表現しているよ。でも、コンピューターが登場した以上、これからの時代は、そんなのんきな姿勢《しせい》では通用しないんだね。」

Bさん「そうだね。さまざまな状況《じょうきょう》で［　　］時代に備えて、人間は現在の知識万能主義を捨てなければならないと筆者は述べているんだね。」

問４　③「保守的」、④「ありきたり」と似た意味の言葉として最も適切なものを、次の中からそれぞれ一つずつ選び、記号で答えなさい。

③「保守的」　ア　大器晩成《ばんせい》　イ　我田《がでん》引水　ウ　旧態依然《いぜん》　エ　栄枯盛衰《えいこせいすい》

④「ありきたり」　ア　月並《な》み　イ　無秩序《ちつじょ》　ウ　抽象《ちゅうしょう》的　エ　かたくな

問５　⑤「人間が存在価値を見失うことはないだろう」とあるが、人間の存在価値とはどのような点にあると筆者は考えているのか。次の文の空欄にあてはまる言葉を、「適量」「未知」という言葉を使って、五十字以上六十字以内で説明しなさい。（句読点・記号がある場合は一字に数える。）

［　　］ような思考力を持つことができる点。

（注１）メタボリック症候群……内臓《ないぞう》の周囲に脂肪《しぼう》がたまった状態で、高血圧や高血糖《けっとう》、脂質の異常《いじょう》などが起こること。
（注２）かかずらって……こだわって。
（注３）棋士……職業として将棋《しょうぎ》や囲碁をする人のこと。
（注４）碁……囲碁のこと。

問１　①「知識メタボリック症候群」とあるが、この症候群になると、人はどうなるのか。最も適切なものを、次の中から選び、記号で答えなさい。

ア　取り入れた大量の知識にしばられて自力でものを考えなくなり、新たな創造《そうぞう》を自由に行うことができなくなる。
イ　知識の豊富さにうぬぼれて自分の考えだけが正しいと過信してしまうような、つまらない人間になってしまう。
ウ　大量の知識を取り入れるだけで満足してしまい、それらの知識が本当に正しいかどうかを確かめようとしなくなる。
エ　知識が豊富であることを素晴らしいことだと思い込んで、他人にも知識の暗記を強制するようになってしまう。

問２　空欄《くうらん》［Ａ］～［Ｃ］にあてはまる言葉を、次の中からそれぞれ一つずつ選び、記号で答えなさい。（同じ記号は二度以上使わない。）

ア　それとも　イ　そして　ウ　たとえば　エ　ところが　オ　では　カ　なぜなら

として大量のデータを記憶しているのである。

本当の意味で「考える」ということは、日本人だけでなく、現代を生きる人間にとっても極《きわ》めて難《むずか》しい。なぜなら、われわれは「知識」をもっているからだ。

知識がある程度まで増えると、自分の頭で考えるまでもなくなる。知識を利用して、問題を処理できるようになる。借り物の知識でなんとか問題を解決してしまう。

もちろん知識は必要である。何も知らなければただの無為《むい》で終わってしまう。ただ、知識は多ければ多いほどいいと喜ぶのがいけない。良い知識を適量、しっかり頭の中に入れて、それを基《もと》にしながら自分の頭でひとが考えないことを考える力を身につける。

ところが、である。ふり廻《まわ》されないためには、よけいな知識はほどよく忘《わす》れなければならない。しかし、この「忘れる」ことが意外に難しい。

学校の生徒で、勉強において「忘れてもいい」と言われたことはあるだろうか？　もちろん、今の学校教育ではそんなことは言わない。ともすれば「忘れてはいけない」と教え込む。すくなくとも、「どうしたらうまく忘れるか」などという学校はないはずだ。

しかし実は、「覚える」のと同じくらいに、「忘れる」ことが大事で、しかも難しい。この「忘れる」ことによって、人間がコンピューターに勝っているのである。コンピューターは「覚える」のが得意な反面、「忘れる」のはたいへん苦手。人間のように、うまく忘れるということができない。

そもそも未知なものに対しては、借り物の知識などでは役に立たないのが当たり前だ。それまでの知識から外れた、わけのわからないモノゴトを処理、解決するには、④ありきたりの知識では役に立たない。いったん捨《す》てて、新しい考えをしぼり出す力が必要となる。そういう思考力を身につけられれば、コンピューターがどんなに発達しようと、⑤人間が存在価値を見失うことはないだろう。

（外山滋比古《とやましげひこ》「知ること、考えること」より）

を再生するという機能だけでは、充分《じゅうぶん》ではない。記憶と再生に関しては、人間はコンピューターにとてもかなわない。長い目で見れば、そのうちに、多くの場面で人間の代わりにコンピューターが仕事をするという時代がやってくる。その時すべての人間が失職するというのであれば、実に哀《あわ》れなことだ。元々、コンピューターは人間がこしらえたものなのに、そのコンピューターによって人間が仕事を失い、生きがいまで失う――そんなことにならないためにも、知識万能《ばんのう》主義から脱却《だっきゃく》しなくてはならない。

中学卒業後すぐに社会に出た人と、大学を出てから社会に出た人を比べると、単純《たんじゅん》な知識量は大学卒のほうがすぐれている。しかし、ものを考える力は、中学卒の人に大学卒の優秀な学生が負けるということがときとして起こる。(中略)

世の中では、大学が一番重要な教育を行っているように思っている人が大多数だが、大きな誤《あやま》り。たしかに、専門《せんもん》的な知識や特《とく》殊《しゅ》技術は大学でなければ身につけることができないだろう。だがそれは、人間として生きていくのに絶対必要なものではない。本当に大切なものは、遅《おそ》くとも一〇歳《さい》くらいまでの間にわれわれの体に宿っていなければいけないのである。

過ぎ去ったことにかかずらって(注2)いても憂鬱《ゆううつ》になるだけだ。憂鬱になる暇《ひま》があったら、われわれは他の方法を探《さが》さなくてはいけない。コンピューターなんかにできない、人間にしかない力を引き出さなくてはならない。

自分たちが生まれた直後に素晴らしい能力、天才を持っていたということ――これをしっかり自覚したい。[C]、今からでも遅くはない、できるだけ人間力を復活させるようにつとめる。もちろん、そう簡単《かんたん》に取り戻《もど》せるものではないけれども、要は気の持ちようだ。新しい力を習得すると考えるのではない。もっと早くやっていればなんでもなかったことを、少し遅《おく》れたから面《めん》倒《どう》になっただけだと思えばいい。

人間がコンピューターに勝つためにはどうしたらよいか。

その方法は「考える」こと。コンピューターは「記憶する」ことにかけては敵《てき》なしだが、「考える」ことを知らない。よく、プロの棋士《きし》(注3)と碁《ご》(注4)を打ってコンピューターが勝ったなんていうニュースを耳にする。コンピューターが考えているわけじゃない。知識く。知識と思考の間では反比例の関係が成り立つのである。

物知りはだいたいにおいてものを考えない傾向《けいこう》がつよい。古くからこれを「物知りの馬鹿」と言った。他にも、「なんでも知っている馬鹿」とか「学問のある馬鹿」などもこれに当たる。つまり、知識はあるけど、自分でものを考える力、新しいことを考え出す力がない人のことである。これは人間としてはあまり高級ではない。そういうことは昔からすでにわかっていた。しかし一方で、常に満点の答案を書けるような、正確な記憶《きおく》をもっているものは人間以外に存在《そんざい》しなかった。そこで記憶力の優《すぐ》れた人間が、尊重《そんちょう》されてきたのである。

A 、今からおよそ六〇年前に、二〇世紀中ごろ、かのコンピューターというものが登場した。これは人類にとって大事件だった。いくら優秀《ゆうしゅう》な人間でも知識を詰め込むには限界がある。それに対して、コンピューターの記憶は正確無比だ。記憶、知識に関して人間はコンピューターに勝てるわけがない。実際、さまざまな場面において人間はコンピューターに負け、仕事を奪《うば》われてきた。

近年は大学まで出た人が就職難《しゅうしょくなん》でウロウロしているけれど、コンピューターに仕事を奪われた結果だと考えられる。大学を出ても知識や事務処理についてコンピューターにかなう能力を持っている人はすくない。合理的に考えれば、知識しかない人間などもはやいらないということになる。 B 、コンピューターのほうがずっと能率がいいからだ。優秀なコンピューターを一台備えれば、何十人ぶんの、いわゆる事務的な仕事をこなしてしまう。下手《へた》な人間を雇《やと》うよりよっぽどいいわけだ。

これまでの人間は、のんびり知識だけ溜《た》め込んでいれば、試験に合格することができた。試験に合格して学校を出れば、社会の中でエリートとして生きてゆかれた。しかしそんな②のんきな時代は、コンピューターの登場で終わってしまったはずである。

人間は非常に③保守的な生き物だ。いったん始めたことはなかなか変えない。コンピューターが現れて六〇年。最近になってみんなやっと、人間というものの本当の力がいったい何なのか、少しずつだけど気づき始めた。すくなくとも、ものを記憶して、それ

二〇二二年度　常総学院中学校

【国語】〈第一回一般試験〉（五〇分）〈満点：一〇〇点〉

一　次の文章を読んで、後の問い（問1～問6）に答えなさい。

知識が増えると、どうしてもその知識をそのまま使用して物事を処理《しょり》しようとしがちになる。自分自身で考えることが、ついついおっくうになりがちだ。本に書いてあることをそのまま頭の中に入れ、それによっていれば自分で考える必要はなくなる。

知識をありがたがるのは歴史的なもので、どうにもならないことでもある。ヨーロッパでは一六世紀の終わり頃《ごろ》には、知識というものは社会的価値《かち》を持っているという考え方が確立した。以来、教育機関はとにかく知識を身につけることを教えた。それが大体今も続いている。

詰《つ》め込《こ》んでいけば、頭の中はいずれ知識でいっぱいになるが、それは良いこと、素晴《すば》らしいことだとみなされる。だが本当にそうだろうか？　自分の頭の中が、他人が考えた知識、本に書いてある知識で満杯《まんぱい》になることが、そんなにいいことだろうか？　トンデモないことでむしろ逆だ。そんな知識だけの頭では身動きが取れなくなってしまう。いわば、①知識メタボリック症候群《しょうこうぐん》（注1）。知識のぜい肉で太ってしまうと、軽《かろ》やかで柔軟《じゅうなん》な思考など到底《とうてい》望めなくなる。

知識メタボリック症候群の人は、一〇〇点満点の答案を書けるかもしれないけれど、この先三〇年もすれば、結局はつまらん人間にしかなりえないということがわかってくるだろう。心ある人は自分の責任で、自分の力でものを考えて行動できる人間でなければいけないと気づくことになる。例外はもちろんあるけれど、だいたいにおいて知識が増えると、ものを考える力が減ってい

2022年度 常総学院中学校 ▶解説と解答

算　数　＜第１回一般試験＞（50分）＜満点：100点＞

解　答

1 (1) 21　(2) 9　(3) 43　(4) $\frac{2}{3}$　(5) 2　(6) 13　(7) 0.45　**2** (1) 毎分12L　(2) 160円　(3) 8分後　(4) 12m　(5) 225g　(6) 6000円　(7) 40.26cm　(8) 720cm^3　**3** (1) 15枚　(2) 72枚　(3) 16枚　**4** (1) 毎秒2cm　(2) 192cm^2　(3) 12秒後　**5** (1) 5点　(2) 19通り　(3) 4通り

解　説

1 **四則計算**

(1) $24-12\div4=24-3=21$

(2) $(62-5\times7)\div3=(62-35)\div3=27\div3=9$

(3) $13\times4-153\div\{101-6\times(42-28)\}=52-153\div(101-6\times14)=52-153\div(101-84)=52-153\div17=52-9=43$

(4) $1\frac{1}{6}\div\left(2\frac{3}{4}\times\frac{7}{11}\right)=\frac{7}{6}\div\left(\frac{11}{4}\times\frac{7}{11}\right)=\frac{7}{6}\div\frac{7}{4}=\frac{7}{6}\times\frac{4}{7}=\frac{2}{3}$

(5) $4\times0.8-6.6\div5.5=3.2-1.2=2$

(6) $\left(1\frac{1}{2}+2\frac{2}{9}\div\frac{8}{27}\right)\times1\frac{4}{9}=\left(\frac{3}{2}+\frac{20}{9}\times\frac{27}{8}\right)\times\frac{13}{9}=\left(\frac{3}{2}+\frac{15}{2}\right)\times\frac{13}{9}=9\times\frac{13}{9}=13$

(7) $0.9\div\left\{\left(2.7+\frac{4}{5}\right)-\left(1\frac{3}{4}-0.25\right)\right\}=0.9\div\{(2.7+0.8)-(1.75-0.25)\}=0.9\div(3.5-1.5)=0.9\div2=0.45$

2 **水の深さと体積，消去算，旅人算，辺の比と面積の比，濃度《のうど》，売買損益，長さ，体積**

(1) 水そうの容積は，5.4×5＝27(L)である。また，1分＝60秒より，15秒は，$\frac{15}{60}=\frac{1}{4}$(分)なので，2分15秒は$2\frac{1}{4}$分とわかる。27Lの水そうが，$2\frac{1}{4}$分でいっぱいになったので，1分間で入れた水の量は，$27\div2\frac{1}{4}=27\times\frac{4}{9}=12$(L)と求められる。

(2) ノート1冊の値段はえん筆1本の値段より120円高いから，ノート6冊の代金はえん筆6本の代金より，120×6＝720(円)高くなる。そこで，ノート6冊とえん筆12本の代金の合計は，えん筆，6＋12＝18(本)の代金より720円高く，これが1440円になるから，えん筆18本の代金は，1440－720＝720(円)とわかる。よって，えん筆1本の値段は，720÷18＝40(円)とわかり，ノート1冊の値段は，40＋120＝160(円)と求められる。

(3) 2人合わせてP地点とQ地点との間を1往復分進むと，2人はすれちがう。1往復の距離《きょり》は，540×2＝1080(m)であり，Aさんの速さは分速75m，Bさんの速さは分速60mなので，2人が1分間で進む距離の和は，75＋60＝135(m)である。よって，2人がすれちがうのは，1080÷135＝8(分後)とわかる。

(4) 縦と横の長さの比が4：3なので，長方形の縦を4等分，横を3等分すると，この土地は，4

×３＝12(個)の合同な正方形に分割される。この正方形１個の面積は，108÷12＝９(m^2)だから，３×３＝９より，正方形の１辺の長さは３mとわかる。したがって，長方形の土地の縦の長さは，３×４＝12(m)と求められる。

(5)　６％の食塩水の重さを△gとすると，右の図１のようになる。図１でかげをつけた部分と太線で囲んだ部分の面積は，どちらも混ぜた食塩水にふくまれる食塩の重さを表すから，これらの面積は等しく，アとイの部分の面積も等しい。したがって，アの面積は，150×(0.16－0.1)＝９(g)にあたるから，イの面積も９gにあたり，△＝９÷(0.1－0.06)＝225(g)と求められる。

図１
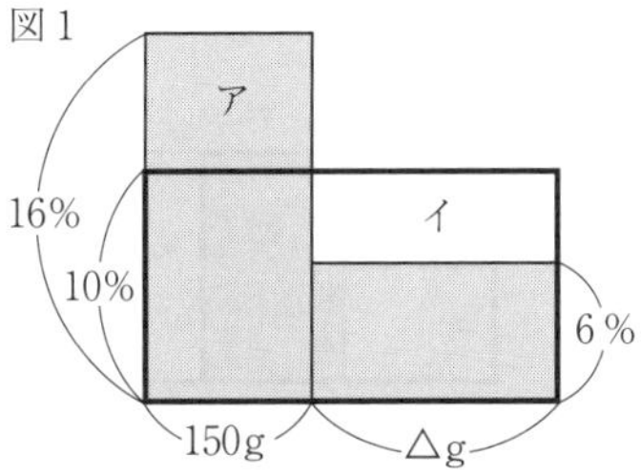

(6)　この商品の定価を$\boxed{1}$とすると，右の図２のようになる。図２より，$\boxed{0.25}$－$\boxed{0.1}$＝$\boxed{0.15}$が，500＋400＝900(円)にあたるので，この商品の定価は，$\boxed{1}$＝900÷0.15＝6000(円)と求められる。

図２
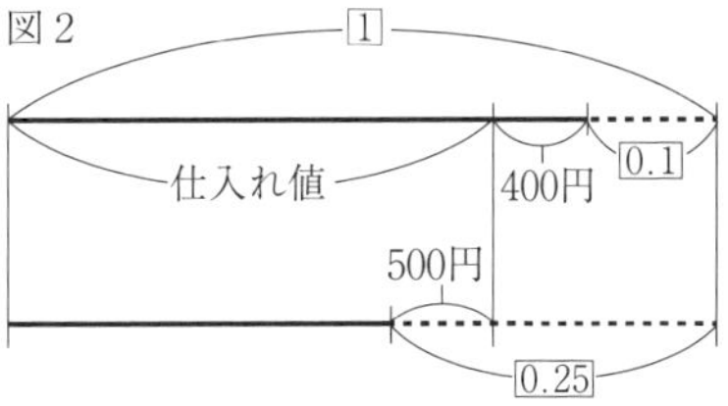

(7)　問題文中の図のかげをつけた部分の周りは，直径12cmの半円の弧《こ》と，半径12cmで中心角が45度のおうぎ形の弧と，12cmの直線でできている。よって，周りの長さは，$12\times3.14\times\frac{1}{2}+12\times2\times3.14\times\frac{45}{360}+12=6\times3.14+3\times3.14+12=(6+3)\times3.14+12=9\times3.14+12=28.26+12=40.26$(cm)と求められる。

(8)　右の図３のように，三角すいF－ABCと，三角すいD－EGHと，間の立体の３つに分けられる。２つの三角すいは合同であり，それぞれの体積は，(10×６÷２)×18÷３＝180(cm^3)である。よって，もとの直方体の体積は，10×６×18＝1080(cm^3)だから，間の立体の体積は，1080－180×２＝720(cm^3)となり，最も大きい立体の体積は720cm^3とわかる。

図３
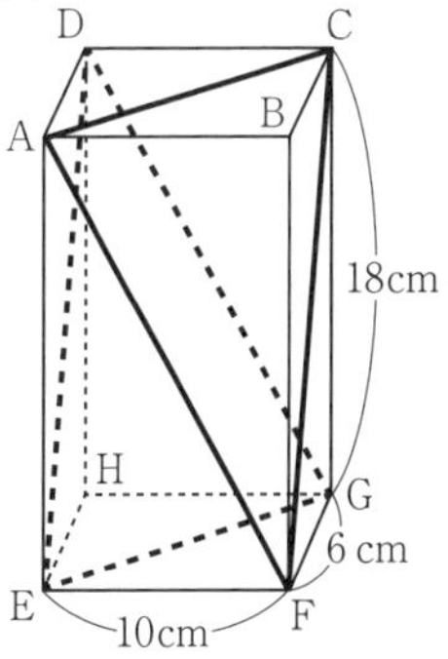

3　図形と規則

(1)　右の表のように，白いタイルは３枚ずつ増えるから，４番目の図形の白いタイルは，12＋３＝15(枚)とわかる。

番目	1	2	3	…
白(枚)	6	9	12	…
黒(枚)	2	6	12	…
合計(枚)	8	15	24	…

(2)　白いタイルを27枚使うとき，６枚から，27－６＝21(枚)増えているので，21÷３＝７より，１＋７＝８(番目)の図形とわかる。また，黒いタイルは，１×２＝２，２×３＝６，３×４＝12，…のように，□番目の図形では，□×(□＋１)枚使われている。よって，８番目の図形に黒いタイルは，８×(８＋１)＝72(枚)ある。

(3)　白いタイルと黒いタイルの合計枚数は，２×４＝８，３×５＝15，４×６＝24，…のように，□番目の図形では，(□＋１)×(□＋３)枚になる。よって，288＝16×18より，全部で288枚のタイルを使う図形は，16－１＝15(番目)の図形とわかり，このとき黒いタイルは横に，15＋１＝16(枚)並んでいる。

4　グラフ―図形の移動，面積

⑴　問題文中のグラフより，㋐と㋑が重なった部分と時間の関係は下の図のようになる(かげをつけた部分が重なっている)。５秒後のかげの長方形の面積が160cm²だから，ウの長さは，160÷16＝10(cm)とわかり，㋐は５秒で10cm動いたとわかる。よって，㋐が動く速さは毎秒，10÷５＝２(cm)と求められる。

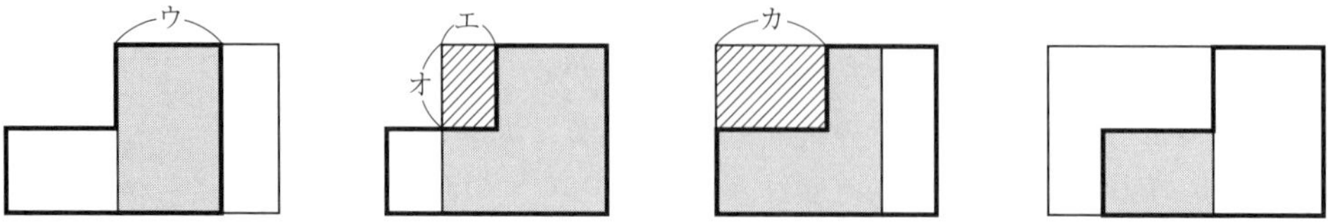

５秒後　　８秒後　　10秒後　　13秒後

⑵　８秒後のかげの面積が208cm²だから，８秒後の斜線《しゃせん》部分の面積は，16×16－208＝48(cm²)である。また，エの長さを㋐は，８－５＝３(秒)で進んだから，エ＝２×３＝６(cm)であり，オ＝48÷６＝８(cm)とわかる。さらに，10秒後のカの長さを㋐は，10－５＝５(秒)で進んだから，カ＝２×５＝10(cm)である。すると，10秒後の斜線部分の面積は，８×10＝80(cm²)だから，10秒後のかげの面積は，16×16－80＝176(cm²)となり，８秒後から10秒後までの２秒間で，かげの面積は，208－176＝32(cm²)減っている。よって，このとき１秒間で，32÷２＝16(cm²)減るから，９秒後の重なった部分の面積は，208－16＝192(cm²)と求められる。

⑶　13秒後のかげの面積は，(16－８)×10＝80(cm²)だから，重なった部分の面積が２回目に112cm²になるのは，10秒後と13秒後の間とわかる。このとき，かげの面積は３秒間で，176－80＝96(cm²)減っているから，１秒間で，96÷３＝32(cm²)減る。よって，２回目に112cm²になるのは，10秒後から，(176－112)÷32＝２(秒後)であり，10＋２＝12(秒後)と求められる。

5　場合の数

⑴　２個のさいころの目の積は，５×６＝30である。30は２と３と５の最小公倍数なので，得点は５点となる。

⑵　右の図で，さいころの目の積が２と３だけの公倍数(30以外の６の倍数)になるのはかげの部分の13通り，２と５だけの公倍数(30以外の10の倍数)になるのは□の部分の４通り，３と５だけの公倍数(30以外の15の倍数)になるのは○の部分の２通りある。よって，得点が３点になる場合は全部で，13＋４＋２＝19(通り)と求められる。

小＼大	1	2	3	4	5	6
1	1	2	3	4	5	6
2	2	4	6	8	[10]	12
3	3	6	9	12	⑮	18
4	4	8	12	16	[20]	24
5	5	[10]	⑮	[20]	25	30
6	6	12	18	24	30	36

⑶　２回投げた合計得点が５点となるのは，１回目の得点が０点で，２回目の得点が５点の場合と，１回目の得点が５点で，２回目の得点が０点の場合の２つある。それぞれの場合で，得点が０点になるのは，積が１になる１通りである。また，得点が５点になるのは，積が30になる２通りである。よって，１回目の得点が０点で，２回目の得点が５点の場合は，１×２＝２(通り)あり，１回目の得点が５点で，２回目の得点が０点の場合も２通りあるから，全部で，２＋２＝４(通り)と求められる。

社 会 ＜第１回一般試験＞（30分）＜満点：50点＞

解 答

[1] 問１ ウ　問２ イ　問３ 国民　問４ イ　問５ エ　問６ 排他的経済水域
[2] 問１ A カルデラ　B 北九州(工業地帯(域))　C 屋久島　問２ ア　問３ ウ　問４ エ　[3] 問１ イ　問２ ア　問３ 渡来人　問４ エ　問５ イ　問６ ア　問７ 勘合　問８ ウ　問９ エ　問10 エ　問11 イ　問12 ア　問13 ウ　問14 ウ　問15 冷戦(冷たい戦争)　[4] 問１ 国民主権　問２ ウ　問３ 集団的自衛権　問４ エ　問５ イ　問６ い カ　お ア　問７ エ　問８ ウ　問９ B

解 説

[1] 世界の地形や気候，時差，日本の領域などについての問題

問１ ウラル山脈はロシア西部を南北に走る山脈で，ユーラシア大陸をアジア州とヨーロッパ州に分けている。なお，アはアジア，イは北アメリカ，エはヨーロッパに位置する山脈。

問２ アフリカ大陸の北部には世界最大の砂漠であるサハラ砂漠が広がっており，乾燥《かんそう》帯に属する地域が多い。また，赤道直下にあたる中部には，熱帯に属する地域が多い。また，北半球のみに広がる冷帯(亜《あ》寒帯)や，さらに寒さが厳しい寒帯に属する地域はない。なお，アは北アメリカ大陸，ウはユーラシア大陸，エは南アメリカ大陸。

問３ 国家は，領域・国民・主権の三つの要素で成り立つとされている。領域は領土・領海と，その上の空(宇宙空間を除く)にあたる領空からなる。その領域に住んでいる人が国民で，他の国から独立して自国のことを決められる権限のことを主権という。

問４ 地球は24時間で360度自転するので，360÷24＝15より，経度が15度につき１時間の時差が生じる。日本が２月２日午前10時のときに２月２日午前４時の都市は，日本との時差が６時間あるので，日本から，15×６＝90(度)はなれていることになる。日本は東経135度の経線を標準時子午線としており，日本のほうが時刻が早いのだから，その都市は，135－90＝45より，日本より90度西の東経45度に位置しているとわかる。アが，０度の経線(本初子午線)が通るイギリスの首都ロンドンの位置であることから，日本よりも西でロンドンよりも東にあるイが選べる。なお，イはロシアの首都モスクワ，ウはオーストラリアのシドニー，エはアメリカ合衆国のロサンゼルス。

問５ 日本の端はすべて離島《りとう》で，最北端は北海道に属する択捉《えとろふ》島(北緯約46度)，最南端は東京都に属する沖ノ鳥島(北緯約20度)，最東端は東京都に属する南鳥島(東経約154度)，最西端は沖縄県に属する与那国《よなぐに》島(東経約123度)となっている。

問６ 排他的経済水域は沿岸から200海里(約370km)以内の領海の外側の海域で，沿岸国には海域内の水産資源や海底資源の主権的権利が認められている。

[2] 九州地方の地形や気候，産業などについての問題

問１ **A** 火山が噴火《ふんか》したあと，火口付近がくずれ落ちてできた大きなくぼ地のことをカルデラといい，阿蘇《あそ》山(熊本県)には世界最大級のカルデラが広がっている。　**B** 北九州工業地帯(地域)は，明治時代に現在の福岡県北九州市に建設された八幡製鉄所を中心として発達した。日本の重工業の発展を支え，京浜・中京・阪神とともに四大工業地帯に数えられたが，第二次世界大戦後は全国の工業生産額に占《し》める割合が低下し，現在は自動車やIC(集積回路)などを生産する機械工業がさかんである。　**C**　屋久島は鹿児島県の南方沖に位置する円形に近い島で，樹齢数千年におよぶ屋久杉が見られることや，特殊《とくしゅ》な生態系が見られることなどから，1993年にユネスコ(国連教育科学文化機関)の世界自然遺産に登録された。

問２　那覇(沖縄県)は南西諸島の気候に属しており，一年を通じて平均気温が高く，降水量が多い。また，梅雨入り・梅雨明けが早いことや，夏から秋にかけて台風の通り道となるため，この時期の雨量が多いことも特徴《とくちょう》といえる。なお，イは横浜(神奈川県)，ウは札幌(北海道)，エは高知，オは広島，カは秋田の雨温図。

問３　「マグマを利用した発電」とは地熱発電のことで，東北地方や九州地方の火山の周辺に発電所が多く立地している。地熱は，太陽光や風力などとともに再生可能エネルギーとして利用が進められているが，発電所の建設地が山間部になることなどからあまり普及《ふきゅう》しておらず，発電量もそれほど多くない。なお，発電量の変化が少ないアは水力発電，発電量が最も多いイは火力発電。エは原子力発電で，2011年に発生した東日本大震災の影響《えいきょう》を受け，それ以降の発電量が激減した。

問４　ア　北海道の農業産出額は，90558億×0.139＝12587.562億(円)より，１兆円を超《こ》えているが，ぶたの飼育頭数は全体の6.8％を占めるにすぎず，九州地方の鹿児島県(13.8％)と宮崎県(8.9％)の合計(22.7％)の３分の１に満たない。　イ　九州地方に属する鹿児島県，宮崎県，熊本県の農業産出額の割合を合計すると，5.4＋3.8＋3.8＝13(％)で，北海道の割合(13.9％)を下回る。　ウ　九州地方に属する熊本県と長崎県のみかんの生産量の合計は，773700×(0.117＋0.064)＝140039.7(ｔ)で，これだけでいちごの全国生産量の８割以上になる。したがって，九州地方に属する福岡県，熊本県，長崎県のいちごの生産量の合計が，熊本県と長崎県のみかんの生産量の合計を上回ることはないと判断できる。　エ　90558億×(0.054－0.038)＝1448.928億(円)より，鹿児島県の農業産出額は宮崎県の農業産出額よりも1000億円以上多いとわかる。また，140300×(0.189－0.09)＝13889.7(ｔ)より，鹿児島県のピーマンの生産量が宮崎県のピーマンの生産量よりも10000ｔ以上少ないこともわかる。

３　各時代の歴史的なことがらについての問題

問１　A　645年，中大兄《なかのおおえの》皇子と中臣鎌足《なかとみのかまたり》は，天皇をしのぐほどの権力をふるっていた蘇我《そがの》蝦夷《えみし》・入鹿《いるか》父子を滅《ほろ》ぼし，天皇中心の政治を目指して大化の改新とよばれる一連の政治改革を進めた。　B　足利義満は室町幕府の第３代将軍で，京都室町に「花の御所」とよばれる邸宅《ていたく》を造営して政治を行い，幕府の全盛期を築いた。将軍を辞めたあとも権力をにぎり続け，15世紀初めには明(中国)との貿易を始めた。　C　福沢諭吉は江戸時代末～明治時代に活躍《かつやく》した思想家で，人間の平等や学問の重要性を説いた代表作『学問のすゝ《(す)》め』は当時の人々に大きな影響を与えた。

問２　三内丸山遺跡は青森市郊外で発掘《はっくつ》された縄文時代の大規模集落跡で，大型掘立柱《ほったてばしら》建物跡や竪穴《たてあな》住居跡，土器や石器，植物の栽培跡などが見つかっており，最大で500人ぐらいが定住生活を送っていたと考えられている。

問３　３世紀から７世紀ごろにかけて，朝鮮半島や中国から日本に移り住んだ人々を渡来人という。渡来人は，漢字・仏教・儒教《じゅきょう》などの文化や進んだ政治制度のほか，養蚕・機《はた》織り・土木工事などのすぐれた技術を日本にもたらし，日本の政治や文化の発展に貢献《こうけん》した。

問４　戸籍の作成や，これにもとづく口分田の配給（班田収授）の原則は，中大兄皇子と中臣鎌足が中心となって進めた大化の改新のさいに示された。なお，アは603年，イは604年，ウは607年のできごとで，いずれも聖徳太子が行ったこととして正しい。

問５　聖武天皇が天皇だった奈良時代には天平文化とよばれる国際色豊かな仏教文化が栄え，このころには『古事記』（712年完成），『日本書紀』（720年完成）といった歴史書がつくられた。また，713年には各地の伝説や産物をまとめた『風土記《ふどき》』の作成が命じられた。なお，アは平安時代，ウは室町時代，エは鎌倉時代の文化についての説明。

問６　室町時代には，馬借・車借とよばれる運送業者や，運送業者を兼《か》ねた倉庫業者である問が活躍し，貨幣《かへい》の流通とともに土倉・酒屋などの高利貸しが発達した。なお，イは鎌倉時代，ウとエは江戸時代の産業についての説明。

問７　足利義満は，明の皇帝から倭寇《わこう》（中国・朝鮮半島沿岸を荒らした密貿易・海賊集団）の取りしまりを求められると，これに応じる代わりに国交を開き，貿易を始めることにした。日明貿易では，正式な貿易船と倭寇を区別するために勘合《かんごう》という合い札が用いられたため，日明貿易は勘合貿易ともよばれる。

問８　1582年，中国地方で毛利氏と戦っていた羽柴《はしば》（豊臣）秀吉の援助《えんじょ》に向かう途中《とちゅう》，京都本能寺に滞在《たいざい》していた織田信長は，家臣の明智光秀《あけちみつひで》に襲《おそ》われて自害した。これを本能寺の変という。

問９　江戸時代には幕府によって，江戸と要地を結ぶ五街道が整備された。五街道はすべて江戸の日本橋を起点とし，太平洋側を通って京都に至る東海道，内陸を通って京都に至る（滋賀県の草津で東海道と合流）中山道，山梨県を通って下諏訪《しもすわ》（長野県）で中山道と合流する甲州街道，日光に向かう日光街道，宇都宮までは日光街道と同じで，白河（福島県）に至る奥州街道の五つであった。

問10　松平定信は白河藩（福島県）の藩主から江戸幕府の老中になると，祖父にあたる第８代将軍徳川吉宗の享保《きょうほう》の改革（1716～45年）を手本として，寛政《かんせい》の改革（1787～93年）とよばれる幕政改革に取り組んだ。定信は，田沼意次《おきつぐ》が老中だったとき（1772～86年）に失われた政治への信頼を回復することに努めたが，厳しすぎる政策が各方面の反発をまねき，成果は上がらなかった。なお，水野忠《ただ》邦《くに》は天保の改革（1841～43年）を行った老中。

問11　1894年，朝鮮半島南部で東学を信仰する農民らが蜂起《ほうき》すると（甲午農民戦争），朝鮮政府は清（中国）に鎮圧《ちんあつ》を求めた。日本もこれをきっかけとして朝鮮半島に軍を派遣したため，日清両軍が衝突《しょうとつ》して日清戦争が始まった。戦争は日本の勝利に終わり，下関条約が結ばれて日本は清から賠《ばい》償《しょう》金や遼東《りょうとう》半島・台湾などの領土を得たが，遼東半島はロシア・フランス・ドイツによる三国干《かん》渉《しょう》を受けて清に返還した。なお，アは義和団事件（北清事変，1900年），ウは辛亥《しんがい》革命（1911年）に関係するできごと。

問12　1902年，ロシアの南下政策をめぐって利害関係が一致した日本とイギリスは，日英同盟を結んだ。1914年に第一次世界大戦が始まると，日本は日英同盟を理由として連合国側で参戦し，ドイツの根拠《こんきょ》地であった中国山東省の青島《チンタオ》や太平洋にあるドイツ領南洋諸島などを占領した。

問13　1925年，加藤高明内閣のもとで，25歳以上の男子全員に選挙権を与える普通選挙法が制定され，このときには社会主義運動を取りしまるための治安維持法も制定された。なお，アとイは1933年，エは1932年のできごと。

問14　1951年に結ばれたサンフランシスコ平和条約によって日本は独立を回復したが，沖縄は引き続きアメリカ軍の統治下に置かれた。その後，佐藤栄作内閣が1971年に沖縄返還協定に調印し，これにもとづいて翌72年５月に沖縄の本土復帰が実現した。

問15　第二次世界大戦(1939～45年)終結後，アメリカ合衆国を中心とする西側の資本主義諸国と，ソ連を中心とする東側の共産主義(社会主義)諸国が厳しく対立するようになった。この対立は，アメリカ合衆国とソ連が直接戦火を交えなかったことから，冷戦(冷たい戦争)とよばれる。

4　日本国憲法の三大原則や三権分立についての問題

問１　国の政治の最終的な方針を決定する権限が国民にあることを，国民主権という。国民主権は日本国憲法の前文や第１条で規定され，基本的人権の尊重，平和主義とともに，日本国憲法の三大原則の一つとされている。

問２　日本国憲法第９条は平和主義について定めた条文で，戦争の放棄《ほうき》，戦力の不保持，国の交戦権の否認などが明記されている。

問３　自国が直接攻撃されていなくても，自国と同盟関係にある国が外国から攻撃《こうげき》された場合，その国といっしょに反撃できるという権利を集団的自衛権という。日本政府は2014年にそれまでの憲法解釈《かいしゃく》を改め，集団的自衛権の行使を容認することを閣議で決定した。

問４　アムネスティインターナショナルは，すべての人の人権が尊重される社会を目指して活動している世界最大の国際人権NGO(非政府組織)で，死刑の廃止や難民の保護，思想・信条・宗教・民族などの理由から投獄《とうごく》・拘禁《こうきん》されている人々の釈放などを訴《うった》えている。

問５　「すべての子どもが学校に通う権利」は，社会権の一つである教育を受ける権利にあてはまると考えられる。なお，日本国憲法第26条では，教育を受ける権利とともに，保護する子女(子ども)に普通教育を受けさせることが国民の義務として定められている。また，アは学問の自由，ウは職業選択《せんたく》の自由と居住・移転の自由，エは思想・良心の自由と表現の自由で，いずれも自由権にあてはまる。

問６　**い**　内閣総理大臣は国会議員の中から国会が指名し，天皇が任命する。　**お**　すべての裁判所は，国会が制定した法律が憲法に違反していないかどうかを，具体的な裁判を通じて判断する権限である違憲立法審査権を持っている。　なお，「あ」にはエ，「う」にはイ，「え」にはオ，「か」にはウがあてはまる。

問７　最高裁判所の裁判官は，任命後に初めて行われる衆議院議員総選挙のときと，その後10年を経て最初に行われる総選挙のときごとに任命された裁判官が適任かどうか国民審査を受ける。不適任とする投票が過半数に達した場合，その裁判官は辞めさせられる。

問８　ア　大気汚染も水質汚濁《おだく》も，その前の年度に比べて割合，苦情受理件数ともに下がっている年度がある。　イ　騒音に関する受理件数は，1980年度が，64690×0.326＝21088.94より約21089件，2018年度が，66803×0.234＝15631.902より約15632件で，2018年度のほうが少ない。　ウ　悪臭に関する受理件数の割合は1980年度が最も高く，その年の悪臭の受理件数は，64690×0.199＝12873.31より，約12873件で１万件を超えている。よって，正しい。　エ　2000年度の大気汚染と水質汚濁に関する受理件数は，83881×(0.31＋0.099)＝34307.329より約34307件で，1980年度の総件数よりも少ない。

問９　日本では，従業者299人以下(製造業その他)の中小企業が事業所数の99％を占めるが，売上額は半分に満たず，大企業に比べて生産性や賃金が低いことが課題となっている。

理　科　＜第１回一般試験＞（30分）＜満点：50点＞

解　答

[1] (1) ウ　(2) イ　(3) イ　(4) エ　(5) ウ　(6) ウ　(7) ウ　(8) イ　(9) ウ　(10) イ　(11) ア　(12) イ　(13) イ　(14) ア　(15) ウ　(16) イ　(17) イ　(18) エ　(19) エ　(20) ウ　[2] (1) ウ　(2) 平均　(3) 1.42秒　(4) 2.84秒　(5) イ　[3] (1) 食物連鎖　(2) ウ　(3) ウ　(4) エ　(5)（例）生物Ｄの個体数が増加すると生物Ｄを食べる生物Ｃの個体数も増加するので，生物Ｄの個体数が減少し，もとにもどる。　(6) オ

解　説

[1] 小問集合

(1) 花をさかせて種子をつくる種子植物には，胚珠《はいしゅ》が子房《しぼう》に包まれている被子《ひし》植物と，包まれていない裸子《らし》植物がある。また，種子植物とシダ植物は維管束《いかんそく》をもつので，維管束植物とよばれる。

(2) ワセリンや油には，その場所から水が蒸発するのを防ぐ役割がある。そのため，メスシリンダーＢでは葉の裏側とくき，メスシリンダーＣでは葉の表側とくき，メスシリンダーＤではくきから水が水蒸気となって空気中に出ていくことになり，その分(蒸散量)だけ水が減少する。メスシリンダーＡでは，葉の表側と裏側，くきからの蒸散量の合計が水の減少量となる。メスシリンダーＢとメスシリンダーＣの水の減少量の和から，重複しているくきからの蒸散量を引くと，メスシリンダーＡの水の減少量と等しく，その量は，$1.9+0.8-0.2=2.5(cm^3)$と求められる。

(3) メダカのたまごがかえるまでの日数は一般《いっぱん》に，（水温）×（日数）＝250という関係が成り立つ。水温が25℃の場合，メダカのたまごがかえるまでの日数を□日とすると，25×□＝250より，□＝10(日)となる。

(4) じん臓はマメのような形をしていて，左右に１つずつある。じん臓では血液中から不要物をこし取り，尿《にょう》がつくられ，尿はぼうこうにたくわえられた後，体外へと排出《はいしゅつ》される。

(5) シマウマのような草食動物は，視野が広くなるように目の位置が頭の横になっている。このことにより，天敵の肉食動物をいち早く見つけて逃《に》げることができる。

(6) 地球をはさんで太陽と反対の位置にある月は通常，地球から見ると，地球から見える半球面全体に太陽の光があたり，夜間に満月として観察できる。

(7) ピンホールカメラを通した像は，上下左右が逆さまになる。ただし，ここでは，観察者の体の向きが，しゃ光板を用いて太陽を見るときには図１の左側，白い紙に写る像を見るときには図１の右側をそれぞれ見る方向となり，反対向きになるため，観察者にとっての左右も反対になる。よって，白い紙には，図２を上下左右反転させたものを，裏側からのぞきこんだときと同じウの形をした像が写って見える。

(8) 同じ時こくに観察すると，星は１年(12か月)で360度動き，１か月で，360÷12＝30(度)動く。

(9) 火山の噴火《ふんか》によって噴出したものは，流れる水のはたらきをほとんど受けずに堆積《たいせき》するため，つぶは丸みを帯びておらず角ばっている。また，噴出した溶岩《ようがん》が冷えるときにガスがぬけることで，小さな穴のあいた小石ができる。これを軽石とよぶ。

⑽　晴れの日は気温の変化が大きく，午後２時ごろに気温が最も高くなる。一方，くもりの日は，上空をおおう雲に太陽の光がさえぎられるため，日中気温があまり上がらず，気温の変化が小さい。

⑾　鉄とマグネシウムはどちらも金属なので，電気を通し，たたくと広がる。また，酸素と結びつきやすい状態のときには，どちらも火をつけると燃える。磁石に引きつけられる金属は鉄やニッケルなどの一部に限られ，マグネシウムは磁石に引きつけられない。

⑿　炭酸水には，二酸化炭素がとけている。二酸化炭素は空気より重く，燃えない性質がある。電気設備の火災など，水を使った消火が難しい火災が発生したときには，二酸化炭素をつめた消火器を用いることがある。なお，蛍光灯《けいこうとう》の中はほぼ真空だが，わずかにアルゴンなどがふくまれている。飲料容器内の空気はふつう，食品の性質を変化させることのないちっ素と置きかえられている。

⒀　図のように，木でできたわりばしを蒸し焼きにすると，固体の木炭が残る。木炭を強く加熱すると，ほのおを出さず赤く光りながらゆっくりと燃える。

⒁　うすい塩酸とスチールウール(鉄)が反応すると，水素が発生する。水素は気体の中で密度が最も小さく，最も軽い気体といえる。また，水にとけにくいため，水上置換《ちかん》法で集めるのが適している。

⒂　長さ50cmの棒の温度を10℃上げたときに0.012cmのびる金属は，長さを１m(100cm)にして温度を１℃上げると，$0.012\times\frac{100}{50}\times\frac{1}{10}=0.0024$(cm)のびる。表より，この棒はアルミニウムでできているとわかる。

⒃　かん電池２個が並列つなぎの部分は，かん電池１個分の電気を流そうとするはたらき(電圧)，かん電池２個の直列つなぎの部分は，かん電池２個分の電気を流そうとするはたらきをする。そのため，図の並列つなぎの回路にある豆電球１個に流れる電流の大きさを１とすると，直列つなぎの回路にある豆電球１個に流れる電流の大きさは２となる。豆電球の明るさは，流れる電流の大きさが大きいほど明るくつく。

⒄　輪じくの半径の比が，30：10＝３：１であることから，おもりＢの重さとひもＣを引く力の比は１：３である。したがって，ひもＣを引く力は，600×１÷３＝200(ｇ)となる。天井に取りつけられているかっ車において，右側のひもは，おもりＢの重さとひもＣを引く力，輪じくの重さによって下向きに引かれている。つまり，600＋200＋100＝900(ｇ)で引かれていることから，左側のひもを引くおもりＡの重さも900ｇとわかる。

⒅　電磁石は，巻き数が多く，流れる電流が大きく，鉄心が入っているものほど強くなる。また，かん電池１個をつなぐよりも，２個直列つなぎにした方が流れる電流が大きくなる。したがって，クリップが最も多くつくのはエである。

⒆　凸《とつ》レンズのしょう点距離《きょり》よりも近くにろうそくを置くと，スクリーンに像を写すことができないが，スクリーン側から凸レンズをのぞきこむと，実物より大きく上下左右が同じ向きの像が見える(虚像《きょぞう》という)。

⒇　花火が見えたときに出た音は秒速340ｍで伝わり，見ていた地点に届くまでに1.5秒かかっているので，花火を見ていた地点から花火が開いたところまでの距離は，340×1.5＝510(ｍ)である。

２　ふりこについての問題

⑴　ふりこのおもりは，最も低いところまで下がった点ｂの位置で最も速くなる。

⑵　何回かはかった時間を平均することで，はかった時間のずれ(誤差)を小さくすることができる。

また，10往復する時間をはかって10で割って１往復する時間を求めると，誤差が小さくなる。

(3)　表で，ふりこの長さとふりこのふれ幅《はば》が同じで，おもりの重さが異なるものを比べると，10往復する時間が等しくなっている。同様に，おもりの重さとふりこの長さが同じで，ふりこのふれ幅が異なるものを比べると，10往復する時間が等しい。これらのことから，ふりこの10往復する時間は，おもりの重さやふりこのふれ幅とは関係がないことがわかる。ふりこの長さが50cmの場合，10往復する時間は14.2秒なので，１往復する時間は，14.2÷10＝1.42(秒)である。

(4)　ふりこの長さが30cmと120cmの場合を比べると，ふりこの長さが，120÷30＝４(倍)になると，10往復する時間が，22.0÷11.0＝２(倍)になるとわかる。ふりこの長さが200cmの場合，ふりこの長さが50cmの場合と比べて，ふりこの長さが，200÷50＝４(倍)になるため，10往復する時間は２倍の，14.2×２＝28.4(秒)になる。よって，１往復する時間は，28.4÷10＝2.84(秒)と求められる。

(5)　(4)より，ふりこの長さが４倍になると，ふりこが10往復する時間やふりこの周期は２倍になる。つまり，ふりこの長さが長いほどふりこの周期は長くなる。また，(3)で述べたように，ふりこの10往復する時間はおもりの重さやふりこのふれ幅と関係が見られないので，ふりこの周期はおもりの重さやふりこのふれ幅と関係がない。

3　生態系についての問題

(1)　「食べる・食べられる」という一連の関係を食物連鎖《れんさ》という。また，食物連鎖などのかかわりをもつ生物たちと，それをとりまく環境《かんきょう》をあわせて生態系とよぶ。

(2)　クモは肉食性で，おもにこん虫を食べる。よって，バッタとクモは，「食べる・食べられる」の関係にある。

(3)　生物Ａには，大型の肉食動物であるサメがあてはまる。ブリはイワシやアジ，サバ，イカなどを食べ，イワシは動物プランクトンなどの水の中の小さな生物を食べる。したがって，生物Ｂにはブリ，生物Ｃにはイワシ，生物Ｄには水の中の小さな生物があてはまる。

(4)　ピラミッドで生物Ｃの個体数が減少すると，生物Ｂはエサが不足するので個体数が減少し，生物Ａも同じく個体数が減少する。一方，生物Ｄは天敵が少なくなるため，個体数が増加する。

(5)　生物Ｄの個体数が増加すると，それをエサとする生物Ｃの個体数も増加する。すると，生物Ｄは個体数が増加した生物Ｃに食べられて個体数が減少し，生物Ｃの個体数も減少していく。このように生態系において少しばかり個体数が増減したとしても，個体数はもとのようにもどっていく。

(6)　(5)で述べたように，生態系のバランスは少しばかりの変化ではもとのようにもどっていくが，アやウやエなどのヒトの活動や，イのような気候変動によって急激に環境が変化すると，生態系のバランスが大きくくずれて，もとにもどらなくなってしまうことがある。

国語　＜第１回一般試験＞（50分）＜満点：100点＞

解答

一　**問１**　ア　　**問２**　**Ａ**　エ　　**Ｂ**　カ　　**Ｃ**　イ　　**問３**　人間の代わりにコンピューターが仕事をする　　**問４**　③　ウ　　④　ア　　**問５**　（例）　よけいな知識をほどよく忘れ，適量の良い知識に基づいて，新しい考えをしぼり出して未知のものを処理，解決する　　**問６**　ウ

二　**問１**　（例）　追いつけもしないのに，危険を冒してまで南雲を追いかけるような無駄なことはやめる（という判断をすること。）　**問２**　イ　**問３**　ウ　**問４**　（例）　周囲に気を配ることができ，神経の濃やかさもあり，集中力が持続しないという欠点さえなくなれば，走りのレベルが上がるだろう（と評価し，期待している。）　**問５**　（例）　キャプテンという立場に憧れ，引き受けたいと思う気持ちと，自分につとまる自信がなく，引き受けるのをためらう気持ちの間を行ったり来たりして，なかなか決心がつかないでいる状態。　**問６**　エ

三　（漢字，記号の順で）　①　手，カ　②　頭，ア　③　顔，ウ　④　島，キ　⑤　水，オ

四　①　許可　②　従属　③　敗北　④　統一　⑤　永遠　五　下記を参照のこと。

●漢字の書き取り

五　①　至急　②　秒針　③　忠誠　④　退（ける）　⑤　済（ませる）

解　説

一　**出典は『中学生からの大学講義１　何のために「学ぶ」のか』所収の「知ること，考えること（外山滋比古《とやましげひこ》著）」による。**コンピューターが発達した現代では，単に知識を身につけるだけではコンピューターにかなわないことを説明し，これからの人間には考える力が必要である，と主張している。

問１　「知識メタボリック」とは，「自分の頭の中が，他人が考えた知識，本に書いてある知識で満《まん》杯《ぱい》」になり，「軽《かろ》やかで柔軟《じゅうなん》な思考など到底《とうてい》望めなく」なった状態をさしている。このような状態にある人のことを，二段落後では「知識はあるけど，自分でものを考える力，新しいことを考え出す力がない人」と言いかえている。

問２　**A**　昔は「正確な記憶《きおく》をもっているものは人間以外に存在しなかった」ので，「記憶力の優《すぐ》れた人間が，尊重《そんちょう》されてきた」と前にあり，「今からおよそ六〇年前に，二〇世紀中ごろ，かのコンピューターというものが登場」して，その状況《じょうきょう》は変わったと続けているので，前のことがらを受けて，期待に反することがらを導く「ところが」が合う。　**B**　「知識しかない人間などもはやいらない」と前で述べ，後では「コンピューターのほうがずっと能率がいいから」と理由を述べているので，前のことがらの理由を導く「なぜなら」があてはまる。　**C**　我々は，「自分たちが生まれた直後に素晴《すば》らしい能力，天才を持っていたということ」を自覚するべきだと述べ，「できるだけ人間力を復活させるようにつとめる」べきだとしているので，前のことがらを受けてさらにつけ加える意味を表す「そして」が合う。

問３　これまでの人間は，「試験に合格して学校を出れば，社会の中でエリートとして生きてゆかれた」が，「記憶と再生に関しては，人間はコンピューターにとてもかなわない」ので，「そのうちに，多くの場面で人間の代わりにコンピューターが仕事をするという時代がやってくる」と説明されている。そうした時代に備えて，「知識万能《ばんのう》主義から脱却《だっきゃく》しなくてはならない」と筆者は述べている。

問４　③　「保守的」は，今までの状態・制度・慣習などを変えようとしない態度で，昔のまま進歩や発展がないさまの「旧態依然《いぜん》」と似た意味を持つ。「大器晩成」は，“大人物となる人は，ゆっくりと成長して，やがて大きく成長するものである”という意味。「我田《がでん》引水」は，自分に都合のいいような言動をすること。「栄枯盛衰《えいこせいすい》」は，“どんな物事にも盛んなときもあれば，おとろえると

きもある”という意味。　④「ありきたり」は，めずらしくないようすで，平凡であるようすをいう「月並《な》み」と似ている。

問５　筆者は「人間がコンピューターに勝つためにはどうしたらよいか」と問いかけ，「『考える』こと」と結んでいる。この段落に続く部分から，コンピューターにできない人間ならではの思考力をまとめる。「良い知識を適量，しっかり頭の中に入れて，それを基《もと》にしながら自分の頭でひとが考えないことを考える力を身につける」ためには，「よけいな知識はほどよく忘れなければならない」。「未知なもの」に接したとき，「わけのわからないモノゴトを処理，解決する」ために，「新しい考えをしぼり出す」ような思考力を持てる点が，人間の「存在価値」なのである。

問６　「物知りはだいたいにおいてものを考えない傾向《けいこう》がつよい」ことや「大学まで出た人が就職難でウロウロしている」ことなどをあげて，筆者は，知識万能主義を批判《ひはん》している。そして，現在ではコンピューターの出現によって，「知識しかない人間」が必要とされなくなったことを説明して，「コンピューターなんかにできない，人間にしかない力を引き出さなくてはならない」と主張している。この内容がウに合う。

二　**出典は川西蘭《かわにしらん》の「風を運ぶ人」による**。自転車部の陸《りく》は，年下の南雲《なぐも》に才能の差を思い知らされて悩《なや》んでいたとき，コーチにキャプテンになってくれないかと頼《たの》まれ，引き受けるべきかどうか迷う。

問１　南雲に追いぬかれて，「負けるものか」と一瞬《いっしゅん》思ったものの，「追うだけ無駄《むだ》だ」「どうせ，追いつけはしない」「危険を冒《おか》して無駄なことをするのは愚《ぐ》の骨頂《こっちょう》だ」と陸は考えている。この場合，「賢明《けんめい》である」とは無駄な行いを思いとどまることである。「愚の骨頂」は，非常にばかげていること。

問２　ぼう線②に続く部分から読み取る。「南雲デンキ自転車部ジュニアクラブ」に「入会する際には厳しい選抜《せんばつ》があり，クラブに入ってからもレギュラーメンバーになるには激しい競争」がある。陸は，「中学一年になると同時にジュニアクラブに入会し，高校一年からレギュラー選手になっている」ことから，自分は，「アマチュアレーサーとしては同世代のトップクラスには入るだろう」と自負している。しかし，生まれつきの才能を持っている南雲と出会ったことで，自分の限界を思い知り，彼《かれ》には決して「追いつくことはできない」と感じていることがわかる。

問３　黒岩《くろいわ》は，コーチ室に陸を呼び入れるとすぐに「キャプテンをやってくれないか？」と言ったのだから，前置きを言ったり，遠回しな言い方をしたりせずにすぐに本題に入るさまの「単刀直入」が合う。なお，「自由奔放《ほんぽう》」は，世間一般《いっぱん》のルールに従わずに，思いのままに生きるさま。「公明正大」は，公平で正しく，やましいことがないさま。「杓子定規《しゃくしじょうぎ》」は，どんなことにも同じ基準をあてはめようとして，融通《ゆうずう》が利《き》かないさま。

問４　「周囲に気を配る」ことができ，「神経が濃《こま》やか」だが，集中が持続せず「散漫《さんまん》になる」のが陸の欠点だと黒岩は評価している。「集中を持続する力がつけば，走りのレベルが上がる」だろう，と陸に期待しているのである。

問５　キャプテンは，「メンバーからは尊敬され，厚い信頼《しんらい》を寄せられる」ような「憧《あこが》れの存在」であり，「南雲デンキ自転車部ジュニアクラブのキャプテン，と言えば，自転車関係者の間ではちょっとしたＶＩＰ《ブイアイピー》扱《あつか》い」である。そんなキャプテンになりたいという気持ちもあったが，その一方で陸は，「自分につとまるだろうか？」という「戸惑《とまど》い」も感じていた。キャプテンになりたいとは思うが，引き受ける自信もなく，なかなか決断がつかない状態になっていたのである。なお，「堂々巡《めぐ》り」は，思考や議論などが同じところをぐるぐる回るだけで，少しも先へ進まないさま。

問６　「負けるものか」「追うだけ無駄だ」「どうせ，追いつけはしない」などのように，陸の心情がカッコを用いずに直接表現されている部分がある。このように表現することで，陸の南雲に対する複雑な心情がより明らかになる。黒岩コーチにキャプテンになってくれ，と頼まれたときも，「どうしよう？」「自分につとまるだろうか？」「また堂々巡りだ」など，同様の表現が用いられている。このような表現によって，キャプテンになりたいが自信がないという陸の心の動きが読者に伝わってくる。

三　慣用句の完成

①「手が出ない」は，“自分の能力を超《こ》えていてやりようがない”という意味。ここでは，“値段が高すぎて買うことができない”という意味。　②「頭が固い」は，昔からの考えや方法にこだわっていて，他人の考えや新しい方法を受け入れられないさま。　③「顔を立てる」は，“面《めん》目《ぼく》を保つ，体面を傷つけない”という意味。　④「とりつく島もない」は，冷淡《れいたん》な態度で，話に取り合おうともしないさま。　⑤「水をさす」は，“うまくいっている物事や仲のよい人同士のつきあいに，わきから口を出してじゃまをする”という意味。

四　対義語の知識

①「禁止」は，そのことをしてはいけないと命令すること。対義語は，そのことをしてもよいと許すことを意味する「許可」。　②「支配」は，ある者が他者や物事のあり方を定めること。対義語は，強力な存在に従うことを意味する「従属」。　③「勝利」は，勝つこと。対義語は，負けることを意味する「敗北」。　④「分裂《ぶんれつ》」は，一つのまとまりがいくつかに分かれること。対義語は，多くのばらばらのものを一つにまとめることを意味する「統一」。　⑤「瞬間」は，一回まばたきするほどの短い間。対義語は，時間が無限に持続することを意味する「永遠」。

五　漢字の書き取り

①　非常に急ぐこと。　②　時計の秒を示す針。　③　自分が仕える君主や自分が属する国や団体などにつくす真心。　④　音読みは「タイ」で，「退治」などの熟語がある。　⑤　音読みは「サイ」で，「完済」などの熟語がある。

2022年度　常総学院中学校

〔電　話〕　029(842)0708
〔所在地〕　〒300－0849　茨城県土浦市中村西根1010
〔交　通〕　JR常磐線 ―「荒川沖駅」「土浦駅」，つくばエクスプレス線「つくば駅」，下妻・古河，水戸，江戸崎方面などよりスクールバス

【適性検査Ⅰ】〈適性検査型試験〉（45分）〈満点：100点〉

〔注　意〕字数が指定されている場合は，下の例のように，付け加えたり，けずったりして解答してかまいません。字数については，書き直した文字で数えます。

（例）（野球の）練習がある日は~~いつも早く~~（朝６時に）起き

1　さとるさんとあいりさんは，家庭科の授業で調理実習をしています。

あいり：今日の調理実習，楽しみだね。まず，野菜を水で洗《あら》おう。

さとる：そうだね。あれ，水を入れた洗い桶《おけ》の中で，タマネギとナスは浮《う》いているけれど，ジャガイモと大根は沈《しず》んでいるよ。どうしてかな。

あいり：野菜の重さがちがうからかな。あとではかってみようよ。

調理実習のあと，さとるさんたちは，調理実習で使ったものとほぼ同じ大きさの野菜を用意して切ってから，電子てんびんで野菜の重さをはかりました。

さとる：電子てんびんで重さをはかったら，タマネギのほうがジャガイモよりも重かったのに，タマネギは水に浮き，ジャガイモは水に沈んだよ。どうしてかな。

先　生：野菜の重さだけを調べるのではなく，野菜の体積も調べてから比べましょう。

あいり：野菜の重さと体積を調べると，**表**のようになりました。

さとる：調べた野菜の体積を変えて，重さと体積の関係を**図**のようなグラフにしました。

表　野菜と水の重さと体積

	重さ〔g〕	体積〔cm^3〕
ジャガイモ	80	64
タマネギ	105	110
大根	150	147
ナス	70	116
水	100	100

図　野菜の重さと体積の関係

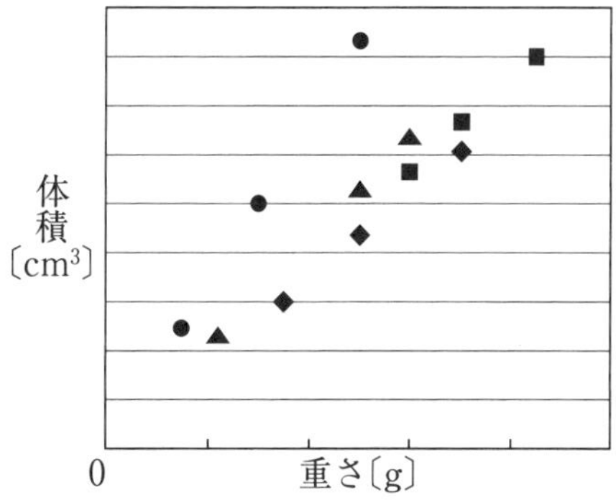

先　生：うまくまとめましたね。

あいり：野菜の大きさを変えても，タマネギとナスは水に浮いて，ジャガイモと大根は沈んだままでした。

さとる：そういえば，プールで泳ぐのと海で泳ぐのを比べると，海のほうが浮きやすいよね。野菜も同じことが起こるのかな。

先　生：では，ジャガイモを入れた洗い桶に食塩を少しずつ入れてみましょう。

あいり：<u>ジャガイモが浮きました</u>。

先　生：野菜が水に浮くときや沈むとき，どのようなきまりがあるかを考えてみましょう。

問題１　図で，●，◆，▲，■は，ジャガイモ，タマネギ，大根，ナスのいずれかを表しています。●と◆はそれぞれどの野菜を表しているか，書きなさい。

問題２　重さが224ｇ，体積が280cm^{3}のリンゴを水に入れたとき，リンゴは水に浮くか沈むか，どちらだと考えられますか。また，その理由を説明しなさい。

問題３　会話文中の下線部について，水に食塩を入れてとかしていくと，水に沈んでいたジャガイモが浮いたのはなぜだと考えられますか。ただし，ジャガイモが浮いたとき，100cm^{3}の水に重さ30ｇの食塩をとかしたとします。

2　2021年５月26日，「スーパームーン」と呼《よ》ばれる満月の皆既月食《かいきげっしょく》が観測されました。あいりさんはこの日，まなみさんと仙台市《せんだいし》にあるおじさんの家に来て，観測をしました。

あいり：今日の満月は，今年，地球にいちばん近づくから大きく見えて，スーパームーンって呼ばれるんだよね。

まなみ：そうだね。でも，どうして満月によって大きさがちがって見えるのかな。

おじさん：月は，地球のまわりをまわっているけれど，［　あ　］をえがくようにまわっているからだよ。

あいり：なるほど。あっ，月が出てきたね。

まなみ：そろそろ月食が始まるかな。まず，月の左側から欠けていくんだよね。

おじさん：仙台市では，このあと20時９分から20時28分まで，［　い　］の空で皆既月食が見られるよ。

あいり：見て。月が欠け始めたよ。

20時９分になり，皆既月食が始まりました。

あいり：皆既月食になってもまだ満月みたいな月が見えるね。月が地球のかげに入っているはずなのに，真っ暗にならないね。

おじさん：それは，太陽の光のうち，波長の長い赤い光が地球の大気を通過して，月面を照らすからだよ。夕焼けと同じ現象だよ。

まなみ：だから，うす赤銅色《しゃくどういろ》に見えるんだね。そういえば，月っていつも同じ模様《もよう》に見えるよね。

あいり：月が地球のまわりをまわっているなら，月の裏側《うらがわ》も見えそうなのにね。

おじさん：月自身も回転しているんだよ。

まなみ：そっか。月がいつも同じ模様に見えるのは，［　う　］だね。

おじさん：その通りだよ。

あいり：皆既月食がもうすぐ終わりそうだね。また観測したいね。

問題１　会話文中の［　あ　］，［　い　］にあてはまる適切な言葉の組み合わせを，次のページのア～エの中から一つ選び，記号を書きなさい。

	あ	い
ア	円	南東
イ	円	南西
ウ	だ円	南東
エ	だ円	南西

問題2　会話文中の下線部について，月食が観測されるとき，月，太陽，地球はどのような順で一直線上に並《なら》ぶか，説明しなさい。

問題3　会話文中の［　う　］にあてはまる内容を，「月」，「地球」という言葉を使って説明しなさい。

3　さとるさんとあいりさんのクラスでは，総合的な学習の時間に，「住みよいまちづくり」をテーマにして発表会を行いました。

あいり：私たちが調べた駅などの建物には，だれもが住みやすいまちにするためのさまざまな取り組みが見られたね。

さとる：ぼくたちの市は，ユニバーサルデザインを色々な場所で取り入れていたね。

問題1　さとるさんとあいりさんは，駅や市役所などで下の**資料1**～**資料3**のような場所を見つけ，調べたことを発表しました。ユニバーサルデザインが取り入れられているものに○をつけ，どのような効果があるか，書きなさい。また，取り入れられていないものには×をつけ，ユニバーサルデザインを取り入れる方法を書きなさい。

資料1　多機能トイレ

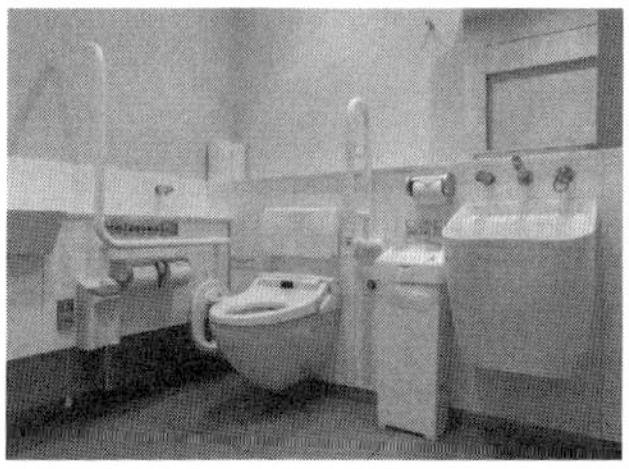

資料2　施設《しせつ》の入口

資料3　自動販売《はんばい》機

あいり：調べた結果，私たちの市では住みよいまちにするための工夫《くふう》が色々と行われているけれど，まだ不十分な部分もあることがわかったね。

さとる：そうだね。奈良《なら》県の交通について発表した班《はん》もあったね。

資料4　奈良県が目指すこと（一部）

- ・人口10万人あたりの交通事故発生件数を減らす。
- ・ノンステップバス（出入口の段差をなくしたバス）の導入率を上げる。
- ・歩道整備率を上げる。

資料5　人口10万人あたりの交通事故発生件数

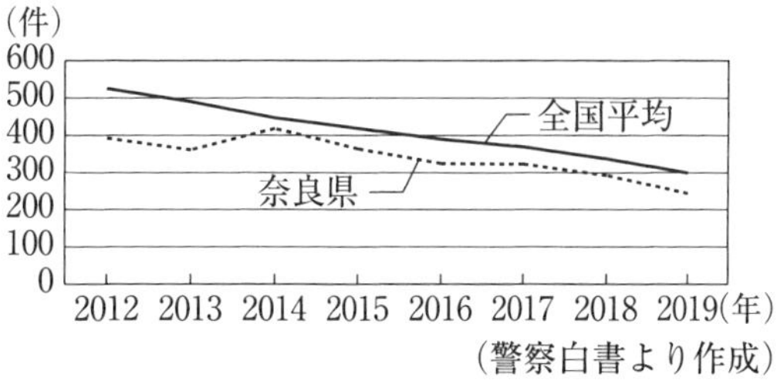

（警察白書より作成）

資料6　ノンステップバスの導入率

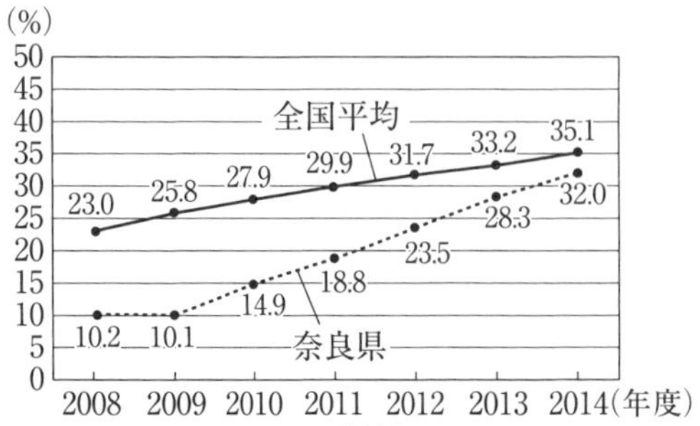

（国土交通省「公共交通移動等円滑《えんかつ》化実績報告」より作成）

資料7　奈良県の歩道整備率

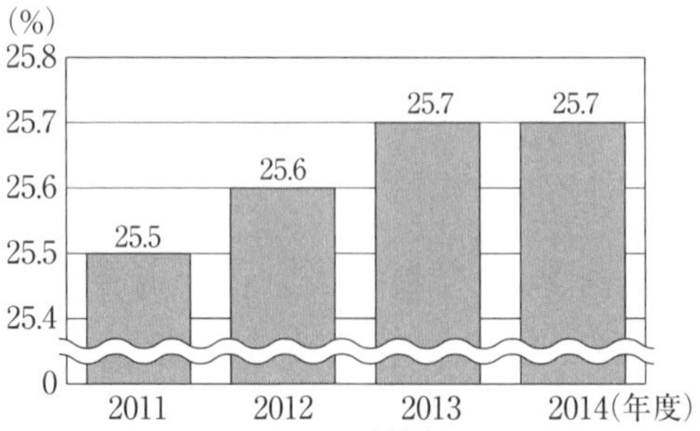

（奈良県道路環境《かんきょう》課資料より作成）

問題2　次の文は，奈良県の交通に関する**資料4～資料7**について説明したものです。**ア～エ**の中から説明として正しいものを一つ選び，記号を書きなさい。

ア　人口10万人あたりの交通事故発生件数は増え続けているが，ノンステップバスの導入率は下がっている。

イ　全国と奈良県のノンステップバスの導入率の差は，2008年から2014年にかけて20%以上縮《ちぢ》まった。

ウ　ノンステップバスの導入率と歩道整備率は，いずれも割合《わりあい》が上がり続けている。

エ　人口10万人あたりの交通事故発生件数とノンステップバスの導入率は，いずれも全国平均を下回っている。

あいり：奈良県全体で，色々な角度から住みよいまちづくりを進めていることがわかったわ。

さとる：同じ奈良県を，環境《かんきょう》の面から調べた班もあったね。

あいり：ごみの排出《はいしゅつ》量の話だよね。奈良県では，循環《じゅんかん》型社会を目指した取り組みをしているという話があったよね。

資料8　奈良県の廃棄《はいき》物処理《しょり》の現状と循環型社会を目指す3Rの取り組み

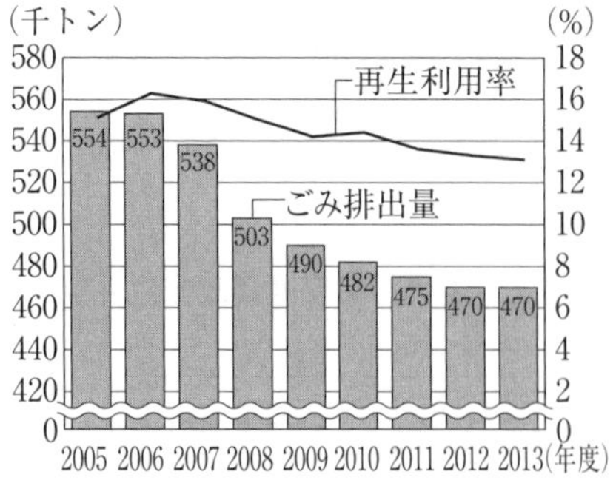

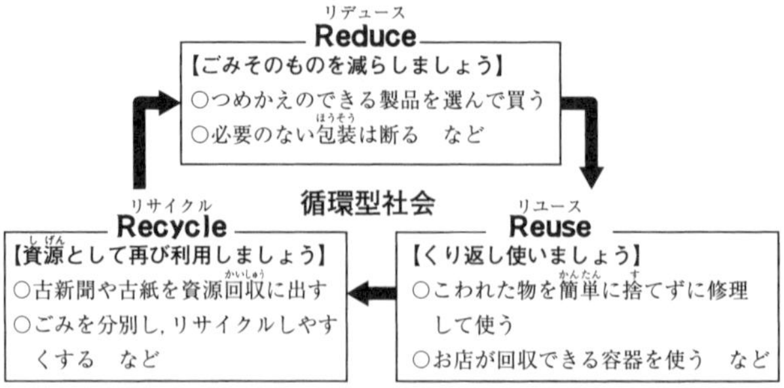

（奈良県ホームページより作成）

あいり：2013年度のごみ排出量は，2005年度の［　　　］%まで減っているんだね。

さとる：そうだね。循環型社会を目指す3Rの取り組みの効果が表れているのかな。

問題3　会話文中の［　　　］にあてはまる数字を書きなさい。ただし，四捨五入《ししゃごにゅう》して，$\frac{1}{10}$の位まで求めなさい。

問題4　あなたは，住みよいまちをつくるために何ができると考えますか。発表会の内容をもとにして，「もとにした資料や会話文」，「あなたができる具体的な取り組み」，「予想される効果」の三つがわかるように100字以上135字以内で書きなさい。ただし，あなたができる具体的な取り組みは，資料や会話文以外のものとします。また，「，」や「。」も１字に数え，文字に誤《あやま》りがないようにしなさい。

4　あいりさんは手芸用品店で，お母さんと話しています。

あいり：この間，家庭科の授業でかばんを作ったんだ。楽しかったから，今度はスカートを作ってみたいな。

お母さん：いいアイデアね。自分で好きな布を選んで作ることができるから，世界で１つだけのスカートができるわね。

あいり：うん。でも，一人で作るのは難《むずか》しいかな。

お母さん：それなら簡《かん》単な作り方があるわ。**図１**のような形をした布を４枚《まい》準備するの。この４枚の布を**図２**のように，50cmの直線部分をぴったり合わせると，大きい円から小さい円をくりぬいた形になるわ。50cmの直線部分をぬい合わせるだけでスカートの形になるよ。

あいり：それならできそう！　さっそく布を選ぼう。どれくらいの大きさの布が必要かな。

お母さん：**図２**の太線部分の長さが62.8cmになるようにするといいよ。これをもとに，考えてみてね。

あいり：わかった。必要な４枚の布の面積の合計は［　あ　］cm^2だね。

お母さん：そうね。この面積をもとに布を選びましょう。どんな布を買おうと思っているの？

あいり：いいと思う布がたくさんあって迷っているの。どんな布を使ってスカートを作ろうかな。

お母さん：１種類の布だけを使って作るのもいいけれど，４枚の布をぬい合わせるから，何種類かの布を使って作るともっとすてきなスカートになるわ。

あいり：それがいいね。布㋐，布㋑，布㋒の３種類の布が気に入っているの。３種類の布をすべて使って作るか，２種類の布を選んで作ろうかな。

お母さん：同じ種類の布がとなり合わないようにぬい合わせると，さらにいいスカートになりそうね。

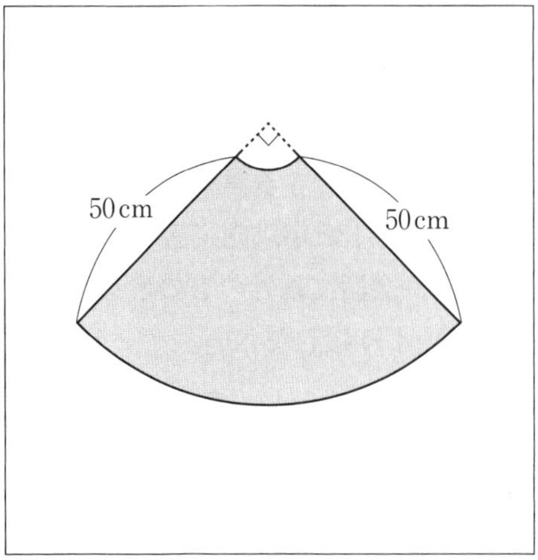

図１　布の形

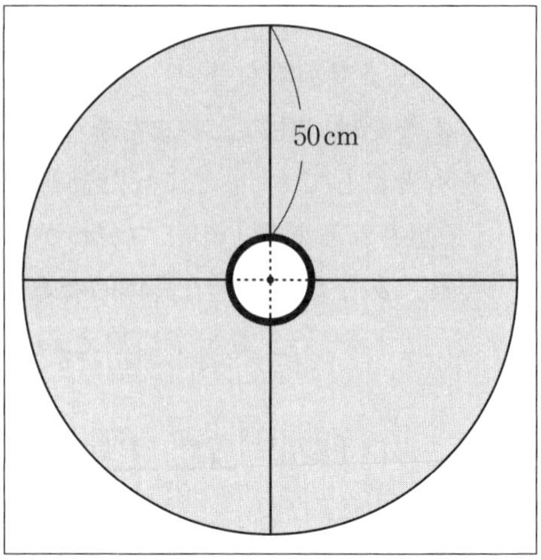

図２　４枚の布をぬい合わせた図

あ い り：そうするよ。布の値段《ねだん》はどのくらいなのかな。

お母さん：スカートを作るのに必要な４枚の布のうち，１枚分の値段が**表１**のようになっているよ。

あ い り：それぞれ値段がちがうから，布の組み合わせによって，布の代金の合計もちがってくるね。

お母さん：代金の合計が最も高い場合と最も安い場合は，代金の合計にどのくらいちがいがあるのかしら。

あ い り：考えてみるね。そういえば，家にこのお店の割引券《けん》があったから，持ってきたよ。

お母さん：どんな割引券なの。

あ い り：ええと…，３種類以上の布を買うと，代金の合計が100円安くなると書いてあるよ。

お母さん：いいわね。では，その割引券も使って考えてみましょう。

あ い り：わかった。布の代金の合計が最も高い場合と，最も安い場合の代金の合計のちがいは［　い　］円だね。

	布㋐	布㋑	布㋒
布１枚分の値段(円)	320	450	400

表１　あいりさんが気に入った３種類の布の値段

問題１　会話文中の［　あ　］にあてはまる数を書きなさい。ただし，円周率は3.14とし，ぬいしろは考えないものとします。

問題２　会話文中の［　い　］にあてはまる数を書きなさい。また，どのように考えたのかを言葉や数，式，図，表などを使って説明しなさい。ただし，消費税は考えないものとします。

5 さとるさんとあいりさんが通っている小学校では，卒業の記念に６年生がモザイクアートを制作します。このモザイクアートについて，さとるさんとあいりさんが話しています。

さとる：どのようにモザイクアートを作るのかな。

あいり：縦《たて》の長さ 1.8m，横の長さ３m の長方形の形をしたパネルにモザイクアートを作るよ。このパネルに１辺 12cm の正方形のタイルをすきまなく並べて，模様を作るの。

さとる：そうなんだ。色のちがうタイルを左から順にあるきまりにしたがって並べると，きれいな模様ができるね。**図**のような模様を考えてみたのだけれど，どうかな。上から４段ごとに同じ模様をくり返しているんだ。

あいり：すてきな模様ね。使うタイルは青色と白色がいいな。

さとる：では，そうしよう。ぼくは青色のタイルをもらってくるね。何枚必要かな。

あいり：１段目は，青色のタイルを 13 枚，２段目は，青色のタイルを６枚使っているね。

さとる：３段目と４段目も同じように考えると，１段目から４段目までに使う青色のタイルの枚数の合計は［ あ ］枚だから，パネル全体にタイルを並べたときの青色のタイルの枚数の合計は［ い ］枚だね。

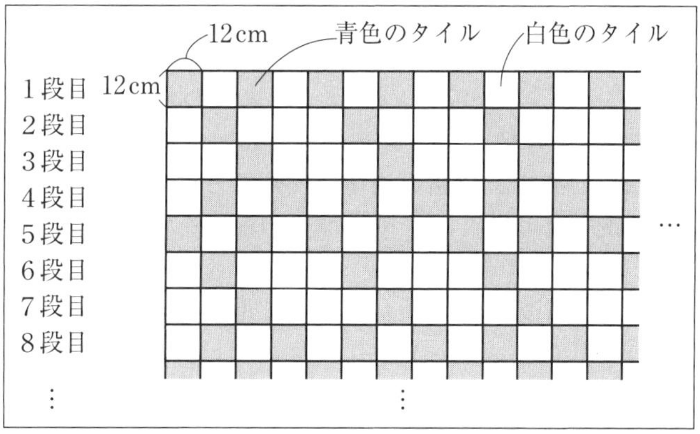

図　さとるさんが考えたモザイクアートの模様

問題１　会話文中の［ あ ］，［ い ］にあてはまる数を書きなさい。

さとる：先生が，黄色のタイルもたくさんあるから使ってみてねと言っていたよ。

あいり：黄色のタイルを使いたいけれど，もう一度模様を考え直すのは大変だね。何かいい方法はないかしら。

さとる：ぼくが考えた**図**の模様で，いちばん外側の１周にある青色のタイルを黄色のタイルに置きかえるのはどうかな。

あいり：それはいいね。必要な黄色のタイルの枚数は［ う ］枚だね。先生からもらってこよう。

問題２　会話文中の［ う ］にあてはまる数を書きなさい。また，どのように求めたのかを言葉や数，式，図，表などを使って説明しなさい。

【適性検査Ⅱ】　〈適性検査型試験〉　（45分）　〈満点：100点〉

〔注　意〕字数が指定されている場合は，下の例のように，付け加えたり，けずったりして解答してかまいません。字数については，書き直した文字で数えます。

（例）

野球の									朝6時に				
練	習	が	あ	る	日	は	~~い~~	~~つ~~	~~も~~	~~早~~	~~く~~	起	き

1　たくとさんたちのクラスでは，総合的な学習の時間に，地元の中学生に，中学校生活についてインタビューを行うことになりました。そこで，事前に，どのようにインタビューをしたらよいかについて話し合っています。

先　生：みなさん，中学生に聞きたいことは決まりましたね。実際にインタビューを行うときにはどのようなことに気をつけたらよいと思いますか。

たくと：はい，中学生はぼくたちよりも年上なので，敬語《けいご》を使うとよいと思います。

あかね：私《わたし》も，敬語を使えば，中学生に丁寧《ていねい》な姿勢《しせい》が伝わると思います。

先　生：そうですね。敬語は大切です。では，相手に何かを伝えるときに気をつけるべきことについて，次の文章を読んでみましょう。

　日本語のコミュニケーションの在り方を考えた場合，よく問題にされるのは敬語です。書店へ行けば敬語に関するさまざまな本が並《なら》んでいます。先日，自動車の※1セールスマンの方に，お仕事で一番気を遣《つか》うことは何ですか，と尋《たず》ねたら，「敬語です」ということでした。

　しかし，近年，いくら敬語が正しくても「敬意のある表現」とならないことがあるということに着目されるようになっています。※2国語審議《しんぎ》会の「現代社会における敬意表現」という※3答申《とうしん》（二〇〇〇年一二月）では，従来《じゅうらい》言われてきた「敬語」だけではなく，「敬意表現」と言われる「敬語」とはまた違《ちが》ったコミュニケーション上の配慮《はいりょ》の重要性について強調されています。敬語を適切に使うことはもちろんですが，それだけではなく，さまざまな状況《じょうきょう》に応じて，相手や場面への配慮を示す表現が必要なのです。

　（中略）

　頼《たの》みごとには一定の手続きがあるし，頼む場合の文型も「～してください」だけではなく「～していただけませんでしょうか」「～していただければありがたいのですが」などいろいろあります。また，「ありがとうございました」「すみません」など，どのような表現でお礼を言うかによっても，相手への印象はさまざまに，あるいはときに微妙《びみょう》に違ってきます。私たちのコミュニケーションでは，狭《せま》い意味の敬語だけではなく，「敬意のある表現」を適切に使うことが必要なのです。

　ここでは「敬意のある表現」という言葉を使っていますが，これは相手と自分とをかけがえのない「人」としてお互《たが》いに尊重《そんちょう》するという意味であって，必ずしも，「丁寧な言葉遣い」に限ることではありません。たとえば，親しい間柄《あいだがら》である場合や，これから親しくしていきたいという場合，同輩《どうはい》であればあえてタメ口《ぐち》（丁寧形を使わない言い方）をきく場合もあります。敬語の上では「丁寧でない」ということになるわけですが，敬語を使わないことも，状況に即《そく》した「適切な」ものの言い方になっていることがあるのです。逆に，敬語を使った丁寧な表現であっても，かえって※4慇懃無礼《いんぎんぶれい》になってしまうことがあります。

※1 セールスマン　商品の販売《はんばい》を担当《たんとう》する人。
※2 国語審議会　国語政策《せいさく》について検討《けんとう》し，政府に意見を述べる機関。
※3 答申　目上の人からの質問に対する答えや意見を述べること。
※4 慇懃無礼　丁寧すぎることで，かえって相手に不快感をあたえること。

（森山卓郎《もりやまたくろう》「コミュニケーション力をみがく　日本語表現の戦略」による）

先　生：この文章を読んで，敬語についてどのようなことを思いましたか。

たくと：敬語を使うことは大切だけれど，[ア]ことによって，お互いを尊重することが大切なのだと思いました。

問題1　たくとさんは，8ページの[　　]内の文章を読んで，どのようなことに気づいたと考えられますか。会話が成り立つように，[ア]に入る内容を本文中の言葉を使って，50字以上60字以内で書きなさい。ただし，「，」や「。」も1字に数え，文字に誤《あやま》りがないようにしなさい。

あかね：先生，インタビューにも，この文章に書かれていたような，「一定の手続き」があるのでしょうか。

先　生：よいところに気づきましたね。インタビュー当日，中学生はいそがしい中，時間をつくって私たちの質問に答えてくれます。そのため，そのことへの感謝の気持ちを伝えてからインタビューを始めるのが，その手続きのひとつです。**ワークシート（資料1）**を使って考えてみましょう。

資料1　ワークシート

～インタビューを始める前～
「今日は，[イ]。よろしくお願いします。」
～インタビュー内容～
「中学校生活の中で，大変なことや楽しいことはどのようなことですか。」
～インタビューが終わった後～
「今日はどうもありがとうございました。」

問題2　あかねさんと先生との会話をふまえ，**資料1**の[イ]に入る中学生への感謝の言葉を考えて，書きなさい。

資料2　インタビュー後の感想・反省点

【小学生】
・以前から知っている人だったので，インタビューというより雑談になってしまった。
・質問に答えてもらえたが，くわしい内容は話してもらえず，会話が広がらなかった。
・きちんと話そうとしたら，とてもきんちょうして，聞きたいことを忘《わす》れてしまった。

【中学生】
・相手が小学生のころからの知り合いだったためか，くだけた感じでえんりょがなく，少し不快に思った。
・反応があまりなく，自分の考えがきちんと伝わっているのか不安だった。
・相手がとてもきんちょうしていて，スムーズに話が進まなかった。

問題3　たくとさんとあかねさんのクラスでは，話し合ったことをふまえ，実際に中学生にインタビューを行いました。**資料2**をもとに，今後インタビューをするときに，あなたはどのようなことに気をつけたいと考えますか。**資料2**の内容にふれながら，あなたの考えを，理由もふくめて100字以上120字以内で書きなさい。ただし，「，」や「。」も1字に数え，文字に誤りがないようにしなさい。

2 たくとさんとあかねさんは，総合的な学習の時間に，「私《わたし》たちと水資《し》源《げん》」をテーマにして学習することになり，水資源について先生と話しています。

先　生：水資源の利用というと，まず何が頭にうかびますか。

たくと：食事の用意や洗濯《せんたく》などに用いる水だと思います。学校でも手を洗《あら》ったり，掃除《そうじ》をしたりするときに水を使うので，私たちの生活に欠かせないものです。

あかね：家や学校で使う水道水は，［　ア　］でつくられているんですよね。

先　生：その通りです。［　ア　］では，ごみや砂《すな》を取り除《のぞ》いたり，薬品を入れて消毒したりして，水道水をつくっているんでしたよね。他にはどうですか。

あかね：ダム（**資料１**）も，水資源の利用に大きく関わっていると思います。私たちが毎日安全な水を使用できるのは，ダムで水量が調節されているからですよね。

資料１　ダムのようす

たくと：それと，ダムでは貯めた水を水力発電に利用していますよね。

先　生：よく調べていますね。その他にも，［　イ　］という理由から，森林は緑のダムといわれています。

あかね：生活に欠かせないものだからこそ，大切にしなければなりませんね。

問題１　会話文中の［　ア　］に入る言葉を書きなさい。

問題２　会話が成り立つように，［　イ　］に入る内容を書きなさい。

問題３　たくとさんは水力が再生可能エネルギーであるということを知って，再生可能エネルギーについて調べることにしました。次の(1)，(2)の問題に答えなさい。

(1)　発電方法にはさまざまな種類があります。**資料２**の**ア**～**エ**の発電方法の中から，再生可能エネルギーを用いたものを二つ選び，記号を書きなさい。

資料２　さまざまな発電方法

(2)　水力がなぜ再生可能エネルギーといわれるのか疑問に思ったたくとさんは，**資料３**を見つけました。水力が再生可能エネルギーといわれる理由を，**資料３**を参考にして書きなさい。

資料３　水力エネルギーの循環《じゅんかん》

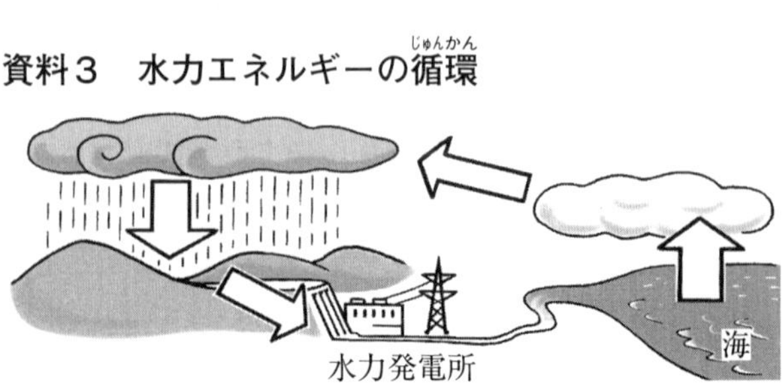

問題4　たくとさんは，日本の水資源について調べている中で，**資料4**と**資料5**を見つけました。次の⑴，⑵の問題に答えなさい。

⑴　**資料4**が人々の間で多く使われるようになった理由を一つ書きなさい。

⑵　たくとさんは，**資料5**を見て日本の水資源に関する問題について考えました。**資料5**から考えられる日本の水資源の問題点と，その問題点が重要視される理由をそれぞれ一つずつ書きなさい。

資料4　ミネラルウォーターと水をきれいにする装置《そうち》

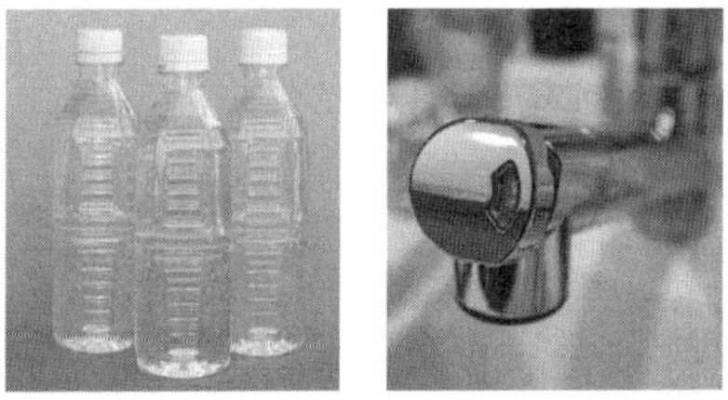

資料5　※環境《かんきょう》基準達成率と水道水源

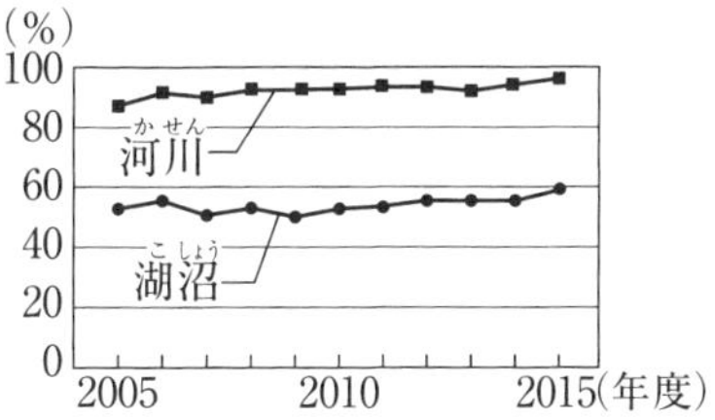

※…水質が基準を満たしている割合《わりあい》。

水源	割合(%)
河川水	25.5
ダム湖・湖沼水	48.7
その他	25.8

(国土交通省資料他より作成)

問題5　あかねさんは，茨城《いばらき》県の水資源について調べ，常陸川水門《ひたちがわ》を見つけました。あかねさんは，「私たちと水資源」の発表テーマを常陸川水門に決め，先生に相談し，**資料6**をもらいました。

あなたは，「洪水《こうずい》」，「塩害」どちらかのテーマを選び，解答用紙の（　　）内に○をつけなさい。また，**資料6**のポイントに従い，選んだテーマと**資料7**～**資料9**の内容を関連づけて，70字以上90字以内で発表メモを書きなさい。ただし，「，」，「。」も1字に数え，文字の誤《あやま》りがないようにしなさい。

資料6　発表メモをつくるポイント

○常陸川水門の場所に注目しよう！
○「もしも水門がなかったらどうなるか？」を考えて，水門がつくられた目的を書こう！

資料7　発表メモの選択肢《せんたくし》

洪水を防ぐ
○なぜ洪水を防げるのか？
塩害を防ぐ
○なぜ塩害を防げるのか？

資料8　常陸川水門の場所

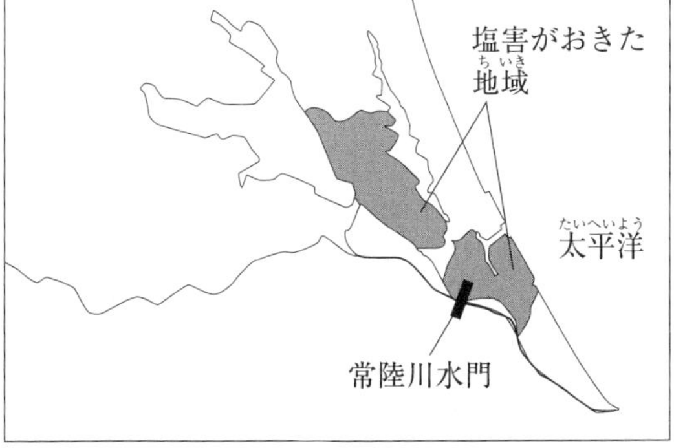

資料9　常陸川水門がなかった場合

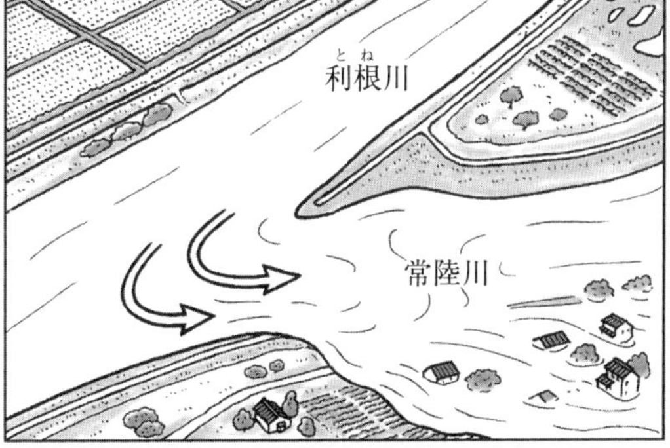

3 たくとさんとあかねさんは，日本の交通網《こうつうもう》（**資料１**）から日本と茨城県の工業生産について話しています。

あかね：日本の交通網を見ると，新幹線の路線が全国に広がっていることがわかるね。

たくと：そうだね。**資料１**から，東京《とうきょう》駅を出た東北《とうほく》新幹線の終着駅は都道府県でいうと　**あ**　だということがわかるよ。社会の授業で学んだ内容もふくめて考えてみたいな。

あかね：新幹線に乗ったつもりで考えてみるのはどうかな。東京駅から北陸《ほくりく》新幹線に乗ると，終着駅に着くまでにさまざまな気候の地域《ちいき》を通ると思うよ。

たくと：たしかにそうだね。ぼくは東海道《とうかいどう》新幹線に乗ったときのことを考えてみたけれど，自動車生産がさかんな愛知《あいち》県を通るね。ぼくは自動車が好きだから，一度行ってみたいと思っていたんだ。

あかね：自分が行ってみたい場所を考えてみるのはおもしろそうだね。

資料１　日本の高速交通網

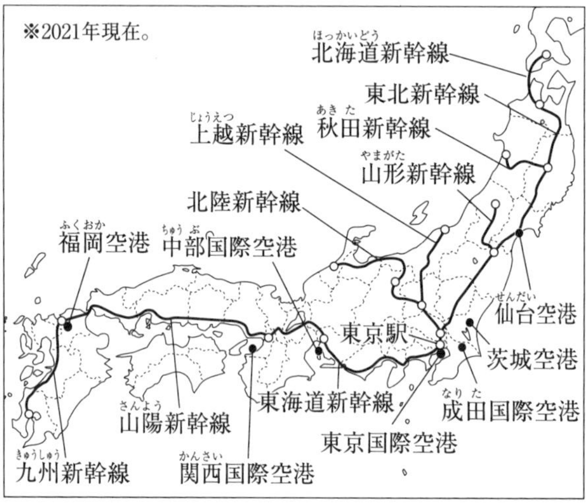

資料２　自動車組み立て工場と関連工場

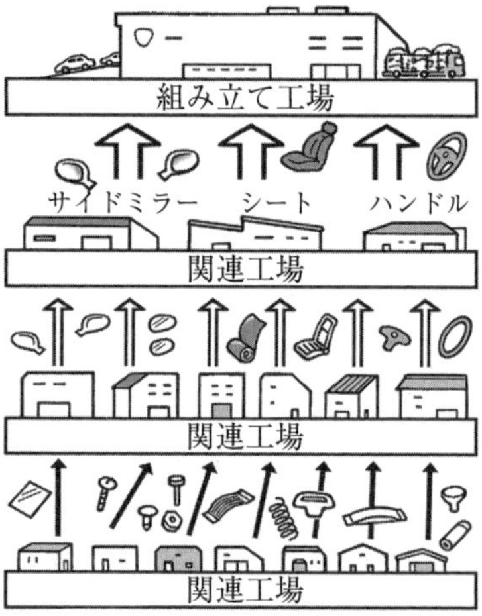

問題１　会話文中の　**あ**　にあてはまる都道府県名を書きなさい。

問題２　会話文中の下線部（終着駅に着くまでにさまざまな気候の地域を通る）のようすとして正しいものを**ア**～**エ**の中から一つ選び，記号を書きなさい。

ア　夏に雨が多い気候→冬に雪が多い気候→気温差が大きく雨が少ない気候

イ　夏に雨が多い気候→気温差が大きく雨が少ない気候→冬に雪が多い気候

ウ　冬に雪が多い気候→気温差が大きく雨が少ない気候→夏に雨が多い気候

エ　気温差が大きく雨が少ない気候→夏に雨が多い気候→冬に雪が多い気候

問題３　会話文中の下線部（自動車生産がさかんな愛知県）における，関連工場の働きについて，**資料２**を参考に，「組み立て工場」の言葉を使って書きなさい。

たくと：次に，茨城県の交通について調べてみよう。
あかね：鉄道でいうと，つくばエクスプレスの開通がとても大きな影響《えいきょう》をもたらしたと，お父さんやお母さんが言っていたよ。
たくと：つくばエクスプレスの利用者は，年々増加しているんだよね（**資料4**）。
あかね：朝，秋葉原《あきはばら》駅に向かう電車はとても混んでいるものね。
たくと：東京に通勤《つうきん》や通学する人が多いんだね。そういえば，つくばエクスプレスが東京駅まで延《の》びる可能性もあるという話を聞いたことがあるけれど，あれはどういうことだろう。

資料3　つくばエクスプレスと常磐《じょうばん》線の路線図と秋葉原駅までの所要時間

資料4　利用者数の変化（1日平均）

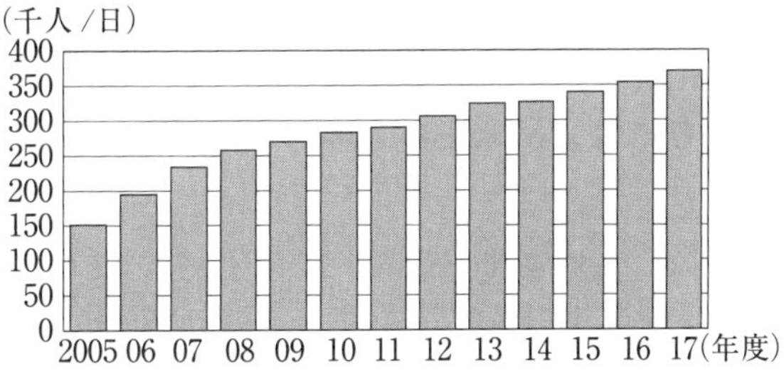

(「つくばエクスプレス中期経営計画」より作成)

資料5　秋葉原駅と東京駅の路線数

駅	JR・東京メトロ
秋葉原駅※	山手《やまのて》線，京浜《けいひん》東北線，総武線，日比谷《ひびや》線
東京駅	山手線，京浜東北線，東海道本線，横須賀《よこすか》線，総武線快速，京葉《けいよう》線，中央線，上野《うえの》東京ライン，東北新幹線，上越新幹線，北陸新幹線，東海道新幹線，丸ノ内《まるのうち》線

※…つくばエクスプレスを除く。

問題4　会話文の下線部の（つくばエクスプレスの開通）について，茨城県を除いてつくばエクスプレスが通っている都県を次の**ア**～**オ**からすべて選び，記号を書きなさい。

ア　埼玉《さいたま》県　　**イ**　東京都　　**ウ**　神奈川《かながわ》県
エ　栃木《とちぎ》県　　**オ**　千葉《ちば》県

問題5　会話文の下線部の（つくばエクスプレスの利用者は，年々増加している）理由について，**資料3**～**資料5**のいずれかを参考に，書きなさい。

問題6　会話文の下線部の（つくばエクスプレスが東京駅まで延びる）ことが求められている理由について，**資料3**～**資料5**のいずれかを参考に，書きなさい。

たくと：交通といっても，鉄道だけではないよね。茨城県の交通で他に注目すべきものはあるかな。

あかね：茨城空港はどうかな。2020 年に，営業開始から 10 年をむかえたみたいだよ。

たくと：いいね。ぼくはロンドン周辺の空港と東京周辺の空港を比較《ひかく》した資料を見つけたよ（**資料６・資料７**）。ロンドンのヒースロー空港やロンドンシティ空港は基幹空港，ルートン空港などのその他の空港はセカンダリー空港といって，基幹空港に次ぐ規模《きぼ》の空港として位置づけられているらしいんだ。茨城空港はどうかな（**資料８**）。

あかね：私も茨城空港について調べてみたら，他の大きな空港とはちがった特徴《とくちょう》や取り組みを見つけたわ（**資料９・資料 10**）。

たくと：茨城空港の特徴や取り組みについて，もっとくわしく調べてみようよ。

資料６　ロンドン周辺の空港

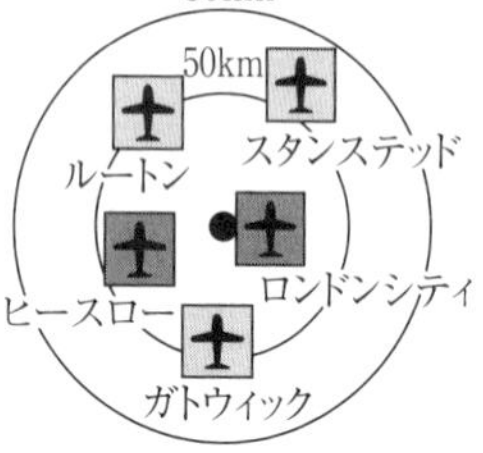

資料７　東京周辺の空港

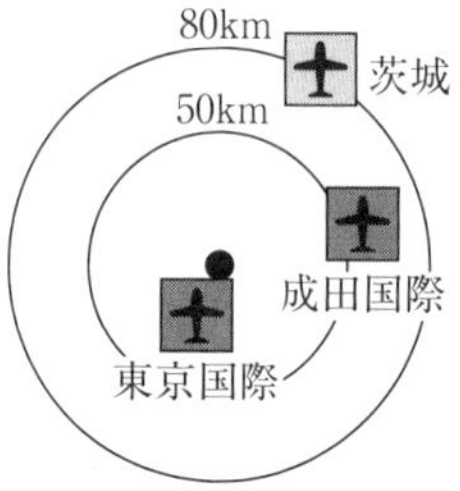

資料８　主要都市からの所要時間

	東京国際空港まで	茨城空港まで
水戸《みと》市	約 150 分	約 30 分
つくば市	約 115 分	約 45 分

（茨城空港利用促進《そくしん》等協議会資料より作成）

資料９　各空港の空港使用料の比較（国際線）

空港	使用料（大人）
関西国際空港	2780 円
中部国際空港	2620 円
東京国際空港	2610 円
成田国際空港	2130 円
福岡空港	980 円
茨城空港	530 円

（2020 年 11 月現在）　（日本航空資料他より作成）

資料 10　茨城空港のＰＲポスター

問題７　茨城空港の特徴や取り組みについて，次の⑴，⑵の問題に答えなさい。

⑴　茨城空港には，どのような役割《やくわり》がありますか。**資料６〜資料８**からそれぞれ読み取れることをもとに考え，説明する内容を書きなさい。

⑵　茨城空港の利用者をさらに増やすために，あなたならどのようなことを提案しますか。**資料９**，**資料 10** を参考にして書きなさい。

2022年度
常総学院中学校　▶解　答

※　編集上の都合により，適性検査型試験の解説は省略させていただきました。

適性検査Ⅰ　＜適性検査型試験＞（45分）＜満点：100点＞

解　答

1 **問題１**　●　ナス　　◆　ジャガイモ　　**問題２**　浮く／**説明**…(例)　1 cm^3あたりの重さが１ｇよりも小さいから。　**問題３**　(例)　食塩をとかした水よりもジャガイモのほうが，1 cm^3あたりの重さが小さくなったから。

2 **問題１**　ウ　　**問題２**　(例)　太陽→地球→月　　**問題３**　(例)　月自身が１回転する周期と向きが，月が地球のまわりを１回転する周期と向きと同じだから

3 **問題１**　**資料１**…○／(例)　手すりなど，通常のトイレよりもたくさんの機能があるので，多くの人たちにとって使いやすい。　**資料２**…×／(例)　段差があると，車いすを使っている人にとって不便なので，階段の他にスロープを設置する。　**資料３**…○／(例)　お金を入れやすく，商品も取り出しやすいデザインになっているので，どんな人でも使いやすい。　**問題２**　エ　　**問題３**　84.8％　　**問題４**　(例)　ごみの総排出量を減らすために，リデュース，リユース，リサイクルからなる３Ｒを実現することが大切だと考えます。３Ｒを実現するために，食べ残しをしないようにしたり，ものは捨てずに他の人にゆずったりすることで，循環型社会の実現を目指していきたいと思います。

4 **問題１**　10990 cm^2　　**問題２**　310円／**考え方**…(例)　布の代金の合計が最も高い場合は，最も値段の高い布㋑を２枚と，２番目に値段の高い布㋒を２枚買う場合で，その代金の合計は，450×２＋400×２＝1700(円)である。また，布の代金の合計が最も安い場合は，最も値段の安い布㋐を２枚と，布㋑，㋒を１枚ずつ買って割引券を使う場合で，その代金の合計は，(320×２＋450＋400)－100＝1390(円)となる。よって，代金の合計のちがいは，1700－1390＝310(円)である。

5 **問題１**　**あ**　37枚　　**い**　136枚　　**問題２**　25枚／**求め方**…(例)　１段目の青色のタイルは13枚である。いちばん下の15段目の青色のタイルは３段目と同じ並び方になるので，６枚とわかる。いちばん左の列の青色のタイルは上から４段ごとに１枚あるから，15÷４＝３あまり３より，あまり３枚の中にも青色のタイルが１枚あるから，３＋１＝４(枚)になる。いちばん右の列の青色のタイルもいちばん左の列と同じく４枚である。また，１段目の右はしと左はしのタイルは２回数えているから，必要な黄色のタイルの枚数は，13＋６＋４＋４－２＝25(枚)である。

適性検査Ⅱ　＜適性検査型試験＞（45分）＜満点：100点＞

解　答

1 **問題1**　（例）　従来使われてきた敬語をただ使えばよいというわけではなく，さまざまな状況に応じて，相手や場面への配慮を示して表現する　**問題2**　（例）　おいそがしい中，お時間をつくっていただき，ありがとうございます　**問題3**　（例）　私は，相手との関係やその場に合った態度で話をしたいと思います。なぜなら，その場に合った態度でないと，相手に不快な思いをさせてしまうことがあるからです。ふるまい方にも気をつけながら，相手に気持ちよく質問に答えてもらえるようにしたいです。

2 **問題1**　じょう水場　**問題2**　（例）　ダムのように，降った雨水をためておく働きがある　**問題3**　(1)　ア，イ　(2)　（例）　自然の水循環を利用し，発電のさいに循環のじゃまをしないから。　**問題4**　(1)　（例）　安全でおいしい水を飲むことに対して，関心が高まっているから。(2)　**問題点**…（例）　河川に対して，湖沼の環境基準達成率が低いこと。　**理由**…（例）　水道水の多くは，河川や湖沼を水源としているから。　**問題5**　（例）　洪水を防ぐ／水門がないと，大雨などで利根川の水量が増えたとき，その水が逆流して流れこみ，流域に洪水ひ害が出てしまうおそれがある。そういったひ害を防ぐために，水門が設けられた。

3 **問題1**　青森県　**問題2**　イ　**問題3**　（例）　組み立て工場で使用される部品をそれぞれの関連工場でつくり，届ける。　**問題4**　ア，イ，オ　**問題5**　（例）　東京に通勤・通学する人たちの移動時間が短縮されたから。　**問題6**　（例）　乗り換えられる電車が増えることで，さらに利便性が高まるから。　**問題7**　(1)　（例）　茨城空港があることによって，ロンドンのように，主要な空港の周りのセカンダリー空港としての役割を果たしている。さらに，これまで茨城県をふくむ北関東の県に住む人たちは成田国際空港や東京国際空港へのきょりが遠く，空港までの移動が大変だったが，茨城空港を利用することにより，その移動時間を短縮できる。(2)　（例）　主要な空港よりも空港使用料が安いことをアピールして，色々な場所に行ける便を増やします。また，レンタカーやバスなど，茨城空港に着いた後の移動手段をじゅう実させることで，利用者を増やします。

Memo

Memo

2021年度　常総学院中学校

〔電　話〕　029(842)0708
〔所在地〕　〒300－0849　茨城県土浦市中村西根1010
〔交　通〕　JR常磐線 ―「荒川沖駅」「土浦駅」，つくばエクスプレス線「つくば駅」，
下妻・古河，水戸，江戸崎方面などよりスクールバス

【算　数】〈第１回一般試験〉（50分）〈満点：100点〉

1　次の計算をしなさい。

（1）　$30-15\div3$

（2）　$(47-4\times3)\div5$

（3）　$13\times7-156\div\{58-3\times(24-9)\}$

（4）　$\left(1\frac{3}{5}-1\frac{1}{4}\times\frac{2}{3}\right)\div3\frac{5}{6}$

（5）　$1.2\times9.5-4.86\div2.7$

（6）　$\left(4-2\frac{8}{9}\div1\frac{1}{3}\right)\div\left(\frac{1}{4}+\frac{2}{3}\right)$

（7）　$0.3\times\left\{\left(7.6+\frac{3}{4}\right)-\left(2.125+\frac{5}{8}\right)\right\}$

2　次の□にあてはまる数を答えなさい。

（１）　ある品物に仕入れ値《ね》の35%の利益を見こんで定価をつけると，定価は6210円になりました。この品物の仕入れ値は□円です。ただし，消費税は考えないものとします。

（２）　歯数が24の歯車Aと，歯数が32の歯車Bがかみ合っています。歯車Aが20回転する間に，歯車Bは□回転します。

（３）　右の図のような，３つの部分に分かれた旗を，赤，青，黄，緑の４色から選んで色をぬります。となり合う部分が同じ色にならないように色をぬる方法は全部で□通りあります。ただし，同じ色をくり返し選んでもよいものとします。

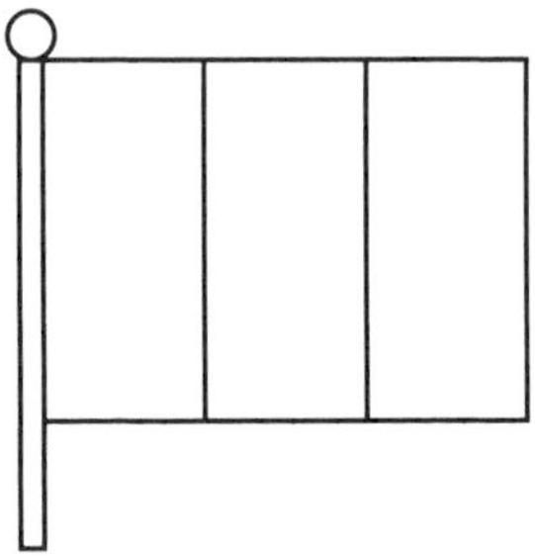

（４）　長さが100mの列車Aは秒速12mで，長さが80mの列車Bは秒速18mで走ります。平行に並《なら》んだ２本の線路があり，列車A，Bが，それぞれ別の線路の上を同じ方向に進んでいるとき，列車Bの先頭が列車Aの最後尾《さいこうび》に追いついてから，列車Aを完全に追いこすまでに□秒かかります。

（５）　兄は弟より500円多く持っていましたが，兄が1600円を使い，弟が母から700円をもらったので，弟の持っている金額は兄の持っている金額の３倍になりました。はじめ，兄は□円持っていました。

（６）　Aさんは42.195kmのマラソンコースを４時間51分で走りました。このとき，Aさんが走った平均の速さは分速□mです。

（7） 右の図において，四角形ＡＢＣＤは正方形で，点Ｅは対角線ＢＤ上にあります。このとき，角㋐の大きさは［　　］度です。

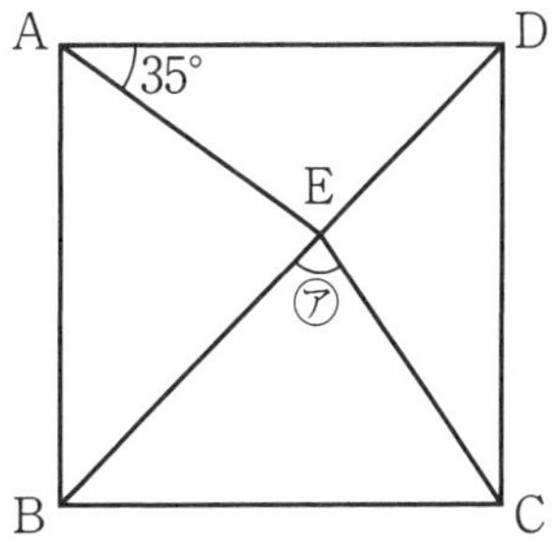

（8） 右の図において，ＡＢ：ＢＰ＝１：１，ＢＣ：ＣＱ＝１：３，ＣＡ：ＡＲ＝１：２です。三角形ＡＢＣの面積が$9cm^2$のとき，三角形ＰＱＲの面積は［　　］cm^2です。

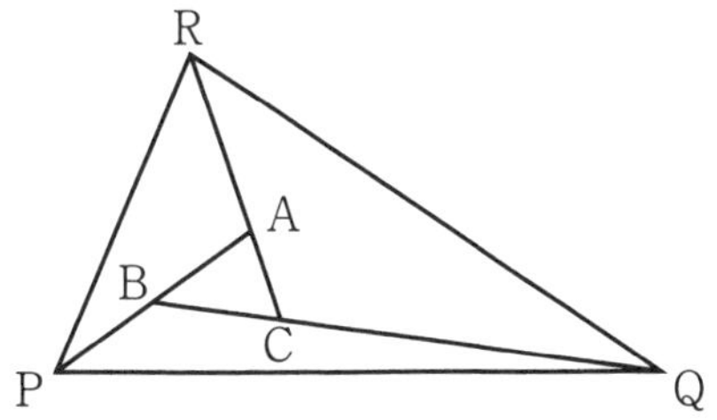

3 右の図１のような，立方体ＡＢＣＤ－ＥＦＧＨの形をした水そうが水平に置かれています。この水そうの中に，面ＡＥＨＤ，ＢＦＧＣ，ＥＦＧＨにそれぞれ垂直《すいちょく》になるように長方形の形をしたしきりを立てます。図２のグラフは，この水そうの底①の真上の部分に一定の割合《わりあい》で水を入れたときの，水を入れはじめてからの時間と，底①の真上の部分での水の深さの関係を表したものです。

このとき，次の問いに答えなさい。ただし，水そうやしきりの厚さは考えないものとします。

図１

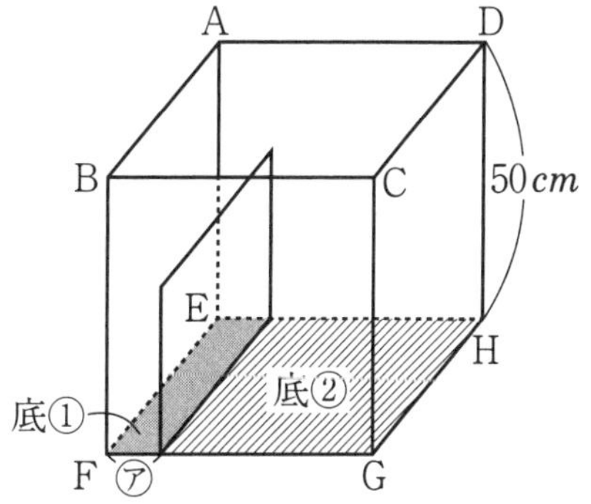

図２

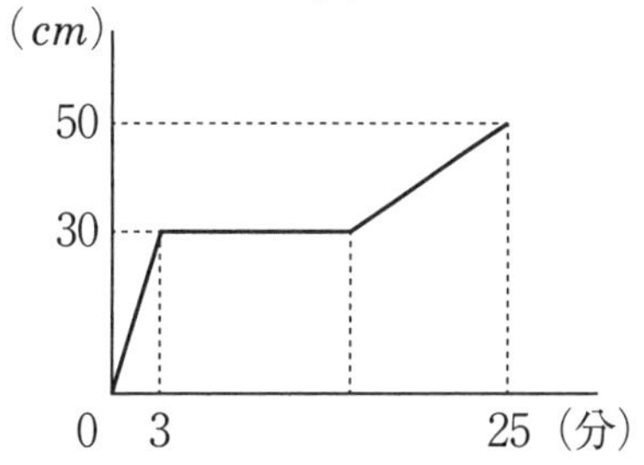

（1） 毎分何Ｌの割合で水を入れましたか。

（2） 図１の㋐の長さは何 cm ですか。

（3） 底②の真上の部分での水の深さが 18cm になるのは，水を入れはじめてから何分何秒後ですか。

4　右の図のように，正方形ＡＢＣＤと正三角形ＰＱＲがあり，頂点《ちょうてん》Ａ，Ｐは重なっていて，点Ｑは辺ＡＤ上にあります。正三角形ＰＱＲは右の図の位置から，正方形ＡＢＣＤの辺上を矢印の方向にすべらないように転がります。

このとき，次の問いに答えなさい。ただし，円周率は3.14とします。

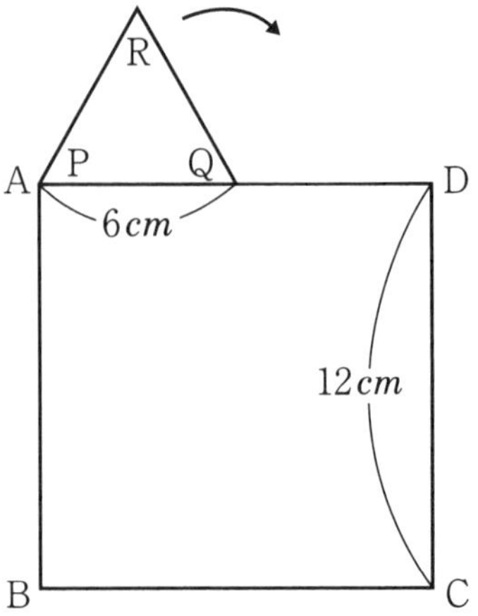

（1）　正三角形ＰＱＲが正方形ＡＢＣＤの辺上を１周してもとの位置にもどったとき，正方形ＡＢＣＤの頂点Ａと重なるのは，正三角形ＰＱＲのどの頂点ですか。

（2）　正三角形ＰＱＲの１つの頂点がはじめて正方形ＡＢＣＤの頂点Ｃに重なってから，正三角形ＰＱＲの１つの辺がはじめて正方形ＡＢＣＤの辺ＡＢに重なるまでの，点Ｐが動いたあとの線として適切なものを，次の**ア**～**ウ**の中から１つ選び，記号で答えなさい。

ア

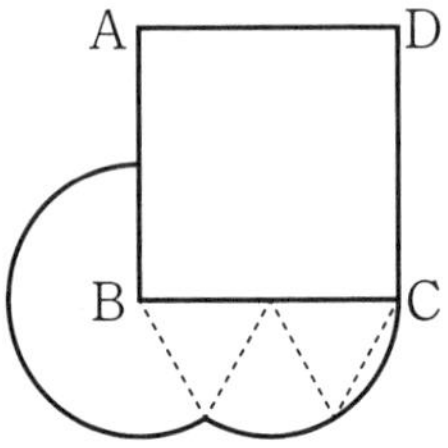

イ

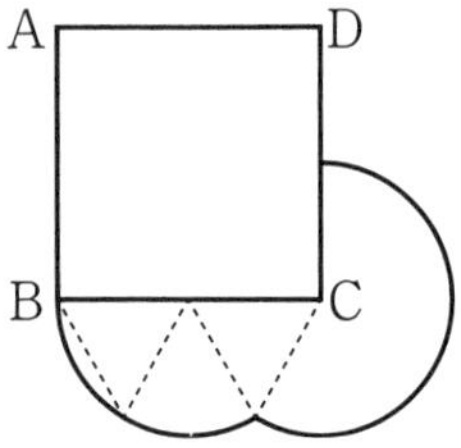

ウ

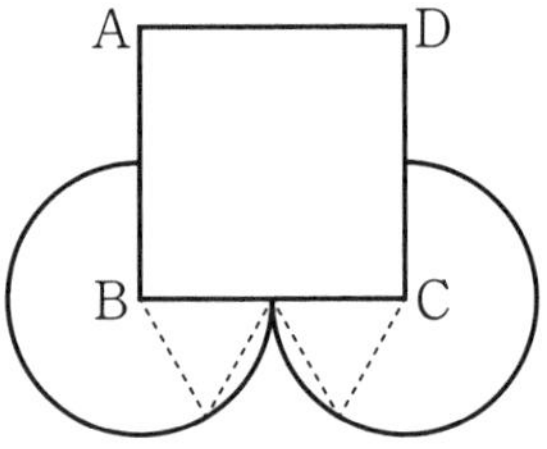

（3）　正三角形ＰＱＲが正方形ＡＢＣＤの辺上を１周してもとの位置にもどったとき，点Ｐが動いたあとの線の長さの合計は何 *cm* ですか。

5　あるテーマパークの入場券《にゅうじょうけん》の販売窓口《はんばいまどぐち》では，入場券の販売をはじめる前から行列ができていて，１分間に 30 人の割合で販売窓口に客が並び続けます。販売窓口を７か所にすると販売をはじめてから 40 分で行列がなくなり，９か所にすると販売をはじめてから 20 分で行列がなくなります。

このとき，次の問いに答えなさい。ただし，どの販売窓口も，客１人に入場券を販売するためにかかる時間は一定であるものとします。

（１）　１か所の販売窓口で，１分間で何人に入場券を販売していますか。

（２）　入場券の販売をはじめるとき，販売窓口には何人の行列ができていますか。

（３）　販売窓口を 10 か所にすると，販売をはじめてから何分で行列がなくなりますか。

【社　会】〈第１回一般試験〉（30分）〈満点：50点〉

1　次の地図と文を見て、後の問いに答えなさい。

【地図】

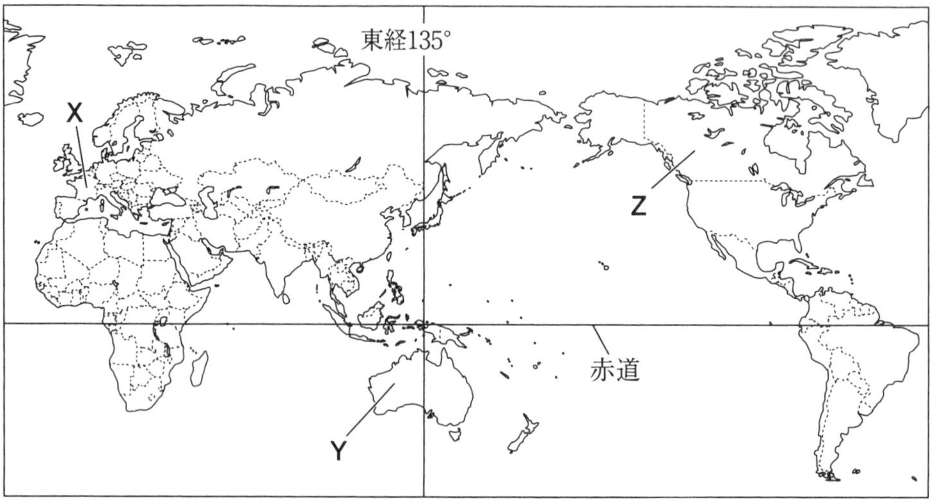

世界には６つの大陸と①３つの大洋（大きな海）があります。６つの大陸のうち、**地図**中にただ一つ示されていないのは[A]大陸です。[A]大陸は、唯一《ゆいいつ》世界のいずれの国の領土にもなっていない大陸です。

地球は地軸《ちじく》がかたむいており、自転しているため昼と夜の時間のずれがあります。そのため、経度によって時刻が異なります。これを時差といい、②各国は時刻の基準となる標準時子午線をそれぞれ定めています。経度０度にあたるイギリスのロンドンの時刻は、世界標準時と呼ばれています。

③世界各地の気候はさまざまで、その土地の気候に応じた生活様式があります。衣食住いずれも、その地域の気候の影響《えいきょう》を強く受けています。また、それぞれの国には独自の文化があり、④その国のシンボルである国旗や国歌には敬意を表さなければなりません。

問１　文中の空欄[A]に共通してあてはまる**語句**を、**漢字２字**で答えなさい。

問２　下線部①に関して、世界の大陸のうち、太平洋・大西洋・インド洋の三大洋のすべてに面しているのはどれですか。次の中から１つ選び、**記号**で答えなさい。

ア　北アメリカ大陸　　**イ**　ユーラシア大陸
ウ　オーストラリア大陸　　**エ**　アフリカ大陸

問３　地球上の陸地と海洋の面積の比を簡単な整数で表すとどうなりますか。正しいものを、次の中から１つ選び、**記号**で答えなさい。

ア　２：８　　**イ**　３：７　　**ウ**　５：５　　**エ**　６：４

問４　下線部②に関して、**地図**中の東経 135 度の経線は、日本の時刻を決める基準となる標準時子午線です。この経線が通る明石《あかし》市がある**都道府県名**を答えなさい。

問５　下線部③に関して、**地図**中の赤道の付近の気候や生活の特徴《とくちょう》として正しいものを、次の中から１つ選び、**記号**で答えなさい。

ア　気温はおだやかで四季の区別がはっきりしており、降水量も適度にあるため、人類の生活に最も適しています。
イ　その地域のほとんどが一年中雪と氷におおわれていますが、少し温暖な地域では、夏の間にわずかにこけが生えます。
ウ　一年中雨が少なく、砂漠《さばく》やたけの短い草原が大部分をしめています。また、１日の中での昼と夜の気温差が大きくなっています。
エ　気温が高く、一年中変化があまり見られません。ほかの地域に比べて降水量が多く、ジャングルが広がる地域もあります。

問６　下線部④について、次の**あ**～**う**は、**地図**中の**Ｘ**～**Ｚ**のいずれかの国の国旗を示しています。**Ｘ**～**Ｚ**と**あ**～**う**の組み合わせとして正しいものを、下の中から１つ選び、**記号**で答えなさい。なお、国旗の色は実際とは異なります。

あ

い

う

ア　**Ｘ**　―　**あ**　　**Ｙ**　―　**い**　　**Ｚ**　―　**う**
イ　**Ｘ**　―　**あ**　　**Ｙ**　―　**う**　　**Ｚ**　―　**い**
ウ　**Ｘ**　―　**い**　　**Ｙ**　―　**あ**　　**Ｚ**　―　**う**
エ　**Ｘ**　―　**い**　　**Ｙ**　―　**う**　　**Ｚ**　―　**あ**
オ　**Ｘ**　―　**う**　　**Ｙ**　―　**あ**　　**Ｚ**　―　**い**
カ　**Ｘ**　―　**う**　　**Ｙ**　―　**い**　　**Ｚ**　―　**あ**

2　**次の文と地図を見て、後の問いに答えなさい。**

日本列島の中央に位置する関東《かんとう》地方には、日本で最大の平野である関東平野が広がっています。関東平野は、火山灰の積もった関東ローム層が広がる台地と、周辺の山地から流れ出る川によって形成された低地からなります。関東地方を流れる川のうち、最も流域面積が広いのが、**地図**中に**X**で示した［　A　］川です。

東京大都市圏《けん》のある関東地方は、日本で最も人口が多い地方で、人口密度も高くなっています。日本の首都である東京は、政治や経済、文化の中心であり、多くの人や資金が集まっています。東京とその周辺は食料の大消費地であるため、東京に近い千葉県や茨城県では、大都市向けの野菜などを栽培《さいばい》する［　B　］農業がさかんです。**地図**中の①群馬県嬬恋村《つまごいむら》では、気候を生かした農業が行われています。また、②日本で最も漁獲《ぎょかく》量の多い港である銚子港《ちょうしこう》も関東地方にあります。

東京都から神奈川県にかけての沿岸部には、第二次世界大戦前から京浜《けいひん》工業地帯が形成されていました。戦後になると、千葉県の東京湾岸《わんがん》の京葉《けいよう》工業地域や、栃木県、群馬県などの関東内陸工業地域も発達しました。③東京港、横浜《よこはま》港、成田《なりた》国際空港など、規模の大きな貿易港が集まっているのも関東地方の特色です。

【地図】

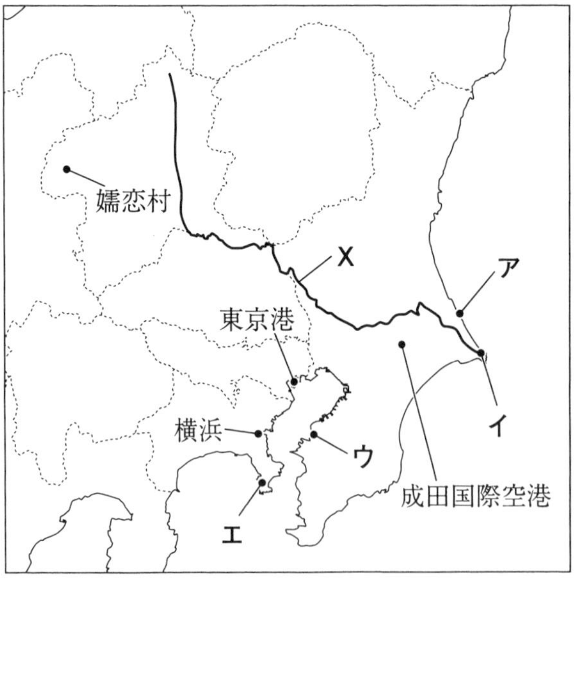

問１　文中の空欄（ A 、 B ）にあてはまる最も適当な語句を、**漢字**で答えなさい。なお、文中の記号と、**地図**中の記号は同じものを指しています。

問２　次のグラフは、日本各地の気候を雨温図で示したものですが、**地図**中に示した横浜の雨温図として最も適当なものを、次の中から１つ選び、**記号**で答えなさい。なお、以下の雨温図は、横浜のほか、札幌《さっぽろ》、高田《たかだ》、松本《まつもと》、高松《たかまつ》、那覇《なは》のものです。

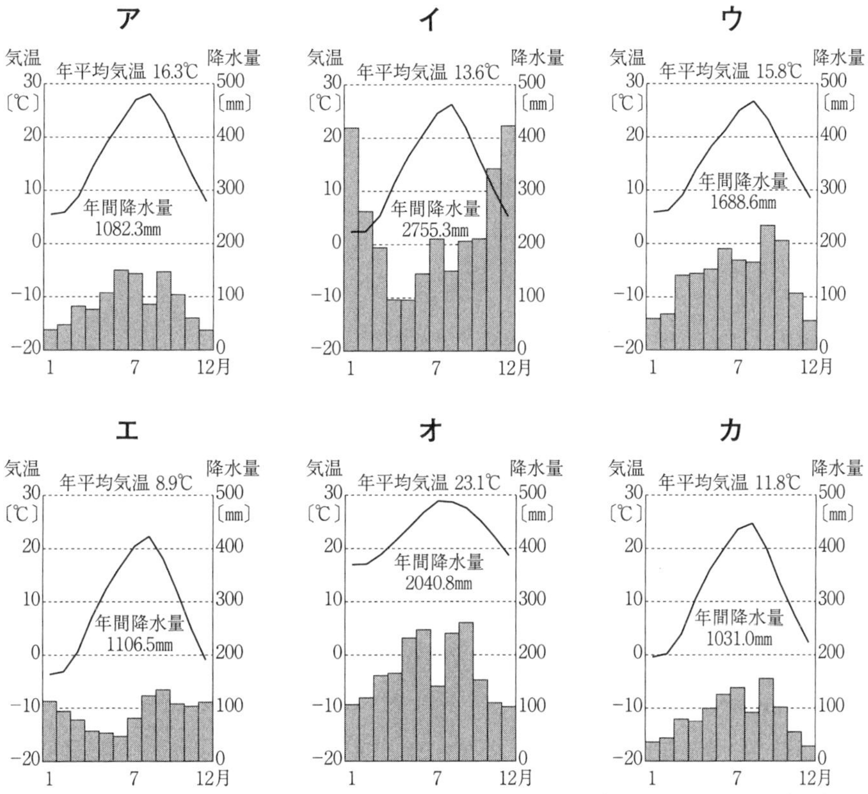

＜「理科年表　令和２年」より作成＞

問３　下線部①に関して、次の**グラフⅠ**は、**地図**中に示した群馬県嬬恋村で生産がさかんな農産物の都道府県別の生産量の内訳を示しています。**グラフⅠ**にあてはまる農産物の**名称**《めいしょう》を答えなさい。

グラフⅠ　　　　　　（2018年）

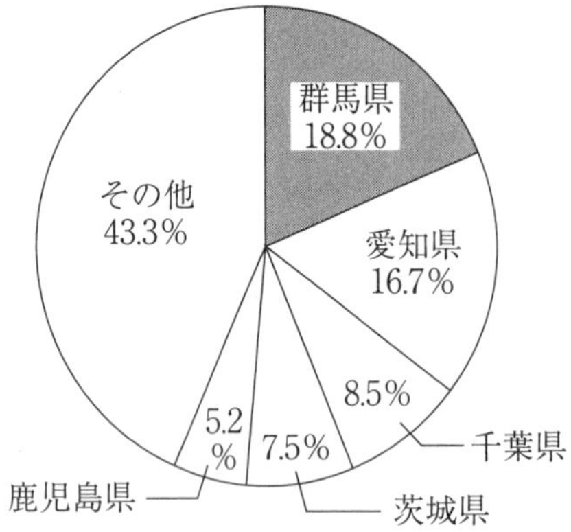

<「日本国勢図会　2020/21年版」より作成>

問４　下線部②に関して、銚子港の位置として正しいものを、**地図**中の**ア**～**エ**から１つ選び、**記号**で答えなさい。

問５　下線部③に関して、**グラフⅡ**、次のページの**グラフⅢ**は、**地図**中に示した東京港や成田国際空港をはじめとする、日本各地の貿易港に関する統計を示しています。**グラフⅡ**は日本のおもな貿易港の、日本全体の貿易額にしめる割合を示しており、**グラフⅢ**は成田国際空港、名古屋《なごや》港、東京港、横浜港の輸出入額、おもな貿易品目とその割合を示しています。**グラフⅡ**、**グラフⅢ**から読み取れることとして正しいものを、次のページの**ア**～**エ**の中から１つ選び、**記号**で答えなさい。

グラフⅡ　　　　　　（2019年）

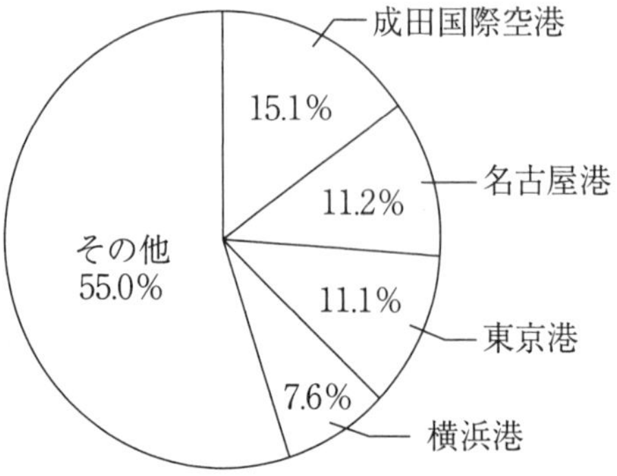

グラフⅢ (2019年)

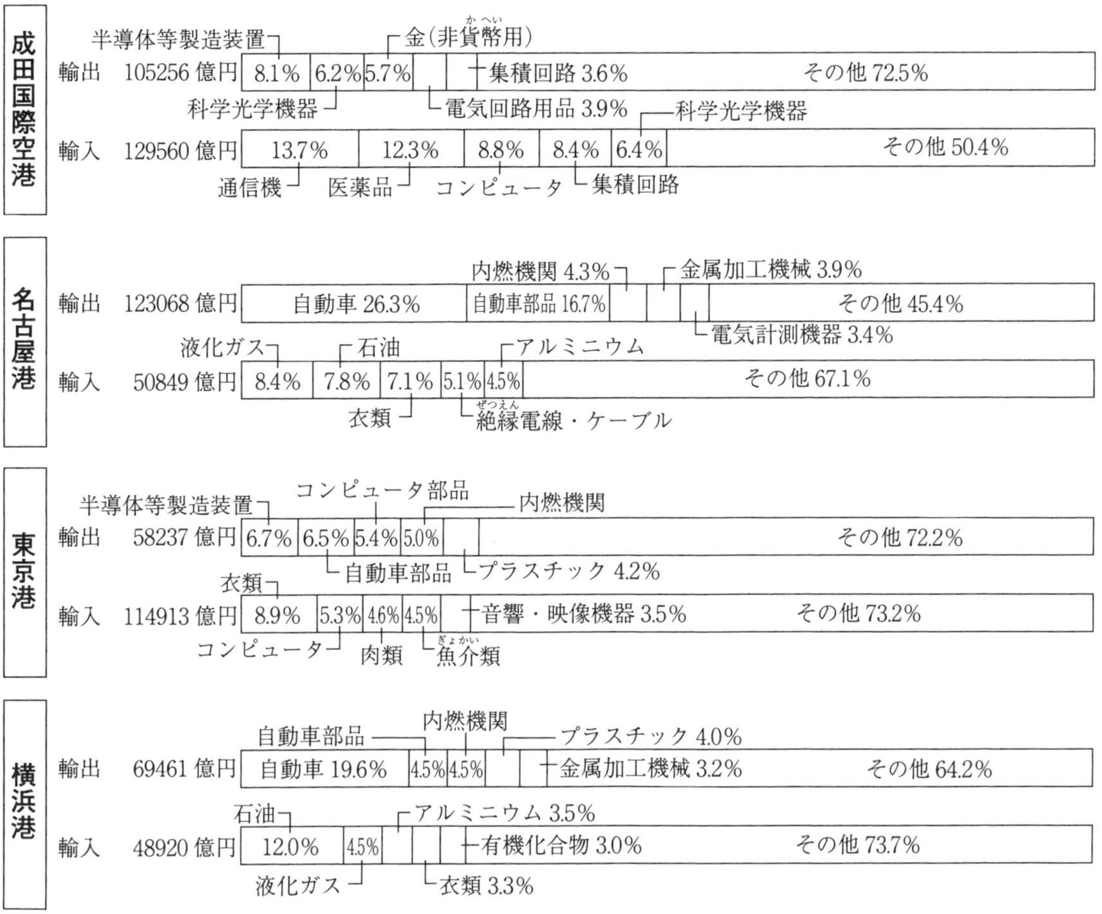

＜**グラフⅡ**、**Ⅲ**とも「日本国勢図会　2020/21年版」より作成＞

ア　成田国際空港の貿易額は、横浜港の貿易額の３倍以上となっています。

イ　東京港で最も多く輸出されている品目の輸出額は、２兆円以上です。

ウ　横浜港に比べて東京港は、重くて安価な品目を多く輸出しているという点で、成田国際空港と似ています。

エ　輸出入の合計額が15兆円をこえている貿易港のうち、輸入額が輸出額を上回っている港は２つあります。

3　次の文を読み、後の問いに答えなさい。

日本の建築は、どのように発展していったのでしょうか。①縄文《じょうもん》時代には、②地面に穴をほって柱を立て、屋根をかぶせた住居がつくられました。弥生《やよい》時代には稲作《いなさく》が始まって「むら」が形成されるようになり、より多くの住居が一か所に集まるようになりました。古墳《こふん》時代、大王《おおきみ》や豪族《ごうぞく》などの支配者が登場すると、規模の大きな屋敷《やしき》もつくられるようになりました。③渡来人《とらいじん》が伝えた土木技術も、日本の建築の発展に役立ちました。

飛鳥《あすか》時代に仏教の信仰《しんこう》がさかんになると、仏教建築が多くつくられるようになりました。[A]の摂政《せっしょう》をつとめた聖徳太子《しょうとくたいし》（厩戸《うまやどの》皇子）は、現存する日本最古の木造建築である法隆寺《ほうりゅうじ》を建立《こんりゅう》しました。聖徳太子は、豪族の蘇我《そが》氏と協力して政治を行いました。しかし、聖徳太子の死後に④大化《たいか》の改新が始まり、蘇我氏はほろぼされました。

⑤奈良《なら》時代には聖武《しょうむ》天皇の命令で東大寺《とうだいじ》の大仏がつくられました。平安《へいあん》時代には、貴族の藤原《ふじわら》氏が権力をにぎりました。平安時代の貴族は、寝殿造《しんでんづくり》と呼ばれる豪華《ごうか》な屋敷に住み、⑥かな文字など日本独自の文化をつくりだしました。その藤原氏の栄華も、[B]が位を退いて上皇《じょうこう》となり、院政《いんせい》を開始するとおとろえました。

続く⑦鎌倉《かまくら》時代は武士の時代となりました。武士は、武家造《ぶけづくり》と呼ばれる質素な屋敷に住み、武芸にはげみました。鎌倉幕府は[C]の挙兵でほろぼされ、その後[C]と対立した足利尊氏《あしかがたかうじ》の手で幕府が開かれました。室町時代には、武士の文化と貴族の文化が結びつき、⑧足利義満《よしみつ》の建てた金閣《きんかく》などの建築物が生まれました。

室町幕府がおとろえると戦国《せんごく》時代に入り、やがて⑨鉄砲《てっぽう》などの新兵器を取り入れた織田信長《おだのぶなが》が天下統一を進めました。安土桃山《あづちももやま》時代から江戸《えど》時代になると、壮麗《そうれい》な天守をもつ城郭《じょうかく》建築が多くつくられました。江戸時代には、⑩島原《しまばら》・天草一揆《あまくさいっき》がおこってからは大きな戦乱がなく、⑪都市や交通網《もう》などが発達していきました。

明治《めいじ》時代になると、日本には洋風の建築様式が取り入れられました。急速な近代化をなしとげた日本は、日清《にっしん》戦争や⑫日露《にちろ》戦争、⑬第一次世界大戦で戦勝国となり、国際的な地位を高めました。昭和《しょうわ》時代には、日本は第二次世界大戦に敗れ、国土の多くが焼け野原となりました。しかし、日本では⑭連合国軍の占領《せんりょう》のもと民主化政策が進められ、経済的にも高度成長をなしとげました。焼け野原となった都市は復興し、高層ビルの立ち並ぶ現代の大都市の風景がつくられました。

問１　空欄（ A ～ C ）にあてはまる人物の組み合わせとして正しいものを、次の中から１つ選び、**記号**で答えなさい。

ア　A ：推古《すいこ》天皇　　B ：白河《しらかわ》天皇　　C ：後醍醐《ごだいご》天皇
イ　A ：推古天皇　　B ：後白河《ごしらかわ》天皇　　C ：後鳥羽《ごとば》上皇
ウ　A ：天智《てんじ》天皇　　B ：白河天皇　　C ：後醍醐天皇
エ　A ：天智天皇　　B ：後白河天皇　　C ：後鳥羽上皇

問２　下線部①に関して、右の**資料Ⅰ**は、縄文時代の人々の季節ごとの食料を示しています。冬にあてはまるものを、**資料Ⅰ**中の**ア**～**エ**から１つ選び、**記号**で答えなさい。

資料Ⅰ

問３　下線部②に関して、このような住居を何といいますか。その**名称**を答えなさい。

問４　下線部③に関して、渡来人が日本に伝えたものとして**誤っているもの**を、次の中から１つ選び、**記号**で答えなさい。

ア　漢字　　**イ**　儒教《じゅきょう》　　**ウ**　須恵器《すえき》　　**エ**　銅銭《どうせん》

問５　下線部④に関して、大化の改新の内容として正しいものを、次の中から１つ選び、**記号**で答えなさい。

ア　東北《とうほく》地方の蝦夷《えみし》を従えるために、軍勢を送りました。
イ　豪族が支配していた土地を、すべて天皇のものにしました。
ウ　人民の戸籍《こせき》をつくり、土地を与えて代々受けつがせました。
エ　冠位十二階《かんいじゅうにかい》を定めて、能力のある人を役人に登用しました。

問６　下線部⑤に関して、奈良時代のできごととして正しいものを、次の中から１つ選び、**記号**で答えなさい。

ア　墾田永年私財法《こんでんえいねんしざいのほう》が出され、開墾した土地は朝廷《ちょうてい》のものになりました。
イ　各地で定期市が開かれるようになり、商業が発達しました。
ウ　日本最古の歌集として『万葉集《まんようしゅう》』がまとめられました。
エ　空海《くうかい》と最澄《さいちょう》が唐《とう》から帰国し、それぞれ新しい仏教を開きました。

問７　下線部⑥に関して、かな文学の代表である『源氏物語《げんじものがたり》』を書いた人物は誰ですか、**人物名**を答えなさい。

問８　下線部⑦に関して、鎌倉時代のできごととして正しいものを、次の中から１つ選び、**記号**で答えなさい。

ア　源氏の将軍《しょうぐん》は短期間でとだえ、将軍を補佐《ほさ》する守護《しゅご》の役職にあった北条《ほうじょう》氏が実権を握《にぎ》りました。
イ　北条泰時《やすとき》は、裁判の基準として武家諸法度《ぶけしょはっと》を定め、その後の武士の支配の基本となりました。
ウ　元《げん》（モンゴル）の軍が２回にわたって九州《きゅうしゅう》北部をおそいましたが、いずれも撃退《げきたい》しました。
エ　道元《どうげん》は、「南無阿弥陀仏《なむあみだぶつ》」と唱えると極楽浄土《ごくらくじょうど》に往生できるとした浄土宗《じょうどしゅう》を開きました。

問９　下線部⑧に関して、足利義満が始めた日明《にちみん》貿易の説明として正しいものを、次の中から１つ選び、**記号**で答えなさい。

ア　倭寇《わこう》と呼ばれる海賊《かいぞく》と貿易船を区別するため、朱印状《しゅいんじょう》を用いました。
イ　倭寇と呼ばれる海賊と貿易船を区別するため、勘合《かんごう》を用いました。
ウ　悪党と呼ばれる海賊と貿易船を区別するため、朱印状を用いました。
エ　悪党と呼ばれる海賊と貿易船を区別するため、勘合を用いました。

問 10　下線部⑨に関して、ポルトガル人が漂着して初めて鉄砲を日本に伝えた場所として正しいものを、右の**地図**中の**ア**～**エ**の中から１つ選び、**記号**で答えなさい。

地図

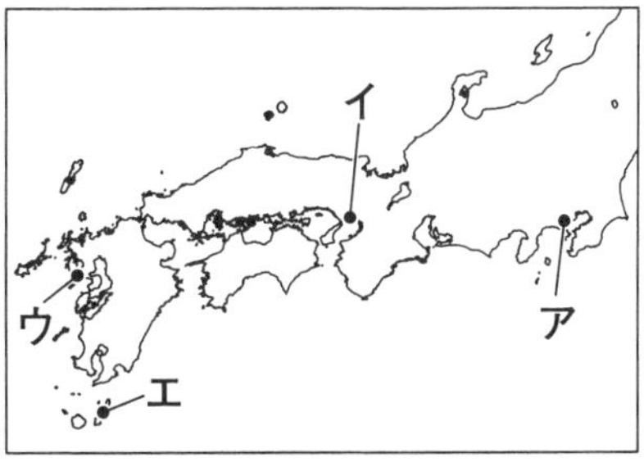

問 11　下線部⑩に関して、島原・天草一揆がおこったのはいつですか。最も適当な時期を、次の**年表**中の**ア**～**エ**の中から１つ選び、**記号**で答えなさい。

年表

1592	豊臣秀吉《とよとみひでよし》による朝鮮《ちょうせん》出兵が始まりました。
	↓ **ア**
1600	徳川家康《とくがわいえやす》が関ヶ原《せきがはら》の戦いで勝利しました。
	↓ **イ**
1612	幕府の領地でキリスト教の禁止令が出されました。
	↓ **ウ**
1639	ポルトガル船の来航が禁止されました。
	↓ **エ**
1669	シャクシャインの戦いがおこりました。

問 12　下線部⑪に関して、江戸時代の都市や交通網の発展についての説明として正しいものを、次の中から１つ選び、**記号**で答えなさい。

ア　江戸を起点として、東海道《とうかいどう》などの五街道《ごかいどう》が整備されました。
イ　京都は商業の中心となり、「天下の台所」と呼ばれました。
ウ　海上輸送で運ばれた年貢《ねんぐ》米は、長崎の蔵屋敷《くらやしき》に保管されました。
エ　大都市では商人が力をつけ、座《ざ》を結成して営業を独占しました。

問 13　下線部⑫に関して、次の**資料Ⅱ**は、日露戦争に反対する詩を書いた人物を示しており、**資料Ⅲ**は、**資料Ⅱ**の人物が書いた詩の一部を示しています。**資料Ⅱ**の**人物名**を答えなさい。

資料Ⅱ

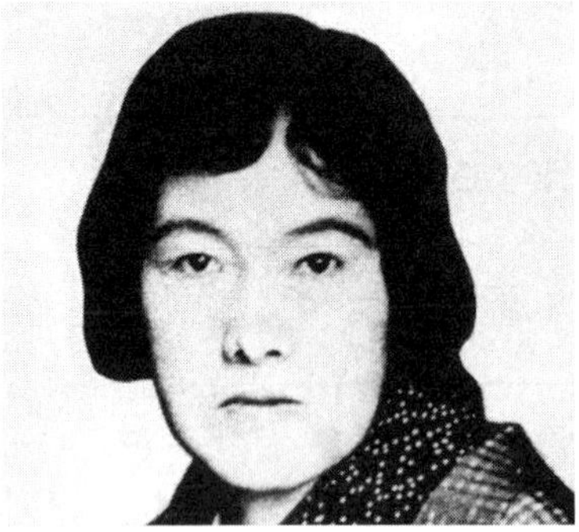

資料Ⅲ　**資料Ⅱ**の人物が書いた詩の一部

あゝを《(お)》とうとよ　君を泣く
君死にたまふ《(う)》ことなかれ
末に生《うま》れし君なれば
親のなさけはまさりしも
親は刃《やいば》をにぎらせて
人を殺せとを《(お)》しへ《(え)》しや

問 14　下線部⑬に関して、第一次世界大戦前のヨーロッパでは、三国協商《さんごくきょうしょう》と三国同《さんごくどう》盟《めい》が対立していました。三国協商の国の組み合わせとして正しいものを、次の中から１つ選び、**記号**で答えなさい。

ア　イギリス・フランス・ドイツ　　**イ**　フランス・ドイツ・ロシア
ウ　イギリス・フランス・ロシア　　**エ**　イギリス・ドイツ・ロシア

問 15　下線部⑭に関して、連合国軍総司令部が行った日本の民主化政策の説明として正しいものを、次の中から１つ選び、**記号**で答えなさい。

ア　日本国憲法《けんぽう》を制定させ、第９条で基本的人権の尊重を規定しました。
イ　軍国主義を支えてきた財閥《ざいばつ》が解体させられ、独占禁止法《どくせんきんしほう》が定められました。
ウ　農地改革が行われ、１人の地主《じぬし》の所有する土地面積が大幅《おおはば》に増えました。
エ　満 25 歳《さい》以上の男子全員に選挙権を与える普通選挙が実現しました。

4　**次のⅠ～Ⅲの文を読み、後の問いに答えなさい。**

Ⅰ　①日本国憲法の規定では、②国会は「国権の最高機関」とされています。これは、国会が国民が直接選んだ国会議員からなるためです。国会は衆議《しゅうぎ》院《いん》と参議院《さんぎいん》からなり、法律の制定や内閣総理大臣の指名といった権限をもっています。現在、少子高齢《こうれい》化が進み、③社会保障費の増大などが大きな問題となっています。選挙権をもつ私たちは、未来のことをよく考えながら一票を投じなければなりません。

Ⅱ　国の権力は④立法《りっぽう》（国会）、行政《ぎょうせい》（内閣）、司法《しほう》（裁判所）の３つに分けられています。国の行政権は⑤内閣がもちますが、行政に関する事務は⑥行政機関が担当します。司法権を担当する裁判所は、⑦公正な裁判を行うために国会・内閣からの介入を防ぐしくみとなっています。これを「司法権の独立」といいます。また、裁判を行う裁判官も、圧力を受けることなく、独立して裁判を行っています。

Ⅲ　2020年７月に、全国の小売店で、レジ袋《ぶくろ》の有料化が義務づけられました。これは、プラスチックによるごみの排出《はいしゅつ》量を減らすための取り組みです。日本政府は、1997年に⑧地球温暖化防止京都会議を開催《かいさい》するなど、積極的に環《かん》境《きょう》問題に取り組んできました。また、政府だけでなく、⑨地方自治体（地方公共団体）の努力も無視できません。省エネやごみの削減《さくげん》、自然の保護など、独自の取り組みが首長や⑩地方議会から提案されてきました。私たち一人一人が環境問題の当事者となるには、地方自治体の協力が不可欠です。

問１　下線部①に関して、日本国憲法と大日本帝国《ていこく》憲法についての説明として正しいものを、次の中から１つ選び、**記号**で答えなさい。

ア　大日本帝国憲法では、天皇を「日本国と国民の統合の象徴」としていましたが、日本国憲法では「神聖にして不可侵《しん》」としています。

イ　大日本帝国憲法では、天皇を「国家の元首」としていましたが、日本国憲法では「日本国と国民の統合の象徴」としています。

ウ　大日本帝国憲法では、基本的人権の尊重を規定していましたが、日本国憲法では規定していません。

エ　大日本帝国憲法では、人権に関する規定はありませんでしたが、日本国憲法では法律の範囲内において人権を認めています。

問２　下線部②に関して、国会の説明として正しいものを、次の中から１つ選び、**記号**で答えなさい。

ア　衆議院議員の任期は６年で、３年ごとに半数が改選されます。
イ　最高裁判所長官を指名する権限があります。
ウ　衆議院と参議院の議決が異なった場合、衆議院が優越《ゆうえつ》されます。
エ　参議院は、内閣不信任案を決議できます。

問３　下線部③に関して、社会保障制度の説明として正しいものを、次の中から１つ選び、**記号**で答えなさい。

ア　予防接種や感染症《かんせんしょう》の予防は、公的扶助《ふじょ》にあたります。
イ　医療保険や雇用《こよう》保険などは、社会保険にあたります。
ウ　高齢者や障がい者のための支援《しえん》は、公衆衛生にあたります。
エ　働けない人のための生活保護は、社会福祉《ふくし》にあたります。

問４　下線部④に関して、このしくみは、おたがいの権力がいきすぎないよう監視《かんし》するためにつくられました。このしくみの**名称**を答えなさい。

問５　下線部⑤に関して、次の文中の空欄（［　　　］）に共通してあてはまる**語句**を答えなさい。

　国会で指名された内閣総理大臣は、［　　　］を任命して内閣を組織します。日本国憲法には、［　　　］の過半数は国会議員でなければならないという規定があります。

問６　下線部⑥に関して、2020 年現在の国の行政機関のしくみを模式的に示した次の**資料**中の**Ａ**～**Ｄ**にあてはまるものの組み合わせとして正しいものを、下の中から１つ選び、**記号**で答えなさい。

資料

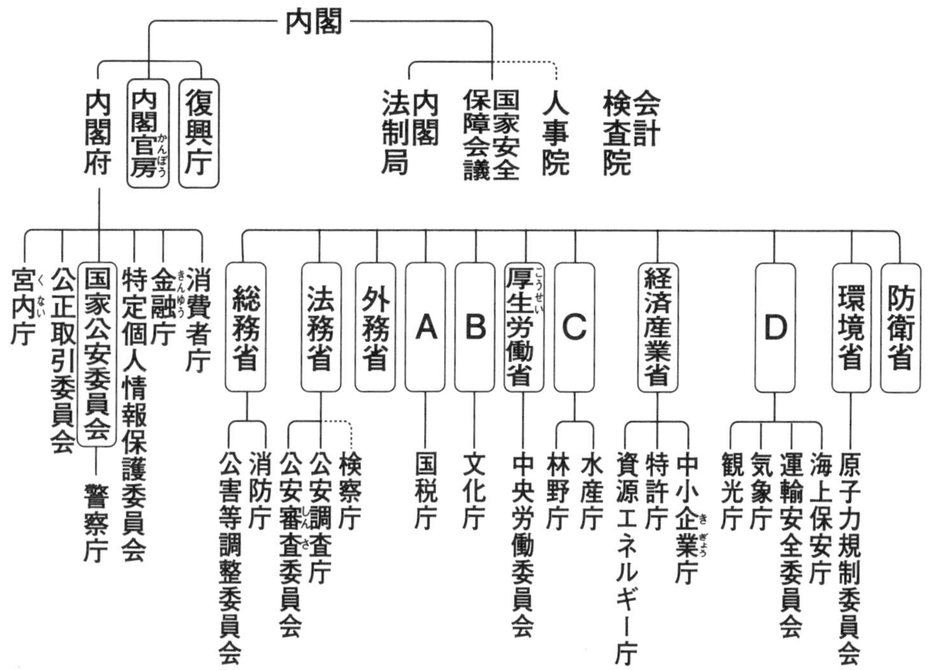

ア　**Ａ**：農林水産省　**Ｂ**：文部科学省　**Ｃ**：国土交通省　**Ｄ**：財務省
イ　**Ａ**：農林水産省　**Ｂ**：財務省　**Ｃ**：文部科学省　**Ｄ**：国土交通省
ウ　**Ａ**：財務省　**Ｂ**：国土交通省　**Ｃ**：農林水産省　**Ｄ**：文部科学省
エ　**Ａ**：財務省　**Ｂ**：文部科学省　**Ｃ**：農林水産省　**Ｄ**：国土交通省

問７　下線部⑦に関して、公正な裁判を行うための制度の説明として正しいものを、次の中から１つ選び、**記号**で答えなさい。

ア　慎重《しんちょう》な裁判を行うため、一つの事件について２回まで裁判を行うことができます。
イ　不祥事《ふしょうじ》をおこした裁判官を裁くため、国会が弾劾《だんがい》裁判所を設置します。
ウ　裁判を受ける人の人権を守るため、裁判は原則として非公開で行われます。
エ　裁判では、検察官が被告人《ひこくにん》の側に立って、被告人の権利を守ります。

問8　下線部⑧に関して、地球温暖化の説明として正しいものを、次の中から1つ選び、**記号**で答えなさい。

ア　温室効果ガスは、石油などの化石燃料を燃やすと発生します。

イ　世界で最も多くの温室効果ガスを排出しているのは、アメリカです。

ウ　地球温暖化により、海水面が下降するという問題がおこります。

エ　京都会議の結果、すべての先進国が温室効果ガスの排出削減を実施《じっし》しました。

問9　下線部⑨に関して、次の**グラフ**は、2017年度のおもな都府県ごとの歳入の内訳を示しています。**グラフ**について正しく説明しているものを、あとの**ア〜エ**の中から1つ選び、**記号**で答えなさい。

グラフ

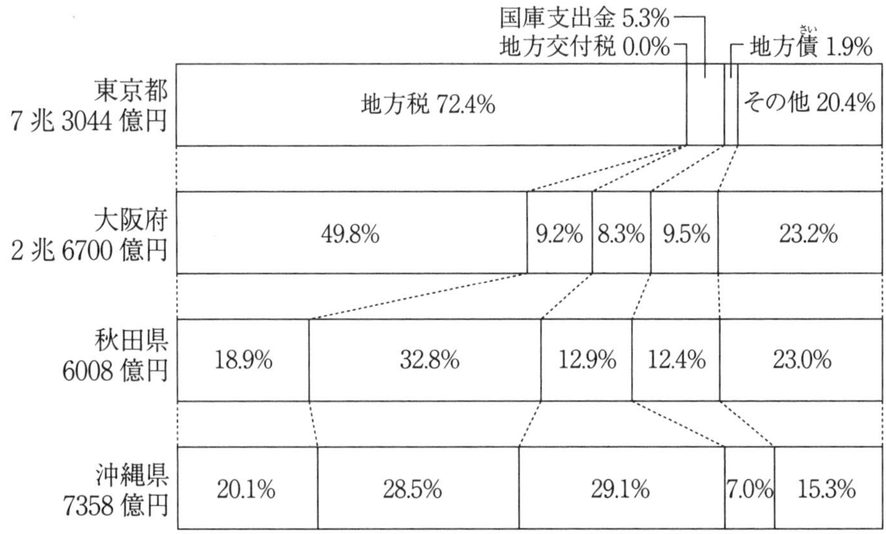

<「地方財政統計年報　平成29年度」より作成>

ア　自主財源の割合が50%をこえているのは、東京都と秋田県のみです。

イ　沖縄県と秋田県は、国庫支出金の割合に15%以上の差があります。

ウ　大阪府の歳入の内訳では、地方交付税の割合が最も少なくなっています。

エ　地方税の割合が低い都府県の順番と、地方債の割合が高い都府県の順番は同じになります。

問10　下線部⑩に関して、地方議会の仕事として正しいものを、次の中から1つ選び、**記号**で答えなさい。

ア　違憲《いけん》審査を行う。　　**イ**　政令を発する。

ウ　首長を選出する。　　**エ**　予算を議決する。

【理　科】〈第１回一般試験〉(30分)〈満点：50点〉

1　次のうちから，最も適したものを一つ選び記号で答えなさい。

（1）　次のうち，お花《ばな》とめ花をつける花はどれですか。

ア．アブラナ　　イ．タンポポ　　ウ．ヘチマ　　エ．アサガオ

（2）　ヒトは，呼吸によって，空気中の酸素や二酸化炭素を，からだにとり入れたり，外に出したりしています。呼吸の説明として正しいものはどれですか。

ア．吸いこんだ空気よりも，はき出した空気のほうが酸素が多い。

イ．吸いこんだ空気よりも，はき出した空気のほうが二酸化炭素が多い。

ウ．はき出した空気には，酸素はまったくふくまれていない。

エ．はき出した空気には，二酸化炭素はまったくふくまれていない。

（3）　右の図のA～Cは，ヒトのからだの臓器《ぞうき》を示したものです。また，次の①～④は，それぞれの臓器のはたらきについて説明したものです。臓器とそのはたらきの正しい組み合わせはどれですか。

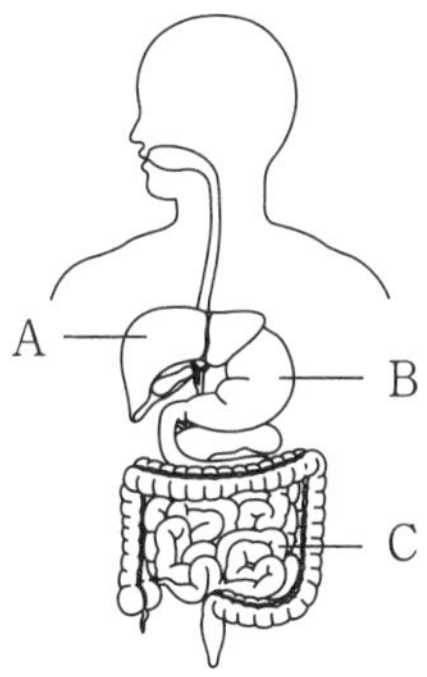

①　かん臓で，養分を一時たくわえる。

②　小腸で，養分の消化と吸収をする。

③　じん臓で，不要なものをこしとる。

④　胃で，養分を消化する。

	A	B	C
ア	①	②	③
イ	①	④	②
ウ	②	④	①
エ	②	①	③

（４） 種子の発芽には，どのような条件が必要であるかを調べるために，次のＡ～Ｅのようにして，25℃の明るい部屋に数日間おきました。その結果は，下の表のようになりました。種子の発芽についての説明として正しいものはどれですか。

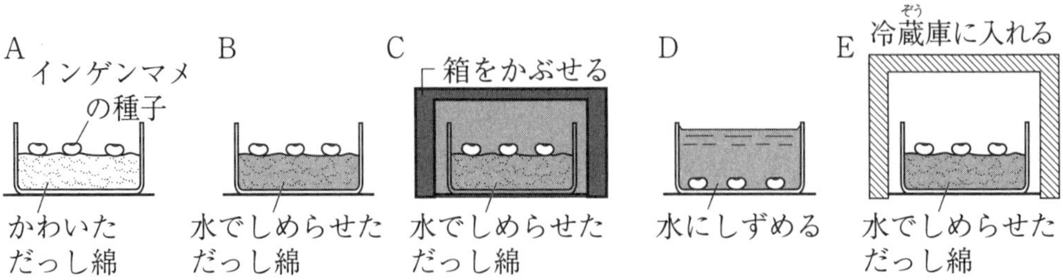

	A	B	C	D	E
結果	×	○	○	×	×

○：発芽した　　×：発芽しなかった

ア．ＡとＢの結果から，種子の発芽には空気が必要である。

イ．ＢとＣの結果から，種子の発芽には光が必要である。

ウ．ＢとＤの結果から，種子の発芽には水が必要である。

エ．ＢとＥの結果から，種子の発芽には適当な温度が必要である。

（５） 次の①～⑥は，右の図のような顕微鏡《けんびきょう》を使うときの操作《そうさ》を示しています。①～⑥を使う順に並《なら》べたとき，３番目と５番目の組み合わせが正しいものはどれですか。

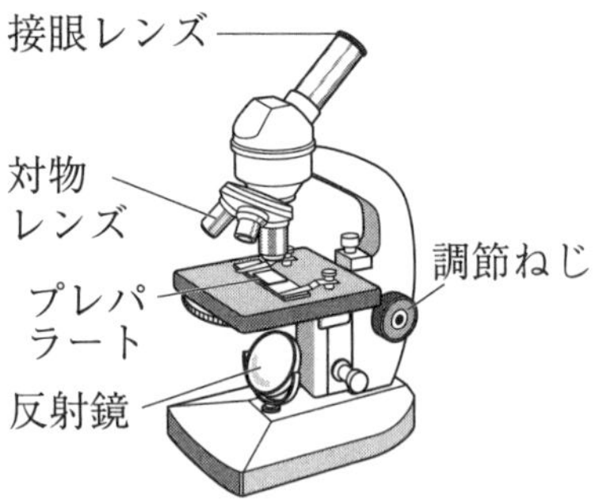

① 接眼レンズをのぞきながら反射鏡《はんしゃきょう》を調節して，視野が明るくなるようにする。

② 接眼レンズ，対物レンズの順にとりつける。

③ 対物レンズを高い倍率のものにかえる。

④ 接眼レンズをのぞきながら，調節ねじを回してピントを合わせる。

⑤ プレパラートをステージにのせ，横から見ながら，対物レンズとプレパラートをできるだけ近づける。

⑥ 顕微鏡を直射日光の当たらない明るい場所に置く。

	ア	イ	ウ	エ	オ	カ
３番目	①	①	②	②	③	③
５番目	⑤	④	⑤	④	⑤	④

(6)　冬のある日，茨城県のある場所で地面に垂直《すいちょく》に棒《ぼう》を立てて，かげの動きを調べました。このとき，かげの先の動きを線で結び，進む方向を矢印で示したものとして正しいものはどれですか。

ア　イ　ウ　エ

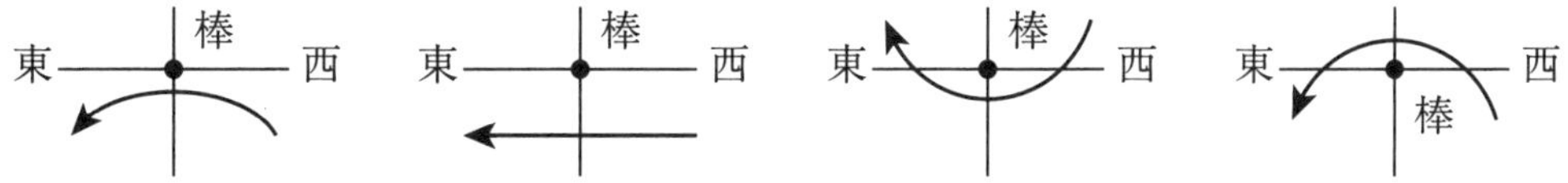

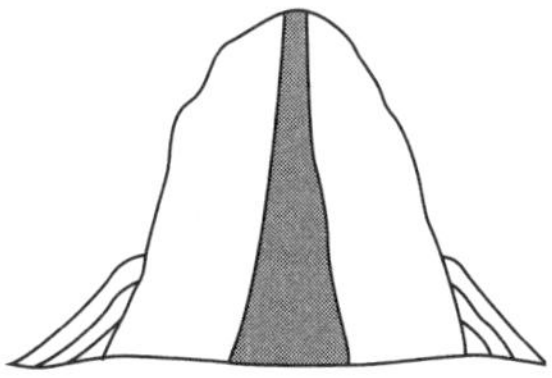

(7)　右の図のような形の火山がふん火するとき，マグマのねばりけやふん火のようすとして正しいものはどれですか。

ア．マグマのねばりけが弱く，はげしくばく発的なふん火をする。

イ．マグマのねばりけが弱く，おだやかなふん火をする。

ウ．マグマのねばりけが強く，はげしくばく発的なふん火をする。

エ．マグマのねばりけが強く，おだやかなふん火をする。

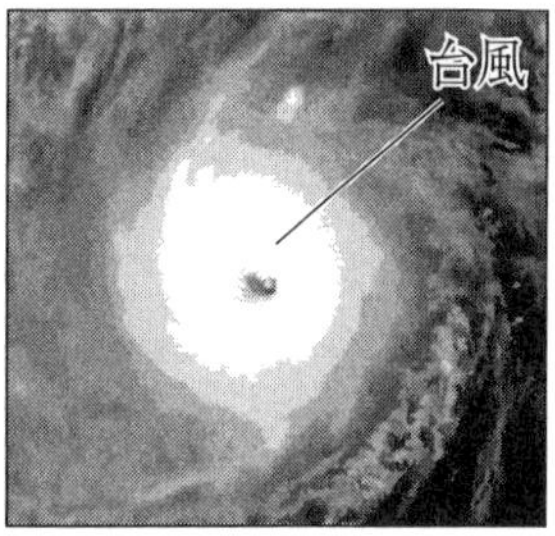

(8)　右の図で示した台風周辺の地上付近の空気の動きとして正しいものはどれですか。

ア．中心に向かって，反時計回り(左回り)に風がふきこんでいる。

イ．中心に向かって，時計回り(右回り)に風がふきこんでいる。

ウ．中心から，反時計回り(左回り)に風がふき出している。

エ．中心から，時計回り(右回り)に風がふき出している。

（9） 右の天気図は，日本付近におけるある季節の典型的な天気図を示しています。このような天気図が見られる季節はいつですか。

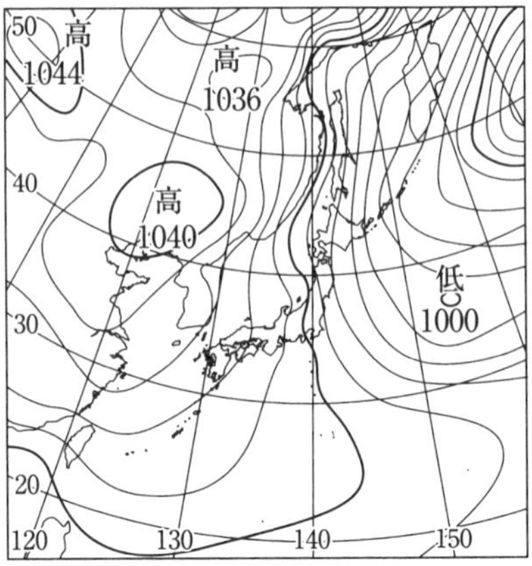

ア．春　　イ．夏　　ウ．秋　　エ．冬

(10) たい積岩についての説明として正しいものはどれですか。

ア．れき岩は，直径が２mm 以上のつぶが固まってできた岩石で，つぶは角ばっていることが多い。

イ．砂岩は，直径が２mm ～約 0.06mm のつぶが固まってできた岩石で，つぶは丸みをおびているものが多い。

ウ．石灰岩《せっかいがん》は，生物の死がいなどが固まってできた岩石で，うすい塩酸をかけても泡《あわ》は発生しない。

エ．ぎょう灰岩は，火山灰などが固まってできた岩石で，サンゴなどの化石が見つかることがある。

(11) アンモニアを丸底フラスコに集め，右の図のような装置《そうち》を組み立てました。スポイトの水をフラスコの中に少し押《お》し出すと，フェノールフタレイン溶《よう》液《えき》を加えた水が丸底フラスコ内に吸いこまれてふん水のようにふき出しました。この実験からわかるアンモニアの性質と丸底フラスコ内のふん水の色の正しい組み合わせはどれですか。

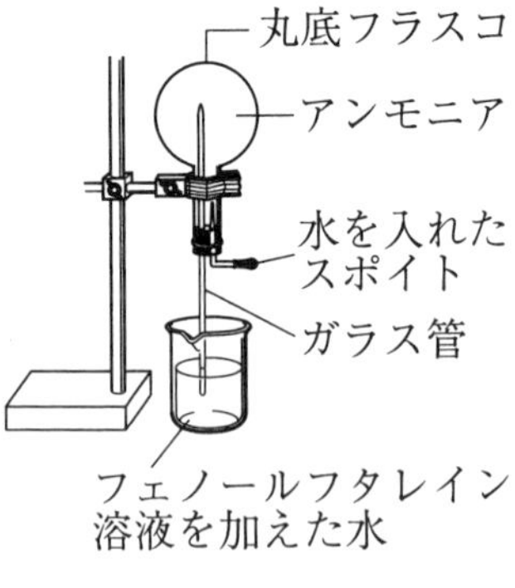

	ア	イ	ウ	エ
アンモニアの性質	水に非常によくとける	水に非常によくとける	水にとけにくい	水にとけにくい
ふん水の色	青	赤	青	赤

(12)　同じ物質であれば，形や大きさが異《こと》なっていても１cm^3 あたりの重さは同じになります。おもな金属の１cm^3 あたりの重さは，下の表のようになっています。重さが63.2g，体積が８cm^3 の金属はどれですか。

金属	銅	鉄	アルミニウム	マグネシウム
１cm^3 あたりの重さ〔g〕	9.0	7.9	2.7	1.7

ア．銅　　イ．鉄　　ウ．アルミニウム　　エ．マグネシウム

(13)　右の図のように，氷は水に浮《う》きます。水が氷に変化したとき，重さや体積はどのようになりますか。

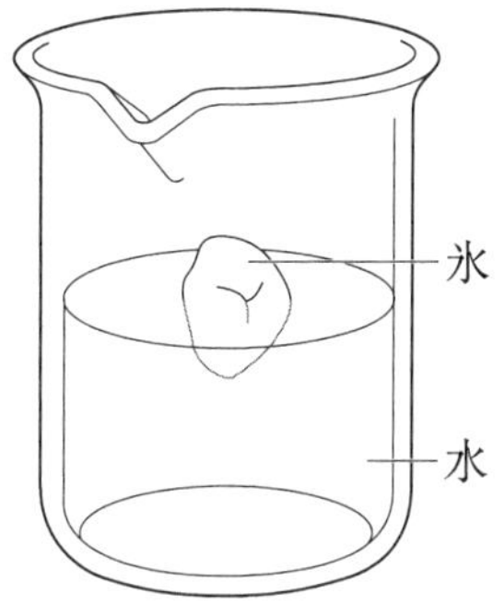

ア．重さは増加するが，体積は変わらない。
イ．重さは減少するが，体積は変わらない。
ウ．重さは変わらないが，体積は増加する。
エ．重さは変わらないが，体積は減少する。

(14)　次のＡ～Ｄの水溶液《すいようえき》のうち，赤色リトマス紙を青色に変える水溶液の組み合わせとして正しいものはどれですか。

Ａ　塩酸
Ｂ　水酸化ナトリウム水溶液
Ｃ　アルコール
Ｄ　重そうの水溶液

ア．ＡとＢ　　イ．ＡとＣ　　ウ．ＡとＤ
エ．ＢとＣ　　オ．ＢとＤ　　カ．ＣとＤ

(15)　メスシリンダーで，50cm^{3}の水を正しく計測できているのはどれですか。

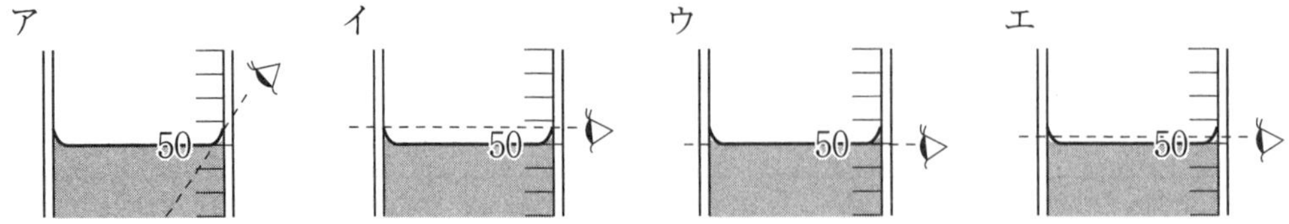

(16)　右の図は乾電《かんでん》池《ち》と豆電球をつないだ回路です。この回路と比べて豆電球が明るく光る回路はどれですか。

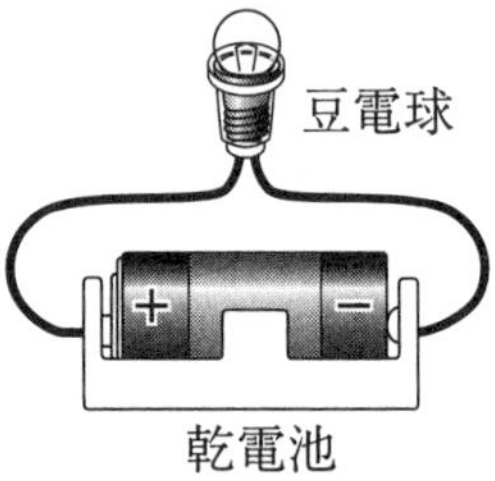

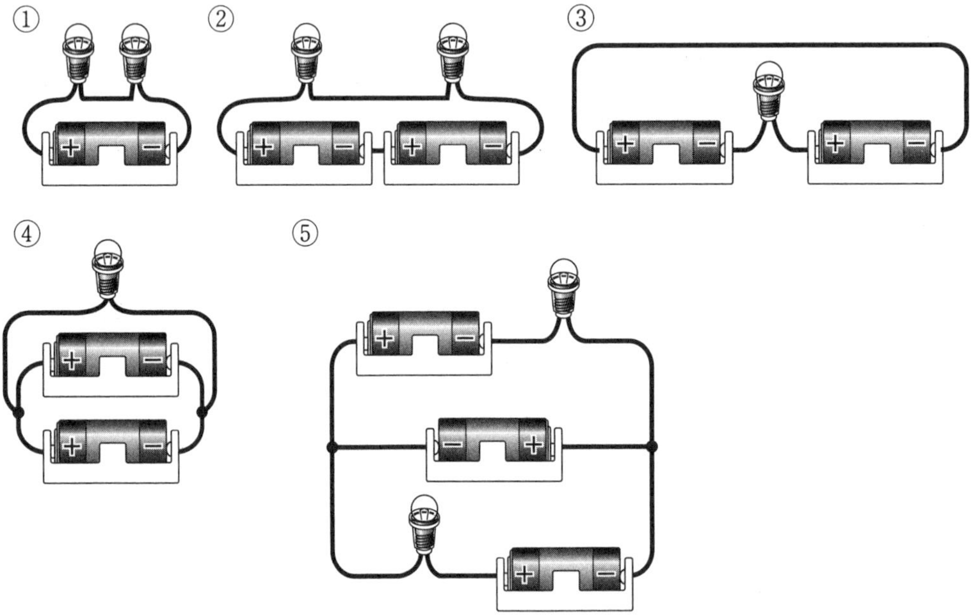

ア．①と③　　イ．②と④　　ウ．②と⑤　　エ．③と⑤

(17)　右の図のような点Ｐを支点としたふりこがあります。おもりを点Ｑからはなすと，おもりはＡ～Ｄのどの高さまで上がりますか。ただし，点Ｐの真下の点Ｒにはくぎがさしてあります。

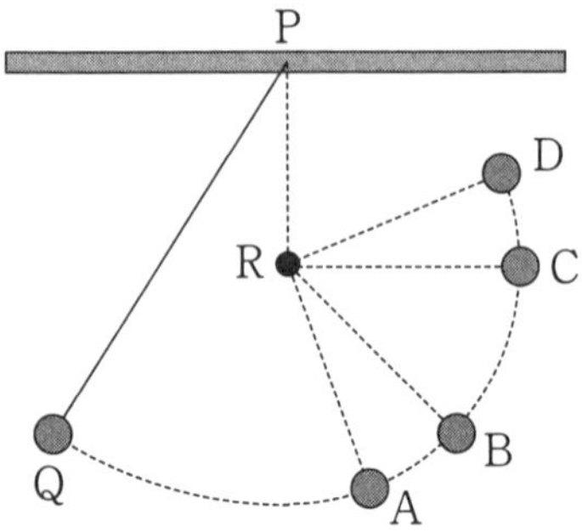

ア．Ａ　　イ．Ｂ　　ウ．Ｃ　　エ．Ｄ

(18)　水の中に入れた電熱線に電流を流すと，電熱線の発熱によって水温が上昇《じょうしょう》します。図１，図２のように，長さが５cmと10cmの電熱線をそれぞれ直列と並列につないで，100 gの水を入れたA～Dの容器の中に入れ，電源装置で同じ大きさの電圧を加えました。10分後に水の温度が最も上昇したのはどの容器の水ですか。

図１

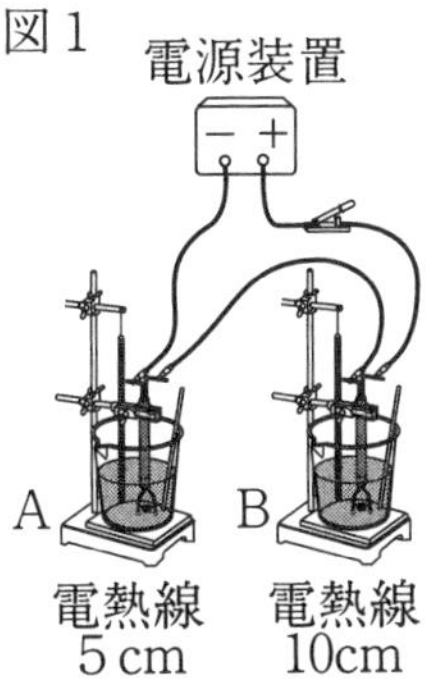

図２

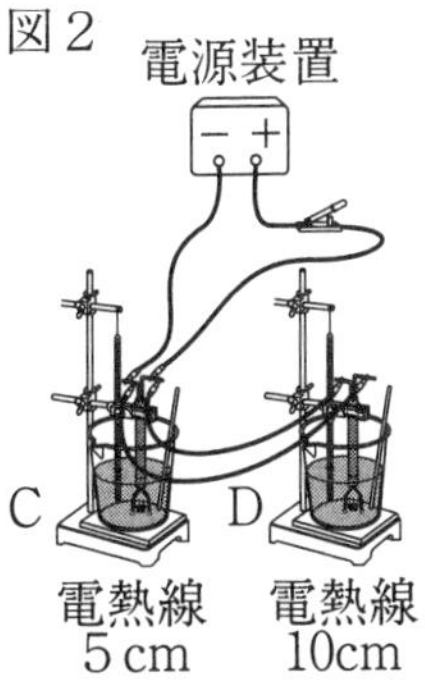

ア．A　　イ．B　　ウ．C　　エ．D

(19)　長さが50cmの棒ABと長さが12cmの棒CDを使って，右の図のようなてこをつくり，それぞれ棒ＡＢと棒CDのはしの点B，点C，点Dにおもりをつるしたところ，棒AB，棒CDは水平につり合いました。このとき，点Cにつるしたおもりは何gですか。ただし，点Bにつるしたおもりの重さは60gであり，棒と糸の重さは考えないものとします。

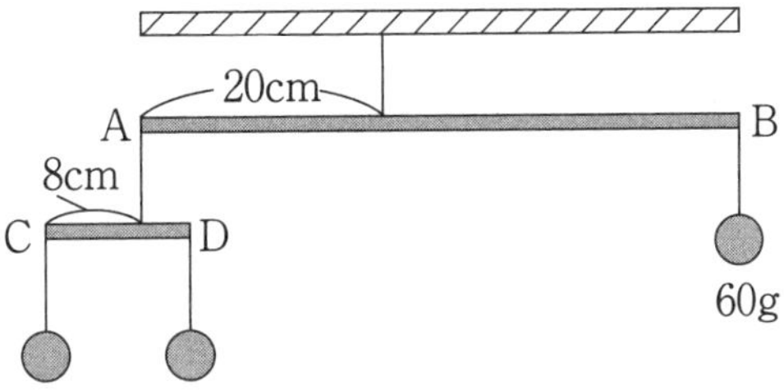

ア．15g　　イ．20g　　ウ．30g　　エ．60g

(20)　２種類のばねA，Bにいろいろな重さのおもりをつるし，ばねの長さとおもりの重さの関係を調べました。図１は，その結果を示したグラフです。ばねAとBを図２のようにつなぎ，ばねAに５ g，ばねBに20 gのおもりをつるしました。このとき，ばね全体の長さは何cmになりますか。ただし，ばねの重さは考えないものとします。

図１

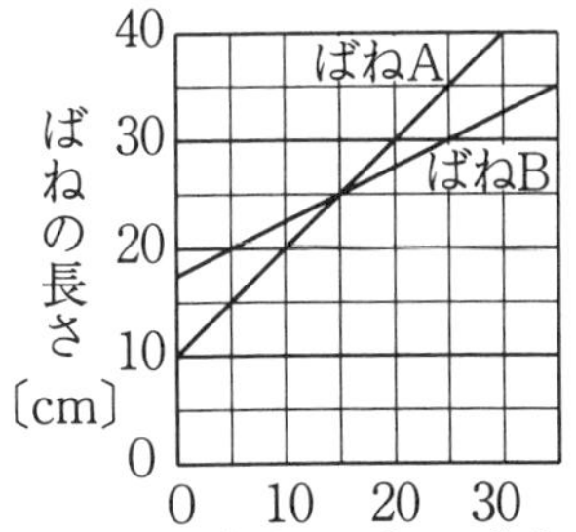

図２

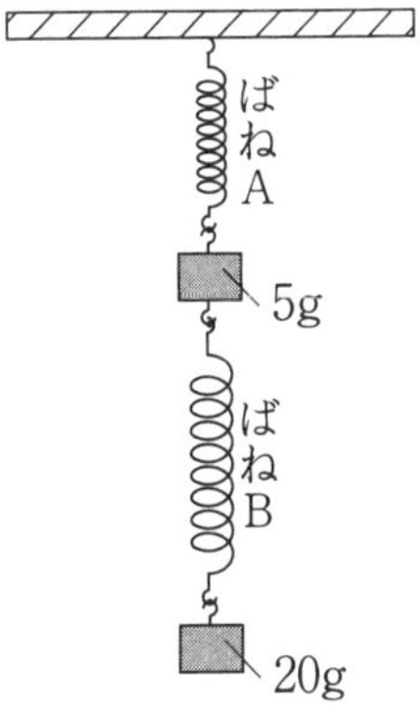

ア．35.0cm　　イ．42.5cm　　ウ．57.5cm　　エ．62.5cm

2 **次の表は，４種類の物質Ａ～Ｄを 100 ｇの水にとかしたとき，水の温度ととける最大の量を示したものです。これについて，後の問いに答えなさい。**

	0℃	20℃	40℃	60℃	80℃
物質Ａ	2.8g	4.9g	8.9g	14.9g	23.5g
物質Ｂ	3.0g	5.9g	11.7g	24.8g	71.0g
物質Ｃ	13.3g	31.6g	63.9g	109.2g	168.8g
物質Ｄ	35.6g	35.8g	36.3g	37.1g	38.0g

（１） 物質Ａを，20℃の水 100 ｇにとかせるだけとかしたときの水溶液《すいようえき》の濃度《のうど》は何％ですか。小数第２位を四捨五入して，小数第１位まで答えなさい。

（２） 表を参考にして，物質Ｂが 100g の水にとける最大の量と水の温度の関係を表すグラフをかきなさい。

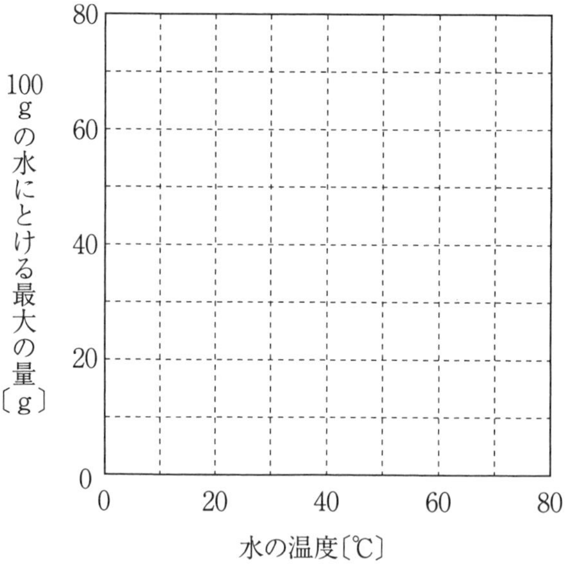

（３）物質Ａ～Ｄを 100 ｇずつ，40℃の水 250 ｇに加えたとき，すべてとけるものはどれですか。記号で答えなさい。

（４） 物質Ａ～Ｄを 24.5 ｇずつ，20℃の水 100 ｇに加えたとき，とけ残りが最も多い物質はどれですか。記号で答えなさい。また，とけ残ったその物質を全部とかすためには，20℃の水を少なくともあと何ｇ加えればよいですか。

(5) 水にとかした物質Dを，固体としてふたたびとり出す方法として，最も適当なものはどれですか。

ア．物質Dは，水の温度によってとける量の差が小さいので，水を蒸発させてとけている固体をとり出す。

イ．物質Dは，水の温度によってとける量の差が小さいので，温度を下げて，出てきた固体をろ過してとり出す。

ウ．物質Dは，水の温度によってとける量の差が大きいので，水を蒸発させてとけている固体をとり出す。

エ．物質Dは，水の温度によってとける量の差が大きいので，温度を下げて，出てきた固体をろ過してとり出す。

3 **次の図1は太陽と地球，月の位置関係を模式的《もしきてき》に示したものです。また，図2は太陽のまわりをまわる星のうち，地球の内側にある惑星《わくせい》の位置関係を模式的に示しています。これについて，後の問いに答えなさい。**

図1

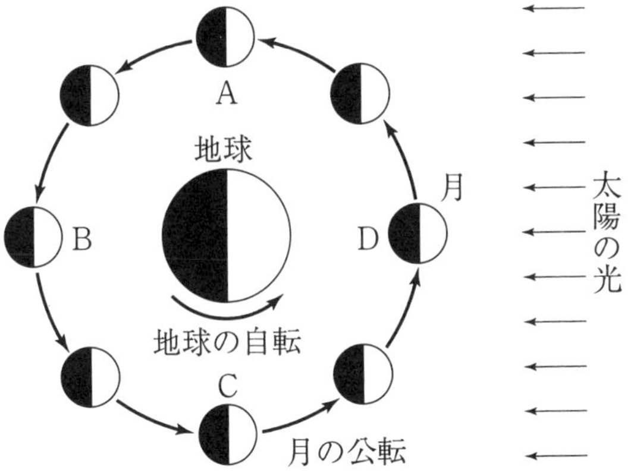

図2

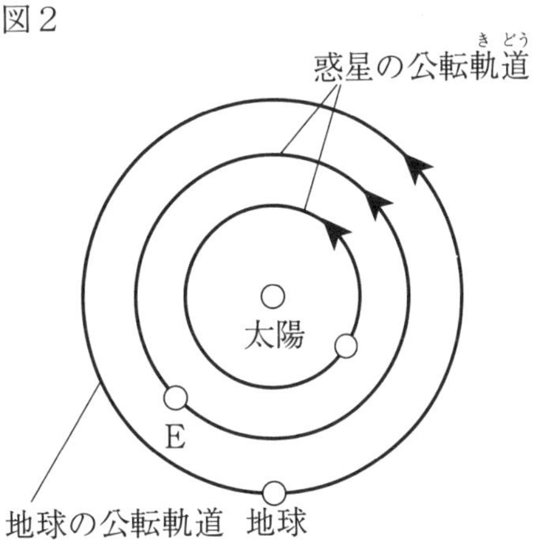

(1) 図1で，月が欠けて見える月食という現象が起こるときの月の位置と，そのときの月の形として正しいものはどれですか。

ア．月の位置がAのときで，このときの月は新月である。

イ．月の位置がAのときで，このときの月は満月である。

ウ．月の位置がBのときで，このときの月は新月である。

エ．月の位置がBのときで，このときの月は満月である。

オ．月の位置がDのときで，このときの月は新月である。

カ．月の位置がDのときで，このときの月は満月である。

（２） 月は，自ら光る星ではありませんが，地球からは光っているように見えます。その理由を簡単に説明しなさい。

（３） 図１に示したＣの月が見えてから，１週間おきに，３回同じ場所から月の形を観察しました。このときの月の見え方を示したものとして正しいものはどれですか。

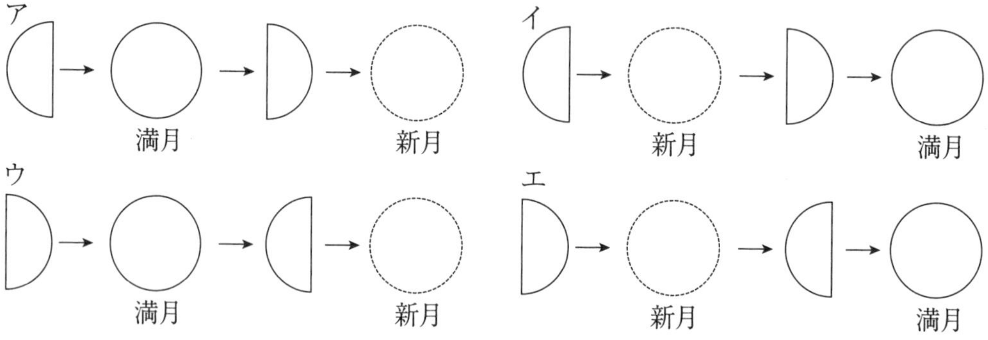

（４） ある日に月を観測したところ，図３のような月が南の空に見えました。この月を２時間おきに観測したときの月の見え方として正しいものはどれですか。

図３

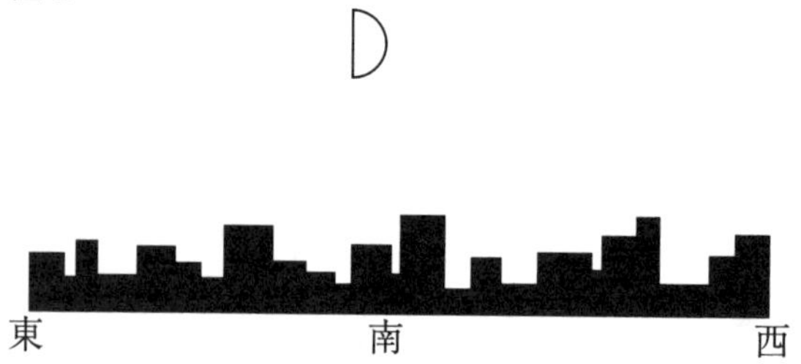

ア．月は２時間で30度ずつ，東へ移動していくように見える。

イ．月は２時間で30度ずつ，西へ移動していくように見える。

ウ．月は２時間で60度ずつ，東へ移動していくように見える。

エ．月は２時間で60度ずつ，西へ移動していくように見える。

（５） 図２のＥの星の名前は何ですか。

（６） 図２のＥの星は，地球よりも内側をまわっている惑星です。この惑星の特《とく》徴《ちょう》として，誤《あやま》っているものはどれですか。

ア．見かけの大きさが変わる。

イ．月のように満ち欠けをして，見かけの形が変わる。

ウ．真夜中に見ることができる。

エ．星の位置が不規則に動いて見える。

四 次の熟語《じゅくご》の対義語（意味が反対や対《つい》になる言葉）を、後の［　　］のカタカナの中からそれぞれ一つずつ選び、漢字に直して答えなさい。

① 減少　② 破壊《はかい》　③ 任意　④ 例外　⑤ 需要《じゅよう》

キョウセイ　ゲンソク　キョウキュウ　ゾウカ　ケンセツ

五 次の傍線《ぼうせん》部のカタカナを、それぞれ漢字に直しなさい。

① 指示が届《とど》かず現場がコンランする。

② 城《しろ》の石垣《いしがき》をシュウフクする。

③ 服をつくるために生地《きじ》をサイダンする。

④ 妹におもちゃをカしてあげる。

⑤ あの画家は才能にトんだ人だ。

三　次の（　）に漢字一字をそれぞれあてはめて、慣用句を使った文を完成させなさい。また、その慣用句の意味を、後からそれぞれ一つずつ選び、記号で答えなさい。

① 彼女《かのじょ》とはつき合いが長く、（　）のおけない間柄《あいだがら》だ。
② 弟の見当ちがいな発言に、二の（　）がつげない。
③ 父と将棋《しょうぎ》をしたが、（　）が立たなかった。
④ あの人の最近の行動は（　）に余る。
⑤ 妹は、姉に（　）をかけてのんびりした性格だ。

ア　あまりにひどくてこのまま放っておけない。
イ　あきれ返って言葉を失う。
ウ　おたがいを知りつくしている。
エ　程度がいっそうはなはだしい。
オ　強い怒《いか》りを感じる。
カ　実力に大きな差があってかなわない。
キ　えんりょする必要がない。

ウ　ひどいことを言ったことで、母親に失望されただろうと確信して悲しく思い、母親の顔を見て謝るのをためらっている。

エ　ひどいことを言ったことを反省しながらも、母親とまともに向き合った状態で謝ることには気おくれを感じている。

問７　⑥「そんなふうにはふるまえなかった父親のことも、いまはもう、間違っているとは思わなかった」とあるが、どういうことか。次の文の空欄にあてはまる言葉を、Ⅰは二十五字以内、Ⅱは十五字以内で説明しなさい。（句読点・記号がある場合は一字に数える。）

父は、祥之のように［　Ⅰ　］はできなかったが、それでも父が［　Ⅱ　］という生き方をしたことを否定《ひてい》しようとは思わなくなったということ。

問８　本文に描かれていることの説明として最も適切なものを、次の中から選び、記号で答えなさい。

ア　死んだ父が家族をかえりみなかったことを許せずにいた弥生子が、今の家族である夫と息子を大切にしていこうと決意する様子を描いている。

イ　生前、仕事ばかりしていた父にいら立っていた弥生子が、父が死んだ後にその愛情に気づいて、父への態度を後悔する様子を描いている。

ウ　死んだ父にわだかまりを持っていた弥生子が、父が父なりの形で家族を大事にしていたことを理解して、家族のあり方を見つめる様子を描いている。

エ　父の死から立ち直れずにいた弥生子が、家族で行った遊園地の思い出をふり返りながら父への思いを整理し、前を向いていく様子を描いている。

イ　その名のとおり、楽しい夢を与えて現実を忘れさせてくれるはずの場所が、今はちゃちな作り物ばかりになってしまい、現実の厳《きび》しさを何よりも強く教えているように思えたから。

ウ　その名のとおり、子どもの夢を守る場所としてつくられたドリーム・パークであるのに、人目につく場所に不要になった遊具を捨てるという無神経さのせいで、夢が壊《こわ》されたように思えたから。

エ　その名のとおり、夢のように楽しい場所という印象だったのに、大人になって改めて訪れてみると、ちゃちなものでしかなく、はなやかな思い出と比較《ひかく》して現在の光景のみじめさが際《きわ》立っているから。

問４　③「眉をひそめて遊園地のほうを振り向いた」とあるが、⑴弥生子が遊園地の異変《いへん》を、自分の気のせいだと考えたことがわかる行動を描《えが》いた一文と、⑵遊園地の異変に対する弥生子の恐怖《きょうふ》心や不安が表れた行動を描いたひと続きの二文を探《さが》し、それぞれの初めの七字を抜き出して答えなさい。（句読点・記号がある場合は一字に数える。）

問５　④「わたし、この家、嫌いだもん」とあるが、なぜか。「一生」という言葉を使って、六十五字以内で説明しなさい。（句読点・記号がある場合は一字に数える。）

問６　⑤「背中合わせの格好になったときを見計らって、弥生子は小さく声をかけてみた」とあるが、このときの弥生子の様子として最も適切なものを、次の中から選び、記号で答えなさい。

ア　ひどいことを言ったことを後悔《こうかい》しているが、謝《あやま》っても母親が許してくれるかどうか自信がなく、落ち着かない思いでいる。

イ　ひどいことを言ったことは申し訳なく思うが、母親への怒《いか》りもまだ残っていて素直な態度で謝る気になりきれないでいる。

驚いて目を開ける。

外にいた。

夜の遊園地――まばゆいイルミネーションに彩《いろど》られたドリーム・パークに、弥生子はたたずんでいた。

（重松清《しげまつきよし》『送り火』より）

（注1）スナップ写真……早撮《ど》り写真。

（注2）ローン……家などの高額なものを買うときに、銀行などから借りるお金。

（注3）斜にかまえる……物事に対して正面から臨《のぞ》まず、皮肉っぽい態度を見せる。

問1　本文中の空欄《くうらん》に入る言葉として最も適切なものを、次の中から選び、記号で答えなさい。

ア　カラカラ　　イ　ギシギシ　　ウ　ゴトゴト　　エ　ポタポタ

問2　①「弥生子はあいまいにしかうなずかなかった」とあるが、このときの弥生子の気持ちを、「遊具」という言葉を使って、三十五字以上四十字以内で説明しなさい。（句読点・記号がある場合は一字に数える。）

問3　②「ドリーム――皮肉な名前なんだな、と思った」とあるが、弥生子がこのように思った理由として最も適切なものを、次の中から選び、記号で答えなさい。

ア　その名のとおり、楽しい夢を与《あた》える場所だったはずだが、それとは正反対の現在のさびれた光景がはからずも、いつかは醒めて現実にもどるという夢の一面を表現しているように思えたから。

で乗る。遊園地で過ごす休日を、めいっぱい楽しもうとする。帰り道にはすっきりした顔で、「さあ、明日からまた仕事がんばるぞ」とガッツポーズをつくる。

間違ってはいない、それは、絶対に。だが、⑥そんなふうにはふるまえなかった父親のことも、いまはもう、間違っているとは思わなかった。

「お母さんだってそうなのよ。こないだ古いアルバムを見てたら、ほとんどぜんぶ、お父さんと弥生子が二人で写ってる写真ばっかりなの。お母さん、ぜんぜん写ってなくてね、自分でもびっくりしたんだけど……写真撮《と》るときに、あんたたちの笑ってる顔を見るのが好きだったのかもね」

鼻の奥《おく》がツンと熱くなったので、弥生子はあわてて「お母さん、昔は太ってたから、写真を撮られるの嫌《いや》がってたじゃない」と言った。「すーぐ、そうやって思い出を美化しちゃうんだからさあ」と無理して笑った。

みんな誰《だれ》だって、小さな「無理」をつづけてるんだな――。

寝返りを打って母親の方を向き、やっぱり照れくさくて、また背中を向けた。

「あ……ほら」母親が、声を少し跳《は》ね上げて言った。「聞こえない？　遊園地の音」

「え？」

「あのね、そうなのよ、昔のドリーム・パークのことを思いだしてると、絶対に聞こえてくるの、ほら、聞こえるでしょ、昔の日曜日みたいに」

耳をすました。ざわめきがかすかに聞こえてくるような、空耳のような……。

目をつぶって、耳にすべての神経を集中させた。気持ちを落ち着かせるために、深呼吸《しんこきゅう》を一回、二回……三回目の息を吐《は》き出したとき、足元の床《ゆか》がすぽんと抜《ぬ》けて、まっさかさまに落っこちるような感覚に襲《おそ》われた。

話が途切れた。弥生子は、もうなにも言えなくなった。へたに口を開くと、涙声《なみだごえ》になってしまいそうだった。

「なんでだろうね」

母親は言った。「ほんと、なんでなんだろうね」とつづけて、ふーう、と息をついた。

「あの頃の親って、みんなそうだったよねえ、いまのひとたちみたいに、自分も楽しんで、家族も楽しんで、っていう考え方してなかったよね。家族のためになにかをする、家族を幸せにするために自分が苦労をする、そういうのがあたりまえだったんだよねえ……」

「そんなの……恩《おん》着せがましいだけだと思うけど」

無理に(注3)斜《しゃ》にかまえて言うと、その胸《むね》の内を読み取ったように、母親はクスッと笑った。

「そういえば、ねえ、弥生子、このまえひさしぶりに思いだしたこと、教えてあげようか」

「なに?」

父親がまだ元気だった頃、ドリーム・パークに出かけたときの、数少ない思い出のひとつ——だった。

「乗り物に乗るときは、いつもあんたとお母さんが二人で乗ってたでしょ。『たまには乗ってみれば?』ってお父さんに言っても、絶対に乗らないの」

「そうだっけ……」

「なんでかっていうとね、あんたとお母さんが乗り物に乗って楽しんでるのを見るのが、いちばん楽しいからなんだって。自分が乗っちゃうと見られないでしょ、だからいつも外からわたしたちを見て、手を振ってたのよねえ……」

母親は、「まあ、ほんとは乗り物に乗るのが照れくさかっただけだと思うけど」とオチをつけて、またクスッと笑う。

弥生子も笑い返して、祥之のことを思った。祥之は家族で遊園地に出かけると、身長制限で文也が乗れない絶叫《ぜっきょう》マシンにも一人から、お父さんとは正反対でしょ？」

　母親の答えは、今度は少し間をおいて返ってきた。

「お父さんも、家族をいちばん大事にしてたひとだったから」

「でも、ほとんど家にいなかったじゃない。晩ごはんなんて毎晩毎晩、お母さんとわたしの二人きりだったじゃない」

「……晩ごはん、美味《おい》しかったでしょ。寂しかったけど、美味しかったでしょ？　それでいいのよ、お父さんは。お母さんと弥生子が家で美味しい晩ごはんを食べてることが、お父さん、嬉しかったの」

　なにが言いたいのか、よくわからなかった。

　だが、母親は自分の答えに我《われ》ながら感心したように、「美味しい晩ごはんを食べさせることが幸せだったのよねえ、お父さんにとっては」と繰《く》り返した。

「そこに自分がいないんだったら、意味ないじゃない」

「そうよねえ……でも、お父さんが家族を大事にするって言うとき、自分は含《ふく》めてないのよね。お母さんとあんたの二人だけが、家族なの。その家族のために、あんなにがんばって働いたの。あの頃の父親って、ウチのお父さんだけじゃなくて、みんなそうだったんじゃないの？」

　返す言葉に詰《つ》まった。家族には自分自身が含まれていない——そんなのおかしいとは思う。間違った考え方だとも思う。それでも、その考え方は、泣きたくなるほどくっきりと、よくわかる。

「お母さんもそうだった？」弥生子は訊いた。「お母さんも、家族を考えるとき、自分のことは入れてなかった？」

「なんとなくね」母親はくすぐったそうに笑う。「家族のために美味しいごはんをつくろうっていうときは、あんたとお父さんのことしか考えてなかったなぁ……他の家のお母さんもみんなそうだったと思うけど」

「お母さん、起きてるよね？」
「うん……」
「さっき、ごめん」
母親は息だけの声で、うん、と応え、また寝返りを打って仰向《あおむ》けになった。
「ねえ、弥生子。祥之さんって優《やさ》しいひとだよねえ、ほんとに」
「……それがあのひとの取り柄《え》だから」
「仕事も大変なんじゃないの？　不景気なんだし」
「でも、出世とかたくさんお金を稼《かせ》ぐとか、そういうこと考えないひとだから。家族みんなで楽しく暮らすのがいちばんだっていう考えなんだよね、若《わか》い頃からずっと」
答えたあと、ふと、昼間ちらっと考えたことを思いだした。
「お父さんがもし生きてたら、祥之さんのこと、どう思っただろうね」と母親に訊いてみた。
母親は考える間もなく、言った。
「すごく気に入ったと思うよ」
「そう？」
「だって、よく似てるもの、お父さんと」
「そんなことないでしょ、ぜんぜん違うんじゃない？」
「そっくりよ」
「違うってば。彼《かれ》は、ローンのために無理な残業なんて絶対にしないよ。ウチで晩《ばん》ごはん食べるのがいちばん楽しみなひとなんだでよかったんだよ。そうすれば、お父さん、あんなに働かなくてすんだんだし、あんなふうに死んじゃうこともなかったでしょ」

母親は黙《だま》っていた。沈黙《ちんもく》から逃《のが》れたくて、弥生子はさらにつづけた。

「喘息のことなんて、どうでもよかったじゃない。ちょっと空気のきれいなところなんて、他にどこでもあるんだから。わたしのために引っ越して、無理して、働きどおしで、それで死んじゃったから……わたしのせいになっちゃったじゃない、お父さんが死んだの。はっきり言って、もう、迷惑なんだから。お父さんが死んだことを一生背負《せお》わなきゃいけないんだよ、こっちは。お母さんにはわかんないのよ、その気持ち」

途中《とちゅう》から、言うつもりのなかったことまで、ぶちまけた。母親がなにか言いかける気配がしたから、それをさえぎって、「わたし、大嫌い、こんな家」と言い切った。

長い間をおいて、母親は言った。

「お母さんは、この家、好きだから」

そしてもう一言、弥生子の背中をさするような声で——。

「お父さんも好きだったのよ、この家のこと、すごく」

夜が更《ふ》けるにつれて、外はしんしんと冷え込んできた。夜十一時のニュースによると、明日の朝はこの冬いちばんの冷え込みになるだろう、とのことだった。

母親に「ひさしぶりだから、並《なら》んで寝《ね》ようか」と言われて素直《すなお》に応じたのは、ひどいことを言ってしまった申し訳《わけ》なさもあったし、母親の人恋《こい》しさを察したからでもあった。

部屋の明かりを消してからも、しばらく寝付けなかった。母親も同じなのだろう、寝返りを何度も打って体の向きを変えていた。⑤背中合わせの格好になったときを見計らって、弥生子は小さく声をかけてみた。

んてさ、ばかみたいじゃない」

母親は怒《おこ》らなかった。そのかわり、悲しそうな顔になって言った。

「弥生子の喘息《ぜんそく》、ここに引っ越《こ》してきたから治ったのよ」

「あんなの、おとなになったら治るんだってば。関係ないって」

「お父さんねえ、最初に団地のパンフレット持って帰ったじゃない。そのとき、あんたが遊園地の隣《となり》だっていうんで大喜びしたの。それが嬉《うれ》しくて嬉しくて、忘《わす》れられない、って言ってた」

「わたし、覚えてないから知らない」

そっぽを向いた。幼《おさな》い子どもがヘソを曲げたようだ、と自分でも思う。

「そんなふうに言っちゃったら、お父さん、かわいそうでしょう？」

母親の声も、聞き分けのない子どもをなだめるような口調《くちょう》に変わった。

そっぽを向いたせいで、父親の仏壇《ぶつだん》を斜《なな》めから見る格好になった。うつむいて、声に感情を乗せないように気をつけて、つづけた。

「わたし、思うんだけど……」

「なに？」

「ここに引っ越《こ》してきたのって、お父さんの見栄《みえ》だったんじゃないの？　他人に対してどうこうじゃなくて、自分の、なんていうか、自己《じこ》満足みたいな」

母親はあきれたように笑った。

「自分の住む家で、なんで見栄張らなきゃいけないの」

「だって……必死に残業しなきゃローンが返せないような家を買うのって、どう考えたっておかしいじゃない。もっと安いところばかりになった髪《かみ》にブラシをかけながら笑う。

「ごめんね、文也、うるさかったでしょ」

「だいじょうぶだいじょうぶ、男の子なんだもん、あれくらい元気じゃないと」

「でも……文也、おばあちゃんのことが大好きなんだよね。学校がなかったら、今夜だって泊《と》まりたかったんだから」

「また冬休みに遊びに来ればいいじゃない」

軽くかわされそうになったので、あわてて言葉を継《つ》いだ。

「お母さん、ほんとに真剣《しんけん》に考えてほしいの。祥之さんも、一緒《いっしょ》に住もうよって言ってくれてるんだから」

母親はブラシを持つ手を止めて、「お母さんはここでいいから」と言った。「体の具合《ぐあい》が悪くなったら、そういう施設《しせつ》に入るし、弥生子たちには迷惑《めいわく》かけないようにするから」

「迷惑とか、そんなのじゃないんだってば」

「一人暮《ぐ》らしのほうが気楽でいいしね」

「なに言ってんのよ、こんな古い団地で……これからは買い物だって大変になっちゃうじゃない」

「でもねえ、せっかくお父さんが買ってくれた家なんだから」

母親はそう言って部屋を眺めわたし、いとおしそうな微笑《ほほえ》みを浮かべた。

その笑顔《えがお》に、カッとした。

「違《ちが》うでしょ、ローン（注2）を返したのは、ほとんどお母さんなんだもん。お父さんなんて、なにもしてないじゃない」——ひどい言い方だとわかったから、つづけた言葉はよけい声が強くなった。

「はっきり言うけど、④わたし、この家、嫌《きら》いだもん。お父さんが勝手に無理してローン組んで、それであんなふうに死んじゃうなお父さんと同じじゃないか、と思う。遊園地もずっと「無理」をしてきたのかもしれない。ほんとうはちゃちな作り物なのに、「無理」をして夢を見せてきた。夢を見せつづけるために、次々に新しい遊具を設置して、剝《は》げた塗装を塗《ぬ》り直して、入場料金をときどき値《ね》上げして……ついに、もうこれ以上の「無理」が利《き》かなくなって、閉園《へいえん》してしまったのだ。

「無理」なんて、しなくてもよかったのに。

心の中でつぶやいて、歩きだす。

何歩か進んで、立ち止まった。③眉《まゆ》をひそめて遊園地のほうを振《ふ》り向いた。

なにかが一瞬《いっしゅん》、光った――気がした。

子どもたちの笑い声がどこかから聞こえてきた――気がした。

弥生子は苦笑《くしょう》して、また歩きだす。

しばらく待った。だが、遊園地は闇に溶《と》け込《こ》み、しんと静まりかえったままだった。

ちょうどメリーゴーラウンドのそばを通りかかったとき、音楽が――かすかに聞こえた。『子犬のワルツ』のメロディーだった。

立ち止まり、さっきよりも大きく振り向いた。遊園地のほうだけでなく、団地のほうにも目を凝《こ》らした。メリーゴーラウンドの木馬が、街灯と月明かりに照らされて、ぼうっと浮かびあがる。動いてはいない。団地の建物からも、音楽はもちろん物音すら聞こえない。明かりの灯《とも》っている窓じたい、少なかった。

弥生子はまた歩きだす。小走りに近い足の運びになった。動かない木馬の、ガラス玉を埋《う》め込んだ瞳《ひとみ》に、じっと見つめられているような感じがして、最後は駆《か》けだしてしまった。

風呂《ふろ》上がりの母親は、少し疲《つか》れている様子だった。「何日かぶん、いっぺんにしゃべったから、顎《あご》が疲れちゃった」と白いもの文也が言った。

ヘッドライトを光らせて、バスが坂道を上ってきた。

「『となりのトトロ』みたいじゃーん」と文也が笑う。『となりのトトロ』に出てくる『猫《ねこ》バス』のように、バスのヘッドライトが夜の闇《やみ》に浮《う》かび上がる――この街は、もう、そこまで寂しくなってしまったのだ。

バス停からの帰り道、ドリーム・パークの正門に寄ってみた。暴走族がスプレーで落書きをするにはうってつけの壁《かべ》だったが、無防備すぎて逆に面白《おもしろ》みがないのか、そもそも、この団地には高校生ぐらいの子どもがいなくなってしまったのか、壁はきれいなままだった。切符《きっぷ》売り場の窓口《まどぐち》にはすべてカーテンが掛《か》かっていて、跡地《あとち》を管理する不動産会社の連絡《れんらく》先を記したボードが、針金《はりがね》で結《ゆ》わえつけられていた。

②ドリーム――皮肉な名前なんだな、と思った。夢はいつかは醒《さ》める。ここにあるのは夢の残骸《ざんがい》だった。

平日の昼間に眺《なが》める遊園地は意外とちゃちなつくりなんだと気づいたのは、いつ頃《ごろ》だっただろう。塗装《とそう》を何度も重ね、あちこちが埃《ほこり》で汚《よご》れ、イルミネーションで飾《かざ》られていないときの白雪姫《しらゆきひめ》や白鳥たちは、妙《みょう》に不気味な顔立ちをしていた。

遊園地に沿《そ》った道は、遊園地の裏側《うらがわ》をずっと見せつけられる道でもある。故障《こしょう》したゴーカートやボートが捨《す》てられている一角がある。書き割《わ》りの未来都市の裏側は、ベニヤ板を張り合わせただけだった。ジャングル探検《たんけん》船に乗った子どもたちを驚《おどろ》かせる水辺のワニも、裏側から覗《のぞ》くと、ひしゃげたカエルの工作のようにしか見えなかった。

日曜日に訪《おとず》れる家族連れは、裏側から見る遊園地の風景を知らない。遊園地の楽しさやきらびやかさだけを日曜日の思い出にして、月曜日の朝、学校や会社へ向かう。数日もすれば、スナップ写真(注1)もできあがるだろう。家族で笑う写真の背景《はいけい》に写る遊園地は、遠い国や、遠い未来や、遠い過去しか見せていないだろう。

二　次の文章を読んで、後の問い（問１～問８）に答えなさい。

〔弥生子《やえこ》は、夫の祥之《よしゆき》と息子《むすこ》の文也《ふみや》とともに故郷《こきょう》に一人で住む母を訪《たず》ね、夫と息子は先に家に帰ることになった。〕

バス停の手前で、祥之は足を止めた。

「どうしたの？」と文也が訊《き》くと、しっ、と口の前で人差し指を立てる。

「……聞こえるな、音」

「え？」

「遊園地の音、聞こえるよ」

耳をすませると、確かに、軋《きし》むような［　　］という音が弥生子にも聞こえた。

「風だ」と祥之は言った。

風が吹《ふ》いて、チェーンブランコや観覧車《かんらんしゃ》のカゴが揺《ゆ》れているのだった。

「お義母《かあ》さんが聞いてたのも、この音じゃないのかな。意外と笑い声にも聞こえるかもしれないし」

祥之はそう決めてかかっていたが、①弥生子はあいまいにしかうなずかなかった。夜風に遊具が揺れる音なら、いままでにも聞こえていたはずだ。メンテナンスをしなくなったので錆《さび》が広がったから、だろうか。よくわからない。

「でも、そういう音が耳につくっていうのは、やっぱり寂《さび》しいし、不安なんだろうな、お義母さんも」

その言葉には、大きく、ゆっくりと、自分の決意を噛《か》みしめるようにうなずくことができた。

「あ、バス来たよ」

問８　⑦「私の仕事場に遊びに来る鳥たち」とあるが、鳥たちの行動に対する筆者の考えについて二人の児童が話をしている。次の会話の□にあてはまる言葉を、本文中から十七字で抜き出して答えなさい。（句読点・記号がある場合は一字に数える。）

Aさん「鳥たちはいろいろな要求をしているけれど、同時に筆者と良い関係を築き、それをこわさないように注意をはらっていると、筆者は考えているね。」

Bさん「そうだね。こうした鳥たちの行動から、彼らは、自分の□ことを知っているのだと、筆者は感じているんだね。」

問９　本文の説明として最も適切なものを、次の中から選び、記号で答えなさい。

ア　木や鳥の生き方と人間の生き方を比べたうえで、自然の生き物たちについて、自分の自由と他の生き物の自由が対立しないよう、気をつかって生きている点で、人間よりすぐれていると高く評価している。

イ　木や鳥の生き方や行動を考察して、自然の生き物たちが自分の自由を守るために、他の生き物の自由も尊重《そんちょう》していると述べ、自分の自由しか考えない人間の生き方を批判《ひはん》している。

ウ　木と鳥の、自由を守るためのそれぞれの生き方を挙げて、自由の守り方にはさまざまな方法があることを説明したうえで、人間も自由な生き方について、もっと深く考える必要があると主張している。

エ　木と鳥が自分たちの自由を守りつつ、他の生き物との共生も大切にしていることを説明したうえで、自由を求めすぎる人間の生き方に疑問《ぎもん》を投げかけ、自由より自然との共生を優先《ゆうせん》すべきだと主張している。

問4　③「勝手気まま」、⑤「循環論法」と似た意味の言葉として最も適切なものを、次の中からそれぞれ一つずつ選び、記号で答えなさい。

③「勝手気まま」　ア　空前絶後　イ　傍若無人《ぼうじゃくぶじん》　ウ　千変万化《ばんか》　エ　付和雷同《らいどう》

⑤「循環論法」　ア　苦肉の策《さく》　イ　八方ふさがり　ウ　たらい回し　エ　堂々めぐり

問5　④「矛盾」という言葉の意味として最も適切なものを、次の中から選び、記号で答えなさい。

ア　論理《ろんり》や行動のつじつまが合わないこと。　イ　論理や行動に深刻《しんこく》なまちがいが生じていること。

ウ　論理や行動が複雑で、理解するのが難《むずか》しいこと。　エ　論理や行動が自己中心的で、周囲を納得させられないこと。

問6　空欄 i にあてはまる言葉を、本文中から十一字で抜き出して答えなさい。（句読点・記号がある場合は一字に数える。）

問7　⑥「スズメの文化水準の高さ」とあるが、筆者はスズメのどのような点に「文化水準の高さ」を感じているのか。最も適切なものを、次の中から選び、記号で答えなさい。

ア　まだ幼《おさな》く未熟《みじゅく》な仲間の手助けをして、彼らが自在に活動できる力を育むことで、群れ全体の自由を強化している点。

イ　力の弱い仲間を積極的に助けて自分の力を示し、従わせていくことで、自分が自由に行動できる範囲《はんい》を広げている点。

ウ　角を立てない方法で仲間を助け、仲間たちと平和に共存することで、自分自身も自由に行動できる環境を作っている点。

エ　全ての仲間を平等に助けることで不公平な状況《じょうきょう》をなくし、全員が安心して自由な行動ができるように努めている点。

そして自然から離れた私たちが忘《わす》れてしまったのは、この感覚のように私には思えてくる。自分がより質の高い自由を獲得《かくとく》するためには、他者とのよい関係をつくり、他者もまた自在に生きることのできる世界を保障《ほしょう》していく。つまり、自由は他者との関係に支えられているということを忘れた私たちは、自由を自分の世界のなかだけのことにしてしまったのである。それは自由を主張しても、自在には生きられない私たちをつくりだしてしまった。

（内山節《うちやまたかし》『自由論――自然と人間のゆらぎの中で』より）

（注１）敬服……非常に感心すること。

問１　①「木の『人生』は成り立たない」とあるが、木の「人生」が成り立たないことになるのは、どのような考え方をした場合か。「人間」という言葉を使って、五十字以上五十五字以内で説明しなさい。（句読点・記号がある場合は一字に数える。）

問２　空欄《くうらん》［Ａ］～［Ｃ］にあてはまる言葉を、次の中からそれぞれ一つずつ選び、記号で答えなさい。（同じ記号は二度以上使わない。）

ア　あるいは　イ　それとも　ウ　だから　エ　ただし　オ　たとえば　カ　すなわち

問３　②「木々は、毎年山のような花をつけ、山のような実を落とす。なぜなのだろうか」とあるが、この問いに対して、筆者はどのような答えを出しているか。「環境」「力」という言葉を使って、六十五字以内で説明しなさい。（句読点・記号がある場合は一字に数える。）

まって走り、つまずいて紛失《ふんしつ》するのである。
そんな様子をみていると、私は⑥スズメの文化水準の高さに(注1)敬服《けいふく》してしまう。そしてこれが仲間とともに生きるものたちの、自由の守り方なのかと、考えてしまうのである。
東京のような都市に暮らす鳥たちは、結構人間に関心をもっていて、どうやったら人間とも良い関係を結べるだろうかと、日々思案しているように私には感じられる。といっても、危険《きけん》を避《さ》けることは、彼らにとっては何より重要だから、大抵は用心深く遠くからみているだけである。
[B]エサがもらえたということよりも、自分の気持ちが通じたと感じたときのほうが、鳥たちは何倍も嬉《うれ》しいらしい。実際⑦私の仕事場に遊びに来る鳥たちは、スズメもキジバトもヒヨドリも、最近ではカラスまでが、実にいろいろな要求を伝えようとするのである。飛んできてクチバシをふく仕草をするときは、何か食べたいという要求である。水盆《すいぼん》の水をクチバシでハネ飛ばすときは、水が汚《よご》れているから変えてくれという要求である。窓《まど》に近づいてじっと部屋の中をながめているときは、中に入りたいから窓を開けろという要求である。
そうして自分の言いたかったことが伝わったと感じたとき、鳥たちは嬉しそうに羽をひろげたりしてみせる。そうなると私の嫌《いや》がることをしてはいけないと思うらしく、他の鳥に用心されているカラスなどは、他の鳥たちが来ているときは遠くでみていて、その鳥たちが帰ると、「もういいよね」というように飛んでくるのである。
自然の生き物たちは、自分たちが自在に生きていくために、他者との間に、自在に生きることのできる関係をつくりたいと考えている。私にはそうとしか思えない。
[C]、自在に生きるということのなかに、他者とどのような関係を結ぶのかということが、ふくまれているのである。他者との間によい関係をつくりだしていくことが、自分たちの自由の質をも高めていく、とでもいえばよいのであろうか。

かったと書いている。他者の文化と接触《せっしょく》する機会をもった、つまり異文化《いぶんか》との接点で生きた人間たちのなかから、新しい文化は生まれてきたのだと。

それは自由についてもいえる。これまで気づかなかった自由があることをみつけるとき、そこから自由に対する思考ははじまる。

一本の大木を見上げると、何百年もの間そこを動くことなく生きつづけた偉大《いだい》さを、私たちは感じることがある。そして彼らにとっての自由と共存《きょうぞん》しうる自由を、みつけだしたいとも思う。

鳥たちは、ずいぶん文化的な暮《く》らしをしているものだと感じたのは、私の東京《とうきょう》の仕事場に姿《すがた》をみせるスズメたちと遊んでいたときのことだった。スズメの群れが訪《おとず》れると、私はベランダで麻《あさ》の実など少しずつ投げるようにする。まとめてエサを提供《ていきょう》するのはスズメたちには不評で、彼らは明らかに投げてくれと言っている。要するにころがっていく実を、走りながら追いかけるのが面白《おもしろ》いのである。

群れのなかに動作のにぶいスズメがいた。すぐに実を見失ってしまって、おたおたしているばかりである。ところが困《こま》ることもない。群れのボス格のスズメは、自分が数粒の実を食べ終えると、群れから少し離《はな》れて、みんながうまく遊び、うまく食べているか様子をみる。それからまた群れに加わり、すばやく一粒の実を拾うと、勢いがあまったように走りつづけ、少々にぶい仲間の前まで行くところぶのである。本当にバタンとつまずく。そのとき、にぶいスズメの足元に、ポロッとくわえてきた実を落とす。

それからボス格のスズメは、「あれ、落としちゃった。どこにいったのかな」というようにキョロキョロと見回し、「しょうがない、わからなくなっちゃったから次のを拾おう」というそぶりをみせながら、また群れの前面にでてくるのである。そうすると少々にぶいスズメは、その実を拾いパキパキと食べはじめる。

群れのなかには、そういった行動をとるボス格のスズメが三、四羽いて、彼らが順番ににぶいスズメの前でつまずくのである。

私が感心するのは、「君はにぶいから、ホラ、エサをやろう」という態度を、彼らがけっしてとらないことだ。あくまで、勢いあものだとすれば、私も何となく納得《なっとく》ができるのである。

そして、もしそうであるとするなら、木が自由に生きるためには、他の自然の生き物たちも自由に生きていられる環境《かんきょう》が必要である、ということになるだろう。木は自分の自由のために、他者の自由を必要とするのである。

それは素晴《すば》らしいことである。人間はときに自己《じこ》の自由を手にするために、他者の自由を犠牲《ぎせい》にさえするのに、木は他者の自由があってこそ自分自身も自由でいられるのである。

自由を、日本の昔からの言葉のつかい方に従《したが》って、自在であることと言い直せば、木が自在な一生を生きるためには、自在に他者を呼び寄せ、自在に他者とともに生きていく世界が必要なはずである。

こんなふうに考えていくと、自由はさまざまである。移動できないものの自由も、ここにはある。

かつての日本語では、自由は、③勝手気まま、自在であることという意味で用いられていた。それが外来語の自由が入ってきてからは、責任のある行動をしようとするときの障害《しょうがい》を除去《じょきょ》すること、という意味に変わった。こうして人間社会の制度的束縛《そくばく》を取り払《はら》うことが、自由の中心的課題になった。

ところが自由には、次のような自己④矛盾《むじゅん》が生じている。それは、何が自由で、何が不自由なのかを見定めるためには、それをつかみとるための自由な精神がなければならず、その自由な精神をもつためには、自由な社会がなければならないということである。

つまり自由な精神がなければ自由は確立できず、自由が確立されていなければ自由な精神は得られない。

これではAのためにはBが必要であり、BのためにはAが必要であるという、完全な⑤循環論法《じゅんかんろんぽう》になってしまう。同じところをグルグル回ってしまうのである。

この自己矛盾から抜《ぬ》けだすためには、私には他者の自由、［ i ］自由に接する必要性があるような気がする。

マックス・ウェーバーは『古代ユダヤ教』のなかで、ひとつの文明だけに慣れ親しんでいる人からは、新しい文化は生まれな

二〇二一年度 常総学院中学校

【国　語】〈第一回一般試験〉〈五〇分〉〈満点：一〇〇点〉

一　次の文章を読んで、後の問い（問１～問９）に答えなさい。

大きく育った大木をみていると、私《わたし》は動くことのできない生き物の生き方とは何だろうかと、考えることがある。私たちは、自分自身が移動できることを前提にして自由を考えている。ところが木は、種がそこで芽を出してしまえば、生涯《しょうがい》そこから移動することはできない。それを不自由だといってしまったら、①木の「人生」は成り立たないのである。

ところが木は、動けないからこそ、ひとつの能力を身につけたような気がする。それは自分が必要としているものを呼《よ》び寄せるという能力である。

秋に落とす大量の落葉《おちば》は、微生物《びせいぶつ》や小動物を呼び寄せ、そのことによって彼《かれ》らに肥料をつくってもらっている。木がもつ保水能力も何かを呼び寄せるためのものかもしれない。ときにたくさんの花をつけて虫たちを呼び寄せ、たわわに実をみのらせて、鳥や山の動物たちを呼び寄せる。そうやって他者の力を借りながら、木は生きているように感じるのである。

そうでなければ、そのほとんどが何百年も、［　A　］千年以上も生きつづける木が、毎年あれほど多くの実をつける必要性は理解できない。もしも子孫を残すためだけだったら、毎年一粒《ひとつぶ》の実をつけ、その一％が芽を伸《の》ばすことができるだけでも、大抵《たいてい》の木は数本の子孫を残すことが可能なはずなのだから。

ところが②木々は、毎年山のような花をつけ、山のような実を落とす。なぜなのだろうか。もしもそれが他者を呼び寄せるための

2021年度

常総学院中学校　▶解説と解答

算　数　＜第１回一般試験＞（50分）＜満点：100点＞

解　答

[1] (1) 25　(2) 7　(3) 79　(4) $\frac{1}{5}$　(5) 9.6　(6) 2　(7) 1.68　[2] (1) 4600円　(2) 15回転　(3) 36通り　(4) 30秒　(5) 2500円　(6) 分速145m　(7) 80度　(8) 162cm^2　[3] (1) 毎分５Ｌ　(2) 10cm　(3) 10分12秒後　[4] (1) 頂点Ｒ　(2) イ　(3) 103.62cm　[5] (1) ６人　(2) 480人　(3) 16分

解　説

[1] 四則計算

(1) 30－15÷３＝30－５＝25

(2) (47－４×３)÷５＝(47－12)÷５＝35÷５＝７

(3) 13×７－156÷{58－３×(24－９)}＝91－156÷(58－３×15)＝91－156÷(58－45)＝91－156÷13＝91－12＝79

(4) $\left(1\frac{3}{5}-1\frac{1}{4}\times\frac{2}{3}\right)\div3\frac{5}{6}=\left(\frac{8}{5}-\frac{5}{4}\times\frac{2}{3}\right)\div\frac{23}{6}=\left(\frac{8}{5}-\frac{5}{6}\right)\div\frac{23}{6}=\left(\frac{48}{30}-\frac{25}{30}\right)\div\frac{23}{6}=\frac{23}{30}\times\frac{6}{23}=\frac{1}{5}$

(5) 1.2×9.5－4.86÷2.7＝11.4－1.8＝9.6

(6) $\left(4-2\frac{8}{9}\div1\frac{1}{3}\right)\div\left(\frac{1}{4}+\frac{2}{3}\right)=\left(4-\frac{26}{9}\div\frac{4}{3}\right)\div\left(\frac{1}{4}+\frac{2}{3}\right)=\left(4-\frac{26}{9}\times\frac{3}{4}\right)\div\left(\frac{3}{12}+\frac{8}{12}\right)=\left(4-\frac{13}{6}\right)\div\frac{11}{12}=\left(\frac{24}{6}-\frac{13}{6}\right)\times\frac{12}{11}=\frac{11}{6}\times\frac{12}{11}=2$

(7) $0.3\times\left\{\left(7.6+\frac{3}{4}\right)-\left(2.125+\frac{5}{8}\right)\right\}$＝0.3×{(7.6＋0.75)－(2.125＋0.625)}＝0.3×(8.35－2.75)＝0.3×5.6＝1.68

[2] 売買損益，正比例と反比例，場合の数，通過算，相当算，速さ，角度，辺の比と面積の比

(1) 仕入れ値を１とすると，35％の利益を見こんだ定価は，１×(１＋0.35)＝1.35となる。これが6210円にあたるので，この品物の仕入れ値は，6210÷1.35＝4600(円)とわかる。

(2) 歯車Ａと歯車Ｂはかみ合っているので，(Ａの歯数)×(Ａの回転数)＝(Ｂの歯数)×(Ｂの回転数)となる。そこで，歯車Ｂの回転数を□とおくと，24×20＝32×□より，□＝24×20÷32＝15なので，歯車Ｂは15回転するとわかる。

(3) まず，真ん中の部分をぬる方法は４通りある。次に，左と右の部分は真ん中に使った色以外の，４－１＝３(通り)となる。よって，旗をぬる方法は，４×３×３＝36(通り)とわかる。

(4) 列車Ｂは列車Ａを追いこすまでに，列車Ａよりも，100＋80＝180(m)多く進む必要がある。また，列車Ｂは列車Ａよりも１秒で，18－12＝６(m)多く進むから，列車Ｂが列車Ａを追いこすまでに，180÷６＝30(秒)かかる。

(5) 兄弟の所持金を図に表すと，下の図１のようになる。図１より，③－①＝②が，(1600－500)＋700＝1800(円)にあたるから，①＝1800÷２＝900(円)とわかる。よって，はじめの兄の所持金は，

900＋1600＝2500(円)と求められる。

図１

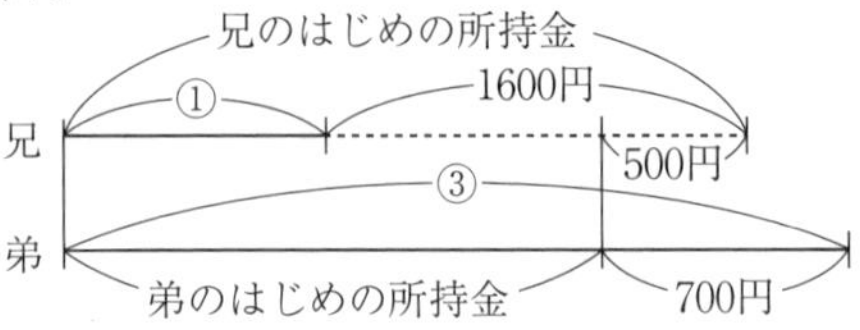

⑹　1 km＝1000mだから，42.195kmは，42.195×1000＝42195(m)である。また，１時間＝60分なので，４時間51分は，60×４＋51＝291(分)となる。よって，Ａさんの平均の速さは分速，42195÷291＝145(m)とわかる。

図２

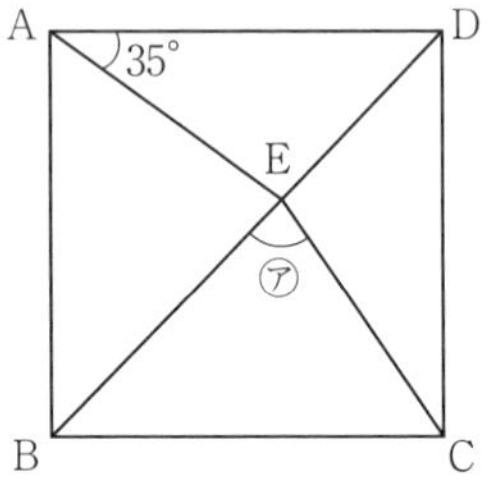

⑺　右の図２で，正方形ABCDを辺BDで折り返すと，三角形ABEと三角形CBEは重なるので，三角形ABEと三角形CBEは合同である。よって，角㋐の大きさは角BEAの大きさと等しくなる。角BAEの大きさは，90－35＝55(度)で，角ABEの大きさは，90÷２＝45(度)なので，角BEAの大きさは，180－(55＋45)＝80(度)である。したがって，角㋐の大きさも80度となる。

図３

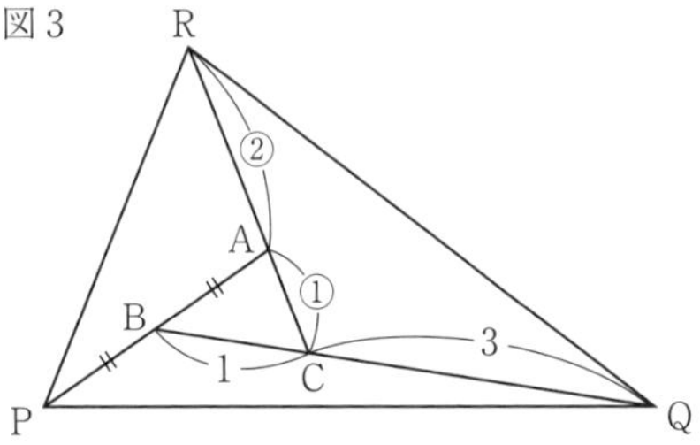

⑻　右の図３で，APはABの２倍，ARはACの２倍だから，三角形RPAの面積は三角形ABCの面積の，２×２＝４(倍)になる。同様に，BPはABと等しく，BQはBCの，１＋３＝４(倍)だから，三角形BPQの面積は三角形ABCの面積の，１×４＝４(倍)である。さらに，RCはACの，２＋１＝３(倍)，CQはBCの３倍だから，三角形RCQの面積は三角形ABCの面積の，３×３＝９(倍)となる。よって，三角形PQRの面積は三角形ABCの面積の，１＋４＋４＋９＝18(倍)だから，９×18＝162(cm^{2})と求められる。

3　グラフ―水の深さと体積

⑴　水そうの容積は，50×50×50＝125000(cm^{3})である。問題文中のグラフより，水そうは25分で満水となったので，毎分，125000÷25＝5000(cm^{3})の割合で水を入れたとわかる。これは，１Ｌ＝1000cm^{3}より，毎分，5000÷1000＝５(Ｌ)である。

⑵　問題文中のグラフより，しきりの高さは30cmである。そこで，３分後までに水は，5000×３＝15000(cm^{3})入り，底①の部分の面積は，15000÷30＝500(cm^{2})とわかる。よって，㋐×50＝500(cm^{2})より，㋐＝500÷50＝10(cm)と求められる。

⑶　底②の部分の面積は，50×50－500＝2000(cm^{2})なので，底②の部分に18cmの深さまで水を入れると，水の体積は，2000×18＝36000(cm^{3})になる。よって，このときまでに水は，３＋36000÷5000＝10.2(分)入れたことになるから，0.2×60＝12(秒)より，10分12秒後と求められる。

4　平面図形―図形の移動

図１

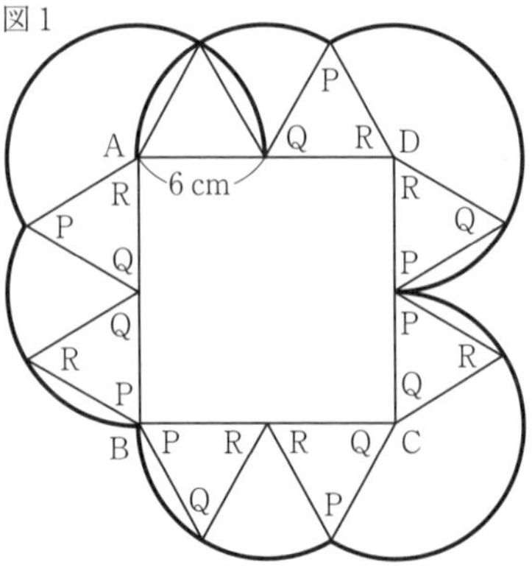

⑴　正三角形PQRは，右の図１のように転がる。よって，もとの位置にもどったとき，頂点Ａに重なるのはＲである。

⑵　正三角形PQRが１周するまでに点Ｐが動いた線は，図１の太線のようになる。よって，図１より，適切な形はイと

わかる。

(3)　図１の太線部分には，半径が６cmで中心角が，60×２＝120(度)のおうぎ形の弧《こ》と，360－(90＋60)＝210(度)のおうぎ形の弧がそれぞれ３個ずつある。よって，中心角の和は，(120＋210)×３＝990(度)になるから，太線の長さは，６×２×3.14×$\frac{990}{360}$＝3.14×33＝103.62(cm)と求められる。

[5]　ニュートン算

(1)　１か所の販売《はんばい》窓口で１分間に販売する人数を[1]人とすると，７か所の窓口で40分間に販売する人数は，[1]×７×40＝[280](人)，９か所の窓口で20分間に販売する人数は，[1]×９×20＝[180](人)となる。また，40分間で新たに並んだ人数は，30×40=1200(人)，20分間で新たに並んだ人数は，30×20＝600(人)だから，右上の図のように表せる。図より，[280]－[180]＝[100]が，1200－600＝600(人)にあたるので，１か所の販売窓口で１分間に販売する人数は，600÷100＝６(人)とわかる。

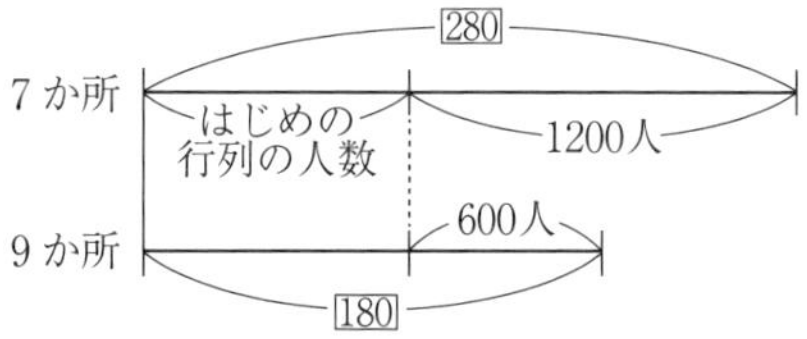

(2)　図より，[280]＝６×280＝1680(人)だから，はじめの行列の人数は，1680－1200＝480(人)である。

(3)　10か所の販売窓口で１分間に販売する人数は，６×10＝60(人)なので，行列は１分間に，60－30＝30(人)ずつ減る。よって，行列がなくなるまでに，480÷30＝16(分)かかる。

社　会　＜第１回一般試験＞（30分）＜満点：50点＞

解　答

[1]　**問１**　南極　**問２**　イ　**問３**　イ　**問４**　兵庫県　**問５**　エ　**問６**　オ
[2]　**問１**　A　利根(川)　B　近郊(農業)　**問２**　ウ　**問３**　キャベツ　**問４**　イ　**問５**　エ　[3]　**問１**　ア　**問２**　ア　**問３**　竪穴(式)住居　**問４**　エ　**問５**　イ　**問６**　ウ　**問７**　紫式部　**問８**　ウ　**問９**　イ　**問10**　エ　**問11**　ウ　**問12**　ア　**問13**　与謝野晶子　**問14**　ウ　**問15**　イ　[4]　**問１**　イ　**問２**　ウ　**問３**　イ　**問４**　三権分立　**問５**　国務大臣　**問６**　エ　**問７**　イ　**問８**　ア　**問９**　イ　**問10**　エ

解　説

[1]　世界地図や世界の地形についての問題

問１　世界には，アジアやヨーロッパがふくまれるユーラシア大陸，アフリカ大陸，北アメリカ大陸，南アメリカ大陸，オーストラリア大陸，南極大陸という６つの大陸がある。このうち，最も南にある南極大陸は，世界地図では省略されることがある。

問２　ユーラシア大陸は，東で太平洋に，西で大西洋に，南でインド洋に面している。なお，北アメリカ大陸は太平洋と大西洋，オーストラリア大陸は太平洋とインド洋，アフリカ大陸は大西洋とインド洋に面している。

問３　地球は陸地よりも海洋の占《し》める割合が大きく，陸地と海洋の面積の比はおよそ３：７となっている。北半球では約６割，南半球では約８割を海洋が占めている。

問４　明石《あかし》市は兵庫県南部の都市で，日本の標準時子午線である東経135度の経線が通ることから，「子午線のまち」として知られている。

問５　赤道（０度の緯線）付近のほとんどの地域は熱帯気候に属しており，一年中気温が高く，降水量が多い。アフリカや南アメリカ，東南アジアの赤道周辺では，ジャングルとよばれる熱帯雨林が見られる。なお，アは温帯，イは寒帯，ウは乾燥《かんそう》帯の気候や生活の特徴《とくちょう》。

問６　Ｘはフランスで，国旗は左から順に青・白・赤となっており，それぞれが自由・平等・博愛を表すといわれる。Ｙはオーストラリアで，イギリスとの関係が深いことから，国旗の左上にイギリスの国旗であるユニオンジャックが描かれている。Ｚはカナダで，国旗の中央には国樹であるカエデの葉が描かれている。

２　関東地方の気候や産業などについての問題

問１　**Ａ**　利根川は越後《えちご》山脈の大水上山《おおみなかみ》を水源とし，関東平野を北西から南東へと流れる。とちゅう，群馬県と埼玉県，埼玉県と茨城県，千葉県と茨城県の県境を形成したのち，太平洋に注ぐ。流域面積（約16840km^2）は日本最大である。　**Ｂ**　近郊農業は，大都市や大消費地の近くで野菜などをつくる農業で，つくったものを新鮮なまま消費者に届けられ，輸送費を安くできるという利点がある。

問２　横浜（神奈川県）は，梅雨や台風の影響《えいきょう》で夏～秋の降水量が多いが，冬は降水量が少ない太平洋側の気候に属する。年平均気温は16℃前後なので，ウがあてはまる。なお，アは１年を通して降水量が少なく温暖な瀬戸内の気候に属する高松（香川県），イは冬の降水量が多い日本海側の気候に属する高田（新潟県），エは冬の寒さが厳しい北海道の気候に属する札幌（北海道），オは冬でも平均気温が20℃に近い南西諸島の気候に属する那覇《なは》（沖縄県），カは夏と冬の気温差が大きく，１年を通じて降水量が少ない中央高地の気候に属する松本（長野県）の雨温図。

問３　群馬県嬬恋《つまごい》村では，夏でもすずしい高地の気候をいかした野菜の抑制《よくせい》栽培がさかんで，群馬県のキャベツの生産量は全国第１位である。また，キャベツの生産量は，愛知県や千葉県など，近郊農業がさかんな地域でも多い。統計資料は『日本国勢図会』2020／21年版による（以下同じ）。

問４　銚子《ちょうし》港は，利根川の河口に位置する日本有数の漁港で，沖合は寒流の千島海流（親潮）と暖流の日本海流（黒潮）がぶつかる潮目ができることから，好漁場となっている。

問５　ア　グラフⅡで成田国際空港と横浜港を比べると，成田国際空港の貿易額が横浜港の貿易額の２倍程度であるとわかる。　イ　東京港で最も多く輸出されているのは半導体等製造装置で，その額は，58237（億円）×0.067＝3901.879（億円）である。　ウ　東京港の輸出品目の上位にあるコンピュータ部品や，成田国際空港の輸出品目の上位にあるものは，軽くて高価なものが多い。　エ　輸出入の合計額が15兆円をこえている貿易港は，成田国際空港，名古屋港，東京港の３つで，そのうち輸入額が輸出額を上回っている港は，成田国際空港，東京港の２つである。よって，正しい。

３　各時代の歴史的なことがらについての問題

問１　Ａ　推古天皇は最初の女性天皇で，おいにあたる聖徳太子（厩戸《うまやどの》皇子）を摂政《せっしょう》とし，有力豪族の蘇我馬子《そがのうまこ》とも協力しながら，天皇中心の国づくりを進めた。　Ｂ　1086年，白河天皇は位を幼い子の堀河天皇にゆずって上皇となり，政治の実権をにぎった。この政治は，上皇の住まいである院で行われたことから，院政とよばれる。　C　後醍醐《ごだいご》天皇は，足利尊氏《あしかがたかうじ》や新田義貞《にったよしさだ》らの協力を得て1333年に鎌倉幕府をほろぼし，建武の新政とよばれる天皇中心の政治を復活させた。しかし，新政では公家が重用されたため，武士の不満が高まり，足利尊氏は後醍醐天皇にそむいて京都に室町幕府を開いた。

問２　どんぐりやしいなどの木の実がとれるエが秋にあたるので，これに続くアに冬があてはまる。

問３　竪穴《たてあな》住居は，地面を数十センチ掘《ほ》り下げて床とし，そのまわりに柱を立てて草などで屋根をふいた建物で，縄文時代から奈良時代ごろまで日本の一般的な住居であった。

問４　渡来人は，４世紀から７世紀ごろに朝鮮半島や中国から日本に移り住んだ人々で，須恵器《すえき》づくりや，機織り，土木工事などのすぐれた技術や，漢字・儒教《じゅきょう》などの文化を日本に伝えた。

問５　645年，中臣鎌足《なかとみのかまたり》の協力を得て蘇我氏をほろぼした中大兄《なかのおおえの》皇子(のちの天智《てんじ》天皇)は，大化の改新という一連の政治改革に取りかかり，そのなかで皇族や豪族の持っていた土地と人民をすべて天皇(国家)のものとする公地公民の制を定めた。なお，アは桓武天皇，エは聖徳太子が行ったことがら。ウについて，大化の改新では戸籍《こせき》にもとづいて土地を与える班田収授の方針が示されたが，土地は一代限りで与えられ，死ぬと国に返さなくてはならなかった。

問６　『万葉集』は，天皇や貴族から農民，防人《さきもり》までさまざまな身分の人々がよんだ歌約4500首がおさめられている現存する日本最古の歌集で，奈良時代末ごろ，大伴家持《おおとものやかもち》を中心に編さんされたといわれる。なお，アについて，墾田《こんでん》永年私財法では，開墾した土地は私有してよいことになった。イは鎌倉時代，エは平安時代のできごと。

問７　藤原道長の長女で，一条天皇のきさきであった彰子《しょうし》に女官として仕えた紫式部は，かな文字を使って，54帖《じょう》からなる長編小説の『源氏物語』を書いた。

問８　鎌倉時代後半，元(中国)の皇帝フビライ＝ハンは，1274年(文永の役)と1281年(弘安の役)の２回にわたって大軍を派遣し，九州北部に襲来《しゅうらい》した。これを元寇《げんこう》という。しかし，鎌倉幕府の第８代執権《しっけん》北条時宗の指揮のもと，日本の武士がよく戦い，２回とも暴風雨が発生して元軍の船が多く沈《しず》んだこともあり，これを撃退《げきたい》することに成功した。なお，アは「守護」ではなく「執権」，イは「武家諸法度《しょはっと》」ではなく「御成敗式目《ごせいばいしきもく》」，エは「道元」ではなく「法然」が正しい。

問９　室町幕府の第３代将軍足利義満が行った日明貿易では，正式な貿易船と倭寇《わこう》を区別するために勘合《かんごう》とよばれる合い札が用いられた。なお，朱印状《しゅいんじょう》は徳川家康などが貿易船に与えた許可証で，朱印状を与えられた朱印船は，おもに東南アジアで貿易を行った。また，悪党とは幕府や荘園領主に従わない武士たちのことで，鎌倉時代後半に増えた。

問10　1543年，中国船が種子島(鹿児島県)に流れ着き，乗っていたポルトガル人によって日本に鉄砲が伝えられた。種子島は鹿児島県南方にうかぶ島で，エが正しい。なお，アは横浜，イは神戸，ウは長崎の位置。

問11　1637年，領主の圧政とキリスト教徒の弾圧にたえかねた島原・天草地方の農民たちは，天草四郎時貞《ときさだ》をかしらとして反乱を起こした。これを島原・天草一揆《いっき》(島原の乱)といい，幕府は10万人をこえる大軍を投入して翌年にようやくこれをしずめた。その後，幕府はキリスト教の禁止を徹底《てってい》するため，1639年にポルトガル船の来航を禁止し，鎖国体制を強化した。

問12　ア　江戸時代に整備された五街道について正しく説明している。　イ　「京都」ではなく「大阪(大坂)」が正しい。　ウ　「長崎」ではなく「大阪(大坂)」が正しい。　エ　座は室町時代に発達した商工業者の同業組合で，江戸時代には株仲間という同業組合が結成された。

問13　与謝野晶子《よさのあきこ》は明治時代の終わりから昭和時代にかけて活躍《かつやく》した詩人・歌人で，1904年に日露戦争が始まると，戦場にいる弟の身を案じて雑誌「明星」に『君死にたまふことなかれ』という詩を発表し，戦争に反対した。

問14　19世紀末のヨーロッパでは，アフリカやインドへの進出をはかろうとしたイギリスがフランス・ロシアと三国協商を結び，西アジアへの進出をはかろうとしたドイツがオーストリア・イタリアと結んだ三国同盟と，植民地政策をめぐって対立した。

問15　ア　日本国憲法第９条では，平和主義が規定されている。　イ　連合国軍最高司令官総司令部(GHQ)の行った日本の民主化政策を正しく説明している。　ウ　農地改革では，国が一定面積を残して地主から土地を買い上げ，小作人に安く売り渡したため，地主の所有する土地面積は大幅《おおはば》に減少した。　エ　1945年に衆議院議員選挙法が改正され，満20歳以上のすべての男女に選挙権が与えられた。

4 **日本の政治のしくみについての問題**

問１　ア「大日本帝国憲法」と「日本国憲法」が逆である。　イ　２つの憲法における天皇の地位を正しく説明している。　ウ　日本国憲法では，基本的人権は国民主権，平和主義とならぶ三大原則の１つとされている。　エ　大日本帝国憲法でも，表現の自由などの基本的人権が認められていたが，法律の範囲《はんい》内という制限がつけられていた。

問２　ア　衆議院議員ではなく参議院議員の説明である。　イ　最高裁判所長官は，内閣が指名する。　ウ　内閣総理大臣の指名や予算の議決などにおいて，衆議院と参議院の議決が異なった場合，両院協議会でも一致しないとき，衆議院の議決が優越される。よって，正しい。　エ　内閣不信任案の決議は，衆議院のみが行える。

問３　ア「公的扶助《ふじょ》」ではなく「公衆衛生」が正しい。　イ　社会保険について正しく説明している。　ウ「公衆衛生」ではなく「社会福祉」が正しい。　エ「社会福祉」ではなく「公的扶助」が正しい。

問４　日本国憲法では，立法権を国会，行政権を内閣，司法権を裁判所が担当する三権分立のしくみを採用している。これは国家権力を３つに分けることで，１つの機関に権力が集中することを防ぎ，それぞれの機関がいきすぎないよう監視《かんし》し，おさえ合うためである。

問５　日本国憲法第68条では，内閣総理大臣は国務大臣を任命し，その過半数は国会議員の中から選ばなければならないことと，自由に国務大臣を罷免《ひめん》(やめさせること)できることが定められている。

問６　A　財政に関する仕事を行っているのは財務省で，外局には国税庁がある。　B　文化庁を外局とし，文化や教育などについての仕事を担当しているのは文部科学省。資料にはないが，文部科学省の外局にはスポーツ庁もある。　C　林野庁や水産庁を外局とするのは，農業や漁業などに関する仕事を行っている農林水産省である。　D　国土や交通に関する仕事は，国土交通省が行っており，観光庁や気象庁などを外局としている。

問７　ア「２回」ではなく「３回」が正しい。　イ　弾劾《だんがい》裁判所について正しく説明している。ウ「非公開」ではなく「公開」が正しい。　エ「検察官」ではなく「弁護人」が正しい。

問８　ア　温室効果ガスについて正しく説明している。温室効果ガスには，二酸化炭素やメタンガスなどがある。　イ　近年，世界で最も多くの温室効果ガスを排出している国は中国である。　ウ　地球温暖化によって地表の氷がとけると，海面が上昇するという問題が起こる。　エ　1997年に行われた地球温暖化防止会議で採択《さいたく》された京都議定書では，先進国に温室効果ガスの削減《さくげん》目標が示されたが，アメリカが離脱《りだつ》するなどし，効果は不十分であった。

問９　ア　自主財源にあたるのは地方税で，その割合が50％をこえているのは東京都だけである。　イ　沖縄県の国庫支出金の割合は29.1％，秋田県の国庫支出金の割合は12.9％で，その差は，29.1－12.9＝16.2％である。よって，正しい。　ウ　大阪府の歳入の内訳で最も割合が少ないのは，国庫支出金である。　エ　地方税の割合は，低い順に秋田県→沖縄県→大阪府→東京都だが，地方債の割合は，高い順に秋田県→大阪府→沖縄県→東京都となる。

問10　地方議会は，住民の直接選挙によって選ばれた議員からなり，予算の審議と議決，決算の承認，その地方公共団体に適用される条例の制定や改廃などを行う。なお，アは裁判所，イは内閣の仕事。ウについて，首長は住民の直接選挙によって選出される。

理　科　＜第１回一般試験＞（30分）＜満点：50点＞

解　答

1 (1)　ウ　(2)　イ　(3)　イ　(4)　エ　(5)　イ　(6)　ア　(7)　ウ　(8)　ア　(9)　エ　(10)　イ　(11)　イ　(12)　イ　(13)　ウ　(14)　オ　(15)　ウ　(16)　エ　(17)　イ　(18)　ウ　(19)　ウ　(20)　エ　2 (1)　4.7％　(2)　右の図　(3)　C　(4)　**記号**…A　**質量**…400 g　(5)　ア　3 (1)　エ　(2)　（例）　月は，太陽の光を反射しているから。　(3)　イ　(4)　イ　(5)　金星　(6)　ウ

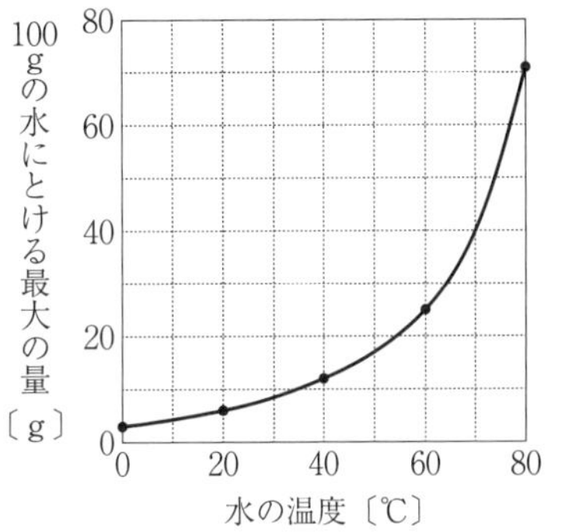

解　説

1 小問集合

(1)　１つの花におしべとめしべの両方がある花を両性花といい，おしべだけがあるお花と，めしべだけがあるめ花をつける花を単性花という。ヘチマはお花とめ花をつける単性花である。

(2)　ヒトは呼吸によって空気中の酸素をからだにとり入れ，二酸化炭素を外に出している。よって，吸いこんだ空気よりもはき出した空気のほうが，酸素は少なく二酸化炭素は多い。ただし，はき出した空気にも酸素はふくまれている。

(3)　Aはかん臓，Bは胃，Cは小腸である。じん臓は背中側の腰《こし》の上あたりに１対ある。

(4)　AとBの結果からは種子の発芽に水が必要なこと，BとCの結果からは種子の発芽に光は必要でないこと，BとDの結果からは種子の発芽に空気が必要なことがわかる。また，BとCの結果で種子の発芽に光が必要でないことをふまえたうえで，BとEの結果からは種子の発芽に適当な温度が必要なことがわかる。

(5)　まず，顕微《けんび》鏡を直射日光の当たらない明るい場所に置き，接眼レンズと対物レンズをとりつけ，

接眼レンズをのぞきながら反射鏡を調節して視野を明るくする。次に，プレパラートをステージにのせ，横から見ながら対物レンズとプレパラートをできるだけ近づけ，接眼レンズをのぞきながら調節ねじを回してピントを合わせる。さらにくわしく調べたいときは，レボルバーを回して対物レンズを高倍率のものにかえる。

(6)　アは冬のころ，イは春分や秋分のころ，ウは夏のころの記録である。茨城県では，エのように棒のかげの先が真南を通ることはない。

(7)　図はつりがねの形をした溶岩《ようがん》ドームを表していて，ねばりけの強いマグマによってつくられる。このような火山は，はげしくばく発的なふん火をすることが多い。

(8)　台風はまわりに比べて気圧が低くなっているので，中心に向かって風がふきこんでいる。また，地球の自転の影響《えいきょう》により，北半球では反時計回り(左回り)のうずをまく。

(9)　日本の西に高気圧，東に低気圧があり，日本付近には南北に走る等圧線が何本も見られる。このような西高東低の気圧配置は，冬の典型的なようすである。

(10)　れき岩や砂岩，でい岩は，流れる水のはたらきを受けた土砂が押《お》し固められてできるので，つぶが丸みをおびている。砂岩をつくる砂のつぶは，直径２mm～約0.6mmである。

(11)　アンモニアは水に非常によくとけるため，スポイトの水をフラスコの中に押し出すと，フラスコ内ではアンモニアが水にとけて気圧が下がり，フェノールフタレイン溶液を加えた水がフラスコ内に吸いこまれていく。このとき，吸いこまれた水はアンモニアがとけこんでアルカリ性を示すため，フェノールフタレイン溶液が反応して赤色のふん水となる。

(12)　1 cm^{3}あたりの重さが，63.2÷８＝7.9(ｇ)なので，この金属は鉄である。

(13)　水が氷に変化したとき，重さは変わらないが，体積は約1.1倍に増加する。1 cm^{3}あたりの重さで比べると氷のほうが水より軽くなるため，氷は水に浮《う》く。

(14)　赤色リトマス紙を青色に変えるアルカリ性の水溶液を選ぶ。塩酸は酸性，水酸化ナトリウム水溶液と重そうの水溶液はアルカリ性，アルコールは中性である。

(15)　メスシリンダーに入っている水の量を計測するとき，水面の低くなっている部分を真横から読むようにする。

(16)　図の豆電球を流れる電流の大きさと比べて，それぞれの回路の豆電球に流れる電流の大きさは，①では両方とも小さく，②では両方とも同じに，③では大きく，④では同じに，⑤では両方とも大きくなる。したがって，③と⑤の豆電球が明るく光る。

(17)　ふりこを点Ｑからふらせたとき，支点(点Ｐ)の真下の点Ｒのくぎに糸がかかってふりこの長さが短くなっても，ふらせはじめの点Ｑと同じ高さである点Ｂの位置までおもりが上がる。

(18)　Ａ～Ｄの電熱線に流れる電流の大きさの関係は，Ｃ＞Ｄ＞Ａ＝Ｂである。電熱線を流れる電流が大きいほうが発熱量は多くなるため，水の温度が最も上昇《じょうしょう》したのはＣの容器の水である。

(19)　点Ａにつるした糸にかかっている重さを□ｇとすると，棒ABのつり合いの式は，□×20＝60×(50－20)となり，□＝1800÷20＝90(ｇ)とわかる。また，棒CDのつり合いで，点Ｃと点Ｄは支点からの距離《きょり》の比が，８：(12－８)＝２：１なので，おもりの重さの比は１：２である。よって，点Ｃにつるしたおもりの重さは，$90\times\frac{1}{1+2}=30$(ｇ)と求められる。

(20)　ばねＡにかかる重さは，５＋20＝25(ｇ)，ばねＢにかかる重さは20ｇである。図１から，このときのばね全体の長さは，35＋27.5＝62.5(cm)とわかる。

2 もののとけ方についての問題

(1) 物質Ａが20℃の水100ｇにとける最大の量は4.9ｇである。水溶液の濃度《のうど》(％)は，(とけている物質の重さ)÷(水溶液全体の重さ)×100で求められるので，4.9÷(100＋4.9)×100＝4.67…より，4.7％となる。

(2) 表のそれぞれの値を点で記し，なめらかな曲線で結ぶと，解答のグラフのようになる。

(3) 物質Ｃは40℃の水250ｇに，63.9×$\frac{250}{100}$＝159.75(ｇ)までとけるので，物質Ｃ100ｇがすべてとける。

(4) 20℃の水100ｇにとける最大の量が最も少ないのは物質Ａなので，とけ残りが最も多いものは物質Ａになる。とけ残る重さは，24.5－4.9＝19.6(ｇ)で，これを全部とかすために必要な20℃の水は，100×19.6÷4.9＝400(ｇ)である。

(5) 物質Ｄは水の温度によってとける量の差が小さいので，温度を高くして濃度の高い水溶液をつくって冷やしても，ほとんど固体をとり出すことができない。このような物質の場合は，水を蒸発させて固体をとり出すとよい。

3 天体の動きと見え方についての問題

(1) 月食は，太陽―地球―月の順に一直線に並び，月が地球のかげに入ることで起こる。図１では，月がＢの位置にきて満月となったときに起こる。

(2) 月は，自ら光を出していないが，太陽の光を反射して光っている。

(3) 図１で，月がＣの位置にきたときには下弦《かげん》の月(左半分が光った半月)となり，約１週間後にはＤの位置にきて新月となる。その後，約１週間後にはＡの位置にきて上弦の月(右半分が光った半月)になり，さらに約１週間後にはＢの位置にきて満月となる。

(4) 地球が１時間で15度ずつ西から東に自転しているため，月は２時間で，15×２＝30(度)ずつ，東から西へ移動していくように見える。

(5) 太陽のまわりをまわる惑星《わくせい》は，太陽から近い順に水星，金星，地球，火星，木星，土星，天王《てんのう》星，海王星の８個ある。図２で，太陽のすぐ近くをまわるのは水星，その次に近いところをまわるＥは金星である。

(6) 地球の内側をまわる水星と金星は，地球から見たときに太陽とは反対の側にくることがない。そのため，真夜中に見ることができず，日の出前の東の空か日の入り後の西の空でしか見ることができない。

国 語 ＜第１回一般試験＞（50分）＜満点：100点＞

解 答

一 **問１** (例) 人間のように移動できることが自由の前提であり，生涯移動できない木は不自由であるという考え方をした場合。 **問２** Ａ ア Ｂ ウ Ｃ カ **問３** (例) 他の生き物たちが自由に生きられる環境を作って，自分が必要とするものを呼び寄せ，その力を借りることで，自分自身も自由に生きるため。 **問４** ③ イ ⑤ エ **問５** ア **問６** これまで気づかなかった **問７** ウ **問８** 自由は他者との関係に支えられている **問９**

イ　二　問１　イ　問２　（例）　母が聞いたのは夜風に遊具が揺れる音だという祥之の言葉に納得しきれない気持ち。　問３　ア　問４　⑴　弥生子は苦笑し　⑵　小走りに近い足　問５　（例）　父がこの家を弥生子のために買い，ローンを返すために無理して働き続けた結果死んだという事実を，一生背負うことになったから。　問６　エ　問７　Ⅰ　（例）　自分もふくめて家族みんなが楽しく暮らすという考え方　Ⅱ　（例）　妻と子のために自分が苦労する　問８　ウ　三　（漢字，記号の順で）　①　気，キ　②　句，イ　③　歯，カ　④　目，ア　⑤　輪，エ　四　①　増加　②　建設　③　強制　④　原則　⑤　供給　五　下記を参照のこと。

●漢字の書き取り

五　①　混乱　②　修復　③　裁断　④　貸(して)　⑤　富(んだ)

解説

一　**出典は内山《うちやま》節《たかし》の『自由論―自然と人間のゆらぎの中で』による。**木や鳥といった自然の生き物の姿から，自由に生きるとはどういうことかを考察している。

問１　「それを不自由だ」といったら「成り立たない」のであり，「それ」は，木が生涯《しょうがい》生えた場所から移動することができないことを言っている。その前に，私たち人間が「自分自身が移動できることを前提にして自由を考えて」いると述べられているので，この考え方にもとづくと木が「不自由」だということになるのである。

問２　**A**　前後で「何百年も」，「千年以上も」と，同じようなことがらを並べているので，同類のことがらを並べ立て，いろいろな場合があることを表す「あるいは」が入る。　**B**　前では，都市に暮らす鳥たちが人間に関心を持ち，「どうやったら人間とも良い関係を結べるだろうかと，日々思案しているよう」に感じられるとある。後では，エサがもらえたということより「自分の気持ちが通じたと感じたときのほうが，鳥たちは何倍も嬉《うれ》しいらしい」とある。よって，前のことがらを理由・原因として，後にその結果をつなげるときに用いる「だから」がよい。　**C**　前では，自然の生き物たちは「自在に生きていくために，他者との間に，自在に生きることのできる関係」をつくりたいとある。後では，「自在に生きるということのなかに，他者とどのような関係を結ぶのかということが，ふくまれている」と言いかえている。よって，“別の言葉で言いかえると”という意味の「すなわち」が合う。

問３　前の部分で，木には「自分が必要としているものを呼び寄《よ》せる」能力があり，大量の落ち葉や花や実によって小動物や虫や鳥などを呼び寄せ，「他者の力を借りながら」生きていると説明されている。それを受けて，木は自分が「自由に生き」るために，「他の自然の生き物たちも自由に生きていられる環境《かんきょう》」を必要とすると述べられている。

問４　③　「勝手気まま」は，他人に配慮《はいりょ》せず，自分の思いどおりにふるまうこと。意味が近いのは，「傍若無人《ぼうじゃくぶじん》」で，他人を無視して自分の思うままにふるまうこと。なお，「空前絶後」は，今までに起こったことがなく，これからも起こらないような，とてもめずらしいこと。「千変万化《せんぺんばんか》」は，さまざまに変化すること。「付和雷同《ふわらいどう》」は，自分に定まった考えがなく，他人の意見にやたらに同調すること。　⑤　「循環論法《じゅんかんろんぽう》」は，証明するべき結論の一部を証明の前提にするような議論の方法。似た意味なのは「堂々めぐり」で，議論などが同じところで空回りして先へ進まないこと。なお，「苦肉の策《さく》」は，苦しまぎれに取る手段。「八方《はっぽう》ふさがり」は，取るべき方法がなくなってどうにもならない状態であること。「たらい回し」は，人や物事を，ある範囲《はんい》の中で他の人へ次々と回すこと。

問５　「矛盾《むじゅん》」は，物事の道理や論理が通らないこと。

問６　「自由な精神がなければ自由は確立できず，自由が確立されていなければ自由な精神は得られない」という「自己矛盾から抜《ぬ》けだすため」には，「自由に接する必要性」がある。その自由について，この後，「これまで気づかなかった自由」と言っている。

問７　スズメの群れの行動について述べられている部分からとらえる。「動作のにぶいスズメ」が落ちた実を見失っておたおたしていると，「群れのボス格のスズメ」は，一粒《ひとつぶ》の実を拾《ひろ》って走っていき，にぶいスズメの前でわざと転んで，くわえてきた実を落とすので，にぶいスズメはその実を拾って食べる。「ボス格のスズメ」たちは，恩着せがましい態度をとらずに，にぶいスズメを助けてやることで，仲間同士の平等で自由な関係を保ち，自分の自由を守っているのである。

問８　筆者は，鳥たちの行動を見て，自然の生き物たちは自分たちが自在に生きていくために，「他者との間に，自在に生きることのできる関係をつくりたいと考えている」と判断した。彼《かれ》らは，「より質の高い自由」を得るためには，「他者とのよい関係をつくり，他者もまた自在に生きることのできる世界を保障《ほしょう》」する必要があること，つまり，自分の「自由は他者との関係に支えられている」ことを知っていると筆者は感じているのである。

問９　筆者は，木について考察したり鳥の行動を観察したりして，自然の生き物たちは，自分たちが自由に生きるためには他の生き物の自由も尊重しなければならないことを知っているのではないかと考えている。そして，「自由を自分の世界のなかだけのことにしてしまった」ために「自在には生きられない」現代の人間の考え方や生き方を，批判《ひはん》しているのである。

二　**出典は重松清《しげまつきよし》の『送り火』による**。父の生き方が理解できず，父が買った家も嫌《きら》っていた弥生《やえ》子《こ》が，母との会話をきっかけに，父を見直すようになっていく。

問１　「風が吹《ふ》いて，チェーンブランコや観覧車《かんらんしゃ》のカゴが揺《ゆ》れている」ために，物が軋《きし》んで，こすれ合うような音がしていたのだから，「ギシギシ」が合う。

問２　祥之《よしゆき》は，母が聞いたのは「夜風に遊具が揺れる音」だと言ったが，弥生子はそういう音なら，母は「いままでにも聞こえていたはずだ」と思い，祥之の意見に完全には同意できなかった。納得《なっとく》がいかない思いが残ったために，「弥生子はあいまいにしかうなずかなかった」のである。

問３　「ドリーム・パーク」は，かつてはその名のとおり，訪《おとず》れる人々に夢を与《あた》える場所だった。しかし閉園した今，「ドリーム・パーク」は無惨《むざん》な姿をさらしており，そのようすは，「夢はいつかは醒《さ》める」ものであるという事実を表していたので，「皮肉」だと感じたのである。

問４　⑴　弥生子は，「なにかが一瞬《いっしゅん》，光った」ように感じ，「子どもたちの笑い声がどこかから聞こえてきた」ような気がして，立ち止まった。しかし，しばらく待っても，遊園地は「しんと静まりかえったままだった」ので，弥生子は自分の気のせいだと思い，「苦笑《くしょう》して，また歩き」だしたのである。　⑵　メリーゴーラウンドのそばを通りかかったとき，音楽が聞こえたために弥生子は不安になり，「小走りに近い足の運びになった」のである。さらに，木馬の瞳《ひとみ》に「じっと見つめられているような感じ」がして恐《おそ》ろしくなり，「最後は駆《か》けだしてしまった」のである。

問５　家についての二人の会話からとらえる。父は弥生子の喘息《ぜんそく》を治すために，無理をしてローンを組んで「この家」を買った。そして，そのローンを返すために必死で働いて，そのせいで死んでしまった。弥生子は，父の死を「一生」背負《せお》わなければならなくなったので，父の死の原因となった「この家」が嫌いなのである。

問６　弥生子は，父について「ひどいことを言ってしまった」と反省していたが，母と向き合って謝《あやま》ることにはためらいを感じていた。そのため，「背中合わせの格好になったときを見計らって」，弥生子は母に声をかけ，謝ったのである。

問７　Ⅰ　祥之は，自分もふくめて「家族みんなで楽しく暮らすのがいちばんだ」という考え方をしていた。　Ⅱ　弥生子の父は，そういう考え方はできず，「家族を幸せにするために自分が苦労をする」のが「あたりまえだ」と考えていた。そして弥生子は，時代の違《ちが》いや写真を撮《と》るときのエピソードなども聞いて，そういう生き方をした父を「間違っているとは思わな」くなったのである。

問８　弥生子は，自分のために無理をして働いて死んでしまった父に対して複雑な思いを抱《いだ》いていた。しかし母と話すうちに，父もまた父なりのやり方で家族のことを思っていたのだということを理解して，弥生子は父の生き方を受け入れられるようになり，家族というものを考え直そうとしているのである。

三　慣用句の完成

①「気のおけない」は，遠慮《えんりょ》する必要がない，打ち解けた仲であること。　②「二の句がつげない」は，あきれて言葉が出てこないこと。　③「歯が立たない」は，力量に差がありすぎて，かなわないこと。　④「目に余る」は，見過ごすことができないほどひどいこと。　⑤「輪をかける」は，物事の程度をはなはだしいものにすること。

四　対義語の知識

①「減少」は，減って少なくなること。対義語は，増えて多くなることを意味する「増加」。
②「破壊《はかい》」は，壊《こわ》すこと。対義語は，つくり，設立することを意味する「建設」。または，本問にはないが，それまでは存在しなかった新しいものをつくり出すことを意味する「創造」。　③「任意」は，相手の思いに任せること。対義語は，力によって無理にしたがわせることを意味する「強制」。　④「例外」は，一般《いっぱん》的な例から外れていること。対義語は，例外は別にして，一般にあてはまる基本的な規則・法則を意味する「原則」。　⑤「需要《じゅよう》」は，必要であるとして，物を求めること。対義語は，必要に応じて物を提供することを意味する「供給」。

五　漢字の書き取り

①　入り乱れて，わけがわからない状態になること。　②　壊れたところを直して，元の状態にもどすこと。　③　布や紙を一定の型に合わせて裁《た》つこと。　④　音読みは「タイ」で，「貸《たい》与《よ》」などの熟語がある。　⑤　音読みは「フ」「フウ」で，「豊富」，「富貴」などがある。

Memo

Memo

2025年度用
中学スーパー過去問

■編集人　声の教育社・編集部
■発行所　株式会社　声の教育社
〒162-0814　東京都新宿区新小川町8-15
☎03-5261-5061(代)　FAX03-5261-5062
https://www.koenokyoikusha.co.jp

カコを追いかけ
ミライをつかめ

よくある解答用紙のご質問

01

実物のサイズにできない

拡大率にしたがってコピーすると，「解答欄」が実物大になります。配点などを含むため，用紙は実物よりも大きくなることがあります。

02

A3用紙に収まらない

拡大率164％以上の解答用紙は実物のサイズ（「出題傾向＆対策」をご覧ください）が大きいために，Ａ３に収まらない場合があります。

03

拡大率が書かれていない

複数ページにわたる解答用紙は，いずれかのページに拡大率を記載しています。どこにも表記がない場合は，正確な拡大率が不明です。

04

１ページに２つある

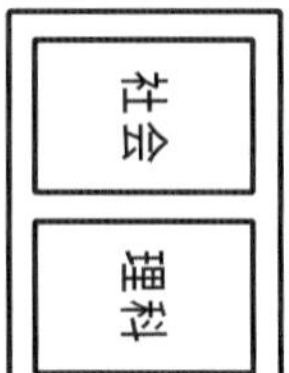

１ページに２つ解答用紙が掲載されている場合は，正確な拡大率が不明です。ほかの試験回の同じ教科をご参考になさってください。

常総学院中学校

【別冊】入試問題解答用紙編

禁無断転載

解答用紙は本体からていねいに抜きとり、別冊としてご使用ください。

※　実際の解答欄の大きさで練習するには、指定の倍率で拡大コピーしてください。なお、ページの上下に小社作成の見出しや配点を記載しているため、コピー後の用紙サイズが実物の解答用紙と異なる場合があります。

●入試結果表

―　は非公表

年　度	回	項　目	国　語	算　数	社　会	理　科	4科合計	4科合格
2024	第1回一般	配点(満点)	100	100	50	50	300	最高点
		合格者平均点	―	―	―	―	―	282
		受験者平均点	62.4	60.7	33.2	23.8	180.1	最低点
		キミの得点						AD 181 ST 138
	回	項　目	適性Ⅰ	適性Ⅱ			適性合計	適性合格
	適性検査型	配点(満点)	100	100			200	最高点
		合格者平均点	―	―			―	182
		受験者平均点	32.1	54.7			86.8	最低点
		キミの得点						AD 91 ST 53
年　度	回	項　目	国　語	算　数	社　会	理　科	4科合計	4科合格
2023	第1回一般	配点(満点)	100	100	50	50	300	最高点
		合格者平均点	―	―	―	―	―	268
		受験者平均点	56.3	48.8	31.2	31.2	167.5	最低点
		キミの得点						AD 168 ST 139
	回	項　目	適性Ⅰ	適性Ⅱ			適性合計	適性合格
	適性検査型	配点(満点)	100	100			200	最高点
		合格者平均点	―	―			―	187
		受験者平均点	52.5	65.9			118.4	最低点
		キミの得点						AD 128 ST 89
年　度	回	項　目	国　語	算　数	社　会	理　科	4科合計	4科合格
2022	第1回一般	配点(満点)	100	100	50	50	300	最高点
		合格者平均点	―	―	―	―	―	263
		受験者平均点	54.2	58.9	33.9	30.4	177.4	最低点
		キミの得点						AD 178 ST 149
	回	項　目	適性Ⅰ	適性Ⅱ			適性合計	適性合格
	適性検査型	配点(満点)	100	100			200	最高点
		合格者平均点	―	―			―	168
		受験者平均点	39.9	61.3			101.2	最低点
		キミの得点						AD 111 ST 76
年　度	回	項　目	国　語	算　数	社　会	理　科	4科合計	4科合格
2021	第1回一般	配点(満点)	100	100	50	50	300	最高点
		合格者平均点	―	―	―	―	―	266
		受験者平均点	42.6	59.2	34.9	28.5	165.2	最低点
		キミの得点						AD 168 ST 130

※　表中のデータは学校公表のものです。ただし、4科合計・適性合計は各教科の平均点を合計したものなので、目安としてご覧ください。

声の教育社

２０２４年度　常総学院中学校

算数解答用紙　第１回一般

番号		氏名		評点	/100

3

(1) 面	(2) cm^2	(3) cm^3

4

(1) 回	(2) 回以上 回未満
(3) 間違っている記録 回，正しい記録 回	

5

(1) 点	(2) 通り
(3)	

（注）この解答用紙は実物を縮小してあります。Ｂ５→Ｂ４（141%）に拡大コピーすると、ほぼ実物大の解答欄になります。

1

(1)	(2)
(3)	(4)
(5)	(6)
(7)	

2

(1) ：	(2) 本
(3)	(4) m
(5) 午後 時 分	(6) 分
(7) 分	(8) 度

〔算　数〕100点(推定配点)

1，2　各４点×15　3　(1)，(2)　各４点×２　(3)　５点　4　各４点×３<(2)，(3)は完答>　5　各５点×３<(3)は完答>

２０２４年度　常総学院中学校

社会解答用紙　第１回一般

番号		氏名		評点	/50

1

問1	大陸	問2	
問3		問4	
問5	化	問6	

2

問1	A		
	B		諸島
	C		市
問2		問3	
問4			

3

問1		問2		問3	
問4		問5		問6	
問7		問8		問9	
問10		問11		問12	
問13		問14		問15	

4

問1		問2		問3	
問4		問5		問6	
問7		問8		問9	
問10					

（注）この解答用紙は実物を縮小してあります。Ｂ５→Ｂ４（141％）に拡大コピーすると，ほぼ実物大の解答欄になります。

〔社　会〕50点（推定配点）

1　問1～問4　各1点×4　問5　2点　問6　1点　2　問1，問2　各1点×4　問3，問4　各2点×2　3　問1，問2　各1点×2　問3　2点　問4，問5　各1点×2　問6　2点　問7，問8　各1点×2　問9　2点　問10，問11　各1点×2　問12　2点　問13，問14　各1点×2　問15　2点　4　問1，問2　各1点×2　問3　2点　問4　1点　問5，問6　各2点×2　問7　1点　問8，問9　各2点×2　問10　1点

２０２４年度　常総学院中学校

理科解答用紙　第１回一般

番号		氏名		評点	/50

（注）この解答用紙は実物を縮小してあります。B５→B４（141%）に拡大コピーすると、ほぼ実物大の解答欄になります。

1

(1)	(2)
(3)	(4)
(5)	(6)
(7)	(8)
(9)	(10)
(11)	(12)
(13)	(14)
(15)	(16)
(17)	(18)
(19)	(20)

2

(1)		(2)		(3)	
(4)	mL	(5)	g		

3

(1)	
(2)	
(3)	と
(4)	
(5)	

〔理　科〕50点（推定配点）

1　各１点×20　2，3　各３点×10＜3の(5)は完答＞

２０２４年度　常総学院中学校

国語解答用紙　第一回一般

番号　　氏名　　評点　/100

一
- 問1
- 問2　A　B　C
- 問3
- 問4（65）
- 問5（15）
- 問6
- 問7

二
- 問1
- 問2（30）（40）
- 問3
- 問4（65）（75）
- 問5（70）（80）
- 問6

三
①		②		③		④		⑤	
漢字	記号	漢字	記号	漢字	記号	漢字	記号	漢字	記号

四　①　②　③　④　⑤

五　①　②　③　④　ける　⑤　まった

（注）この解答用紙は実物を縮小してあります。B5→B4（141%）に拡大コピーすると、ほぼ実物大の解答欄になります。

〔国　語〕100点(推定配点)

一　問1　4点　問2, 問3　各2点×4　問4　8点　問5　4点　問6　2点　問7　6点　二　問1　4点　問2　6点　問3　4点　問4　8点　問5　10点　問6　6点　三〜五　各2点×15<三は各々完答>

２０２４年度　常総学院中学校　適性検査型

適性検査Ⅰ解答用紙

番号		氏名		評点	／100

（注）この解答用紙は実物を縮小してあります。200%拡大コピーをすると、ほぼ実物大の解答欄になります。

1

問題1	ア	イ	ウ	エ	オ
問題2	カ	キ	ク	ケ	
問題3	cm²				

2

問題1	ア	イ	ウ
	エ	オ	カ
問題2	キ	ク	ケ
	コ	サ	
問題3	代金	円	
	ルート	キャンプ場→	→キャンプ場
	求め方		

3

問題1		
問題2	g	
問題3	記号	説明

4

問題1	
問題2	
問題3	

〔適性検査Ⅰ〕100点(推定配点)

1 問題1　6点＜完答＞　問題2，問題3　各7点×2＜問題2は完答＞　2 問題1，問題2　各7点×2＜各々完答＞　問題3　代金…3点，ルート…3点＜完答＞，求め方…10点　3 問題1　4点　問題2　8点　問題3　13点＜完答＞　4 問題1　7点　問題2　8点　問題3　10点

２０２４年度　常総学院中学校　適性検査型

適性検査Ⅱ解答用紙

番号		氏名		評点	/100

解答するときの注意

解答を直すときには、消しゴムを使ってていねいに消してから直しなさい。
次のように、付け加えたり、けずったりしてはいけません。

✕ 指示を~~出して~~（聞いて）、（素早く）行動する。

1

問題1	
問題2	
問題3	
問題4	まとめ①
	まとめ②
	まとめ③

2

問題1	
問題2	
問題3	
問題4	

3

問題1	(1)	
	(2)	
	(3)	ことがすごいと思ったよ。
問題2	(1)	
	(2)	とは考えられないそうです。

4

問題1							
問題2	(1)	ア	イ	ウ	エ	オ	カ
	(2)	B	C	D	E		

（注）この解答用紙は実物を縮小してあります。189%拡大コピーをすると、ほぼ実物大の解答欄になります。

〔適性検査Ⅱ〕100点(推定配点)

1　問題1　6点　問題2　10点　問題3，問題4　各4点×2＜問題4は完答＞　2　問題1～問題3　各6点×3　問題4　8点　3　問題1　(1)，(2)　各3点×2　(3)　6点　問題2　(1)　6点　(2)　12点　4　問題1　6点　問題2　(1)　6点＜完答＞　(2)　各2点×4

2023年度　常総学院中学校

算数解答用紙　第1回一般

番号		氏名		評点	/100

1

(1)		(2)	
(3)		(4)	
(5)		(6)	
(7)			

2

(1)	人	(2)	個
(3)	円	(4)	個目
(5)	通り	(6)	円
(7)	cm^2	(8)	cm^3

3

(1)	人	(2)	人	(3)	人

4

(1)	km	(2)	分後, km
(3)	分 秒後		

5

(1)	個	(2)		(3)	

(注) この解答用紙は実物を縮小してあります。B5→B4(141%)に拡大コピーすると、ほぼ実物大の解答欄になります。

〔算　数〕100点(推定配点)

1～3　各4点×18　4　(1)，(2)　各4点×2＜(2)は完答＞　(3)　5点　5　各5点×3＜(2)は完答＞

２０２３年度　常総学院中学校

社会解答用紙　第１回一般

番号		氏名		評点	/50

1

問1		問2	
問3	洋	問4	
問5		問6	

2

問1	A	山脈
	B	海岸
	C	条約
問2		問3
問4		

3

問1		問2		問3	
問4		問5		問6	
問7		問8		問9	
問10		問11		問12	
問13		問14		問15	

4

問1		問2		問3	
問4		問5		問6	
問7		問8		問9	
問10					

（注）この解答用紙は実物を縮小してあります。Ｂ５→Ｂ４（141%）に拡大コピーすると、ほぼ実物大の解答欄になります。

〔社　会〕50点（推定配点）

1　問1～問5　各1点×5　問6　2点　2　問1，問2　各1点×4　問3，問4　各2点×2　3　問1，問2　各1点×2　問3　2点　問4，問5　各1点×2　問6　2点　問7，問8　各1点×2　問9　2点　問10，問11　各1点×2　問12　2点　問13，問14　各1点×2　問15　2点　4　問1，問2　各1点×2　問3　2点　問4　1点　問5，問6　各2点×2　問7　1点　問8，問9　各2点×2　問10　1点

２０２３年度　常総学院中学校

理科解答用紙　第１回一般

番号		氏名		評点	／50

（注）この解答用紙は実物を縮小してあります。B５→B４（141%）に拡大コピーすると、ほぼ実物大の解答欄になります。

1

(1)	(2)
(3)	(4)
(5)	(6)
(7)	(8)
(9)	(10)
(11)	(12)
(13)	(14)
(15)	(16)
(17)	(18)
(19)	(20)

2

(1)	(2)　　mA	(3)
(4)	(5)　　倍	

3

(1)	(2)	(3)
(4)		
(5)		

〔理　科〕50点（推定配点）

1　各１点×20　2，3　各３点×10

二〇二三年度　常総学院中学校

国語解答用紙　第一回一般

番号		氏名		評点	/100

一

問1 ①　②
問2
問3 A　B　C
問4
問5（50・60）
問6

二

問1 A　B　C　D　E
問2（60・70）状態。
問3
問4（30・40）
問5（60・70）
問6

三 ① 漢字　記号　② 漢字　記号　③ 漢字　記号　④ 漢字　記号　⑤ 漢字　記号

四 ①　②　③　④　⑤

五 ①　②　③　④ らして　⑤ らす

（注）この解答用紙は実物を縮小してあります。B5→A3（163%）に拡大コピーすると、ほぼ実物大の解答欄になります。

〔国　語〕100点(推定配点)

一　問1　各2点×2　問2　4点　問3　各2点×3　問4　4点　問5　8点　問6　6点　二　問1　4点＜完答＞　問2　8点　問3　4点　問4　6点　問5　10点　問6　6点　三～五　各2点×15＜三は各々完答＞

２０２３年度　　常総学院中学校　適性検査型

適性検査Ⅰ解答用紙

番号		氏名		評点	/100

解答するときの注意

・記号を選ぶ問題は、あてはまるものを◯で囲みなさい。

【例】 ア　イ　ウ　㊓　オ　なし

・1 2の問題について、答えが分数になるときは、それ以上約分できない形で表しなさい。

【例】 $\frac{6}{8}$ → $\frac{3}{4}$

1

問題１	ア	イ	ウ
問題２	エ	オ	カ
問題３	式		
	計算結果		

2

問題１	ア	A　B　C　D　E　F　G
	イ	
問題２		
問題３	答え	時間　　分
	求め方	

3

問題１	①	ア　イ　ウ
	②	
	③	ア　イ　ウ
問題２	え	
	お	
問題３		

4

問題１	①	ア　イ　ウ
	②	ア　イ　ウ
問題２		
問題３		

（注）この解答用紙は実物を縮小してあります。204％拡大コピーをすると、ほぼ実物大の解答欄になります。

〔適性検査Ⅰ〕100点(推定配点)

1　問題１　６点＜完答＞　問題２　７点＜完答＞　問題３　式…６点，計算結果…３点　2　問題１，問題２　各５点×２＜問題１は完答＞　問題３　答え…５点，求め方…13点　3　問題１　①　２点　②　６点　③　２点　問題２　各３点×２　問題３　10点　4　問題１　各４点×２　問題２，問題３　各８点×２

２０２３年度　常総学院中学校　適性検査型

適性検査Ⅱ解答用紙

番号		氏名		評点	/100

解答するときの注意

・記号を選ぶ問題は、あてはまるものを◯で囲みなさい。

【例】

ア	イ	ウ	(エ)	オ	なし

解答するときの注意

3 4の問題について

・字数が指定されている問題は、次の【記入例】のように、横書きで、最初のマスから書き始めなさい。

・段落を変えたり、マスを空けたりしてはいけません。

・文字や数字は１マスに１字ずつ書き、文の終わりには句点〔。〕を書きなさい。

・句読点〔。、〕やかっこ〔「 」〕なども１字に数えなさい。

【記入例】

考	え	方	を	整	理	す	べ	き	だ
。	「	正	解	か	ど	う	か	」	を
、	１	０	人	で	相	談	す	る	。

・書き直す場合は、消しゴムで消して、書き直しなさい。

・次のように、付け加えたり、けずったりして解答してはいけません。

×　指示を~~出して~~（聞いて）、（素早く）行動する。

1

問題１	ア	イ	ウ	エ	オ	問題２	ア	イ	ウ	エ
問題３	ア	イ	ウ	エ		問題４	ア	イ	ウ	エ
問題５										

2

問題１	市					問題２	ア	イ	ウ	エ
問題３	ア	イ	ウ	エ	オ	カ	問題４			
問題５	E									
	F									
	G									

3

問題１	ア	イ	ウ	エ
問題２	25			
問題３	15			

4

問題１	さん			
問題２	ア	イ	ウ	エ
問題３	30			

（注）この解答用紙は実物を縮小してあります。192％拡大コピーをすると、ほぼ実物大の解答欄になります。

〔適性検査Ⅱ〕100点（推定配点）

1　問題１〜問題４　各４点×４＜問題１は完答＞　問題５　８点　2　問題１，問題２　各３点×２　問題３〜問題５　各４点×５　3　問題１，問題２　各10点×２　問題３　５点　4　問題１　５点　問題２　８点　問題３　12点

2022年度　　常総学院中学校

算数解答用紙　第１回一般

番号		氏名		評点	／100

1	(1)		(2)		(3)		(4)	
	(5)		(6)		(7)			

2	(1)	毎分　L	(2)	円	(3)	分後	(4)	m
	(5)	g	(6)	円	(7)	cm	(8)	cm^3

3	(1)	枚	(2)	枚	(3)	枚

4	(1)	毎秒　cm	(2)	cm^2	(3)	秒後

5	(1)	点	(2)	通り	(3)	通り

（注）この解答用紙は実物を縮小してあります。Ｂ５→Ａ４（115%）に拡大コピーすると、ほぼ実物大の解答欄になります。

〔算　数〕100点(推定配点)

1～3　各４点×18　4　(1)，(2)　各４点×2　(3)　５点　5　各５点×3

2022年度　　常総学院中学校

社会解答用紙　第1回一般

番号		氏名		評点	／50

1

問1		問2		問3		問4	
問5		問6					

2

問1	A		B	工業地帯（域）
	C			

問2		問3		問4	

3

問1		問2		問3		問4	
問5		問6		問7		問8	
問9		問10		問11		問12	
問13		問14		問15			

4

問1		問2		問3				
問4		問5		問6	い		お	
問7		問8		問9				

（注）この解答用紙は実物を縮小してあります。B５→B４(141%)に拡大コピーすると、ほぼ実物大の解答欄になります。

〔社　会〕50点(推定配点)

1　問1〜問4　各1点×4　問5　2点　問6　1点　2　問1，問2　各1点×4　問3，問4　各2点×2　3　問1〜問3　各1点×3　問4　2点　問5〜問7　各1点×3　問8，問9　各2点×2　問10〜問12　各1点×3　問13，問14　各2点×2　問15　1点　4　問1〜問3　各1点×3　問4，問5　各2点×2　問6　各1点×2　問7〜問9　各2点×3

２０２２年度　常総学院中学校

理科解答用紙　第１回一般

番号		氏名		評点	／50

1

(1)		(2)		(3)		(4)		(5)	
(6)		(7)		(8)		(9)		(10)	
(11)		(12)		(13)		(14)		(15)	
(16)		(17)		(18)		(19)		(20)	

2

(1)		(2)		(3)	秒
(4)	秒	(5)			

3

(1)		(2)		(3)		(4)	
(5)							
(6)							

（注）この解答用紙は実物を縮小してあります。Ｂ５→Ａ４(115%)に拡大コピーすると、ほぼ実物大の解答欄になります。

〔理　科〕50点(推定配点)

1　各１点×20　2　各３点×５　3　(1)～(3)　各２点×３　(4)～(6)　各３点×３

二〇二三年度　常総学院中学校

国語解答用紙　第一回一般

番号		氏名		評点	/100

一

問1

問2　A　B　C

問3

問4　③　④

問5

問6

二

問1　という判断をすること。

問2

問3

問4　と評価し、期待している。

問5

問6

三　①漢字　記号　②漢字　記号　③漢字　記号　④漢字　記号　⑤漢字　記号

四　①　②　③　④　⑤

五　①　②　③　④　ける　⑤　ませる

（注）この解答用紙は実物を縮小してあります。B５→A３（163%）に拡大コピーすると、ほぼ実物大の解答欄になります。

〔国　語〕100点（推定配点）

一　問1　4点　問2　各2点×3　問3，問4　各4点×2<問4は完答>　問5　8点　問6　6点　二　問1　8点　問2　4点　問3　2点　問4　8点　問5　10点　問6　6点　三～五　各2点×15<三は各々完答>

２０２２年度　常総学院中学校　適性検査型

適性検査Ⅰ解答用紙　No. 1

番号		氏名		評点	/100

1

問題１

●	◆

問題２

説明

問題３

2

問題１

問題２

→　→

問題３

3

問題１

	○か×	○の場合は効果，×の場合は方法
資料１		
資料２		
資料３		

問題２

問題３

%

問題４

100

135

適性検査Ⅰ解答用紙　No.２

4

問題１

あ ＿＿＿＿ cm^2

問題２

い ＿＿＿＿ 円

考え方

5

問題１

あ ＿＿＿＿ 枚　い ＿＿＿＿ 枚

問題２

う ＿＿＿＿ 枚

求め方

＜**3**の問題の解答を書き直すときの注意＞

○ 解答を書き直すときは，例のように，付け加えたり，けずったりしてかまいません。ただし，字数については書き直した文字で数えます。

（例）

練	習	が	あ	る	日	は	~~い~~	~~つ~~	~~も~~	~~早~~	~~く~~	起	き

（「練習」の前に「野球の」，「いつも早く」を消して「朝６時に」と書き加えてある）

（注）この解答用紙は実物を縮小してあります。Ｂ５→Ａ３（163％）に拡大コピーすると，ほぼ実物大の解答欄になります。

〔適性検査Ⅰ〕100点(推定配点)

[1] 問題１　２点＜完答＞　問題２　浮くか沈むか…２点，説明…４点　問題３　８点　[2] 問題１　４点　問題２　６点＜完答＞　問題３　９点　[3] 問題１　９点＜完答＞　問題２　５点　問題３　４点　問題４　12点　[4] 問題１　５点　問題２　15点　[5] 問題１　５点＜完答＞　問題２　10点

２０２２年度　常総学院中学校　適性検査型

適性検査Ⅱ解答用紙　No. 1

番号　　氏名　　評点　／100

1

問題 1

問題 2

問題 3

2

問題 1

問題 2

問題 3

(1)

(2)

問題 4

(1)

(2) 問題点

理由

問題 5

(　　) 洪水を防ぐ	(　　) 塩害を防ぐ

２０２２年度　常総学院中学校　適性検査型

適性検査Ⅱ解答用紙　No.２

〈1～2の問題の解答を書き直すときの注意〉

○ 解答を書き直すときは，例のように，付け加えたり，けずったりしてかまいません。ただし，字数については書き直した文字で数えます。

（例）

野球の　　　　　　　　　朝6時に

練	習	が	あ	る	日	は	い	つ	も	早	く	起	き

（注）この解答用紙は実物を縮小してあります。Ｂ５→Ａ３（163%）に拡大コピーすると，ほぼ実物大の解答欄になります。

問題７

（1）

（2）

3

問題１

問題２

問題３

問題４

問題５

問題６

〔適性検査Ⅱ〕100点（推定配点）

1　問題１　10点　問題２　5点　問題３　15点　2　問題１　3点　問題２　4点　問題３　(1)　2点<完答>　(2)　4点　問題４　(1)　3点　(2)　4点<完答>　問題５　15点　3　問題１　2点　問題２　3点　問題３　4点　問題４　3点<完答>　問題５，問題６　各4点×2　問題７　(1)　9点　(2)　6点

２０２１年度　　常総学院中学校

算数解答用紙　第１回一般

番号		氏名		評点	／100

1	(1)		(2)		(3)		(4)	
	(5)		(6)		(7)			

2	(1)	円	(2)	回転	(3)	通り	(4)	秒
	(5)	円	(6)	分速　m	(7)	度	(8)	cm^2

3	(1)	毎分　L	(2)	cm	(3)	分　秒後

4	(1)	頂点	(2)		(3)	cm

5	(1)	人	(2)	人	(3)	分

(注) この解答用紙は実物を縮小してあります。Ｂ５→Ａ４(115%)に拡大コピーすると、ほぼ実物大の解答欄になります。

〔算　数〕100点(推定配点)

1～3　各４点×18　4　(1), (2)　各４点×2　(3)　５点　5　各５点×3

２０２１年度　常総学院中学校

社会解答用紙　第１回一般

番号		氏名		評点	／50

1

問１		問２		問３	
問４		問５		問６	

2

問１	A	川	B	農業	問２	
問３		問４		問５		

3

問１		問２		問３		問４	
問５		問６		問７			
問８		問９		問10		問11	
問12		問13		問14		問15	

4

問１		問２		問３		問４	
問５		問６		問７		問８	
問９		問10					

〔社　会〕50点(推定配点)

1 問１　１点　問２，問３　各２点×２　問４　１点　問５，問６　各２点×２　2 問１～問３　各１点×４　問４，問５　各２点×２　3 問１～問７　各１点×７　問８～問11　各２点×４　問12～問15　各１点×４　4 問１～問５　各１点×５　問６　２点　問７，問８　各１点×２　問９，問10　各２点×２

２０２１年度　常総学院中学校

理科解答用紙　第１回一般

番号		氏名		評点	／50

1

(1)		(2)		(3)		(4)		(5)	
(6)		(7)		(8)		(9)		(10)	
(11)		(12)		(13)		(14)		(15)	
(16)		(17)		(18)		(19)		(20)	

2

(1) ％

(2)

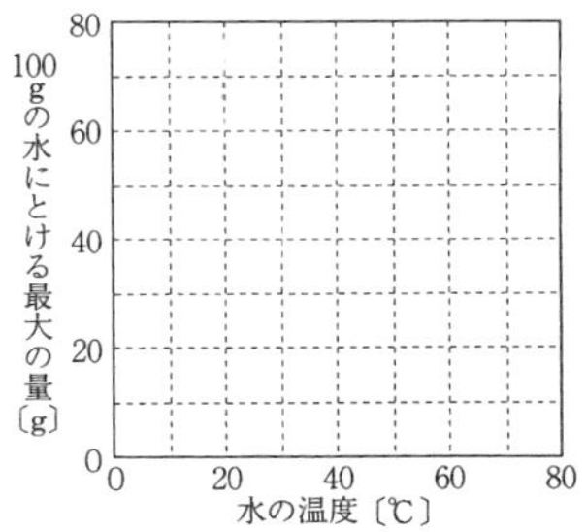

(3)		(4)	記号	質量 g	(5)

3

(1)		(2)			
(3)		(4)		(5)	
(6)					

〔理　科〕50点(推定配点)

1 各１点×20　2 各３点×５＜(4)は完答＞　3 (1)　２点　(2)　３点　(3)　２点　(4)，(5)　各３点×２　(6)　２点

二〇二二年度　常総学院中学校

国語解答用紙　第一回一般

番号　　氏名　　評点　／100

一
問1
問2　A　B　C
問3
問4　③　⑤
問5
問6
問7
問8
問9

二
問1
問2
問3
問4　(1)　(2)
問5
問6
問7　Ⅰ　Ⅱ
問8

三　①漢字　記号　②漢字　記号　③漢字　記号　④漢字　記号　⑤漢字　記号

四　①　②　③　④　⑤

五　①　②　③　④　して　⑤　んだ

（注）この解答用紙は実物を縮小してあります。B５→A３（163%）に拡大コピーすると、ほぼ実物大の解答欄になります。

〔国　語〕100点(推定配点)

一　問１　６点　問２　各２点×３　問３　６点　問４，問５　各２点×３　問６　４点　問７　２点　問８　４点　問９　２点　二　問１　２点　問２　６点　問３　２点　問４　各３点×２　問５　６点　問６　２点　問７　各４点×２　問８　２点　三～五　各２点×15<三は各々完答>

中学後見返し